U0528055

ON COURSE　Strategies for Creating Success in College and in Life 8E

后浪

如何让大学
在一生中
发挥最大作用

[美] 斯基普·唐宁 著
SKIP DOWNING
孔雅兰 译

北京联合出版公司
Beijing United Publishing Co.,Ltd.

图书在版编目（CIP）数据

如何让大学在一生中发挥最大作用 /（美）斯基普·唐宁著；孔雅兰译. -- 北京：北京联合出版公司，2023.9

ISBN 978-7-5596-6649-9

Ⅰ.①如… Ⅱ.①斯…②孔… Ⅲ.①大学生—学习方法—指南 Ⅳ.①G642.46-62

中国国家版本馆CIP数据核字(2023)第126480号

On Course: Strategies for Creating Success in College and in Life, Eighth Edition
by Skip Downing(Author)
Copyright © 2017 by Wadsworth, a part of Cengage Learning.
Original edition published by Cengage Learning. All Rights reserved. 本书原版由圣智学习出版公司出版。版权所有，盗印必究。
Post Wave Publishing Consulting(Beijing)Co.,Ltd. is authorized by Cengage Learning to publish and distribute exclusively this simplified Chinese edition. This edition is authorized for sale in the People's Republic of China only (excluding Hong Kong, Macao SAR and Taiwan). Unauthorized export of this edition is a violation of the Copyright Act. No part of this publication may be reproduced or distributed by any means, or stored in a database or retrieval system, without the prior written permission of the publisher.
本书中文简体字翻译版由圣智学习出版公司授权后浪出版咨询（北京）有限责任公司独家出版发行。此版本仅限在中华人民共和国国境内（不包括中国香港、澳门特别行政区及中国台湾）销售。未经授权的本书出口将被视为违反版权法的行为。未经出版者预先书面许可，不得以任何方式复制或发行本书的任何部分。
Cengage Learning Asia Pte. Ltd.
151 Lorong Chuan, #02-08 New Tech Park, Singapore 556741
本书封面贴有Cengage Learning防伪标签，无标签者不得销售。

北京市版权局著作权合同登记 图字：01-2022-4531

如何让大学在一生中发挥最大作用

著　　者：[美]斯基普·唐宁
译　　者：孔雅兰
出 品 人：赵红仕　　　　　　选题策划：后浪出版公司
出版统筹：吴兴元　　　　　　编辑统筹：周　茜
责任编辑：李艳芬　　　　　　特约编辑：张朝虎　袁艺舒
营销推广：ONEBOOK　　　　　装帧制造：墨白空间·杨阳

北京联合出版公司出版
（北京市西城区德外大街83号楼9层　100088）
北京天宇万达印刷有限公司印刷　新华书店经销
字数435千字　690毫米×960毫米　1/16　28.5印张
2023年9月第1版　2023年9月第1次印刷
ISBN 978-7-5596-6649-9
定价：78.00元

后浪出版咨询(北京)有限责任公司 版权所有，侵权必究
投诉信箱：copyright@hinabook.com　fawu@hinabook.com
未经书面许可，不得以任何方式转载、复制、翻印本书部分或全部内容
本书若有印、装质量问题，请与本公司联系调换，电话 010-64072833

前　言

自1996年首次出版以来，《如何让大学在一生中发挥最大作用》已成为学习成长领域众多书籍的头部著作。本书是为希望在学业、职场及人生中创造成功的任何年龄段的读者准备的。无论是学习，还是自我探索、个人成长，本书都是一本很好的指导手册。在每一章中，读者可以学到基本的学习技巧。不过，这只是一个开始。通过自我评估、指导性日记、批判性思维案例研究，以及来自读者鼓舞人心的真实故事，本书为读者提供了经过时间检验的创造美好人生的策略。书中提供的学习技巧已经帮助成千上万的读者创造了非凡的成功！

本次第8版新增了许多亮点内容。

大学智能入门指南。许多读者在进入大学的第一周就偏离了方向。作者斯基普·唐宁对近2000名学院和大学教育工作者进行了调查，问："在大学的第一周，学生怎么做才是一个好的开始？"大学智能入门指南为读者提供了这一大批教育工作者的集体智慧，给出了学生在第一周的行动建议。落实这些行动，读者将为自己的学业成功打下早期基础。

理解高校教育工作者的期望。这部分内容及相关的日记条目，将帮助读者更好地理解：如何在高等教育文化中取得成功。在这一节，读者可以掌握高等教育工作者对学生的"8种关键期望"，以及"高中文化和大学文化的12点不同"。这些信息可以帮助读者迅速了解，哪些行为可以保持，哪些需要改变或摒弃。

技术建议。大多数章节提供了免费网站和应用程序的建议。这些网站和应用程序可以帮助读者更有效率地运用"承担个人责任""自我激励""掌握自我管理能力""互相帮助""提高自我意识""终身学习""培养情商"和"相信自己"等软技能，以及与高效学习有关的硬技能。

避免拖延症的讨论。拖延症是许多读者难以取得成功的根因。这场讨论将帮助读者了解为什么拖延症如此诱人，并提供了具体的应对方法，使读者不要把今天的事情推迟到明天。讨论中还包括杜克大学心理学和行为经济学教授丹·艾瑞里博士的研究成果。

成熟的标志。这部分提供了一个关于人们所处关系的解释：依赖、共生、独立和互相帮助。阐述了每种关系的优点和缺点,并敦促读者利用大学培养独立人格,但也要认识到,在许多情况下,选择互相帮助是一个人成熟的真正标志。

增加幸福感。这部分内容和附带的日记条目,探讨了最大限度地提高幸福感的情商技能。从积极心理学家的科学研究中,我们了解到可以做一些选择来增加幸福感。这个话题在大学校园里获得了大量关注。例如,当哈佛大学首次开设积极心理学课程时,它立即成为该大学最受欢迎的课程。

积极学习者的工具箱。许多使用本书的读者,要求将学习技能放在独立章节中介绍(而不是分布在全书中)。本次第 8 版满足了这一要求。与那些提出一长串学习选项的课本不同,本书是根据大脑研究和有效学习方法所确定的逻辑学习步骤来组织学习技能。本节首先介绍了"核心(CORE)学习系统",即所有优秀学习者正自觉或不自觉采用的四项原则,以创造深刻而持久的学习习惯。读者会发现可以使用这四项原则来学习任何科目或技能。工具箱的每一节都介绍了其中一种学习技能(阅读、记笔记、整理学习材料、背诵和熟记学习材料、考试和写作)的有效技巧,并通过练习来巩固其中的学习策略。

学习技能自我评估。除了将所有的学习技能放在一个章节中,第 8 版还提供了新的学习技能自我评估部分。读者可以在学习相关技能之前进行一次自我评估,发现自己薄弱的地方。在使用本书学习结束时,可以重新评估,了解自己在哪些方面取得了进步,哪些方面还需要改进。

新的"学生故事"。这些短文在前几个版本中很受欢迎,本次第 8 版共 29 篇,由不同的读者撰写,他们利用从本书中学到的知识,提高了在大学、职场,以及人生中的结果和体验。

与作者的对话。从 20 多年前第一版出版以来,大量的读者向作者提出了很多有深度的问题。本节收录了其中的一些精选问题,以及作者给出的回答。

越来越多的读者发现,成为积极的、负责任的学习者,能显著提高大学学业成功率。此外,这一过程培养了个人核心能力,使读者在职场和后续的人生中,能够继续创造显著的成就。希望本书可以为广大读者提供更多的帮助。

目　录

第一章　通往成功的道路　　1

大学智能入门指南　2
了解高等教育的文化　7
　高等教育的表层文化
　12 个大学习俗
　撰写精彩人生
理解高校教育工作者的期望　17
　8 种关键期望

了解自己　24
　成功对你来说意味着什么？
　成功的基本要素
　评估大学成功的软技能
　分岔路口
　几句鼓励的话
　职场：软技能

第二章　承担个人责任　　41

采用创造者心态　44
　受害者心态和创造者心态
　责任和文化
　责任和选择
掌握创造者语言　54
　自我交谈
　负责任的语言
做明智的决定　65

明智选择流程
职场：个人责任
技术建议：个人责任
相信自己：改变内心对话　76
　糟糕想法的诅咒
　抵制不理性的想法
　刻板印象威胁

第三章　发现自我激励的方法　　　　　　　　85

创造内在动力　　　　　　　89　　致力于你的目标和梦想　　　108
　　动力方程式　　　　　　　　　　　承诺可以创造方法
　　大学成果的价值　　　　　　　　　想象理想的未来
　　大学体验的价值　　　　　　　　　如何想象
设计振奋人心的计划　　　　98　　职场：自我激励
　　角色和目标　　　　　　　　　　　技术建议：自我激励
　　如何设定目标　　　　　　　　相信自己：书写自我肯定　　120
　　发现你的梦想　　　　　　　　　　说出你渴望的个人品质
　　你的人生计划　　　　　　　　　　活用你的肯定

第四章　掌握自我管理能力　　　　　　　　129

有目的的行动　　　　　　　131　　有效自我管理的奖励
　　利用第二象限的力量　　　　　学会自律　　　　　　　　153
　　在第一象限和第二象限要做什么　　保持专注
创建一个防漏的自我管理系统　138　　坚持下去
　　时间和文化　　　　　　　　　　　避免拖延
　　周历　　　　　　　　　　　　　　职场：自我管理
　　月历　　　　　　　　　　　　　　技术建议：自我管理
　　下一行动列表　　　　　　　　相信自己：培养自信　　168
　　追踪表单　　　　　　　　　　　　创造成功的认同感
　　等待列表　　　　　　　　　　　　赞美你的成就和天赋
　　项目文件夹　　　　　　　　　　　想象有目的的行动

第五章　互相帮助　　177

创建支持系统　　180
　　成熟的标志
　　向老师寻求帮助
　　从大学资源中获得帮助
　　建立项目团队
　　创建学习小组
　　天堂与地狱的区别
通过积极倾听加强关系　　192
　　如何积极倾听
　　在大学课堂上使用积极倾听

尊重文化差异　　199
　　展现尊重
　　职场：互相帮助
　　技术建议：互相帮助
相信自己：加强自信　　210
　　平等
　　提出请求
　　说"不"

第六章　提高自我意识　　219

意识到自己何时偏离轨道　　222
　　自我破坏的秘密
　　无意识力量
弄清你的剧本　　228
　　剧本剖析
　　我们如何撰写自己的剧本
　　自我挫败的行为模式
重写过时的剧本　　237

　　过时信念的影响
　　重写
　　职场：自我意识
　　技术建议：自我意识
相信自己：书写自己的规则　　249
　　三条成功规则
　　改变你的习惯

第七章　终身学习　　　　　　　　　　　　　255

培养人生的学习方向	258	采用批判性思维	
成长心态和固定心态		职场：终身学习	
如何培养成长心态		技术建议：终身学习	
发现你更喜欢的学习方式	268	**相信自己：培养自尊**	288
自我评估：我更喜欢如何学习		活得诚信	
采用批判性思维	278	遵守承诺	
构建逻辑论证			
提出探究性问题			

第八章　培养情商　　　　　　　　　　　　　295

理解情商	298	尽情享受乐趣	
情商的 4 个组成部分		感激	
了解自己的情绪		投入	
缓解压力	304	贡献	
压力是什么？		草莓时刻	
当压力持续时会发生什么？		职场：情商	
不健康的减压		技术建议：情商	
健康的减压		**相信自己：培养自我认可**	330
选择你的态度		自尊和核心信念	
增加幸福感	318	了解和接受自己	
幸福的限制			

第九章　坚持成功之路　　339

- 计划下一步　　340
- 再一次评估自己

学习技巧　积极学习者的工具箱　　351

- 成为积极学习者　　351
  - 评估你获得大学成功的技能
  - 人类大脑如何学习
- 深度持久学习的三个原则
- 核心（CORE）学习系统

阅　读　　367

- 阅读：大局　　368
- 改善阅读的策略　　369
  - 阅读前
- 阅读中
- 阅读后

记笔记　　377

- 记笔记：大局　　378
- 改善记笔记的策略　　379
  - 记笔记前
- 记笔记中
- 记笔记后

整理学习材料　　389

- 整理学习材料：大局　　389
- 改善学习材料的整理策略　　390
  - 整理学习材料前
- 整理学习材料中
- 整理学习材料后

背诵和熟记学习材料　　　　　　　　　　　　　　　400

背诵和熟记学习材料：大局	401	背诵和熟记学习材料前
改善背诵和熟记学习材料方法的策略		背诵和熟记学习材料中
	402	背诵和熟记学习材料后

考　试　　　　　　　　　　　　　　　410

考试：大局	411	考试中
提高考试技巧的策略	411	考试后
考试前		

写　作　　　　　　　　　　　　　　　424

写作：大局	426	写作中
改善写作的策略	426	写作后
写作前		技术建议：积极学习

再次评估走向大学成功的学习技能　　　　　　　　　　　　　　　437

与作者的对话　　　　　　　　　　　　　　　443

第一章　通往成功的道路

成功的学生……

▶ 承担个人责任，将自己看作创造其结果和体验的主体。

▶ 自我激励，通过追求有意义的个人目标和梦想，找到人生的意义。

▶ 拥有自我管理能力，坚持计划并采取有目的的行动来实现目标和梦想。

▶ 互相帮助，建立相互支持的人际关系，实现自己的目标和梦想，同时帮助其他人做到这一点。

挣扎的学生……

▶ 将自己看作受害者，认为自己身上发生的事主要由外部力量决定，比如命运、运气和其他有力的影响因素。

▶ 难以保持动力，常常感到沮丧、受挫，并且/或对人生缺少方向感到不满。

▶ 很少明确实现预期结果所需的具体行动，即使明确，他们也往往会拖延。

▶ 独来独往，很少请求甚至拒绝他人的援助。

大学智能入门指南

如果你曾经买过新电脑，你就会想起它附带着一本用户手册。无论是打印版还是网络版，这本用户手册总是有很多页，并且包含所有充分使用电脑所需要知道的信息。

请将这本书当作你的高等教育用户手册。它解释了如何最大限度地利用大学时光。在这本书中，你将学会如何有效地学习、如何获得高分以及如何得到你渴望的学位。额外的惊喜是，许多你将学到的策略会帮助你在人生的其他关键领域取得成功，包括你的事业。

大多数电脑还附带一份简短的指南，只有几页长。指南介绍了如何快速而成功地运行你的电脑。

这本智能入门指南对大学生涯起到同样的作用。在大学的第一周结束前完成以下行动，你将拥有一个好的开始。其中一些行动可以在几分钟内完成，其他的则需要更长时间。你可以按任意顺序完成它们。

所以，阅读并完成下面的12项幸运行动。聪明一点——现在就完成其中一项。每天多做几项，你将在第一周内完成全部项目。这将是你在高等教育中取得巨大成功的良好开端。

▶大学的第一周要做什么

熟悉起来

1.了解你的校园。找到需要的东西在哪儿,这样才能让你感到轻松。各种建筑物里有什么?哪里可以提供帮助你成功的服务?想要熟悉环境,先获取一份校园地图,你在学校网站上就能找到它。如果你的学校提供校园导览,那就去参加。如果没有,那就请一位大学职员或有经验的学生带你四处看看,或者请另一名新生和你一起进行一次自由行。万不得已,就自己探索。看看你能否填满表1.1中所有服务的提供地点和开放时间。

2.找到你的教室。找到并参观你上课的每一间教室。没有什么比因为找不到教室而缺课更能毁掉你的第一

表1.1 校园服务信息统计表

服务	地点	开放时间
大学书店		
学业指导办公室		
咨询办公室		
学生活动办公室		
经济援助办公室		
就业中心		
注册办公室		
图书馆		
辅导或学术支持		
电脑中心或实验室		
食堂		
健身中心		
运动设施		
学生活动中心		
影印中心		
公共安全		
健康服务		
其他		

周。你可以在注册时拿到的文件里找到所有课程及所在教室的列表。用这些信息填写表1.2中的前两列。

3.了解老师的姓名、办公室地址和办公时间。老师的姓名通常被列在注册文件上的每门课程旁。如果一门课的老师姓名被列为"待定"——或是名字以外的其他标识——那么这门课还没有被分派老师。在这种情况下，你要去系办公室或在第一次班会上问到老师的名字。

在表1.2中写下老师的姓名、办公室地址和办公时间。办公时间是指老师在办公室并且可以预约的时间——你很快就会想要预约会面。这些额外信息很可能在每门课的第一份讲义里被找到。（第一份讲义通常被称为"课程大纲"。）

4.研究——不要略读——每门课的第一份讲义（课程大纲）。课程大纲是你和老师之间的合同，他会在此提供课程的基本信息。通常，一份课程大纲包括……

a）课程描述（通常与大学课程目录中的描述相同）

b）学习目标（你在课程中要学习什么）

c）课后作业（可能是一份结课作业）

d）考试安排（什么时候考试）

e）如何决定你的最终成绩（每一份作业值多少分）

f）课程规则（该做什么不该做什么，以及相应的结果/后果）

g）网络地址（如果课程材料被传到网上）

h）老师信息（姓名、办公室地址和办公时间）

课程大纲可能是老师提供的最重要的文件，所以请仔细阅读。现在是提问课程大纲的时候了。如果你留在

表1.2 课程信息统计表

课程	教室	老师	办公室	办公时间

这门课上，老师会认为你理解并同意遵守课程大纲。

有条理起来

5. 获取所有学习用品。每项工作都需要目的明确、用品齐全。大学的第一要务是深度学习。所以，列一份学习所需的用品清单吧，比如课本、台式电脑／笔记本电脑／平板电脑、计算器、笔记本、三环活页夹、便签、笔、月历、周历、文件夹和闪存盘。在这些学习用品中，课本无疑是最重要的。课程所需的课本会列在每一份课程大纲上（第一份讲义）。你可以在大学书店或者网上买到。理想情况是在第一次班会前就拿到课本。最迟也要在第一周结束前拿到，因为再迟就会阻碍你的成功。大学老师教得很快，并且希望你来上课前进行预习。如果第三周才开始阅读手上的材料，你获得成功的可能性就会骤降。

6. 创建一份计划表。大学作业和活动的加入可能会使你的生活不堪重负。想要按时完成每一件重要的事，一份计划表是必要的。不论你的计划表是写在纸上、记在手机或网络上，还是用其他的办法，都有必要追踪你的完成度。制订一份周计划，显示诸如上课、学习时间或作业等重复性活动。制作一份月历，展示一些偶然性活动的截止日期，例如考试、学期论文或与老师的见面。你可以在第四章"创建一个防漏的自我管理系统"一节找到周历和月历。

7. 适应校园科技。科技的使用在大学校园很普遍。查看每一份课程大纲，了解你的老师希望你用什么技术。他们可能会通过校园电子邮件发送课程更新材料，或者期望你获取课程的网上资源。你可能会修一门部分或全部通过课程管理系统（CMS）在网上授课的课程。一些比较常见的课程管理系统是Blackboard（BB）、Desire to Learn（D2L）和Moodle。你的老师可能会为你安排一些技术帮助。尽管如此，请保持积极主动。去学校的计算机实验室看看是否提供技术培训。如果没有，请实验室的工作人员帮助你学习相关技术（课程大纲里指定的），或者向一位技术高超的同学寻求帮助。

认真对待

8. 给每门课设定目标。列出课程清单，在每门课旁边写下你的目标分数。然后为课程中最重要的或你想学到的东西写一个目标。

9. 全勤上课并准时到达。上课出勤是大学成功的关键。请记住，大学的第一要务是深度学习，而学习开始于课堂。许多大学老师都不记考勤，但不要误以为这意味着你不需要去上课。

10. 参与每一堂课。积极参与是深度学习的关键。出席每一堂课，提前完成所有作业，对作业进行提问，回答老师的问题。老师推进一项活动的目的是让你通过这次经历学习一些重要的东西。请积极参与并寻找学习的机会。

11. 及时完成并上交所有作业。列出第一周（及以后）所有待交作业的清单。在月历上记录它们和考试日期，这样你就能知道哪些即将到来。每完成一项就划掉一个。这样有两点好处：首先，完成所有布置的作业后去上课，你能学到更多；此外，你可以减轻许多大学新生在落后时面临的压力。

12. 致力于你的成功。在第一周结束后，请回想一下每门课的经历并对自己坦诚。你愿意花时间完成所有的作业吗？你准备好为课程付出最大的努力了吗？如果不是，和你的指导老师或顾问谈谈你的顾虑。如果无法消除你的担心，现在可能是时候放弃课程了（或许可以选另一门课作为替代）。但如果你的答案为"是"，那么请写下这份庄严的承诺，并将它贴在你每天都会看到的地方：我保证每天都为每门课付出100%的努力，没有什么能阻止我取得成功！

了解高等教育的文化

关键问题：高等教育的文化有何特别之处？了解这一文化将如何提高大学成功的概率？

从某种程度上来说，上大学就像是移居国外。这是因为高等教育文化和你所了解的其他文化不一样，尤其是高中文化。

研究世界文化的荷兰心理学家和人类学家吉尔特·霍夫斯泰德（Geert Hofstede）曾说过，文化是"一种用以区分不同人类团体的思维编程"。地球上的每一种文化都以独特的方式运行着各自设定好的程序。高等教育也是如此。越快理解高等教育文化，你就能越快走上通往成功的正轨。

文化的某些方面是明显而可见的，而另一些方面则是微妙而无形的。为了理解可见和不可见文化的区别，《文化智商》（*Cultural Intelligence*）的作者布鲁克斯·彼得森（Brooks Peterson）提出了"文化冰山"（见图1.2）。水线以上是我们可以用五感感知的文化元素。"表层文化"包括诸如食物、时尚、语言、手势、游戏、艺术、音乐、假期和一些风俗习惯。举例来说，如果某人说话时带有强烈的口音（相比你说话而言），你立刻就能知道他来自一个不同的文化。

在水线以下，你会

"准备好面对我们无法理解的文化参照。"

图 1.1　不同文化的遭遇

发现"深层文化"更稳定、更意味深远的特征。对于游客和新近的移民而言，这些特征大多是不可见的。深层文化包括群体的共同信仰、态度、规范、规则、意见、期望和禁忌等。对于当地人而言，这些深层文化的特征通常是理所当然的，直到有人违反它们。举个简单的例子，当你来到一支售票队伍时你会怎么做？你会自动走到队伍的末尾，不需要任何指示，因为每个人都知道这是你应该做的。你甚至可能不会去思考这件事，直到某个人在你前面插队。当有人违反文化规则时，其他人会感到不舒服。文化程序通过使人们保持有序（字面上的和形象上的）来帮助一个团体或社会顺利运行。

> 托托，我感觉我们已经不在堪萨斯了。
> ——桃乐茜（Dorothy），《绿野仙踪》（*The Wizard of Oz*）

文化，就是代代相传的表层和深层习俗和信仰的集合。每种文化都会给重要甚至不重要的分岔口提供"被认可的"选择。文化告诉我们"这个选择是正常的，那个是奇怪的"，或者"这个选择是正确的，那个是错误的"，或者"这个选择是好的，那个是坏的"。在每一个岔路口，我们的内在程序将我们轻轻推向了文化认可的方向。

简单地说："文化就是我们在此间做事的方法。"

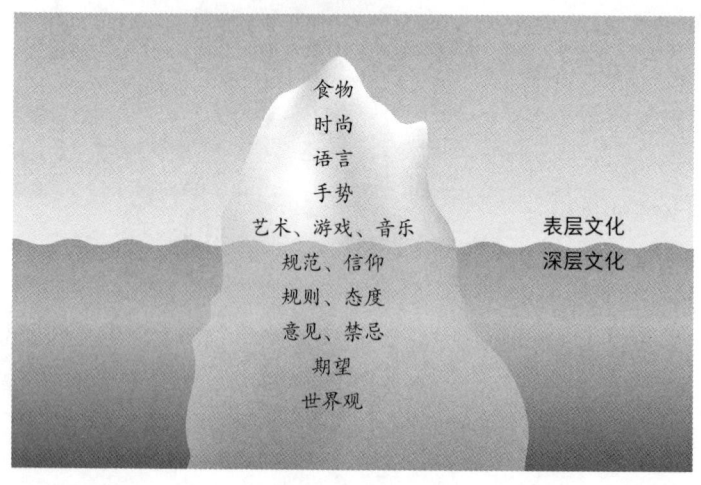

图1.2　文化冰山

高等教育的表层文化

因为大学是一种独特的文化，你要在适应的过程中做好遇到挑战的准备。但是不要害怕……你会适应，而且很快会感到舒适。表层文化的差异大多很明显。这些因素包括班级的大小、合适的着装、作业的数量、学生的种族、年龄、宗教、庆祝的节日、开设的课程和教学方法。就像所有其他文化一样，高等教育也有自己的语言，所以你很可能会听到一些陌生的话语。假设你的老师宣布："作业说明放在 Moodle 上的课程大纲中。"如果你听不懂，这些指示就没什么意义了。但这门语言并非真的如此复杂。以下是大学文化的土著们应该知道的：

> 学校，就像民族一样，拥有自己的文化：语言、行为方式、价值观、时间观、行为标准等等。作为学校的参与者，学生们应该接受、分享和展示这些文化模式。如果不这样做或不能这样做，他们很可能会受到指责，并且在各方面感到不舒服。
>
> ——琼·莫尔（Jean Moule），《文化能力》（Cultural Competence）

- 课程大纲是大多数老师在第一节课时提供的文件，包括这堂课的基本信息，比如学习目标、课后作业、课堂纪律，以及课程分数是如何评判的。如果你在智能入门指南中学会了"课程大纲"这一术语，恭喜你，你已经在学着使用"大学语言"了。
- Moodle 是一种计算机软件程序，可以让大学在网上提供课堂内容。（类似的程序还有 Blackboard 和 Desire to Learn。）如果你的老师不提供获得网上课程信息的方法，请联系学校计算机房的学生寻求帮助。

不断提醒自己，上大学就像进入另一个国家。如果你听到不理解的词汇和术语，一定要问清楚它们的意思。过不了多久，你就能像本地人一样说话了。现在让我们来看一个没有陌生词汇那么明显的文化特征。

12 个大学习俗

就像其他所有文化一样，高等教育也有习俗。这些是高等教育的土著们期望你知道和去做的事。下面解释了其中的 12 个习俗。遵从这些习俗能使你的大学之路更加顺畅，避开死胡同，加速走向毕业。

1. **阅读大学情况便览**。情况便览通常可以在登记处或咨询处获得，许多大学还会在官网上上传一份。情况便览中包含通往大学成功所需的大多数实用信息。它解释了本小节讨论的许多习俗在大学中的应用。因此，在你的手边留一本大学情况便览并经常查阅。顺便一提，如果情况便览中的要求在你入学后有所改变，通常你也只受第一次入学时存在的规则约束。

2. **制订长期教育计划**。在这个计划中列出你从现在开始一直到毕业的所有课程。它能确保你修读了所有必修的课程，不修读所有非必修的课程（除非你想要）。大学里会有人帮你制订教育计划。这个人可能是指导老师、顾问，甚至是老师（尤其是当你已经选择了专业，请看下面的第 5 点）。找出这个人是谁，然后预约见面。找出毕业的最直接路线，永远都不嫌早。像大多数计划一样，它可以经常被修改。

3. **完成通识教育要求**。在你的大学情况便览里找到通识教育课程的列表。几乎所有的学院和大学都会要求学生获得通识教育的最低学分。你的学校可能会以其他名字来命名这一要求，比如核心要求、核心课程或者通识课程。不管名字是什么，通识教育的目的是让你接触到广泛的学习领域，例如自然科学、沟通、科技、数学、语言、人文以及社会与行为科学。通常，你要在每个领域完成一定数量的学分。而不管你获得了多少学分，只有完成了所有通识教育的要求才能获得学位。这就是为什么你的长期教育计划（上面的第 2 点）总是要包含你准备修读的通识教育课程。

> 我们称之为习俗的东西位于最上层，并且最为明显。最深且最不明显的是赋予生活意义和方向的文化价值观。而价值观影响人们对需求的观点以及对眼前可替代方案的选择。
>
> ——本杰明·保罗（Benjamin Paul），人类学家

4. **完成先修课程**。先修课程是在学习更深入的课程前必须顺利完成的课程。举例来说，大学通常要求在选修微积分之前先通过代数课程。在每学期选择课

程之前，在大学情况便览里查看每门课的课程描述。所有的先修课程都会包含在课程描述中。在选修课程前，确保你已经完成了所有的先修课程。

5. **选择专业**。通常你会在第一年或第二年选择一个主要的学习领域，比如护理学、英语、机械工程、经济学和商业艺术。你将修读许多专业课程，并辅以通识教育和选修课程（选修课程是指不必须但你想要选择的课）。拥有一个职业目标会使专业选择更为容易。如果无法决定职业，你可以去学校的就业中心咨询。在那里，将会有人帮你确定适合你兴趣、天赋和性格的职业。所有专业和必修课程都列在大学情况便览中。在你进入专业学习之前，最好集中精力完成你的通识教育要求。

6. **在办公时间与你的导师见面**。大多数大学导师有固定的办公时间。这个时间通常会在课程大纲里注明，或者张贴在导师的办公室门上。你可以在课前或课后预约，或者致电导师办公室。请确保准时出现（或者提前打电话重新预约时间）。带着目标前来。也许你想要导师解释一条她写在你英语作文上的评论，或者你想要得到一些如何更好地准备下学期数学考试的建议。还有一个和导师见面的重要原因是建立友好的关系，让自己不仅仅是课程名单上的一个名字。建立这样的关系将会在你需要的时候给予你很大帮助。

7. **了解平均绩点（GPA）的重要性**。GPA 是你大学选修的所有课程的平均绩点。大多数大学里，GPA 的范围是从 0.0（"F"）到 4.0（"A"）。GPA 从许多方面影响你的未来。大多数大学要达到最低 GPA（通常是 2.0，"C"）才能毕业，无论你累计获得了多少学分。低于最低 GPA 的学生可能会被留校察看，并且通常没有资格获得经济援助，不能参加校际体育比赛。GPA 很低的学生面临着被退学的危险。学术荣誉（例如年度优秀学生名单）和一些奖学金都是基于 GPA 评选的。最后，潜在的雇主会通过 GPA 来判断未来的员工是否在大学学有所成。

8. **了解如何计算你的平均绩点**。大多数大学会将 GPA 印在成绩单上，即你所完成的课程（和所获得分数）的列表。你可以在注册办公室拿到一份成绩单。成绩单通常是免费的，或者收取微不足道的费用。你可以使用下面方框中的公式计算你的平均绩点，或者在 back2college.com/gpa.htm 上计算。

> **计算平均绩点的公式**
>
> $$\frac{(G1 \times C1) + (G2 \times C2) + (G3 \times C3) + (G4 \times C4) + \cdots (Gn \times Cn)}{\text{所获得学分的总和}}$$
>
> 此公式中，G 是指一门课的分数，C 是指这门课的学分。举例来说，假设你得到了以下分数：
>
> 数学 "A" 110 分（4 学分）　　　G1（"A"）=4.0
> 英语 "B" 101 分（3 学分）　　　G2（"B"）=3.0
> 社会学 "C" 101 分（3 学分）　　G3（"C"）=2.0
> 音乐 "D" 104 分（2 学分）　　　G4（"D"）=1.0
> 体育 "E" 109 分（1 学分）　　　G5（"F"）= 0.0
>
> 下面是如何通过以上分数计算 GPA：
>
> $$\frac{(4.0 \times 4) + (3.0 \times 3) + (2.0 \times 3) + (1.0 \times 2) + (0.0 \times 1)}{4 + 3 + 3 + 2 + 1} = \frac{16+9+6+2+0}{13} = 2.54$$

在大多数大学里，发展性（基本技能）课程的学分不累积到毕业，所以它们不一定会被用来计算 GPA。比如你选修的三门课中有一门是发展性的，你的 GPA 可能只由另外两门非发展性课程的分数决定。查询一下你们学校关于这个问题的政策，阅读你的大学情况便览或者咨询顾问或指导老师。

9. **如果不再去上课，请正式退课**。在正式退课前，学生都会被登记在这门课中。不要认为你不去上课之后会有别人帮你从课程中退出。一个不去上课的学生在期末时仍在课程花名册上，评分时老师很可能会给不上课的学生一个"F"。这个不及格的成绩将永远成为学生档案上的一部分，拉低他的 GPA。如果你决定——无论是什么原因——不再去上课，请直接去注册办公室正式退课，并确保在规定的截止日期前退课，这个日期通常是在课程进行到一半的时候。

10. **退课前先和导师沟通**。如果你确定某一门课会不及格，你可以通过退课来保护 GPA。但是在和导师沟通前请不要退课。有时学生认为他们的表现比实际情况差很多。和你的导师讨论一下要做些什么来通过这门课，制订一个循序渐进的计划。同时一定要和你的指导老师讨论下你的计划，他可能会知道怎样做对通识教育或专业要求来说是最好的。如果你发现不及格是不可避免的，那就正式退课。

11. **了解你的经济援助资格。**你能获得的经济援助的总金额通常有限。例如佩尔助学金限制学生此生最多可获得年度助学金 6 倍的奖金。如果你的年度助学金是 3000 美元，那么你此生能得到的佩尔助学金的最高金额为 18,000 美元（6×3000 美元）。这意味着你要小心，不要不及格和放弃太多课程。这样做只会减少你的奖金，无法帮你获得学位。在经济援助金用完之后，你得靠自己支付学费——即使你还需要通过更多的课才能毕业。你可以在学校经济援助办公室查询你的终身资格。

12. **保存重要文件。**大型组织例如高等院校的表格可能会丢失，请保存好可能会影响你未来的所有东西，包括每门课的课程大纲、完成的考试和作业、核准登记表、奖学金申请表、奖学金通知书、成绩单和支付收据。如果你不受校内某项要求或课程的前提条件约束，请以书面形式把它添加到你的文件中。一年后，当一位校方人员对你说"对不起，你不能这么做"时，你从文件中拿出批准信，然后——啪嗒——放在他的桌上，这种感觉真好！

撰写精彩人生

高等教育文化最棒的一点就是，它为设计一个有意义的人生提供了绝佳机会。为了达到这个目的，日记是一个经得起时间考验的工具，它记录了你的想法和感受、希望和梦想、生活经验和下一步计划。写日记可以深入探索你的生活，发现最好的"自己"。这种自我意识能帮助你培养出大学以及未来成功所需的技能。

> 写日记是揭示我们自己隐藏的真相的极好方法。
> ——玛莎·辛妮塔（Marsha Sinetar）

许多写日记的人进行所谓的"自由写作"。他们只是简单地写下脑海中的想法。这种方法对于探索头脑中存在的问题是非常有价值的。

但在这本书中，你将学习写指导性的日记。这种方法就像是跟着有经验的导游去旅行。导游带你去你可能从未发现的地方，欣赏你可能从未发现的景色。

在写日记之前,你要先读本书中关于经过验证的成功策略的各个章节。然后你可以通过完成章节后面的指导性日记,将这些策略应用到自己的生活中去。下面是创建一篇有意义的日记的 5 条准则:

- 将每一步的说明摘抄到日记中:当 20 年后在抽屉或电脑文件中找到你的日记时,日记中的说明将帮助你理解你所写的东西。用下划线或加粗的方式将它们与你的回答区分开来。
- 自然:针对说明,写下所有你想到的东西。想象像倾倒液体一般将想法写入日记,不要停下来编辑或重写。不同于公共写作,比如作文或者历史研究论文,日记是只为你自己而写的私人文件。
- 诚实:写日记时,保持绝对的真实。诚实将提供对自我和成功的最大发现。
- 富有创造力:在日记中加上喜爱的语录、谚语和诗歌,使用颜色、插画、剪贴画和照片,表达最有创意的"自我"。
- 不断深入:当你感到已经穷尽一个话题时,再多写一些。最有价值的想法往往要花很长时间才能浮出水面。因此,最重要的是——深入探索!

> 我写作是因为我不知道自己在想什么,直到我读到我曾说过的话。
> ——弗兰纳里·奥康纳(Flannery O'Connor)[1]

无论你是手写日记还是将其写在电脑里,我建议你把所有的日记都放在一个日记本或文件中。这样,许多年后的某一天,你还能非常愉快地阅读这本讲述自身智慧增长和大学成功经验的自传,感到无比愉悦。

让我解释一下为什么指导性日记值得你尽最大的努力。知识和成就之间存在着巨大的鸿沟。阅读成功策略可以给你带来获得成功的知识,但把这些策略运用到生活中——就像你将在日记中所做的那样——才能使你成功。当然,相比付诸实践,仅仅简单地阅读这些策略会更容易一些,但这就好比一边阅读有关锻炼的文章,一边困惑你为什么没有好身材。

如果你真切期望在大学里取得成功,我建议你深入地写每一篇日记。在不久的将来,你会很高兴自己这样做了。

---

[1] 弗兰纳里·奥康纳(1925—1964),美国小说家和评论家。(本书脚注为译者注。)

日记条目 1

在这次活动中，你将探索在学校里经历过的各种表层文化和风俗习惯。

记住：本章前面提出了创建有意义的日记的 5 条准则，请在开始写之前回顾一下这些准则。特别要记住的是，在写之前，将每一步的说明（粗体字）摘抄到你的日记里……然后深入探索！

1. 将你近期教育经历（比如高中、另一所大学、中等专科学校）中的表层文化与你现在学校的表层文化进行对比。从下面的列表中，选择两个或多个有不同点的表层特征。然后，用一个单独段落解释两者的某一项特征有何不同。解释当前的高等教育文化与你之前经历的教育文化相比的优点和缺点。

> 我在这门课上写的日记是我拥有的最宝贵的财富。我会永远珍惜它。
>
> ——约瑟夫·哈斯金斯（Joseph Haskins），学生

班级学生人数	学生年龄
学生的种族或民族	学生的经济水平
开设的课程	作业量
流行的课后活动	老师对待学生的态度
内部团体	教师的教育背景
服装	宗教
使用的语言	食物
体育	使用的方言
布置的阅读量	布置的写作量
建筑物风格	最爱的音乐
假期规定	外部团体
考勤制度	教学方法
家长参与度	教室

如果你选择的是"学生年龄"和"老师对待学生的态度",你的这篇日记可以这样开始:

去年我从高中毕业,那里的学生年龄在14岁到18岁之间。而在大学里,学生的年龄从17或18岁到50岁甚至更大。这学期的数学课上,有一对母女一起来上课。总的来说,大学生的平均年龄比高中生大10岁左右。

和我交谈过的几个年长的学生以前上过大学,后来退学了。这些回归的学生看起来更积极,并且比年轻学生更认真地对待课业。例如,他们几乎从不缺课,而且坚持交作业。也许我应该做的是……

2. 从前文描述的大学习俗列表中找出一个让你觉得最不舒服的习俗。回答下列问题中的部分或全部:你感到不舒服的原因是什么?你认为这个习俗对你来说是多大的问题?你想了解关于这个习俗的哪些额外信息?你可以在哪儿找到这些信息?谁可以让你感到舒服一些?你觉得班里的其他学生如何看待这个习俗?举例来说,如果你选择的是"选择专业",你的日记可以这样开始:

我对选择专业感到有些不快。事实是,我不知道自己想要追求什么职业,我只知道我不得不做出改变。我已经高中毕业10年了,一直从事建筑工作。我当然不想这辈子都干这行。这项工作对体力要求很高,对于年纪大的人来说很艰难。我不想到了60岁还整天在梯子上爬上爬下。也就是说,我知道自己不想做什么,但我不知道自己想做什么。高中时期,我并没有什么偏爱的学科。我的学习成绩不错,但大部分时间我都热衷于体育运动。我们班上有个家伙曾说他想要当医生。他的父亲是名医,因此他十分清楚医生的生活是怎样的。我的父亲是房地产销售,但我不想干这个。晚上和周末他从来都不在家,所以我成长的时候很少看见他。在我组建家庭后,我希望能看着我的孩子们长大。我希望能不必过早选择专业。如果我选了,最终可能会反复修改好几次。如果不是因为听说改变专业可能会丢失一部分学分,要花费更长时间才能毕业,这样做也不是太糟糕。要想选一个好专业,我需要……

理解高校教育工作者的期望

关键问题：高等教育的深层文化是什么？这些知识将如何帮助你从大学经历中获得最大的价值？

探索了高等教育的表层文化元素之后，你现在可能在想："关于大学的深层文化，我应该知道些什么呢？"这是个好问题！为了得到权威的答案，我在一个在线调查中向将近2000名教育工作者提出了这个问题。

好吧，不完全是这个问题。事实上我问的是："你最不喜欢的学生的行为和态度是什么？"这是因为——我们可能没有充分意识到自己的深层文化信仰——我们清楚地知道什么让我们烦恼（比如在我们前面插队的人）。而这些烦恼往往是探究我们的文化信仰以及对他人思想和行为的期望的窗口。

以下是一些——当然不是全部——高等教育中的重要文化信仰。换句话说，这些是你将在校园里遇到的许多教育工作者的期望。这些期望揭示了他们的价值观以及他们希望你做什么。在每条文化信仰之后是相关禁忌——教育工作者们所说的会惹怒他们的事，即他们不希望你做的事。这些见解将指导你的大学选择，大大增加你的成功概率。以这些见解为基础，本书剩下的内容将指导你如何成功。

> 学生们常常对必须承担如此多的责任而感到震惊：管理时间、做出决策、解决问题、完成任务等。是时候长大成人学会承担一些成年人的责任了。有些人已经准备好接受它，而有的人则没有。
>
> ——史蒂夫·朔默（Steve Schommer），
> 圣迭戈城市学院，加利福尼亚州

8种关键期望

1. 教育工作者期望学生能对学业负责。因此，他们希望学生能够成熟，并且对他们做出的选择负责。以下是缺乏个人责任感的学生让教育工作者们讨厌的地方：

- 将糟糕的成绩归咎于老师、课本、上课时间……或者除了他们自身以外的任何其他原因。
- 偷懒，没有完成所有作业，然后期待老师给他们第二、第三、第四次机会。
- 缺勤后回来上课时，认为"我上节课不在"是本次课毫无课前准备的完美正当借口。
- 通过电子邮件解释缺勤原因，然后询问他们错过了什么，什么时候有课程大纲和网站可供参考，万一他们下次还会缺席。
- 认为无论发生什么事都不是他们的错，与他们无关。
- 只会抱怨，而不去处理他们抱怨的事。

2. 教育工作者期望学生能积极获取成功。因此，他们希望学生把大学作为他们生活中的一个重要优先事项，并在必要时牺牲其他追求来完成学业。

以下是缺乏动力的学生让教育工作者们讨厌的地方：

- 期望导师去激励他们。
- 态度冷淡，对学业采取"这有什么关系"的态度。
- 不在乎失败，或者似乎总认为他们能通过补上功课、重写作业或者重新提交作业获得好成绩，这就是所谓的"一厢情愿"。
- 表示一切都很无聊，没有什么使他们感兴趣。
- 即使提供了反馈和支持，也没有任何改进的兴趣。
- 认为教授的工作是让课堂"有趣"。老师有责任创造引人入胜的课堂体验和丰富的内容。老师每天、每学期都在努力，但每天课程结束之后，老师不能帮学生做作业。老师不能让这门课对学生有意义。
- 没有完成阅读作业，因为"它没有趣味"。

> 我那些成功的学生能自我激励并奋发图强获得大学学位。
> ——杰拉尔德·黑德（Gerald Headd），凯霍加社区学院，俄亥俄州

3. 教育工作者期望学生能按时上课，并尽可能地完成所有作业。因此，他们希望学生能运用有效的组织技能，从而在没有监督或帮助的情况下完成作业。以下是自我管理能力较差的学生让教育工作者们讨厌的地方：

- 落下功课，不做课前预习，并期望以很少的努力取得好成绩。
- 认为可以做任何想做的事，因为他们付了学费。
- 有这样的想法："这项阅读作业太难了，我就不应该被要求阅读它"或者"如果因为我上课时间有别的事情要做而没有出勤，那么老师应该把我错过的东西补上"。
- 经常迟到、缺勤或不做作业。
- 好像不管他们做的功课有多么少、多么差，都能通过这门课。
- 缺课，然后到我的办公室要求我把他们错过的一切都告诉他们。
- 认为他们只是坐在那里（也许醒着）而不必参与或者做任何功课就能得到学分。

> 在大学里，学生的阅读量和作业量要求比高中要大得多。学生需每节课学习2~3个小时。老师希望学生能阅读、保存和查阅课程大纲，了解作业期限和考试！第一次考试一般是一记警钟，因为它通常包含大量的内容。
>
> ——利·贝丝·刘易斯（Lea Beth Lewis），加利福尼亚州立大学富勒顿分校

4. 教育工作者期望学生之间能相互合作，利用现有资源获得学术成功。因此，他们希望学生能协同合作，从老师和校园支持服务处寻求帮助，如辅导、咨询和建议。以下是缺乏互助能力的学生让教育工作者们讨厌的地方：

- 说："我要全部自己完成。"我告诉他们，没有人能靠"一己之力"完成学业。每个人都需要帮助！
- 不去利用那些几乎不费吹灰之力就交到他们手上的学校资源。
- 与某些东西做斗争，要么是题材，要么是技术，却不在斗争开始的时候就寻求帮助。

- 不与其他学生一起学习。
- 当他们对某项作业感到困惑时，不提出疑问，甚至在为时已晚之前什么也不说。
- 声称他们无法通过小组学习学到任何东西，所有需要知道的东西都应该由我来讲授。换句话说，除了讲课的内容就没有什么值得学习的东西。
- 等到课程结束才开始恐慌，接着跑到学习中心找辅导员，期待有人能替他们完成工作。

> 如果学生主动来我这里寻求帮助，他们通常都会成功。这些学生可能会有点挣扎，但他们接受了我们时不时都需要帮助的事实。
> ——斯蒂芬妮·克龙（Stephanie Kroon），纽约州立大学阿尔斯特分校

5. **教育工作者期望学生在事情行不通时知道变通**。因此，他们希望学生能学会：在偏离轨道时，理清自己是如何走到这一步的，然后尝试新的、更有效的方法来回到正轨。以下是缺乏自我意识的学生让教育工作者们讨厌的地方：

> 陷入困境的学生直到来不及改变时才意识到他们落于人后或是表现不佳。
> ——彼得·沙尔（Peter Shull），宾夕法尼亚州立大学

- 认为在高中行得通的方式方法在大学也自然行得通。
- 在大学的自由环境中养成不好的新习惯，比如聚会、喝酒、逃课、作业马虎以及其他错误。他们常常不知道这些习惯会如何伤害他们，直到为时已晚。
- 无法发现一些更有效的选择，或者在看到某些事情行不通时，也不愿意做出改变。
- 没有意识到那些关于他们学术能力的负面想法会像船锚一样阻碍他们前行。
- 关注弱点而不发展新优势。
- 忽略考试的低分和作业反馈，然后问："我做得怎么样？"

- 一遍又一遍重复不起作用的行为。

6. 教育工作者期望学生表现出对学习的热情。因此，他们希望学生有求知欲，因而追求知识而非成绩。以下是没有终身学习意识的学生让教育工作者们讨厌的地方：
- 不知道"学习"是什么，以及如何有目的地学习。学生们希望走进教室，不动脑筋，老师就可以把必要的知识灌输给他们。
- 认为每个人的观点是由自己掌控的，而且每个人的观点都不同，因此没有理由或基础拥有或表达一个观点。
- 不欣赏接受教育的好处。他们把经济援助视为理所当然，挥霍金钱，滥用制度！
- 作弊。
- 把分数而非对学习或专业的真正兴趣作为上课的主要原因。这种态度常常会通过那个著名且恼人的问题体现出来："我需要做什么才能通过这门课？"
- 期待被填鸭式地灌输，把自主性排除在学习之外。
- 不购买和阅读课本，认为老师会告诉他们所需要知道的一切。

> 我的成功的学生们上课时会全心投入课堂活动。他们希望学到新东西，不奢望学习变得简单或快速，并且渴望学习。
> ——阿德里安娜·皮克（Adrienne Peek），莫德斯托初级学院

7. 教育工作者期望学生能管理自我和他人的情绪，从而为达成目标服务。因此，他们希望学生能抑制那些会破坏自己或他人成功的冲动或失礼的情绪。以下是缺乏情商的学生让教育工作者们讨厌的地方：
- 做决定时忧虑重重；不去尝试努力，因为他们害怕失败。
- 评判或故意伤害其他学生，尤其是那些与他们不同的人。
- 与老师沟通不当。例如，我讨厌学生发来的信息以"嘿……"开头，或者当我不立即回复电话留言或电子邮件时，他们就变得脾气暴躁。
- 遇到困难时缺乏毅力和勇气。

- 追求短期的快感，导致他们直到最后一刻才去做作业或者准备考试。
- 因为害怕被批评或评判，课堂讨论时从不发言。
- 对校内职员、教师、管理者和同学粗鲁无礼或态度冷淡。总之，行为举止像中学生一样。

> 有的学生不去尝试，只是因为他们害怕失败。成功的学生即便害怕也还是会去做。
> ——金伯莉·曼纳（Kimberly Manner），西洛杉矶学院

8. **教育工作者期望学生相信自己的能力，并对其在大学取得成功充满信心。**因此，他们希望学生能够自信而不傲慢。以下是不够自信或太过自信的学生让教育工作者们无法忍受的地方：

- 假装"什么都知道"。他们并非无所不知，只是不想让其他人知道他们缺乏安全感。
- 当他们略微感觉到大学可能超出自己的能力时就马上放弃学业。有些学生太脆弱，把每一次挫折都当作放弃的理由。
- 不愿为学习奋斗，好像这样会显得他们很蠢。很多学生在高中时很容易就"学会了"，以至于他们并不理解不得不努力才能学会某样东西的感觉。
- 不相信自己，所以任何一次失望都会成为应验的预言和辍学的理由。
- 因为他们在高中学习很好，所以对大学老师提出的批评不以为然。
- 始终认为他们在大学无法成功。
- 说得好听，却轻易放弃。

> 成功的学生能够想出策略克服挑战，适应改变，从而继续学习，实现自己的目标。这意味着他们愿意接受错误和失败，然后重新站起来另做尝试。
> ——珍妮丝·富兰克林（Janeth Franklin），格伦代尔社区学院

当你进入高等教育阶段时，你就和大学教育者建立了关系。也许你在这段

表 1.3 高中文化和大学文化的 12 点不同

高中文化 不成熟	大学文化 成熟
学生上高中是因为父母或法律的要求。	学生通常因为个人选择而上大学。
老师多次提醒学生完成作业。	老师布置作业并期望学生按时上交、认真完成，但不会提醒。
老师会花时间管教搞破坏的学生。	老师不会容忍搞破坏的学生，并且可能禁止他们上课。
学生通常每周花在课堂上的时间为 30 小时或更多，而老师会在课上讲解课程的大部分内容。	学生通常每周花在课堂上的时间为 15 小时或更少，而老师期望学生在课后自学课程的大部分内容。这也是为什么完成所有作业如此重要。
老师和家长管理学生的大部分时间。	学生自己管理时间。
老师通常被迫"应试教学"，以帮助学生通过标准化测试。	老师在教学内容和方式上有更多的"学术自由"。
学术标准并非一直很高，聪明的学生常常可以通过较少的努力获得好成绩。	学术标准通常很高，所有学生都要想办法达到这些充满挑战的标准。
家人或朋友为学生提供学术、社交和其他问题的建议或解决办法。	学生自行解决问题，或者向学校提供的支持服务部门寻求帮助。
学生对课程的选择相对受毕业要求的限制。	学生有更大的自由可以选择他们想上的课，放弃他们不想上的课。
老师和家长会尽量减少可能影响学生成功的干扰。	学生必须自己处理干扰，包括聚会、电视、电子游戏、上网、约会、运动、Facebook、旅行和闲逛。
教育费用由纳税人支付，包括教科书。	教育费用，包括教科书，由学生、学生家长和学生申请的经济援助支付，在某些情况下，这笔费用必须偿还。
学生很少有选择。	学生有许多选择。

关系中的唯一目标就是考试及格和获得学位。我必须承认，这曾经也是我上大学时的唯一目标。很多年后，我发现自己的眼界实在太低。那些与你建立关系的教育者们——文化使然——除了及格和学位，对你有更多的期望（当然这两者也是他们的期望）。

大多数教育工作者的希望是你能成为一个有效学习者。他们希望你养成批判性思维，学会分析推理，掌握沟通技巧。而且许多人——很可能包括你这门课的老师——希望你能培养个人能力，比如个人责任感、自我激励、自我管理、自我意识、终身学习、情商和自信等。为什么？因为这些个人能力可以改变你的选择，让你有能力过上充实的、实现自我的人生。

所以，再一次欢迎来到高等教育。如果你能接受它提供的一切，你将在这段旅程中学到比你想象的更多的东西。

日记条目 2

在这次活动中，你将探索高等教育的深层文化。

1. 在大学教育者的 8 种期望（上面解释的）中，哪一种和你最近经历的教育文化（例如高中、另一所学院或大学、职业学校）最为不同？尽可能地使用个人经历举例解释这些不同。

2. 在大学教育者的 8 种期望中，哪一种对你来说最重要，为什么？你认为实现这种期望的难度有多大，为什么？在你的回答中，尽可能地列举个人经历。

了解自己

关键问题："成功"对你来说意味着什么？创造成功的必备技能有哪些？哪种必备技能是你的强项？你可以通过提升哪种技能获益？

你考虑过你的未来吗？你对 5 年、10 年、20 年后想要拥有的东西有清晰的概念吗？你以后想做什么？你想成为怎样的人？换句话说，你如何知道自己是否成功了？

> 从最终的目的开始。
> ——史蒂芬·R. 柯维（Stephen R. Covey）[1]

成功对你来说意味着什么？

我曾问过许多大学毕业生："当你还是大学生时，你认为什么是成功？"以下是一些典型回答：

上大学时，我认为成功就是……
……所有课程都得 A 或 B。
……两次罚球进球，赢下篮球锦标赛。
……拥有令人满意的社交生活。
……在养育两个优秀的小孩的同时，仍能当选优秀生。
……成为我们家第一个获得大学学位的人。

请注意，每一个回答都强调了外在成功：高分、比赛胜利、人气和大学学位。这些成功是公开的、可见的，可以让世人衡量的。

> 在大学里，学生不该过多学习如何谋生，而应学习如何生活。
> ——威廉·A. 诺伦博士（Dr. William A. Nolen）

我还曾问过大学毕业生："如果能够重过大学生活，你的做法会有什么不同？"以下是一些典型回答：

如果大学能够重来，我会……
……专注于学习，而不仅仅关注好成绩。

---

[1] 史蒂芬·R. 柯维（1932—2012），美国学界的"思想巨匠"，富兰克林柯维公司的创始人之一。

……选择工程专业，这是我热爱的事业。

……不断问自己，如何利用所学的知识提高我和我爱的人的生活质量。

……发现自我价值。

……多了解我所生活的世界和我自己……尤其是我自己。

请注意，毕业几年后的焦点往往在于内在成功：享受学习、遵从个人兴趣、专注个人价值、创造更充实的生活。这些成功是个人的、不可见的，带来深层的个人满足感。

大多数大学毕业生只有在经历过后才明白，想要彻底满足必须同时获得外在和内在的成功，这也正是这本书关注的内容。

为此，我希望你思考一下这条关于成功的简单定义：成功就是沿着你渴望得到的结果和体验的方向前进。

也许你想要获得大学学位、创业，或者结婚生 6 个孩子。也许你想要体验快乐、自信或爱情。也许你想仅仅通过个人努力"自学成才"。也许你想在一个彼此忠诚的团队里成为一个有价值的成员。不管你的期望是什么，这本书中的策略都将帮你实现。

作为一名大学老师，我曾看到成千上万的学生带着梦想来到学校，然后挣扎、失败、离开。我也看到更多的学生带着梦想来到学校，通过考试、毕业，脑中塞满了那些考完试就忘记的知识。他们获得了学位，但在更重要的方面，他们仍然没有改变。

> 这世上只有一种成功——能以自己的方式度过一生。
>
> ——克里斯托弗·莫雷利（Christopher Morely）

我认为，人生的首要任务是去开发我们与生俱来的惊人潜力。我们的所有经历，尤其是大学时期的经历，都能帮助我们成为最好的自己。

这本书将为你提供行之有效的策略，帮你在学业上、个人上和专业上取得成功。这并不是一件容易的事，但这些策略已经影响了成千上万的学生。因此，准备好优化你的结果和体验，去创造你定义的成功！

首先来看这样一个谜题：两名学生在学期第一天来上课，他们有着相似的智商、背景、天赋、兴趣和能力。当学期结束时，令人惊讶的是：一个高飞，一个沉沦；一个发挥潜能，一个力不从心。为什么拥有相似资质的学生会变得如此不同？更重要的是，你是他们中的哪一个？

> 人类所遭受的最大挫败来自他能够成为的和实际成为的两者之间的差距。
>
> ——阿什利·蒙塔古（Ashley Montagu）

老师们在每节课上都会发现这个问题。我打赌你也看到过，不仅在学校，而且在任何人们聚集的地方。有些人有成功的诀窍。有些人则在困惑和失望中徘徊，无法创造他们自己渴望的成功。很显然，有潜力不代表能成功。

那么，成功的基本要素是什么呢？

成功的基本要素

为了回答这个问题，让我们再回顾一下上面提到的两位学生，更仔细地观察他们。比如，让我们看看当他们在英语课上同样获得论文低分时发生了什么。第一个学生立刻去注册办公室退掉了这门课，而第二个学生立刻去辅导中心寻求帮助。第一个学生的选择放弃了学习技能的机会，第二个学生的选择保留了成功的可能。通过寻求辅导，第二个学生更有机会获得写作技巧，进而通过这门课并取得大学成功。

因此，成功的一个重要因素是培养完成某项任务所必需的技能。想要获得写作课的成功，你需要好的写作技能。想要获得数学课的成功，你需要好的数学技能。想要获得大学每门课的成功，你需要好的学习技能。这些技能通常被称为"硬"技能。你可能会学到成千上万的硬技能。会计需要处理税务的硬技能，护士需要量血压的硬技能，制片人需要使用编辑软件的硬技能。硬技能是可观察的、可衡量的、可学习的。上大学的主要目的就是学习这些硬技能。

记得我们说过，这两名学生拥有相似的智商、背景、天赋、兴趣和能力，那么当他们面对低分时，为什么会做出如此不同的选择？为什么一个会放弃而另一个会去寻求辅导？为了找出答案，我们需要考量他们的内在力量。

什么样的内在力量会让一个人去寻求帮助而不是放弃？我想到的有坚持、自信、动力等等。就像写作和数学，这三个内在品质也是技能，但是属于另一种类别。它们通常被称为"软"技能。不同于硬技能，软技能是不可见的、难以衡量的，但与硬技能一样是可学习的。

> 平均来说，一个人三分之一的能力是天生的，建立在他基于基因的气质、天赋、情绪和性格上。另外三分之二是经过时间培养的，通过成长获得……你学到的最重要的事就是找出如何培养这些内在能力的方法。
>
> ——里克·汉森（Rick Hanson），神经心理学家

这两种技能都会影响我们每天做出的成百上千个选择。因为即便是一些很小的坏的选择也会使我们偏离轨道，明智的做法是提高我们的选择能力。在这本书中，你将学习如何提高硬技能和软技能。正如你将看到的，想要做出明智的选择并且取得高等教育甚至未来的巨大成功，这两类技能是必不可少的。

在日常生活中，我们常常同时学到硬技能和软技能。比如说，学习一种硬技能（例如电脑键盘盲打）可以同时教会我们一种软技能（例如耐心）。这两种技能相互交织，但为了便于学习，我们将分别研究它们。这样，你可以一次关注和培养一种技能。这本书的前九章将帮助你培养软技能。后面的部分——"积极学习者的工具箱"——将帮助你培养硬技能，尤其是帮助你提高学习效率的技能。综合使用这些技能可以帮助你在高等教育文化中茁壮成长。

> 活着就意味着需要做出选择。但是要做出好的选择，你必须知道你是谁，你为什么奋斗，你想去哪里，以及你为什么想去那里。
>
> ——科菲·安南（Kofi Annan），联合国前任秘书长

评估大学成功的软技能

为了探索成功学生的选择，先花十几分钟完成下面的自我评估问卷。你的分数可以显示出支持你成功的软技能，并且还能指出你可能想要加强的软技能，以便在大学和人生中发挥更多的潜能。之后，你将有机会重做这份评估，比较两次的分数，我想你会感到惊喜！

这份自我评估不是测试，因而没有正确或错误的答案。这些问题只是给了你一个创作当下精准自画像的机会。保持绝对的坦诚，享受这个活动的乐趣，因为这是通往更丰富、更充实的人生的重要一步。

▶ **自我评估**

阅读下面的陈述，根据描述与自身情况的符合程度给每句话评分。为了得到精准的评估，请根据它确切的准确程度（而非你想要成为的）打分。记住，没有正确或错误答案。从 0 到 10 给每一句陈述选择一个分数，如下所示：

完全错误 ← ⓪ ① ② ③ ④ ⑤ ⑥ ⑦ ⑧ ⑨ ⑩ → 完全正确

1. _____ 我能掌控自己的成功。
2. _____ 我不确定自己为什么会上大学。
3. _____ 我把大部分时间花在做重要的事情上。
4. _____ 当我遇到一个具有挑战性的问题时，我试着自己去解决它。
5. _____ 当我偏离目标和梦想时，我能立刻意识到。
6. _____ 我不确定自己更喜欢如何学习。
7. _____ 我知道如何增加幸福感。
8. _____ 只有消除了缺点和弱点，我才能真正接受自己。
9. _____ 不可控因素（如糟糕的教学）是我成绩不好的原因。
10. _____ 我非常重视大学学位。
11. _____ 我不需要把事情写下来，因为我能记住自己需要做什么。
12. _____ 我有可以寻求帮助的人际关系网。

13.＿＿＿＿＿如果我有妨碍我成功的习惯，我不确定它们是什么。

14.＿＿＿＿＿当我不喜欢老师的教学方法时，至少我知道如何学习这门课。

15.＿＿＿＿＿当我非常生气、悲伤或害怕时，我会做或说一些会给我带来麻烦的事情。

16.＿＿＿＿＿当我面对即将到来的挑战（比如考试）时，我通常认为自己能做得很好。

17.＿＿＿＿＿当我遇到问题时，我会采取积极的行动找到解决办法。

18.＿＿＿＿＿我不知道如何设定实际的短期和长期目标。

19.＿＿＿＿＿我做事有条理。

20.＿＿＿＿＿当我选择了一门困难的课程时，我会独自学习。

21.＿＿＿＿＿我知道哪些信念阻碍了我的成功。

22.＿＿＿＿＿我不知道如何对复杂问题进行批判性和分析性的思考。

23.＿＿＿＿＿在完成重要的学校作业和做有趣的事情之间，我会选择前者。

24.＿＿＿＿＿我违背了对自己或对别人的承诺。

25.＿＿＿＿＿我经常做出糟糕的选择，这使我无法得到真正渴望的东西。

26.＿＿＿＿＿我希望在大学课程上表现优秀。

27.＿＿＿＿＿我缺乏自律能力。

28.＿＿＿＿＿别人讲话时我会仔细聆听。

29.＿＿＿＿＿我无法改掉任何妨碍我成功的习惯。

30.＿＿＿＿＿我认为自己的智力是可以提高的。

31.＿＿＿＿＿我经常感到无聊、焦虑或沮丧。

32.＿＿＿＿＿我认为自己和其他人一样有价值。

33.＿＿＿＿＿个人之外的力量（比如运气或其他人）可以掌控我的成功。

34.＿＿＿＿＿大学是实现我的目标和梦想的重要一步。

35.＿＿＿＿＿我把大部分时间花在做不重要的事情上。

36.＿＿＿＿＿我知道如何尊重和我不同的人（种族、宗教、性取向、年龄等）。

37.＿＿＿＿＿我可能会偏离目标和梦想很长一段时间而自己却没有意识到。

38.＿＿＿＿＿我知道我喜欢怎样的学习方式。

39. _____ 我的幸福程度主要取决于我的经济状况。

40. _____ 我接受自己的全部，包括缺点和弱点。

41. _____ 我成绩不好的原因在于自己。

42. _____ 如果我在大学失去了动力，我不知道如何找回它。

43. _____ 我有一份书面的自我管理系统，它帮助我按时完成重要的事情。

44. _____ 我很少和与我不同的人互动。

45. _____ 我知道哪些习惯妨碍我成功。

46. _____ 如果我不喜欢老师的教学方法，我可能会在课程中表现不佳。

47. _____ 当我非常生气、悲伤或害怕时，我知道如何管理情绪，以防做出任何我会后悔的事。

48. _____ 面对即将到来的挑战（比如考试）时，我通常认为自己会做得不好。

49. _____ 当我遇到问题时，我会抱怨、责备他人或者寻找借口。

50. _____ 我知道如何设定实际的短期和长期目标。

51. _____ 我做事没有条理。

52. _____ 当我选择了一门困难的课程时，我会寻找学习伙伴或者加入学习小组。

53. _____ 我不知道哪些信念阻碍了我的成功。

54. _____ 我知道如何对复杂问题进行批判性和分析性的思考。

55. _____ 我经常感到快乐和充满活力。

56. _____ 我遵守对自己或对别人的承诺。

57. _____ 当我需要做出重要决策时，我会分析可能的选择及其结果。

58. _____ 我不期望在大学课程上表现优秀。

59. _____ 我很自律。

60. _____ 当别人讲话时，我很容易分心。

61. _____ 我知道如何改掉任何妨碍我成功的不良习惯。

62. _____ 智力高低是天生的，而我没法改变它。

63. _____ 在完成重要的学校作业和做有趣的事情之间，我会选择后者。

64. _____ 我觉得自己不如别人有价值。

把你的分数填写到下面的评分表上。在 8 个板块中，将 A 列和 B 列的分数求和。然后按照下面的示例计算你的最终分数。

表 1.4　自我评估分数表

示例		评分 #1：承担个人责任		评分 #2：自我激励	
A	B	A	B	A	B
6. _8_	29. _3_	1. ____	9. ____	10. ____	2. ____
14. _5_	35. _3_	17. ____	25. ____	26. ____	18. ____
21. _6_	50. _6_	41. ____	33. ____	34. ____	42. ____
73. _9_	56. _2_	57. ____	49. ____	50. ____	58. ____
_28_ + 40 − _14_ = 54		____ + 40 − ____ = ____		____ + 40 − ____ = ____	

评分 #3：掌握自我管理能力		评分 #4：互相帮助		评分 #5：提高自我意识	
A	B	A	B	A	B
3. ____	11. ____	12. ____	4. ____	5. ____	13. ____
19. ____	27. ____	28. ____	20. ____	21. ____	29. ____
43. ____	35. ____	36. ____	44. ____	45. ____	37. ____
59. ____	51. ____	52. ____	60. ____	61. ____	53. ____
____ + 40 − ____ = ____		____ + 40 − ____ = ____		____ + 40 − ____ = ____	

评分 #6：终身学习		评分 #7：培养情商		评分 #8：相信自己	
A	B	A	B	A	B
14. ____	6. ____	7. ____	15. ____	16. ____	8. ____
30. ____	22. ____	23. ____	31. ____	32. ____	24. ____
38. ____	46. ____	47. ____	39. ____	40. ____	48. ____
54. ____	62. ____	55. ____	63. ____	56. ____	64. ____
____ + 40 − ____ = ____		____ + 40 − ____ = ____		____ + 40 − ____ = ____	

分数解释

如果你的分数是……

0~39　意味着你的选择很少能让你保持正轨。

40~63　意味着你的选择有时能让你保持正轨。

64~80　意味着你的选择通常能让你保持正轨。

▶成功学生的选择

成功的学生……	挣扎的学生……
▶ 承担个人责任，将自己看作创造其结果和体验的主体。	▶ 将自己看作受害者，认为自己身上发生的事主要由外部力量决定，比如命运、运气和其他有力的影响因素。
▶ 自我激励，通过追求有意义的个人目标和梦想，找到人生的意义。	▶ 难以保持动力，常常感到沮丧、受挫，并且/或对人生缺少方向感到不满。
▶ 拥有自我管理能力，坚持计划并采取有目的的行动来实现目标和梦想。	▶ 很少明确实现预期结果所需的具体行动，即使明确，他们也往往会拖延。
▶ 互相帮助，建立相互支持的人际关系，实现自己的目标和梦想，同时帮助其他人做到这一点。	▶ 独来独往，很少请求甚至拒绝他人的援助。
▶ 提高自我意识，有意识地利用行为、信念和态度帮助他们不断前行。	▶ 无意识地做出重要选择，被坏习惯和过时的人生剧本控制。
▶ 终身学习，几乎在每一次经历中都能学到宝贵的经验和智慧。	▶ 拒绝学习新观念和新技能，认为学习是可怕的或无聊的，而非智力游戏。
▶ 培养情商，有效地管理自己和他人的情绪，从而支持自己的目标和梦想。	▶ 生活在强烈情绪的支配之下，例如愤怒、悲伤、焦虑或即刻得到满足的需求。
▶ 相信自己，认为自己是有能力的、可爱的、绝对有价值的人。	▶ 怀疑自己的能力和个人价值，不相信自己能创造渴望的结果和体验。

分岔路口

为什么这八种内在力量如此重要？因为它们决定了我们的很多重要选择。人生之路每天都会分岔许多次，在每一个分岔路口我们都需要做出选择，有些重要的选择将真正改变我们的生活。大学期间，学生将遇到无数机会，比如半工半读、与老师共进午餐、学习小组、社交活动、运动队、新朋友、海外游学项目、恋爱关系、学术专业、通宵对话、多样的文化、富有挑战性的观点和实地考察等等。

图1.3 分岔路口

其他选择还包括应对令人失望的成绩、思乡之情、亲人的死亡、和朋友的冲突、孤独、健康问题、没完没了的作业、焦虑、失恋、自我怀疑、糟糕的课程安排、失去动力、不易相处的老师、留校察看、混乱的考试、令人沮丧的规则、令人迷惑的教科书、冲突的工作和学校安排、嫉妒的朋友、考试焦虑、学习障碍和经济困难等等。

换句话说，大学就像人生，永远都有机会和困难，我们在每个岔路口做出的选择将决定我们是否能得到渴望的结果和体验。想要在大学或人生中取得卓越的成绩，需要很多潜力以外的东西。接下来你将发现如何取得两者的成功，即便有无法避免的挑战。你看，当人生中出现一系列令人眼花缭乱的选项时，成功的人会做出一个又一个明智的选择。

> 我认为选择——尽管它可能是挑剔的、笨拙的、苛求的——是最终决定我们去哪里以及如何去的最有力的影响因素。
> ——希娜·延加（Sheena Iyengar）

几句鼓励的话

在这节课中，你将进行一场个人之旅，帮助你发展给予你力量的信念和行为，使你能最大限度地发挥你的潜力，实现你所渴望的结果和体验。但在出发之前，让我们看看你对这场即将到来的旅行有何感觉。请从下列陈述中选出最能表达你感受的一句话：

1. 我很兴奋能够培养内在能力、外在行为和学术技能，这些曾经帮助过其他人获得大学和人生的成功。
2. 我对这趟旅行还算满意，因为我可能会在路上学到一些有用的东西。
3. 不能说我很兴奋，但我愿意去尝试。
4. 我不开心，并且不想去！

几乎我参与过的每一个学习团队中都有一些不情愿的旅行者。如果你就是那个人，我想给你一些鼓励。

首先，我可以理解你为什么会犹豫不决。坦白来说，在读大学一年级的时候，我也曾感到不情愿。但我可以告诉你，我真希望那时我能知道你将要学到的这些东西。许多学生在完成课程后问："他们为什么不在高中时教我们这些东西呢？肯定会有帮助！"甚至一些最不情愿的旅行者后来也说："每个学生都应该上这门课！"

我不能保证你完成这门课后也会有这样的感觉。但我可以保证，如果你半途而废，或者更糟糕的是一开始就放弃，你永远不会知道这门课是否能帮助你改善人生。坦白来说，我的目标就是说服你给这门课一个公平的机会。

也许你会想："我不需要这些与成功有关的东西，告诉我找到一份好工作所需要的信息和技能就行了。"如果是这样的话，你将很高兴地发现，你在这门课中学到的软技能在职场上是很有价值的。事实上，许多公司向企业培训师支付巨额费用来教给他们的员工只是同样的技能。设想一下，当你把这些技能带到工作中时会有怎样的优势。

> 智慧加上品格才是教育的真正目标。
> ——马丁·路德·金（Martin Luther King）

又或者你会想："我已经知道如何获得成功了，这只是在浪费时间。"我也曾这样想过。而且我拥有三所名牌大学的学位和一份好工作作为佐证。我不是已经证明我能成功了吗？但是，当我以开放的心态去学习下文的这些技能时，我的职业和个人生活质量都得到了显著的改善。我也曾向成功的大学教育者们（甚至是你的老师）传授这些技能，他们中的许多人也有过和我一样的经历。你看，成功，然后又是成功！

又或者你会想："我不想检查和描写自己，那不是大学应该做的。"我理解这个异议！我上大学的时候，自我反省是我待办事项清单上的最后一项（就排在"赤脚回到北极点"之后）。我当然有一个"好"的理由：像我这样的运动员不会自省。我把它看作是"矫情的"，然后拒绝自我探索。我确信你也有不情愿的理由：害羞、文化教养，或者是当你自省以寻找成功的钥匙时，一大堆随之而来的让你感到不舒服的期待。我恳请你放下抵抗，尝试一下。你现在就可以知道我花了许多年才明白的道理：成功是由内而外的，而不是由外而内的。你就是你成功的钥匙。因此，我希望你能尽最大努力来完成这门课。这很可能是你学习的唯一一门主题是关于你自己的大学课程。相信我，如果你不掌握这门课的内容，你（在大学和人生中）所学的其他任何课程都会受到影响。祝你旅途愉快。继续冒险吧！

> 争夺金牌的战争并不重要。内心的挣扎——我们每个人内心看不见的战争——才是最重要的。
> ——杰西·欧文斯（Jesse Owens），1936年奥运会四枚金牌得主

日记条目 3

在这次活动中，你将根据自我评估问卷盘点自己的强项和弱项。

1. 在你的日记中，写下自我评估中的 8 个板块并记录你的分数，如下：

　　_____ 承担个人责任

　　_____ 自我激励

　　_____ 掌握自我管理能力

第一章 通往成功的道路　　37

　　_____互相帮助

　　_____提高自我意识

　　_____终身学习

　　_____培养情商

　　_____相信自己

将你的自我评估分数填入上面的横线中。

　　2. 叙述一下你在自我评估中获得最高分数的几项。解释你为什么会在这些方面获得高分。有没有出乎意料的高分？有没有你不赞同的高分？如果有，为什么？你对你所获得的高分有什么看法？你的日记可以这样开始："通过自我评估测试，我发现自己……"

　　3. 叙述一下你在自我评估中获得最低分数的几项。解释你为什么会在这些方面获得低分。有没有出乎意料的低分？有没有你不赞同的低分？如果有，为什么？你对你所获得的低分有什么看法？记住这句话："持之以恒则终有所得。"带着这个想法，写下你想要在这节课中做出的具体改变。你的日记可以这样开始："通过自我评估测试，我发现自己……"

> 一切荣耀都来自开始的勇气。
> ——尤金·F. 沃尔（Eugene F. Ware）

学生故事

杰拉尼娜·奥内加（Jalayna Onaga），夏威夷大学希洛分校，夏威夷

　　我从对大学感到兴奋到因不及格而退学，这速度快得令人惊讶。一年半前，我收到了夏威夷大学希洛分校的一封信，通知我因为 GPA 持续低于 2.0 而被退学。我并不感到惊讶，因为整个学期我都在做一个又一个糟糕的选择。我几乎没有上过课，不怎么做作业，考试前不复习，也从不寻求帮助。大多

数时候，我只是和那些告诉我不必去上学的朋友出去闲逛。但是，把时间快进到今天，你看到的是一位有明确未来目标、有动力完成这些目标、有计划实现梦想的女生。

但是要做出如此重大的人生改变，需要学习很多东西。

在社区大学上了一段时间的课程之后，我得到了重新入学的许可。我太紧张了！我担心自己被再次退学，然后这辈子一事无成。一位顾问建议我选修大学导论课，谢天谢地我采纳了这个建议。在我写这本书的日记时，我学到了很多关于自己以及如何成功的知识。我意识到在我第一次上大学时，我选择了护士课程是因为我的父母希望我这样做，因而我很难获得动力。

这一次我受到了启发，因为日记帮助我审视自己，找出未来的梦想，并制订计划去实现它们。我制订的计划第一次来自我的内心，而不是其他人告诉我应该做什么。我发现自己很喜欢小孩，我的梦想就是当二年级或三年级学生的老师。就在那时，我向自己承诺，要出席每一堂课，尽可能多地学习。在之后的日记中，我学到了可以制订时间表并写下所有的东西，这样可以帮助我完成重要的事。我甚至学会了寻求帮助，当我因为汽车抛锚而缺课时，我会和老师见面，看看我错过了什么课程内容。在考试前，我发现重读日记可以激励自己，因为我所写的话让我想起了我的梦想，以及为什么要努力学习实现它们。

最棒的是，我的新选择得到了回报。学期结束的时候，我获得了3个A和1个B+，成了年度优秀学生。大学导论课和这本书真正改变了作为一个学生和一个人的我。不久之前，我是一个没有方向的学生。现在，我可以想象自己在不久的将来会教导一班充满求知欲的学生，看着他们学习成长，就像我之前做的那样。

职场：软技能

> 我想我们必须明白，我们的生命有限，大部分时间都在工作。
>
> ——维克托·基亚姆（Victor Kiam），
> 雷明顿产品经理

运用你在本书中学到的知识不仅能改善你的大学成绩，还能促进工作成功。你将探索几十种行之有效的策略，帮助你在大学和职业生涯中实现你的目标。

这不是小事。职业成功（或者不成功）几乎影响到你人生的每一个部分：家庭、收入、自尊、与你交往的人、居住的地方、幸福水平、学到的东西、精力水平、健康，甚至寿命。

有的学生认为："职业成功所需要的就是所选职业的专业知识。"他们认为护士所需要的仅仅是好的护理技巧，会计师所需要的仅仅是好的会计技巧，律师所需要的仅仅是好的法律技巧。这些是我们之前讨论过的硬技能，是完成某项工作所需要的知识。硬技能包括知道静脉注射要在哪里插入针头、如何撰写有效的商业计划，以及现行的继承法是什么。这些都是你在专业学习中将要学到的技能。它们是获得工作的必要条件。没有它们你甚至连面试的机会都没有。

> **寻找创造者**
>
> 候选人必须展现职业成功所需的硬技能和软技能。

但是，大多数工作过一段时间的人会告诉你：硬技能是获得工作的必要条件，但它们通常不足以保住或增进工作。这是因为几乎每个员工都拥有他们工作所必要的硬技能。确实，有些人可能比其他人表现得更好或更差一些。

然而据估计，只有 15% 的人因为不能完成工作而失业。这就是为什么职业成功往往取决于软技能——你将在这本书中学到这些技能。正如一位职业专家所说："拥有硬技能你将被雇用，缺乏软技能你将被解雇。"

美国政府的一份报告证实了软技能对工作成功至关重要。美国劳工部秘书询问一组一流的雇主，取得职业成功需要什么。这个小组于 1992 发表了一份报告，被称为获取必要技能秘书委员会（SCANS）。这份报告提出了一套雇主认为工作成功所必需的基础技能和工作能力。该报告长期有效的建议对雇主和雇员来说仍然是一份宝贵的信息。一个不熟悉如今工作世界的人将在报告中会发现许多惊讶之处，尤其是在基础技能方面。该报告呼吁员工发展雇主在工作描述中提到、在推荐信中寻找、在面试中探索、在劳动力评估中获取的相同软技能。

SCANS 的报告将以下软技能看作一个人工作和事业成功的必要条件：负责、做出有效的决定、设定目标、管理时间、给任务划分优先等级、坚持不懈、努力工作、团队合作、有效沟通、有同情心、懂得如何学习、自我控制、相信自我价值。加拿大会议局发表了一份相似的报告《就业技能简介：加拿大职工所需的关键技能》（*Employability Skills Profile:The Critical Skills Required of the Canadian Work Force*）。两份报告都提出了软技能的必要性，但没有提供培养软技能的方法。本书将告诉你怎么做。

学习这些软技能将有助于你在大学毕业后的第一份工作中获得成功。而且，因为软技能是可复用的（与许多硬技能不同），你可以在转行后将它们运用于相似的情况。大多数职业专家称，如今的普通员工在一生中至少可能换一次职业。事实上，今天美国大约有 25% 的人从事几十年前不存在的工作。如果一个理疗师决定转行进一家互联网公司，他要掌握一整套全新的硬技能。但是他所掌握的软技能同样可以帮助他在新事业中发光发热。

所以，当你正在学习这些软技能时，你要不断问自己："我怎样才能一直利用这些技能来发挥我在大学和工作中的最大潜力呢？"请确信，你要探索的东西可以决定你的职业成败。

第二章　承担个人责任

成功的学生……

▶ 采取创造者心态，相信他们的选择将创造人生的结果和体验。

▶ 掌握创造者语言，为其结果承担个人责任。

▶ 做出明智的决定，有意识地设计他们渴望的未来。

挣扎的学生……

▶ 采取受害者心态，相信外部力量决定了人生的结果和体验。

▶ 使用受害者语言，通过责怪、抱怨和借口拒绝承担个人责任。

▶ 草率地做决定，让未来取决于概率而非选择。

我愿意承担创造期望人生的责任。

▶ 批判性思维案例研究——迟交的论文

弗洛伊德教授（Professor Freud）在心理学导论的课程大纲中宣布，期末论文必须在12月18日中午前交到她手中。她强调，任何没有按时上交完整学期论文的学生都不能通过这门课。随着学期临近结束，金（Kim）在弗洛伊德教授的心理学课上获得了"A"的平时分，她开始兴奋地研究学期论文。

阿诺德（Arnold），金的丈夫，感觉受到了威胁：他只拥有高中学历，而他的妻子正有望拿到大学学位。阿诺德在一家面包店上夜班，他的同事菲利普（Philip）开始取笑说，金很快就会抛弃阿诺德选择一个大学生。就在那时，阿诺德开始指责金有外遇，并要求她退学。她告诉阿诺德他很可笑。事实上，她说，历史课上有个年轻人约她出去，但她拒绝了。阿诺德没有得到安慰，反而更加愤怒。随着菲利普的煽动，阿诺德确信金有了外遇，他开始每天告诉金她很愚蠢，永远也得不到学位。

尽管家庭气氛紧张，金还是在截止日期前一天完成了学期论文。因为阿诺德把车钥匙藏了起来，而

弗洛伊德教授拒绝接受电子邮件发送的作业，金决定坐公交车到学校，提前一天上交心理学论文。在她等公交的时候，金的一个心理学同学辛迪（Cindy）开车来邀请金和其他同学一起参加学期末的庆祝活动。金告诉辛迪她正准备去交论文，辛迪保证她会确保金按时上交。"我是应该好好玩一下。"金想道，然后跳进了车里。庆祝活动一直持续到深夜。金不停地要求辛迪送她回家，但辛迪总是回答："别那么讨厌，再喝一杯。"当辛迪终于把金送回家时，已经是凌晨4点30分了。发现阿诺德已经睡着了后，金如释重负地舒了口气。

当金醒来时，已经是上午11点30分，距离上交学期论文的截止时间还剩30分钟。

如果坐汽车的话，她还能按时赶到学校，于是她摇醒了阿诺德，求他开车送她去。他只是厉声说道："哦，当然，你和你的大学朋友整夜待在一起。然后，我就应该在休息日起床，开车送你到城里。算了吧。""至少把钥匙给我。"她说，但阿诺德只是翻了个身就继续睡去

惊慌失措的金打电话到弗洛伊德教授的办公室，告诉行政助理玛丽（Mary），她的车出了问题。"别担心，"玛丽向金保证，"我相信弗洛伊德教授不会介意你的论文稍微迟到一会儿。只要确保在她1点离开前把它拿到这儿来。"金松了一口气，决定不再叫醒阿诺德，而是乘公共汽车。

12点15分的时候，金带着学期论文走进弗洛伊德教授的办公室。弗洛伊德教授说："对不起，金，你迟到了15分钟。"她拒绝接受金的学期论文，并给了金不及格。

下面是故事中的人物。按照他们对金在心理学导论课上获得不及格的责任进行排序。请给每个角色不同的评分并准备解释你的选择。

最需要负责 ← ① ② ③ ④ ⑤ ⑥ → 最不需要负责

_____弗洛伊德教授，老师　　_____菲利普，阿诺德的同事
_____金，心理学学生　　　　_____辛迪，金的同学
_____阿诺德，金的丈夫　　　_____玛丽，行政助理

深度思考
故事中有没有未被提到的人也应该对金的不及格负责？

采用创造者心态

关键问题：什么是对自己负责？为什么它是创造期望人生的关键？

心理学家理查德·洛根（Richard Logan）研究那些在大难中幸存的人，比如曾经被囚禁在集中营或者迷失在冰天雪地的北极，他发现这些人有一个共同的信念：他们都认为要由自己负责创造人生的结果和体验。

讽刺的是，责任这个词已是名声不佳。有的人把它当作不得不一生背负的重担。恰恰相反，个人责任感是创造成功的基础。个人的反应能力是在每一个岔路口做出明智反应的能力，你的选择将使你更加接近自己渴望的结果和体验。与之相反的则是被动地等待运气或强大的他人来决定自己的命运。不管你遇到的挑战是在北极的暴风雪中存活下来还是在大学取得优异的成绩，承担个人责任可以帮助你在任何情况下获益。

> 一生中最美好的时光是你认识到问题是你自己的问题的时候。你不会怪罪于你的母亲、生态或是总统。你意识到你掌握了自己的命运。
>
> ——艾伯特·埃利斯（Albert Ellis）

我第一次遇见德博拉（Deborah）时，她是我初级英语课上的一名学生。德博拉想要成为一名护士，不过在她有资格参加护理专业课程之前，她首先得通过初级英语。这是她第四次修这门课。

"你的写作显示出了很好的潜力，"我读了德博拉的第一篇文章后告诉她，"一旦解决了语法问题，你就可以通过初级英语。"

"我知道，"她说，"另外三位老师也是这么说的。"

"好吧，那就让我们把它变成你初级英语的最后一个学期。在每次上交论文后，和我约个时间讨论你的语法问题。"

"好的。"

> 我们越是习惯于从责任的角度去行动，作为人我们就越有效，作为人生的管理者我们就越成功。
>
> ——乔伊斯·查普曼（Joyce Chapman）

"尽可能多去写作实验室，从学习动词时态开始。让我们一次解决一个问题。"

"我今天下午就去！"

但是德博拉一直没能找到时间：不，真的，只要我……就去实验室。

德博拉在一学期内和我预约了两次，但两次都失约了：我很抱歉……只要我……就去见您。

为了通过我们大学的初级英语课，在学期结束的考试中，学生必须通过两篇论文中的一篇。每篇论文仅由社会安全号识别，由另外两位老师评分。学期结束时，德博拉的初级英语再次不及格。"这不公平！"德博拉抗议，"考试评分者希望我们是职业作家。他们一直在阻止我成为护士！"

我提出了另一种可能："如果你才是阻止你成为护士的人呢？"

德博拉并不喜欢这个观点。她想要相信她的问题"不在这儿"。她唯一的障碍是那些考试评分者。她所有的失望都是他们的错误。他们不公平。考试不公平。人生不公平！面对这种不公平，她无能为力。

我提醒德博拉，是她自己没有学习语法，是她自己没有去开会，是她自己没有承担创造她期望人生的个人责任。

"是的，但……"她说。

受害者心态和创造者心态

德博拉遇到了一个问题，导致她无法通过初级英语。但这个问题不是考试评分者，而是她的心态。

> 每当你背对着墙时，只有一个人能帮你，那就是你自己。
> ——帕特·莱利（Pat Riley），职业篮球教练

心态是信念和态度的集合。它就像镜片一样影响你看待情形的方式和做出选择。受害者心态使人们无法看到和做出帮助他们实现期望人生的选择。创造者心态使人们看到多种选择，明智地选择其中一种并采取有效的行动实现他们渴望的人生。

当你承担个人责任时，你相信自己创造了人生中的一切。有些人却不接受这个观点。"这世上有意外和自然灾害，"他们说，"比如抢劫、谋杀和战争。人们被边缘化、被压迫、被摧残，只因为他们是不同的。责备受害者是不公平的。说这些人造成了发生在他们身上的可怕之事是令人发指的。"

这些言论，就其本身而言，是对的。有时，我们都会被无法控制的力量影响。如果飓风摧毁了我的房子，我是外部力量的客观受害者。但如果我允许这件事毁了我的人生，我就是真正的受害者。在这种情况下，我是内部力量的牺牲品。是外部力量还是内部力量的受害者有关键的区别。当我拥有受害者心态时，我便成了自己的压迫者。当我拥有创造者心态时，我便拒绝受到压迫。

> 我认为我们对自己的选择完全负责，并且我们必须接受一生中每一个行为、话语和想法的后果。
> ——伊丽莎白·库布勒–罗斯（Elisabeth Kübler-Ross）

民权活动家罗莎·帕克斯（Rosa Parks）就是这个区别的完美例子。1955年12月1日晚上，帕克斯乘坐亚拉巴马州蒙哥马利市的一辆公共汽车回家。她刚刚结束了作为百货商店女裁缝的漫长一天。当司机命令她给一名白人乘客让座时，帕克斯拒绝了，并因此被逮捕。几天后，对她的被捕感到愤怒的非洲裔美国人开始抵制蒙哥马利市的公共汽车，直到381天后公共汽车上种族隔离的法律最终被废除，这场抵制才结束。因为选择了反抗，帕克斯被称为"现代民权运动之母"。在几年后的一次采访中，帕克斯被问到她为什么选择违抗公共

汽车司机让座的命令。"人们总说我没有让座是因为太累了，"她说，"但其实并不是。我的身体并不疲惫，或者说并不如平时工作日结束时那样累。我也并不老，尽管有些人认为我那时很老。我当时42岁。不，唯一让我厌倦的是让步。"面对外部的压迫，罗莎·帕克斯用其鼓舞人心的例子示范了拥有创造者心态的人所能获得的成就。

　　因此，相信自己创造了人生的一切是令人惊讶的吗？当然是的。但有个更好的问题：当作是你创造了人生中的所有结果和体验那样去行动，是否能改善你的人生？回答："是的。"然后让创造者心态改善你的人生。毕竟，如果你相信外部的某个人或某件事导致了你所有的问题，那么就得任由"他们"来改变。那是怎样的等待！比如说，德博拉要等多久才能让那些"考试评分者"改变？

　　学生承担个人责任的好处已经被许多研究证明。例如，研究员罗伯特·瓦勒朗（Robert Vallerand）和罗伯特·比索内特（Robert Bissonnette）请1000名大学一年级学生完成了一份关于他们为什么上学的调查问卷，以此来评估他们是"起源心态"还是"走卒心态"。"起源心态"的学生把自己看作自身行为的发起者，换句话说也就是创造者。相反，"走卒心态"的学生只是把自己看作受他人控制的木偶，换句话说也就是受害者。一年后，研究者再次去探寻这1000名学生身上发生了什么。他们发现，仍在大学就读的学生中，创造者心态的学生人数比受害者心态的学生要多得多。如果你想在大学里（或人生中）取得成功，拥有创造者心态将给你带来很大的优势。

> 你认为哪种错误会更好？a）在你可能真的无法掌控人生的时候认为你可以。b）在你可能真的能掌控人生的时候认为你不能。
> ——布鲁克斯·彼得森

责任和文化

　　20世纪50年代，美国心理学家朱利安·罗特（Julian Rotter）研究人们的信念，探寻是谁或者是什么造成他们人生的结果和体验。他称之为"控制源

（locus of control）"研究。"locus"在拉丁语中的意思为"地方"或"位置"。因此，控制源指的是人们认为掌控他们人生的力量的位置。从罗特的研究开始，控制源成了人性中最常被研究的方向之一。研究人员发现，不同文化对控制源有不同的看法。

某些文化中的人认为他们能控制自己命运的大部分，即使不是全部。研究人员称这种心态为内部控制源。拥有这种心态的人相信他们的结果和体验都取决于自身行为。这种心态是北美文化的一部分，在这种文化中，成熟常常被定义为对自己的人生负责。并不令人意外的是，北美高等教育深层文化中的一个重要部分是相信大学生是成年人。因此，学生应该做出成人的选择，并愿意承担这些选择的后果。

然而，研究人员发现，一些文化中的人将自己命运的责任交给他们无法控制的因素。如果你发现自己对个人责任感这个观点感到不舒服，也许你可以在你的深层文化中找到原因。例如，根植于天主教的拉丁美洲文化的成员很可能相信有一种更高的力量在指引他们的人生。那句俗语"Si Dios Quiere"（"如果上帝想要"）就反映了这种信仰。传统的美洲原住民对命运的重视也超过自身决定。而工薪阶级文化的成员——不管是什么种族——都可能遭遇经济挫折，怀疑他们是否有能力创造梦想的人生。

图 2.1　受害者心态与创造者心态

第二章 承担个人责任

> 一般来说，欧洲裔美国教师相信内部控制和内部责任——每个人能掌控自己的命运，他们的行动影响结果，人生中的成败与个人特征和能力有关。
>
> ——琼·莫尔

这些文化心态的差异强调了决定我们的责任从何处起始的重要性。一方面，承担太少的责任是消极的。我们会变得像一根飘浮在微风中的羽毛。另一方面，承担太多的责任也是消极的。我们可能会像骡子一样被困难压垮。事实上，因为个人的限制或命运的强加，又或是其他更有权力的人的意愿，有些选择确实是徒劳。就像玩笑说的，我们最大的责任之一就是决定我们负责什么、不负责什么、我们能控制什么、不能控制什么。更糟糕的是，在下一个岔路口，这些决定就可能会改变。作为选择的帮助指引，在北美文化中，通常明智的做法是采用英国诗人威廉·埃内斯特·亨利（William Ernest Henley）的哲学，他曾在 1875 年写道："我是我命运的主宰，我是我灵魂的统帅。"事实上，如果亨利当时是大学生，他可能还会加上一句："我是我 GPA 的创造者。"

责任和选择

个人责任的关键组成部分是选择。动物因本能或习惯会对刺激做出反应。然而，对于人类来说，刺激和反应之间有一个短暂的关键时刻。在这一刻，我们会自觉或不自觉地做出决定，从而影响我们的结果。

每一天，你无数次来到岔路口，并且必须做出选择，无处可逃。甚至不做选择也是一种选择。有的选择影响很小：我应该今天剪头发还是明天？有的选择影响巨大：我应该留在大学还是退学？从今天起，你做出的所有选择都将创造人生的最终结果。图 2.2 的责任模式展示了选择时刻的状态。

> 把太多的责任，或者说所有责任都强加给自己，会毁了你自己。
>
> ——弗朗茨·卡夫卡（Franz Kafka）

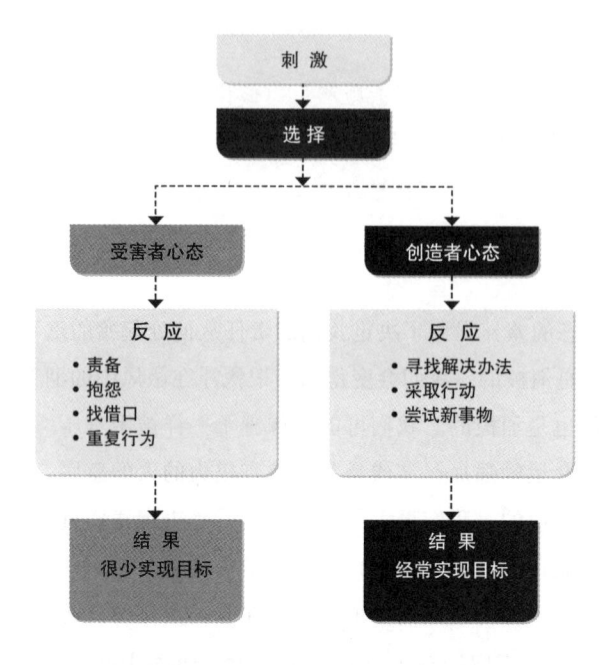

```
        刺激
         ↓
        选择
    ┌────┴────┐
 受害者心态   创造者心态
    ↓          ↓
   反应        反应
 • 责备     • 寻找解决办法
 • 抱怨     • 采取行动
 • 找借口   • 尝试新事物
 • 重复行为
    ↓          ↓
   结果       结果
 很少实现目标  经常实现目标
```

图 2.2　责任模式

在刺激和反应之间的短暂时刻，我们可以选择受害者心态或者创造者心态。当我们作为受害者做出反应时，我们通常责备、抱怨、找借口，然后重复无效的行为。当我们作为创造者做出反应时，我们暂停在每个决策点，并且提出疑问："我有哪些选择？哪个选择能最好地帮助我创造我渴望的结果和体验？"

> 我确实认为人生最好的教训是要对自己的人生负责。
> ——奥普拉·温弗莉（Oprah Winfrey）[1]

受害者或创造者回应人生的区别在于选择如何使用自己的精力。当我责备、抱怨、找借口时，我的努力会很少或没有带来情况的改善。当然，在那一刻声称自己是可怜的受害者而"别人"是邪恶的迫害者可能会让你感觉很好，但这种好的感觉转瞬即逝，因为在此之后问题依然存在。相反，当我寻找解决办法

---
[1] 奥普拉·温弗莉（1954— ），美国演员，制片人，主持人。

并采取行动时，我的努力通常（尽管并不总是）会带来改善。在关键的岔路口，受害者浪费他们的精力却依然被困在原地，而创造者则利用他们的精力去改善人生。我只能想到一种情况，责备和抱怨会有帮助。那就是用它们来产生激励你采取积极行动的能量。我的个人建议：最多抱怨十分钟……然后作为创造者寻找解决办法。

但是平心而论，没有人能一直做出创造者的选择。我从未见到有人做到过，尤其是我自己。我们的内心永远在创造者和受害者之间较劲。我自己的经历教会了我以下的人生经验：我做出的创造者选择越多，就越能提高我的人生质量。这就是我为什么敦促你们和我一起努力，做出更多创造者的选择。这样做并不容易，但值得。也许你现在不得已才相信我的话，但如果你尝试这本书中的策略，并且继续使用那些对你有用的策略，几个月后，你将在自己的人生中找到强有力的证据，证明做出创造者选择的价值。

"哦！我明白你的意思！"我的一名学生在我们探讨个人责任这个复杂的问题时，曾惊呼道，"你是说人生就像汽车旅行一样，如果我想到达我希望去的地方，我最好成为司机而不是乘客。"

> 我是肖尼族人。我的祖辈都是战士，他们的儿子也是战士……而从我的部落中，我一无所取。我为自己造就命运。
>
> ——特库姆塞（Tecumseh）[1]

她说得对。个人责任就是抓住人生的方向盘，掌控我们的目的地和到达方式。最终，我们每个人都将通过明智或愚蠢的选择创造自己的人生质量。

> 人生就像纸牌游戏。宿命论依靠发牌的手，而自由意志掌握打牌的方式。
>
> ——贾瓦哈拉尔·尼赫鲁（Jawaharlal Nehru）[2]

---

[1] 特库姆塞（约 1768—1813），北美肖尼族首长，以骁勇善战试图在中西部地区组建印第安部落联盟著称。

[2] 贾瓦哈拉尔·尼赫鲁（1889—1964），印度开国总理，也是印度在位时间最长的总理。

日记条目 4

在这次活动中，你将尝试创造者角色。通过选择对人生负责，你会立即获得更大的力量去发挥你的最大潜力。

1. 写出并补完下面五个句子。比如，你可能会这样补完第一个句子：如果我对教育负责，我将专注于真正的学习，而不仅仅是取得好成绩。

- 如果我对教育负责……
- 如果我对职业负责……
- 如果我对人际关系负责……
- 如果我对健康负责……
- 如果我对所有发生在我身上的事负责……

2. 选择下面的一个话题：

A. 关于个人责任，你在这篇日记中学到或重新学到了什么？你将如何运用这些知识改善大学以及未来的结果和体验？如果你意识到承担个人责任与你自身的文化或个人信仰有冲突，想想你将如何解决这个差异。你的日记可以这样开始：通过阅读和撰写个人责任，我学到了……

B. 分享一次你承担或没有承担个人责任的经历的细节，并解释这次选择对你人生的影响。

学生故事

泰伦·罗斯米勒（Taryn Rossmiller），
博伊西州立大学，爱达荷州

我在高中时是一名模范生，GPA 3.95，并获得了奖学金以及网球和军乐队的校队荣誉资格。我热爱高中，并且知道上大学就是我的未来选择。我进入博伊西州立大学主修音乐教育专业，偏重鼓乐和打击乐。我的愿望是成为一名音乐老师，而我的目标则是成功和超越。

然而在音乐学院，我每天都被一些看起来无关紧要的事弄得筋疲力尽。"你的演奏匆匆忙忙。你的拇指放错了地方。你的技巧全都错了。你练习过吗？"尽管我努力改进，但每周还是收到更多的批评。那些反馈无情而且令人泄气。我的老师们是以音乐家的身份评论我，但我主观地认为一切都是针对我个人。在忍受了一年教授们的考核后，我在学期中停止了所有的音乐课。无论我有多努力，我都觉得我的音乐生涯毫无希望。因此我感觉自己唯一的选择就是放弃课程，接受不及格。结果，我的学期 GPA 下降到了 0.98 的历史最低水平。我失去了经济援助，被留校察看，而且必须提高学习成绩才能继续学业。整个经历对我的自信心和自尊心都是一个巨大的打击。我感觉自己不该被"察看"。对于大学，我从充满激情变成充满恐惧。

夏天的时候，我收到了一位大学教授的电子邮件。她鼓励我修一门专为留校察看学生设计的特殊课程。尽管我觉得自己不需要这门课，但我还是参加了学生成功研讨会，希望能取得大学学业的成功。当然，我的学术命运并不是我的错——是教授们的错、是音乐学院过于苛刻的错、是除了我以外所有人的错。然而，在"我不需要的学生成功研讨会"上，我很快发现，我的命运一切都与我有关。事实上，我发现我的选择是我自己做的，我的成功取决于我自己，我的人生是我自己的责任！

我第一次发现了未来的真相——我要为之负责，只有我才能带自己前往想去的地方。我在上这门课的时候领悟了很多东西，其中最重要的一点就是培养创造者心态。这门课帮助我意识到自己展现了受害者心态的每一个方面。我垂头丧气，把自己的失败归咎于他人，而更糟糕的是，当我无法完成渴望的目标时就找个借口。我草率地做出决定，好像事情不妙不是我的错，而我内心的对话也没有帮助我实现目标。

感谢这本书，我开始用全新的眼光看待我的生活。我采取了以下三个步骤，并且知道自己可以取得学业和个人的成功：

1. 我相信我所做的每一件事，不管是否是我喜欢的结果，都是我的责任。

2. 我相信我做的每一件事都会塑造我的人生和经历。

3. 我会做出积极的决定，引导我从人生中得到我渴望的东西。

在完成学生成功研讨会之后的那个学期，我的 GPA 达到了 3.5 分并且成了年度优秀学生。我不再被留校察看。随着成绩的提升，我对失去的经济援助进行了申诉并且重新拿回了它。从那时起，我的专业改成了心理学。时光飞逝，今年五月我就要毕业了。我打算攻读咨询和社会工作的硕士学位。

在学生成功研讨会上，我获得了力量。在其他方面，我了解了培养创造者心态的重要性，学会了如何树立自信心以及如何制止内心批判和内心防卫的声音。我不再将失败归咎于导师、大学或者环境。我学会了承担个人责任，并且意识到自己并不是一个差生，只是拥有一个不好的开始。总的来说，我知道自己有能力改变我的未来，并且学会了如何采取行动进行改善。我很高兴能够保持创造者心态，抛弃受害者心态。再见，过去的我。你好，成功！

照片：承蒙泰伦·罗斯米勒的允许。

掌握创造者语言

关键问题：如何通过改变词汇创造更大的成功？

你是否曾注意到你的脑海里几乎总是有对话？内心的声音喋喋不休，评论着你、他人和世界。这种自我交谈很重要，因为你对自己说的话决定了你在每个岔路口的选择。拥有受害者心态的人通常会听从内心批判和内心防卫的声音。

> 一方面自我批判，另一方面批判他人，这是人生之舞的重要组成部分。
>
> ——哈尔·斯通（Hal Stone）和西德拉·斯通（Sidra Stone）

自我交谈

内心批判

这是一种认为自己能力不足的内在声音。我的手脚是如此笨拙。我不会做数学题。我不是她想要约会的那个人。我说的话总是不对。我的耳朵太大了。我是个差劲的作家。内心批判承担了过多的责任，将人生中的任何错误都归咎于自己。这都是我的错。我总是搞砸。我知道我的生物不会及格。我毁掉了这个项目。我应该感到羞愧。我又断送了机会。这种评判性的内在声音可以挑剔我们的一切：我们的外表、智力、表现、人格、能力、别人对我们的看法。严重的情况下甚至包括我们作为人的价值。我不够好。我没有价值。我不该活下去。（尽管几乎每个人都不时会有批判的内在声音，但如果你常常想到最后这三种有害的自我评价，不要胡乱对待，马上去学校的咨询办公室寻求帮助，修正这些有害的信息，这样你就不会选择自我毁灭。）

图 2.3　自我交谈的三种声音

> 大声的、喋喋不休的内心批判是十分有害的。它对你心理健康的伤害甚于任何创伤或损失。因为悲伤和痛苦会随着时间的冲刷而消失，但内心批判会永远伴随着你——批判、责备、挑剔。
>
> ——马修·麦凯（Matthew McKay）[1] 和
> 帕特里克·范宁（Patrick Fanning）[2]

讽刺的是，自我批判拥有积极的意图。通过批判自己，我们希望消除缺点，赢得他人的认可，从而感觉更有价值。有时当我们逼迫自己变得完美时，确实会创造一个积极的结果，虽然我们在努力中使自己痛苦不堪。然而，自我批判往往又会导致我们放弃，就像当我告诉自己我不能通过数学考试时，我退掉了这门课。这有什么积极的意义？好吧，至少我逃避了问题。从通过数学考试的压力中解脱出来，我的焦虑感消失了，而且比开学时感觉好多了。当然，我仍然得通过数学考试才能获得学位，因此我的解脱只是暂时的。内心批判通过用未来的成功换取当下的舒适。

内心批判来自哪里？这里有一条线索：你有没有注意到，它的自我批评常常听起来像是我们所认识的那些评判性的大人？就好像年轻的我们记录下了他们的批评，而多年后我们的内心批判一遍遍地回放这些批评。有时你甚至可以回想起一个人在几年前对你做出的具体评论。不管它现在是否准确，这种判断会影响你每天的选择。

在讨论内心批判的声音时，有的学生说，在他们的文化里，父母惯常批评自己的孩子。父母说他们这么做是为了帮助孩子。一名日裔美国学生说，如果他带着 98 分的成绩回家，他的父母会告诉他那还不够好。一位美籍华裔女性说，如果她的体重增加一磅，她妈妈就会告诉她，她太胖了，不会有人想要娶她。一个犹太裔美国学生在她的陶瓷课上制作了一个花瓶，并把它作为礼物送给了她的母亲。她母亲自豪地把花瓶陈列在餐桌上。第二天，她的母亲问："这个花瓶你得了多少分？"我的学生回答说她获得了"C"。很快，花瓶消失不见

---

1 马修·麦凯，加州伯克利莱特研究所教授。
2 帕特里克·范宁，心理健康领域专业作家。

第二章 承担个人责任 57

图 2.4 如何组装

了。我倾向于不要随便给这些父母下结论。我愿意相信他们认为自己是在帮助孩子，甚至展现了爱。但不管他们的目的是什么，很明显，这些父母给孩子们的内心批判赋予了巨大的力量。

> 当你不喜欢一件事时，你应该做的是去改变它。如果你不能改变它，改变你的思考方式。不要抱怨。
> ——玛雅·安吉罗（Maya Angelou）的奶奶给她的建议

内心防卫

另一面是内心防卫。内心防卫是批判他人而非自己。好无聊的老师。我的顾问搞砸了我的经济援助。这些人（指一个少数群体）不如我们优秀。我室友害我上课迟到了。没人知道他们在这儿做什么。都是他们的错！内心防卫承担过少的责任，因此他们的想法或对话充满了对他人的责备、抱怨、控诉、评判、批评和谴责。

和内心批判一样，内心防卫也拥有积极的目的。它们也想保护我们免受不安和焦虑。它们也想让我们感觉更有价值。它们的一种做法是将别人批判为错的、坏的，或者"不如我的"。通过打倒别人，内心防卫试图让我们自我感觉更好。从这个角度看，你也许会发现嫉妒和偏见是内心防卫的重要工具。

内心防卫的另一种做法是通过将问题归咎于我们无法控制的力量来帮助我们，比如其他人、坏运气、政府、缺钱、漠不关心的父母、不充足的时间，甚至是过多的时间。一位大学生的内心防卫可能会说,我不能通过数学考试是因为老师太糟糕,她连爱因斯坦的数学都教不好。此外,教科书也糟糕透了,数学实验室里的助教粗鲁无理且毫无帮助。很显然,这所大学并不真正关心学生的情况。如果我是那个学生,我会松一口气,因为我有了掩护。如果我退了课,那可不是我的错。如果我继续上课最后不及格,那也不是我的错。如果我继续上课,最后不知怎么就通过了(尽管老师糟糕、教科书糟糕、助教没用、大学漠不关心),那我不亚于创造了一个奇迹!不管事情会变得多坏,因为我知道至少不是我的错,我都能获得安慰。都是他们的错!

> 教育个人责任的目的是让学生把"应该责怪谁"的问题替换为"需要做什么"。
>
> ——纳撒尼尔·布兰登(Nathaniel Branden)

这些声音来自哪里?也许你已经注意到,内心防卫的声音听起来就像我们认识的那些评判性大人。你不能相信其他人。他们不如我们优秀。他们是懒惰的。他们渴望的只是不劳而获。他们是造成我们问题的原因!其他时候,内心防卫的声音听起来就像我们还是胆小害怕的小孩为了保护自己免受强大成年人的批评和惩罚而发出的声音。还记得我们如何找借口逃避责任,把我们糟糕的选择归咎于他人或其他东西。这不是我的错。他一直在戳我。我的狗吃了我的家庭作业。我还能做什么?我没有任何选择。我姐姐打坏了它。他强迫我做的。为什么每个人总是挑我的错?都是他们的错!

请注意,内心批判和内心防卫有一个共同点:它们都是评判的声音。通过内心批判,我们把评判的手指指向自己。通过内心防卫,我们把评判的手指指向外在的某人或某物。不管是听从内心批判还是内心防卫的声音,我们都付出了高昂的代价。因为专注于谁该受到责备,我们把精力浪费在评判而非积极行动上。我们在原地转圈,而非有目的地朝着我们渴望的结果和体验前进。为了在当下这一刻感觉好一点,我们破坏了创造更好未来的机会。

> 我曾经希望我的墓碑上写着"她尽力了"。现在我希望上面写的是"她做到了"。
>
> ——凯瑟琳·邓纳姆（Katherine Dunham）

幸运的是，我们的内心还有另一种声音存在着。

内心指引

这是我们内心追求充分利用任何环境的明智声音。内心指引知道评判不能改善困难的局面。因此相反，内心指引客观地观察每种情况，并问自己：我是否还在正轨上？如果我偏离轨道，我能做些什么以回到正轨？内心指引告诉我们公正的真相（当时它们所知道的极限），让我们能更清楚地了解身边的世界、其他人，尤其是我们自己。拥有这些知识，我们可以采取行动并走上正轨。

> 你必须改变对自己生活状况的看法，这样你将不再暗示自己任何你以外的东西是不幸的决定因素。不要再说"乔（Joe）让我疯了"，而是说"当我在乔身边时，我把自己弄疯了"。
>
> ——肯·凯斯（Ken Keyes）

有的人说："但我的内心批判（内心防卫）是对的！"是的，内心批判和内心防卫可以像内心指引一样"正确"。也许你确实是个蹩脚的作家，数学实验室的助教确实是粗鲁无理且毫无帮助的。区别是受害者把所有的精力花费在评判自己或他人上，而创造者用他们的精力解决问题。我们允许哪种声音占据我们的思想决定了我们的选择，而我们的选择决定了我们人生的结果和体验。所以，仔细选择你的想法。正如之前提到的，我最多允许自己用10分钟抱怨、责备、找借口。然后我将重新调整精力，寻找我能做什么。

负责任的语言

将受害者言论转化为创造者负责任的语言，可以让你从停滞的评判转移到动态的行动上。在下表中，左边一栏展示了一位选修了具有挑战性大学课程的

表 2.1 受害者语言与创造者语言之间的转化

受害者关注他们的弱点	创造者关注如何进步
我在这门课上的表现很差劲。	我觉得这门课有挑战性,因此我要建立一个学习小组并在课堂上多问一些问题。
受害者寻找借口	创造者寻找解决办法
老师太无聊了,他让我犯困。	我发现很难在课堂上集中注意力,所以我要挑战自己,集中精力,每节课至少记一页笔记。
受害者抱怨	创造者将抱怨变为请求
要求必修这门课就是一个愚蠢的规定。	我不明白为什么这门课是必修的,所以我要请老师帮我看看它能给我的未来带来什么好处。
受害者认为自己不如别人	创造者向更熟练的人寻求帮助
我永远做不到约翰那样好,他是个天才。	我在这门课上需要帮助,所以我要问问约翰是否愿意帮我复习功课。
受害者责怪	创造者承担责任
这些考试是荒谬的。教授在第一次考试就给了我一个"F"。	第一次考试我得到了一个"F",因为我没有认真阅读作业。从现在起,我会在读过的内容上做好详细的笔记。
受害者认为问题是永恒的	创造者认为问题是暂时的
在课程的网络讨论板上发表评论是不可能的。我永远也不知道怎么做。	我一直尝试在课程的网络讨论板上发表评论,但没有仔细阅读老师的指示。我将再看一遍指示,然后一步步照做。
受害者重复无效行为	创造者进行创新
去辅导中心是没有帮助的。那儿没有足够的辅导员。	我一直在午饭后前往辅导中心,那里真的很忙。我将尝试早上过去,看看是否有更多有空的辅导员。
受害者尝试	创造者实践
我将试着做得更好。	为了做得更好,我会这样做:按时上课、记好笔记、课上提问、创建学习小组、和老师预约。如果这些都不起作用,我会想一些别的办法。
受害者预见失败然后放弃	创造者积极思考,寻找更优选择
我很可能会失败。没什么是我可以做的……我不得不……我应该……我放弃……	我能想到办法。总会有我可以做的事。我能……我选择……我将……我会继续……

学生的受害者想法。带着这样的想法，这位学生在这门课上的未来很容易被猜到——并不美好。

但是，如果她将内心对话改为右手边那栏展示的那样，她也将改变她的行为。她就可以在课程中学到更多知识，提高通过的可能性。更重要的是，她可以学会从内心批判和内心防卫的评判、自我破坏的思想中夺回对人生的掌控。

> 借口剥夺你的权力，引起冷漠。
> ——阿格尼丝·威斯灵·埃尔克（Agnes Whistling Elk）

当你阅读右侧一栏的转化时，注意创造者语言的两个特点。第一，创造者接受对自己的处境的所有权。第二，创造者计划并采取行动来改善处境。所以，当你听到"所有权"和"计划"时，你就知道你在和一位创造者说话。你可以在任何时候选择两种心态中的一种，而这个选择将塑造你的命运。

当人们选择受害者心态时，他们抱怨、责备、寻找借口，从而几乎没有精力去解决问题。因此，他们总是被困在原地，一遍遍向任何会倾听他们的可怜灵魂讲述他们悲伤的故事。就这样，受害者耗尽了自己和周围人的精力。

> 责备……是失败者的消遣。责备没有好处。动力植根于自我责任。
> ——纳撒尼尔·布兰登

相反，当人们选择创造者心态时，他们使用语言和想法来改善糟糕的处境。首先，他们承担了创造目前结果和体验的责任，而他们的话反映了这一所有权。接着，他们计划并采取积极的行动改善处境。这样，创造者可以为自己和周围人提供能量。

每当你感觉自己陷入受害者语言陷阱时，问问自己：我想要什么——借口还是结果？我现在能想什么、说什么、做什么，才能让我朝着渴望的结果和体验前进？

日记条目 5

在这次活动中,你将练习个人负责任的语言。通过学习将受害者语言转化为创造者语言,你将掌握这门成功者的语言。

1. 在日记页的中间画一条线。在线的左边,抄写下面的 10 条受害者言论。

2. 在线的右边,将受害者语言转化为创造者语言。创造者语言的两个关键是掌握问题的所有权和采取积极行动解决问题,也就是所有权和计划。当你以对糟糕处境负责的姿态应对时,你将有能力做一些事情(不像受害者必须等待他人来解决问题)。可以用表 2.1 的转化作为模板。

> 你使用语言的方式对人生质量有很大的影响。某些话是破坏性的,某些则能给予人们力量。
>
> ——苏珊·杰弗斯(Susan Jeffers)

3. 关于如何使用语言,写下你学到的或重新学到的。你习惯像受害者或创造者那样说话吗?你发现自己更倾向于责怪自己、责怪他人,还是寻求解决方案?请务必举例说明。从现在起,你的语言使用目标是什么?具体而言,你将如何实现这个目标?你的日记可以这样开始:在阅读和练习创造者语言的过程中,我学到了……

记得要不断深入!

表 2.2　受害者语言与创造者语言之间的转化

受害者语言	创造者语言
1. 如果他们能对校园停车做些改善,我就不会经常迟到了。	1.
2. 我没有通过在线课程,因为网站登不上去。	2.
3. 我不好意思在课堂上提问,尽管我很困惑。	3.
4. 她是个糟糕的老师,这就是我第一次考试不及格的原因。	4.
5. 我讨厌团队项目,因为大家都很懒,最终总是我做大部分工作。	5.
6. 我希望我能写得更好,但我做不到。	6.

（续表）

受害者语言	创造者语言
7. 我的朋友把我气得连考试都没法复习。	7.
8. 这学期我会尽力做到最好。	8.
9. 经济援助表格复杂到无法填写。	9.
10. 我晚上工作，所以没有时间做作业。	10.

> 如果你被束缚了，这与你总说"我不能"有关。不过，"我不想""我不会"或者"我还没有学会怎么做"会更委婉。说"我不能"是在否认责任。
>
> ——盖伊·亨德里克斯（Gay Hendricks）和
> 凯瑟琳·亨德里克斯（Kathlyn Hendricks）

学生故事

亚历山大·卡涅夫斯基（Alexsandr Kanevskiy），奥克兰大学，密歇根州

我刚上大学的时候毫无动力，而且会选择将我的问题和缺点归咎于别人。我比每个人都聪明，因此不需要做所有其他人都做的作业，至少我是这么想的。我最喜欢的消遣是直直地盯着电视，而不是去听课或者做作业。我想即使没有我，一切也能自如运转。高中时，我一直带着这种放纵的懒惰，不幸的是，它跟着我进了大学。就在那时，严峻的局面给了我打击——以我当时的分数，我将被学校开除。在大二的时候，我被留校察看，除非我能有进步，否则将被退学。

这时，我第一次开始注意这本书。一开始，我没有想太多，觉得它不过是又一本误导人的指南，充满了落后的理论和建议，无法帮助我或者其他任

何人。但在第一次阅读后，我发现这本书与众不同。它的语言不会让我感到烦躁或无聊。然而最有趣的是，其中的第一份日记对我作为学生的转变产生了最为深刻的影响，这篇日记是关于改变我自己的语言的。它教我使用积极的创造者语言，而不是使用指责他人或极其消极的语言。我需要思考和使用的是寻找答案和解决办法的语言，而不是让我消极和无助的语言。当我转换了思考和说话的方式后，接下来的人生也改变了。突然之间，责任掌握在我自己手中，而我需要却害怕去寻找的解决办法也变得越来越清晰。我意识到，答案和解决办法本就存在，找到它们取决于我自己。我的错误和缺点比以往任何时候都更加明显，而我的傲慢令人吃惊。我发现自己并没有聪明到可以不用上学也不用做作业的程度。我的同学们都在寻求解决方案，并对此负责。我从没有意识到这一点，因为我从不渴望这些解决办法，因此也从来没有负责过。

我不再期待解决办法会自然而然地来到我身边，而是开始行动，不再对着电视昏昏欲睡。积极的创造者语言仅仅是第一步，但我在这第一节课里学到的东西将会延续到今后的课堂和生活之中。我发现自己最近对上课很有兴趣，完成作业也变成了一种快乐，因为每一份作业都是又一次学习的机会。甚至是打篮球，比起得分，我开始对过程更感兴趣，比起责怪队友的失误，我更愿意帮助他们。在朋友间，我现在被称为"问题解决者"，这令我和他们都很吃惊。这本书给我提供了一块垫脚石，使我成了一个对自己语言和行为负责的人，这对在学校和外部世界取得成功都很有价值。

做明智的决定

关键问题：如何提高决策质量？如何对人生的结果和体验负责？

人生是一场充满机遇和困难的旅程，每一次都需要做选择。今天你所经历的一切很大程度上是你过去选择的结果。更重要的是，你在未来经历的一切将大部分由此时此刻你所做出的选择决定。

这令人振奋。如果能做出更明智的选择，我们将更有可能创造渴望的未来。在通往大学学位的路上，你将面临很多重要的选择，比如：

我应该……
- 主修商学、科学，还是创作？
- 全职工作、兼职，还是根本不工作？
- 放弃让我厌烦的课还是坚持到底？
- 准备考试还是和朋友出去玩？

这些选择的总和，再加上成千上万个其他选择，将决定你在大学和人生中的成功程度。那么，制定一个有效的选择管理策略难道不是明智之举吗？

> 人生的最终结果总是你所做决定的总和。
> ——沙德·黑尔姆施泰特（Shad Helmstetter）

明智选择流程

面对任何挑战，你都可以通过回答明智选择流程的 6 个问题做出负责任的决定。这个可能会让你感兴趣的流程是一种在许多职业领域中使用的决策模型的变体。比如护士会学习一套类似的流程来帮助病人，其缩写为 ADPIE，这些字母分别代表评估（Assess）、诊断（Diagnose）、计划（Plan）、实施

图 2.5　不方便说话

（Implement）和评价（Evaluate）。经过培训的咨询师和治疗师可能会学习一套类似的流程来解决个人问题。威廉·格拉瑟（William Glasser）在他 1965 年的《现实治疗法》(*Reality Therapy*)一书中描述了这一流程。

> 我选择，我负责，成功或失败，命运掌握在我的手中。
>
> ——伊莱恩·马克斯韦尔（Elaine Maxwell）

《美国宇航局系统工程手册》(*NASA Systems Engineering Handbook*)中提到："系统工程……包括系统目标的识别和量化、替代系统设计概念的创建、设计的表现、最佳设计的选择和实施、设计是否正确建立和整合的验证，以及系统达到目标程度的实施后评估。"用外行的话说，系统工程师使用他们版本的明智选择流程来实现目标。

你将学习的决策系统会给予你更多的责任去创造渴望的人生，尽管挑战在所难免。

1. **我现在的处境如何？** 首先要确认你的问题或挑战，确保以创造者而不是受害者的身份来定义处境。重要的问题是："处境是什么？"（而非"这是谁的错？"）。让内心批判安静下来，如那个在你的头脑中进行自我批评的声音：在历史课上我是个彻头彻尾的失败者。同样，忽略内心防卫，如那个将你的问题归咎于其他任何人的评判性声音：我的历史老师是地球上最差的老师。取而代之的是，依靠你内心的指引，那个尽可能说出真相的、明智的、公正的内心声音。只考虑关于当下处境的客观事实，包括你对它们的感受。比如：

我通宵准备第一次历史考试。完成考试时，我希望能获得 A，最差是 B。当我拿到评分，发现我的分数是 D。其他 5 名学生获得了 A。我感到沮丧和愤怒。

顺便一提，有时我们准确识别出了一个棘手的情况，就立刻知道该做什么了。问题并不如我们初想的那样严重。

> 我是我选择、决定和行动的原因。是我选择、决定和行动。如果我这样理解自己的责任，我就更有可能明智而恰当地前进，而不是忘记自己作为源头的角色。
>
> ——纳撒尼尔·布兰登

2. **我想要我的处境变成怎样？** 你不能改变过去，但如果你能创造未来渴望的结果，它会是怎样的？

我将来的考试都得到 A。

3. **我有哪些选择？** 列出所有你可能做出的选择，知道你没有义务去做其中任何一个。不带任何判断地编辑你的清单。不要说："哦，这不可能有效。"甚至不要说："这是个好主意。"判断会打断头脑风暴时创造性的流动。

尽可能多地发现创造性选项。给自己时间去斟酌、探索、衡量、思考、发现、构思、发明、想象。然后进一步深入。如果你陷入困境，试试下列选项之一。第一，换一种不同的观点。想象一位你钦佩的人，然后问自己："那个人在我的处境下会怎么做？"第二，假装你的问题属于其他人，他向你请教应该怎么做，你会提供怎样的建议？第三，酝酿。也就是说，把问题放在一边，让你的潜意识在你做其他事情的同时解决问题。有时，一个伟大的想法会在你梳头发、做数学作业甚至睡觉时跳进你的脑中。最终你的耐心往往会带来一个有帮助的选项，但如果你接受了第一个出现在脑海中的想法，或者放弃了，那么这个有帮助的选项就不会出现。

- 我可以向我的历史课同学和其他愿意倾听的人抱怨。
- 我可以退课，然后下学期选课时换一个老师。

- 我可以向系主任抱怨老师的评分不公平。
- 我可以向成功的同学寻求帮助。
- 我可以向老师请教提高成绩的建议。
- 我可以阅读有关学习技巧的资料,并尝试一些新的学习方法。
- 我可以请求重考的机会。
- 我可以参加所有的在线练习小测验。
- 我可以找个家教。

> 一个人根据他所做的选择,每分钟都在定义和重新定义他是谁。
> ——乔伊斯·查普曼

4. **每个选择可能的结果是什么?** 确认你认为每项选择可能带来的结果。如果你遇到无法预测结果的选项,停止这一步并收集你所需要的其他信息。比如,如果你不知道退掉一门课会对你的经济援助产生怎样的影响,在你采取这一行动之前先弄清楚。以下是步骤 3 中的选择以及它们可能带来的结果:

- 向历史课同学抱怨:我可以享受批评老师的一时快乐,并且也许会得到别人的同情。
- 退课:这学期我将失去三个学分并且必须在之后补上。
- 向系主任抱怨:很可能她会问我是否先去见过老师,因此我并不会很满意。
- 向成功的同学寻求帮助:我可能会学到如何改进学习习惯,也可能会交到新朋友。
- 向老师寻求意见:我可能学会下次如何提高成绩,至少老师会知道我想学好这门课。
- 阅读学习技巧:我可能学会一些我不知道的策略,并且可能提高所有课的考试成绩。
- 请求重考的机会:我的请求可能会被通过,给我一次提高成绩的机会。至少,我强调了自己多想学好这门课。
- 参加所有的在线练习小测验:这一举动对我这次的成绩没有帮助,但可能会提高我下次的成绩。
- 找个家教：家教会有帮助，但可能会花很多时间。

> 命运不是机遇的问题，而是选择的问题。这不是一件需要等待的事，而是一件需要争取的事。
> ——威廉·詹宁斯·布赖恩特（William Jennings Bryant）

5. 我将采取哪个选择？现在设计你的计划，决定哪种或哪些选择可以创造你渴望的结果，然后去实施它们。如果没有有利的选择，想想哪种选择不会带来比之前更糟糕的结果。如果没有这样的选项，看看哪种选择造成的不利结果最小。记住，不做选择也是一种选择。

我将和成功的同学谈谈、预约老师问问我该怎么进步，并且请求重考的机会。我将阅读这本书中关于学习技巧的部分，并且实施至少三种新策略。如果这些选择没有将我下次考试的成绩至少提高到 B，我就找个家教。

> 自由意志的真正含义当然是设想选项并在其中做出选择。
> ——雅各布·布罗诺夫斯基（Jacob Bronowski）

每种情况下都会有最佳选择。在这个例子中，如果这名学生之前考试失败的次数是 4 次而不是 1 次，最佳选择可能是退课。或者如果班上的每个人得到的都是 D 和 F，或者这名学生已经见过了老师，一种负责任的选择可能是和系主任讨论下老师的评分政策。

6. 何时以及如何评估我的计划？在将来的某一天，你会想要评估你的结果。为此，请将你的新处境与你所希望的（步骤 2 中描述的）相比较。如果两种情况相同（或者足够接近），你的计划可以说是成功的。如果你发现自己离渴望的结果还很远，那你还要做一些决定。或许是你还没有完全实施新方法，因此你需要继续实行计划。又或许是你的计划不起作用，那么就需要回到步骤 1，通过步骤 5 来设计一个更好的方案。但你并不是完全重新开始，因为这一次，你比刚开始的时候更聪明：现在的你知道是什么不起作用。

在下一次历史考试之后，我就可以知道自己是否实现了得到 A 的目标。如果没有，我将修改计划。

> 选择的原则描述了这样的事实——我掌握自己的生活。我选择了一切。曾经如此，未来依旧。
> ——威尔·舒茨（Will Schutz）

基本底线是：我们的选择揭示了我们真正相信和珍惜的东西，而不是我们口头上所说的相信和珍惜的东西。当我顺从地等待其他人来改善我的人生时，我就是受害者。当我被动地等待好运时，我就是受害者。当我做出使我偏离成功轨道的选择，只是为了一时的快乐（比如参加派对而不是为一门重要考试复习）时，我就是受害者。当我做出牺牲目标和梦想的选择，只是为了减少一时的苦恼（比如退掉一门充满挑战的课程而不是额外花时间和请家教学习）时，我就是受害者。

但当我设计一份计划去创造渴望的人生时，我就是创造者。当我面对困难也要实施计划（比如当学校书店没有我需要的书时，我通过阅读老师在图书馆预留的一份副本来完成我的作业）时，我就是创造者。当我采取积极的行动向目标前进（比如尽管紧张，还是在一场大型讲座课上提问）时，我就是创造者。当我牺牲一时的快乐留在通往梦想的正轨上（比如抑制购买新手机的冲动，以此增加学习时间）时，我就是创造者。

> 一个人哲学信条的最佳表达方式不是语言，而是选择。长远来看，我们塑造了我们的人生和自身。这一过程至死方休。而我们做出的选择最终是我们自己的责任。
> ——埃莉诺·罗斯福（Eleanor Roosevelt）[1]

不管你的最终决定是什么，是你在定义和做出选择，仅仅这一事实就足够

---

[1] 埃莉诺·罗斯福（1884—1962），美国第 32 任总统富兰克林·德兰诺·罗斯福的妻子。

鼓舞人心。通过采取明智选择流程，你坚信自己能够改善人生。你拒绝承认自己只是外部力量的受害者，或者棋盘上的一颗棋子。你坚持成为自己结果和体验的创造者，通过明智选择的力量塑造你的命运。

日记条目 6

在这次活动中，你将采用明智选择流程来改善人生中的困境。回想一个目前遇到的问题，一个你不愿意与同学和老师分享的问题。因为这个问题，你可能感到愤怒、悲伤、挫败、沮丧、崩溃或恐惧。也许这个情况和你的分数有关，又或者关于老师的评价、同学的举动。也许这个问题是关于一份工作、一段关系。明智选择流程可以帮助你在人生的任何一个阶段做出有力的选择。

1. 写下明智选择流程的 6 个问题并根据你的情况逐一回答。

   明智选择流程

   （1）我现在的处境如何？（客观并完整地描述问题）

   （2）我想要我的处境变成怎样？（你理想的未来是什么）

   （3）我有哪些选择？（列出可能会创造出你想要结果的具体选择）

   （4）每个选择可能的结果是什么？（如果你不能预测可能的结果，请停下来收集更多的信息）

   （5）我将采取哪个选择？（从第 3 步的列表中选择）

   （6）何时以及如何评估我的计划？（明确具体的日期和标准，通过这些你可以判断计划是否成功）

   > 当我看到了我拥有的所有选择时，一切变得豁然开朗。
   > ——黛比·斯科特（Debbie Scott），学生

2. 写下通过明智选择流程你学到或重新学到了什么。确保不断深入。你的日记可以这样开始：通过明智选择流程，我学到了……

记住，你可以通过加入照片、绘画、语录或者吸引你的歌词，使你的日记生动起来。

学生故事

弗雷迪·达维拉（Freddie Davila），
维多利亚大学，得克萨斯州

大学一年级时，我注意到了同学间的一股趋势。每次快到作业上交期限时，许多同学都带着借口来上课，而不是已经完成的作业。我认为这种做法是出于个人选择，因为我已经腾出时间完成了所有的作业和预习。我觉得这样的做法对老师和那些求知若渴的学生来说都很无礼。

同样是在第一学期，我碰巧选修了"成功策略"这门课，它向我介绍了这本书。当我需要在"智慧的一页"中介绍值得分享的一课时，我认为以艺术的方式解释这学期学到的东西再合适不过了。

我回顾了明智选择流程和责任模式来寻找灵感。画初稿的时候，我牢牢记住了过去几个月间听到学生们使用的借口。我希望我的作品可以传达这样的意思：他们寻找借口的行为就像受害者，只会不断伤害自己。

我希望班上的一些学生可以在画里看到他们自己，我的目的是让人们思考自己自我放弃的习惯以及阻碍成功的糟糕选择。通往成功的道路充满了艰难的障碍和充满诱惑的岔路，但是通过在每个关键的分岔路口做出明智的选择，前行的学生们就会发现成功是必然的。

图 2.6　达维拉的成功之路画作

职场：个人责任

> 我发现我越是认为自己对人生完全负责，对渴望的目标就越有把握。
>
> ——查尔斯·J.吉文斯（Charles J. Givens），企业家和白手起家的千万富翁

有个学生曾告诉我她在 3 年内做了超过 12 份工作。"为什么会有这么多？"我问道。"运气不好，"她回答道，"我总是遇到糟糕的老板。"我陷入了思索。接连 12 个糟糕的老板？这有多大的可能性？

责任是有归属权的。如果相信我的职业成功应由另一个人（比如"糟糕的"老板）负责，这是从受害者心理出发，那就不可能成功。受害者很少为选择或事业而努力。相反，他们让有影响力的人（比如家长或老师）或者环境来决定他们的职业选择。他们抱怨自己的工作，为没有找到期望的工作找借口，并且把他们的职业困境归咎于他人或者自身的永久性缺陷。

> **寻找创造者**
>
> 候选人必须展现个人责任感、强大的决策能力、结果导向型的问题处理方式。

相反，创造者知道职场（以及大学）成功的基础是接受这一真相：通过选择，我们每个人都能成为自己人生结果和体验的主要创造者。

在职场承担个人责任开始于有意识地选择职业道路。只有你自己可以决定什么样的职业适合你。这就是为什么创造者会彻底地探索他们的职业选择，将职业要求和自身的天赋、兴趣相匹配，考虑选择每种职业的结果（比如该职业要求怎样的学历或者拥有怎样的职业前景），以及做出明智的选择。你需要英明地选择职业，因为生命中几乎没有什么比一天花费 8 小时、一年花费 50 周做你讨厌的工作更糟糕的了。

承担职业生涯的责任还意味着规划职业道路，让你的选择保持开放，让你的进步畅通无阻。比如，你可以只选择通识教育课程并调查其他可能的工作领域，从而在大学保持开放的职业选择。或者你可以通过接受足够的教育——比如一个口腔卫生学位——来解决经济困难，从而在维持生活的同时追求梦想的职业生涯——比如上牙科学校。

简而言之，创造者会利用明智选择的力量。他们相信总有一种选择可以让他们获得渴望的职业，而他们负责创造这一选择。相比被动地等待工作的到来，他们积极地外出寻找。我的一位学生在公司倒闭后失业了，她本可以选择花几个小时在咖啡厅抱怨她的坏运气以及她再也负担不起留在学校的学费，但她通过逐个地询问商场店铺里的每个经理是否招兼职，直到有人说"是"为止，为她自己创造了就业机会。在那段本可以浪费在抱怨上的时间里，她通过积极的选择解决了问题。

创造者在寻找全职工作时也应该保持积极主动。他们不会等待完美的职位空缺出现在当地报纸或者网站上。他们不会等待职业介绍所的电话。他们知道雇主更倾向于雇用他们了解并喜欢的人，因此创造者竭尽所能得到其职业领域内雇主的了解和喜爱。他们从研究那些需要他们的才能并且自己可能想去工作的公司开始。

接着，他们直接联系潜在的雇主。他们不会问雇主是否有职位空缺，而是寻求信息收集面试的机会："您好，我刚刚获得了会计学位。我想约个时间和您谈谈贵公司的事……什么？您现在并不缺人？没关系，我目前只是在收集信息，寻找可以最大限度发挥我才能的地方。您这周有时间和我见个面吗？或者下周？"

创造者带着对公司的了解、值得询问的好问题和慎重准备的简历参加这些收集信息的面试。在面试的最后，他们询问面试官是否认识可能需要他们技能的雇主。他们会打电话给所有他们得知的雇主，将介绍人用作开场白："我刚刚和 Ajax 公司的约翰·史密斯（John Smith）聊天时，他建议我给您打个电话，了解一下您这里的一个空缺职位。"我的一位朋友参加了一场信息收集面试，用她专业制作的简历和面试技巧震惊了人事经理。尽管该公司在她第一次打电话时称"没有空缺",她仍然在面试的两天后获得了职位。

承担责任不仅能帮你获得一份好工作,还能帮你在工作中脱颖而出。雇主喜欢负责任的员工,你难道不是吗?比起抱怨、责备、寻找借口并因此制造出精力枯竭的工作环境,负责任的员工会创造一个旷工率低、工作产出高的积极的工作环境。相比重复无效的解决办法,积极主动的员工寻找解决方案、采取新的行动、尝试新的东西。他们寻求替代路线,而不是抱怨死胡同。创造者展示主动性,而非持续寻求指引,即使老板不关注,他们也会尽自己最大的努力。创造者愿意付出额外的努力,而这些努力都得到了丰厚的回报。曾经有人说过:"多走一段路不会堵车。"如果你在准备就业、找工作或者工作中遇到挑战,不要抱怨、不要责备或者寻找借口。相反,问自己一个创造者最爱的问题:"我的计划是什么?"

技术建议:个人责任

控制源是一个科学术语,它描述了你多大程度地相信你的结果和体验是由选择导致的,或者是由你控制之外的力量导致的,比如运气或者有力量的他人。换句话说,测量控制源是测量你对人生负责任程度的一种方法。为了进一步评估你在这一重要成功因素上的表现,请在网上搜索"控制源测试"。第一份这类测试是由心理学家朱利安·罗特在1966年创造的,你仍然可以在网上找到他的测试,此外还有其他人的。

Ahoona.com 是一个帮助你完成决策过程的在线工具。该网站是由美国国家科学基金会资助,由教授决策分析的大学教授阿里·阿巴萨(Ali Abbasa)博士创建的。该决策过程会向你询问一些重要信息,比如目标、利弊、选择和不确定性。它会在选择过程的每一步提供如何更深入思考的信息。所用工具包括利弊、决策树、权衡和评分。该网站还包含社交媒体的选项,你能够邀请朋友或者世界上的任何一个人来衡量你的决定。(网站)

> ChoiceMap 是一款帮助你做出困难决定的应用。它要求你描述你的问题和可能的选择（比如，我应该主修哪一门课，生物、英语或者数学？），以及影响决定的因素（比如，难度、攻读学位的时间、感兴趣的程度、职业前景）。接着，你衡量每个因素的个人重要程度并给每一个选项评分。ChoiceMap 的算法会给每一个选项评分，并显示出与你的完美选择的接近程度。你可以运用这款应用帮助你做决定，适用范围从早餐吃什么到和谁结婚。虽然这款应用确实显示了你的"最佳"选择，你当然还是得为你的最终选择负责。之后抱怨"这款应用让我这样做的"是不公平的。（iOS）
>
> DecisionBuddy 与 ChoiceMap 类似，是一款将决策过程细分为小步骤，从而指引你找到最终选择的应用。（安卓）
>
> 注意：以上所有工具都是免费的，但有些可能会提供收费的升级服务。

相信自己：改变内心对话

关键问题：如何通过改变自我对话提升自尊心？

想象一下：三名学生和老师预约见面，讨论一个他们需要合作完成的项目。他们在约定时间来到老师的办公室，但他并不在。在离开前，他们等候了45分钟。根据他们接下来所做的事判断，你认为哪一名学生的自尊心最强？

> 是心态决定了好或坏、不幸或幸福、富有或贫穷。
> ——埃德蒙·斯宾塞（Edmund Spenser）[1]

---

[1] 埃德蒙·斯宾塞（约1552—1599），英国文艺复兴时期的伟大诗人。

学生1：感到气馁和沮丧，整晚都在看电视，忽略了其他课的作业。学生2：感到侮辱和愤怒，花了一整晚向朋友抱怨让他们一直站着的可怕老师。学生3：对这场混乱感到困惑，向老师发邮件询问发生了什么，并预约下次见面。在等待回复的时候，这名学生整晚都在为另一门课的考试复习。

哪一名学生的自尊心最强？

糟糕想法的诅咒

三名拥有同样经历的学生为什么会有如此不同的反应？据艾伯特·埃利斯等心理学家称，问题的答案就在每个人认为造成这一事件的原因上。埃利斯建议通过激发事件A（Activating event）+信念B（Beliefs）=结果C（Consequences，即我们如何应对）来理解不同的反应。换句话说，A+B=C。比如：

表2.3　同一事件不同信念产生不同的结果

激发事件	+信念	=结果
学生1：老师没有出现在预约的会议上。	老师认为我很蠢。我永远也无法获得大学学位。我的人生就是失败。	感到沮丧，整晚都在看电视。
学生2：如上。	老师不想帮我。他们并不关心学生。	感到愤怒，整晚都在和朋友抱怨老师有多恐怖。
学生3：如上。	我不确定哪里出了问题。有时候事情就是不会如计划的那样发展。但总会有明天。	向老师发邮件询问发生了什么，并预约下次见面，然后复习另一门课。

> 自尊可以被定义为一种你不能任意鼓动或辱骂自己，只能通过有意义的理性反应反击那些自主思想的状态。
> ——托马斯·伯恩斯博士（Dr. Thomas Burns）

埃利斯认为，我们的烦恼不在于问题，而在于对问题的看法。当我们的看法充满了不理性的观点——埃利斯称之为"糟糕想法"——即使情况尚可，我们也觉得糟透了。因此，我们如何看待生活中的事件是问题的关键。问题来来去去，但那些糟糕想法会一直伴随着我们。

糟糕想法并非基于现实。相反，这些不理性的想法是内心批判（自我否定）和内心防卫（否定他人）自发的喋喋不休。

> 内心批判让我们不安和孩子气。当它运行时，我们感觉自己像是做错了什么事并且可能永远也做不了正确事情的孩子。
> ——哈尔·斯通和西德拉·斯通

那么，怎么看待这三名学生和他们的自尊？不难看出，感到沮丧并整晚都在看电视的学生1最为自卑。这名学生仅仅因为老师没有出现就远远偏离了轨道。这种自我挫败反应的一个主要原因是内心批判严厉的自我评判。以下是内心批判者一些常见的自我毁灭的想法：

我很蠢。　　　　　　我没有吸引力。
我很自私。　　　　　　我很懒。
我是失败者。　　　　　我不是上大学的料。
我没有能力。　　　　　我很虚弱。
我不如其他人。　　　　我是个糟糕的家长。
我没有价值。　　　　　我不招人喜欢。

被内心批判支配的人常常曲解事件，编造不存在的批评。一个朋友说："发生了一点事，我今晚不能和你见面了。"内心批判者的反应是："我又搞砸了！我永远不会有朋友！"

激发事件不会造成结果，相反，内心批判者喋喋不休的评判才会。强大的内心批判既是自卑的原因，又是自卑的结果。

如何看待整晚都在和朋友抱怨老师有多恐怖的学生2？尽管不那么明显，这名学生的反应也显示了他的自卑。指责他人的内心防卫只是内心批判的对外形式，在让学生偏离正轨方面同样有效。以下是内心防卫者毁灭性想法的一些例子：

人们对我不好，所以他们很坏。
人们不按我希望的方式行事，所以他们很可怕。
人们没有达到我的期望，所以他们是敌人。

人们不去做我想做的事，所以他们反对我。

人生充满了问题，所以它很糟糕。

人生不公平，因此我无法忍受。

人生并不总按照我的方式进行，所以我不快乐。

人生并没有给我渴望的一切，所以我无法忍受。

> 每个人都会有批评的内心声音。但自卑者的批评往往更为恶毒和病态。
>
> ——马修·麦凯和帕特里克·范宁

被内心防卫支配的人会在中性的事件中想象出侮辱和轻蔑。一位同学说："发生了一点事，我今晚不能和你见面了。"内心防卫的反应是："你以为你是谁？我可以找个比你好很多的人一起学习！"

激发事件不会造成愤怒的反应，而内心防卫者喋喋不休的评判才会。强大的内心防卫既是自卑的原因，又是自卑的结果。

只有学生 3 展现了高度的自尊。这名学生意识到他并不知道为什么老师错过了这次见面。他不去责怪自己、老师或者糟糕的世界。他思考其他可能：也许老师生病了或者遇到了交通事故。在他查明发生了什么并决定下一步行动之前，他把注意力转向让他通往另一个目标的举动。内心指引关注的是积极的结果，而不是评判自己或他人。强大的内心指引既是高度自尊的原因，又是高度自尊的结果。

> 用积极的想法代替消极的想法不仅改变了过去的想法——它改变了你理解世界和与世界相处的方式。
>
> ——克莱尔·道格拉斯博士（Dr. Clair Douglas）

抵制不理性的想法

那么，如何避免糟糕想法？

首先，你要意识到内心批判和内心防卫的喋喋不休。当人生中有事情出错或者当你渴望的结果和体验受挫时，要特别警惕。那是我们最有可能抱怨、责备、寻找借口的时刻。那是我们用积极的行动代替对自己或他人的评判，从而回到正轨的时刻。

一旦你熟悉了内心的声音，你就可以开始将自己从内心批判和内心防卫中分离。为此，要练习抵御不理性和自我破坏的想法。以下是4种有效的抵御方法：

- 提供评判并不准确的证据：我的老师上周发邮件给我，确认我是否需要项目帮助，所以我没有合理的理由认为他现在不会帮助我。
- 提供对问题的积极解释：老师确实没有出现，但他可能是在最后关头遇到危机才错过了预约。
- 质疑问题的重要性：即便老师不会帮我，我也可以好好完成这个项目。即便我无法完成，也不会是世界末日。
- 如果你发现你的判断是对的，相比继续批评自己或其他人，提供一个可以改善处境的办法：如果我足够诚实，我不得不承认，迄今为止我的这门课学得并不好。从现在开始，我会去上每一节课、记好笔记、检查作业2~3次、在每次考试前参与学习小组。

> 改变你对自己说的话是否会有帮助？很可能会……经常告诉自己你会成功可以大大提高成功的机会，并让你感觉良好。
> ——贝尔尼·齐柏尔盖尔德博士（Dr. Bernie Zilbergeld）和阿诺德·A. 拉扎勒斯博士（Dr. Arnold A. Lazarus）

据心理学家埃利斯称，改正不理性想法的关键是把"必须"变为"愿意"。当我们想到"必须"时，脑海中出现的想法通常是可怕的、糟糕的、令人畏惧的。比如，内心防卫者认为老师"必须"按约定和我见面，不然他就是一个可怕的、糟糕的、令人畏惧的人，这个想法是不理性的。我当然"愿意"他按约定和我见面，但他不来见我不会让他变得可怕——事实上，他可能有一个很好的理由不与我见面。在另一个例子中，我的内心批判认为我"必须"通过这门课,不然我就是一个可怕的、糟糕的、令人畏惧的人,这个想法也是不理性的。我当然"愿意"通过课程,但没有做到这件事不会让我变得毫无价值——事实上,没有通过课程可能会让我遇见更棒的事。埃利斯称,不理性地认为我、其他人或者世界"必须"按照特定方式行事是导致苦难的主要原因。

> 让自己经历无谓的痛苦和神经质的不幸的主要原因是持有那些绝对的、不理性的信念,尤其是固执地相信那些无条件的应当、应该和必须。
>
> ——艾伯特·埃利斯

刻板印象威胁

斯坦福大学社会心理学家克劳德·斯蒂尔（Claude Steele）发现了一种折磨文化群体的糟糕想法:刻板印象威胁。刻板印象是对某一特定群体成员的概括。比如,非洲裔美国人在体育方面都很优秀,但他们不是好学生;或者女性非常擅长照顾孩子,但她们的数学和科学都很差。刻板印象威胁是一种忧虑,即你在某一特定情况下的行为——比如参加数学考试——可能会证实你所属文化群体的负面刻板印象。由此产生的焦虑会成为一个自我实现的预言,你确实如刻板印象那样表现不佳,没有完全发挥出你的能力。

在一个刻板印象威胁的例子中,斯蒂尔和他的同事表明,当种族被强调时,非洲裔美国大学生在标准测试中的成绩不如白人同学。但当种族不被强调时,他们和白人同学的成绩相当。进一步的研究表明,许多文化群体的学术成就都受到刻板印象威胁的影响,包括拉丁裔美国人、学数学的女性以及工薪阶层背景的学生。

糟糕想法是这样促成刻板印象威胁的。让我们设想一位女学生坐下来参加数学考试,这是激发事件。她知道那个偏见——女性不擅长数学。她不想被纳入或加强这种刻板印象。她变得焦虑、心不在焉,而且记不清她所学的东西。结果就是一个自我实现的预言。她没能发挥实力考好数学,而罪魁祸首就是她的糟糕想法。

除了在考试时造成即时的问题，刻板印象威胁甚至可能让人们完全避开威胁区。女性可能会避免主修数学和科学，白人可能拒绝打篮球，工薪阶层的学生可能会失去学习动力，从大学退学。

> 每个人都会经历刻板印象威胁。我们都是某个存在负面刻板印象的群体的成员，从白人男性和卫理公会信徒到女性和老人。
> ——克劳德·M. 斯蒂尔（Claude M. Steele）

之前提到的抵抗策略也可以应用于刻板印象威胁。女性可以提供刻板印象错误的证据：高中时，我的数学和科学成绩很好……而且我刚刚读到最近有四位女性获得了诺贝尔奖。白人可以质疑刻板印象的重要性：我不是篮球队最好的成员，但那又怎样……我很快乐。工薪阶层的学生可以提供解决刻板印象的计划：我的英语老师告诉我们她的父母是外来农民工，我打算和她聊聊她是如何保持积极性并获得大学学位的。

心理学家迈克尔·约翰斯（Michael Johns）、托妮·施玛德（Toni Schmader）和安迪·马滕斯（Andy Martens）在亚利桑那大学的一项研究中，提出了另一种解决刻板印象威胁负面影响的办法。他们给一组学生做了数学测试，发现女生的成绩比男生差。在给第二组做测试之前，他们简略地告诉学生刻板印象威胁可以对女生的数学成绩造成怎样的负面影响。他们具体宣称："重要的是记住，如果你在考试时感到焦虑，这种焦虑可能是这些广为人知的负面刻板印象的结果，与你在考试中取得好成绩的实际能力无关。"在第二轮测试中，女生的成绩和男生一样好。简单地了解刻板印象威胁似乎可以削减它的力量。

这一部分的指导方针很简单：明智地选择占据你头脑的想法。避免让自发的、消极的想法或者负面的刻板印象削弱你的自尊或成绩。驱逐糟糕想法，用赋予力量的想法代替它。

日记条目 7

在这次活动中,你将练习抵抗内心批判和内心防卫的评判。当你更加熟练地客观看待自己、他人和世界时,你的自尊就会茁壮成长。

1. 写下一句话,描述最近让你感到不安的问题或事件。想想发生在学校、工作或个人生活中的麻烦事。例如,我的数学考了 62 分。

2. 写下三个及以上因为这一情况会对你做出批评的内心批判(IC)。让内心指引(IG)立刻与每一条进行辩论。回顾在"抵制不理性的想法"那一节中描述的四种办法。对每条批评,你只需要使用一种办法。例如,

IC:考试失败的原因是你的数学糟透了。

IG:我的数学考试确实失败了,但我下次一定更努力学习,考得更好。这只是第一次考试,现在我知道下次要期待什么了。

3. 写下三个及以上因为这一情况会对他人或人生做出批评的内心防卫(ID)。让内心指引(IG)立刻与每一条进行辩论。对每条批评,你只需要使用一种办法。例如,

ID:考试失败的原因是你遇到了学校里最差的数学老师。

IG:我很难理解我的数学老师,因此我打算和他预约私下交谈。约翰上学期真的很喜欢他,所以我打赌如果我给他个机会,我也会喜欢他的。

4. 选择下面的一个话题:

A. 写下你在改变内心谈话中学到或重新学到了什么。你的日记可以这样开始:在阅读和书写我的内心谈话时,我发现……尽可能地使用个人经历或例子解释你所学到的。

B. 关于这篇日记,一位老师曾说过:"虽然我理解让学生改变内心谈话的重要性,但我并不认为他们会将日记中所写的东西运用到人生的困境中。换句话说,在他们学到的和所做的之间有巨大的鸿沟。"给这位老师写封回信,表达你对她的担忧的看法。

学生故事

多米尼克·格拉塞斯（Dominic Grasseth），
雷恩社区学院，俄勒冈州

对我来说，在 28 岁时被大学录取是非常骇人的。因为我 15 岁时从高中辍学，我有严重的自信问题。尽管我拥有普通教育水平学历（GED），并且作为一名汽车销售员能够赚取体面的薪水，我仍然怀疑自己是否聪明到可以获得大学学业的成功。我最终跨出了这一步，因为我想拥有一份不用每周工作 6 天、每天工作 12 个小时并且见不到家人的职业。但在第二周时，我发现自己又退回到旧的习惯中。我坐在教室的后面，询问哪门作业到上交期限了，并且上课的大部分时间我都在聊天。消极的想法不断掠过我的脑海。老师不会喜欢我。我不可能和那些 18 岁刚从高中毕业的人竞争。我甚至不记得"动词"是什么。我做不到。

在大学成功课上，我读了这本书中的第二章，是关于成为创造者和抵制"糟糕想法"的。我意识到我的一生几乎都在扮演受害者的角色，而我现在还在继续。有一天，站在门廊上，我发现自己正在想着那些常见的消极想法。我突然想到，阻止我的人只有我自己，不是老师，不是其他学生，不是数学，不是英语。如果我想获得大学成功，我必须不再害怕，我必须改变思维。因此我和自己做了个交易：每当有消极想法产生时，换一种更积极的想法。我开始真正关注头脑中的想法，质疑那些我告诉自己的消极之事。在那之后，我开始坐到教室前面并且积极参与学习。我总是会有疏忽，因此我开始使用日历和干擦板记录我已经完成的事。

令我惊讶的是，我真的没有做出多大的改变，但在学期结束时我获得了 4.0 的平均分！我所做的只是意识到了自己潜在的问题。我对自己的想法负责，是否成功是我选择的。这些天来，每当我产生荒谬的想法时，我就努力改变它，然后微笑。这能带给我力量！

照片：承蒙多米尼克·格拉塞斯的允许。

第三章　发现自我激励的方法

成功的学生……
- ▶ 创造内在动力，满怀激情，坚持目标和梦想，尽管障碍重重。
- ▶ 设计振奋人心的计划，加入激励人心的目标和梦想。
- ▶ 致力于他们的目标和梦想，设想自己成功创造了理想的未来。

挣扎的学生……
- ▶ 缺乏激情和动力，在遇到困难时经常放弃。
- ▶ 倾向于随遇而安地活着。
- ▶ 漫无目的地从一个活动徘徊到另一个活动。

> 一旦我承担了创造自己人生的责任，我必须选择我想要创造的人生。我对创造自己选择的结果和体验充满动力。

▶ 批判性思维案例研究——波普森的两难处境

刚从研究生院毕业的助理教授波普森在他大学教学的第一个学期中途就开始泄气了。第一天上课时的兴奋和承诺早已不复存在。现在，他的学生中只有三分之二的人来上课，而他们中的一些人也只是在勉强坚持着。当波普森在课堂上提问时，每次总是那固定的几个学生回答，剩下的都在恼人的沉默中干瞪着眼。有位学生总是戴着一顶针织帽，一根细线从它的底部蜿蜒连接着衬衫口袋里的智能手机。当一节课时间还剩10分钟甚至15分钟时，学生们就开始嘈杂地把书塞进背包里或者书包里。尽管波普森数次邀请，却只有一名学生在办公时间来找过他。有一天，当他宣布取消下周的课去参加一场专业会议时，一群坐在教室后面的学生挥舞着拳头欢呼。只唤起学生们极小的学习动力让波普森感到很痛苦，他开始向有经验的教授请教自己该怎么做。

阿桑特教授（Professor Assante）说："研究表明，70%的学生因为认为文凭是好工作和高薪水的门票而进入大学。他们是对的。大学毕业生的毕生收入比高中毕业生多出将近100万美元。向他们展示你的课程将如何帮助他们毕业以及取得工作的成功。在那之后，大部分人都会成为模范学生。"

巴克利教授（Professor Buckley）说："每个人都希望自由地做出影响他们人生的选择，因此让你的学生们设计个人学习合同。让每个人从你提供的一系列选项中选择作业，让他们根据自己期望的进行选择，甚至让他们选择上交作业的日期，给他们可以免惩罚错过三节课的礼券。尽你所能让他们选择，让他们对自己的学业负责。一旦他们发现学习由自己掌握，而你是来帮他们的，他们的动力就会飙升。"

章教授（Professor Chang）说："在内心深处，每个人都想与众不同。我刚刚读到了高等教育研究院的一项调查，一年级学生中有三分之二的人认为帮助别人是必要的或非常重要的。找出你的学生们想做什么以有所建树。告诉他们你的课程将如何帮助他们实现这些梦想。更好的办法是让他们参与到服务学习计划中去。当他们看到你的课程如何帮助他们树立真正的人生目标时，他们会对你所教的东西更感兴趣。"

唐纳利教授（Professor Donnelly）说："让我们现实一点。对学生来说最好的激励就是成绩。这是传统的胡萝卜加大棒的手段。在每节课开始时进行小测验，他们就会准时来上课。扣缺勤分，他们就会定期来上课。给按时上交作业的人额外加分。用分数奖励每一个积极的行为，在他们搞砸时扣分。当他们意识到可以通过正确的行为在你的课上获得高分时，即使是带着手机的那个家伙也会参与进来。"

埃格雷教授（Professor Egret）说："大多数人在感觉自己是有共同目标的团队的一员时会更为努力，所以帮助你的学生成为学习社团的一分子。让他们以成对或小组的形式讨论有趣的话题，给他们布置小组作业或团队项目，教他们如何团队合作，这样每个人都能做出应有的贡献。当你的学生开始有归属感并且互相关心时，你就会看到他们的学习动力在不断提升。"

范宁教授（Professor Fanning）说："那些没有动力的学生可能不期望能通过你这门课的考试，因此他们会放弃尝试。以下是我的建议：布置一个只要他们做了就能成功的简单挑战，并且每个学生都必须做，没有例外。然后，给学生具体的反馈，说明他们哪里做得好以及如何改进。接着布置一个稍微更有挑战性的任务，并且重复这个循环。帮助他们通过变得成功而期待成功。在某个时刻，他们会说：'嘿，我能做到！'然后你将看到他们一种完全不同的态度。"

冈萨雷斯教授（Professor Gonzales）说："学习应该是积极而有趣的。我不是在谈论聚会，我说的是让学生参与到你的深刻而重要的教育过程中来。你的学生应该这样想：'我迫不及待地想去上课，看看我们今天要做什么、学什么！'你可以利用辩论、视频、野外考察、团队项目、案例研究、学习游戏、模拟、角色扮演、嘉宾演讲、直观展示……数不胜数的可能方式。当学习引人入胜、充满乐趣时，就不会有动力问题了。"

哈维教授（Professor Harvey）说："我做了30年老师，如果说我学到了什么，那就是：你无法激励他人。也许你听过那句谚语：'学生准备好时，老师就到了。'你只是在浪费精力，试图让人在还没准备好时学习。也许他们会在5年或10年后充满动力地回到你的课堂，但现在，你只需为已经准备好的学生尽最大努力。"

下面列出的是故事中的8位教授。基于你的经验，按照下面的比例对他们建议的质量进行排序。请给每个角色评分并准备好解释你的选择。

最好的建议 ← ① ② ③ ④ ⑤ ⑥ ⑦ ⑧ → 最差的建议

教授	激励学生的因素
_____ 阿桑特教授	好工作和高薪水
_____ 巴克利教授	选择的自由
_____ 章教授	改变世界的渴望
_____ 唐纳利教授	好的成绩
_____ 埃格雷教授	归属感
_____ 范宁教授	对成功的期待
_____ 冈萨雷斯教授	富有吸引力和乐趣的学习
_____ 哈维教授	无法激励他人

深度思考

是否有8位教授没有提到的，但更能激励你的办法？

创造内在动力

> **关键问题**：教育工作者认为动力对学术成就有多重要？什么因素决定了你的动力有多高？怎样让你在这个学期中始终保持高的，甚至更高的动力？

最近，两项广泛的调查要求学院和大学工作者们为阻止学生成功和坚持的因素进行排序。这两项调查是由美国大学入学考试（ACT）和大学一年级政策中心完成的。在两项调查中，教育工作者们都认为"缺少动力"是大学生成功的首要障碍。

> 关于教育，有三点要记住：第一，动力；第二，动力；第三，还是动力。
>
> ——特雷尔·贝尔（Terrel Bell），美国前教育部长

缺少动力有各种症状：迟到或缺席、迟交或不交作业、课业粗心大意、爽约、忽视帮助以及不参与课堂讨论或活动。其中最令人触目惊心的一个症状是大量学生在大学第一年退学。根据ACT的数据，美国四年制公立学院和大学中约有三分之一的学生没有在第二年回到学校。两年制公立学院的情况甚至更糟：将近一半的一年级学生没能继续第二年的学业。尽管这些数据令人沮丧，但你可以成为那些坚持完成高等教育并茁壮成长的人！

动力方程式

人类动力的研究——对我们行为理由的探索——广泛而复杂。但是有一个公式可以充分解释学术动力：$V \times E = M$。

在这个公式中，"V"代表价值（value）。就教育而言，价值是由你认为通过追求和获得大学学位而得到的好处所决定的。你认为大学成就和经历拥有的

好处越大，你的动力就会越高。你的动力越高，你愿意付出的时间、金钱和努力就越多，你面对挫折、麻烦和牺牲时愿意投入的成本就越高。花些时间确定一下目前代表你心中追求和获得大学教育所拥有的价值的分数。从 0 到 10 中选一个数字（其中"0"代表没有价值，"10"代表极高的价值）。

> 如今关于动力的理论强调内在因素的重要性，尤其是期待和价值变量。学生的动力受到他们认为重要的（价值）和他们认为自己能完成的（期待）事情的巨大影响。
> ——K. 帕特里夏·克罗斯（K. Patricia Cross）

在评估过获得大学教育的价值的分数后，接下来考虑一下影响你评分的深层文化背景。有的文化信仰将提高你的动力，并在你遇到困难时给予你坚持的力量。举例来说，根据研究者露丝·K. 赵（Ruth K. Choa）的研究，大多数中国母亲认为教育有很高的价值。她们很乐意为孩子的学业成功做出巨大的牺牲。北美中层和上层阶级学生家长对教育的重视也是众所周知的。当某个文化中的家长用语言和行为强调教育的价值，他们的孩子也很可能会这样认为。

> 有证据表明，如果学习者认为材料与自己的目的有关，那么学习不同科目的时间将被缩短到目前所分配时间的一小部分。
> ——卡尔·罗杰斯（Carl Rogers）[1]

相反，某些文化贬低正规教育的价值，因而降低了学生的学术动力。北美工人阶级的文化常常鼓励学生辍学打工挣钱。曾经大部分人都会上学，但现在北美大学只有 43% 的入学率。似乎对于越来越多的人而言，"上学并不酷"。据人类学家约翰·奥格布（John Ogbu）观察，有少数人不努力学习是为了避免扮演"白人"的文化污名。在重视教育的主流文化中，这样的观点将身处其中的人置于痛苦的尴尬境地。好好学习违背了他们的文化，但学习不好又对未

---

[1] 卡尔·罗杰斯（1902—1987），美国心理学家，人本主义心理学的主要代表人物之一。

来不利。底线是：为了保持高动力，你要清楚地了解大学学位对你而言的个人价值。

在 V×E = M 公式中，"E"代表期待（expectation）。就教育而言，期待是由你认为通过合理的努力获得大学文凭的可能性有多大决定的。为了计算期待值，你需要权衡个人能力（你的学习有多优秀，以及你之前所受的教育有多优质）和达到目标的困难程度（你要学习的课程有多大挑战性，以及你愿意为成功付出多少）。花些时间确定一下目前你对通过合理的努力完成大学学业的个人期待值。从 0 到 10 中选一个数字（其中"0"代表没有期待，"10"代表期待极高）。

我们再来考虑一下文化影响会如何改变你对大学成功的期待值。如果你的期待值很高，想想这是否反映了在你的文化环境中你的父母和其他人的期待值。研究表明，北美许多中层和上层阶级的学生以及美籍亚裔学生内心都对获得学术成功抱有很高的期待。然而，其他文化中的人可能不会有同样的信仰，因而无法提高动力。你可以看看在你所属的种族、宗教、性别、经济阶层、年龄、民族、才能或地域团体中能否找到相反的泛泛之论。举例来说，我写作班上的一个年轻女士曾经告诉我她知道自己会失败。这仅仅是她上课的第一天，我问她为何会这样想。"我来自乡下，"她说，"乡下人都不会写作。"我问她是从哪儿听来的。"我五年级的老师告诉我们的，"她说，"这一点在乡下得到了证明。"

> 学生倾向于内化老师对自己能力的看法，为了实现老师的期待，他们的能力起起伏伏。
>
> ——林恩·凯尔·斯普拉德林（Lynn Kell Spradlin）

研究表明，老师的期待会影响学生个人对于学术成功的期待。幸运的是，许多老师对他们的学生都有很高的期待。而可悲的是，有些老师对所有学生的期待值都很低，也有些老师只对来自特定文化的学生期待很低。如果你曾遇到过这样的老师，或者在大学里遇到了，不要让"受害者"心态形成消极的偏见，比如乡下人都不会写作、女人不能学数学、有学习障碍的人不能上大学，或者年纪大的学生失去了学习能力。相反，你应该带着"创造者"的心态，对自己抱有高期待，然后为之努力。

简而言之，V×E=M 公式意味着你的大学动力水平是由价值和期待值相乘所得。举例而言，如果你认为大学学位的价值很高（比如说 10 分），但你对大学成功的期待值很低（比如说 1 分），那你的动力分数也将很低（10 分）。同样地，如果你认为大学学位的价值很低（比如说 2 分），即便你对大学成功的期待值很高（比如说 9 分），你的动力分数还是很低（18 分）。在这两个例子中，分数低意味着你可能不会为了大学成功完成所需要的任务：持续做出以目的为导向的选择、定期付出高质量的努力，以及面对无法避免的困难和挑战仍然坚持。可悲的是，你将很可能成为那些在拿到学位之前就早早退学的众多学生之一。

你可能已经可以从以上这些内容中归纳出结论。想要在大学保持动力，首先，你要想办法提高（或保持）你认为大学所拥有的价值，这其中包括你将获得的学术学位、你学到的知识以及你入学后得到的体验。其次，你要想办法提高（或保持）对大学成功的期待值，并付出你认为合理的努力。在本书中，你将读到上百个技巧，一旦掌握它们，你对大学成功的期待将大大提高。

> 要学会高效率学习，学习者必须有动力。要有动力，就必须有兴趣。当积极地从事与自身价值和人生目标相关的项目时，他们就会变得有兴趣。
> ——格斯·特本维尔（Gus Tuberville），威廉佩恩大学前任校长

而现在，让我们先聚焦于价值。只有你能够决定大学教育对你有多大的价值。不过让我们先看看，在别人眼中高中以上文凭有哪些好处。

大学成果的价值

大学学位有一个被广泛认可的好处是增加收入能力。根据最近美国人口调查局的数据，高中毕业生在劳动年限期间的平均收入为 120 万美元。但如果你获得了学时两年的副学士学位，这个总数将额外增加 40 万美元。如果你获得了学时四年的学士学位，还可以再增加 50 万美元。这意味着大学毕业生一生的收入比以高中文凭结束正规教育的人高出近 100 万美元。想想这笔额外的钱

可以怎样帮助你和你爱的人过上好生活。

大学学位不仅可以增加收入，它也打开了许多理想职业的大门。根据教育资源信息中心（ERIC Clearinghouse）关于高等教育的数据，现在每10份工作中就有6份需要高等教育和培训。美国劳工部的报告指出，需要高级技能的工作的增长速度是那些只需要基本技能的工作的两倍。

大学学位还能给予很多额外的好处。据高等教育政策研究所和卡耐基基金会称，大学毕业生能够享受：

- 更高的储蓄水平。
- 更好的工作环境。
- 更高的个人和专业流动性。
- 改善健康，提高预期寿命。
- 提高后代的生活质量。
- 更好的消费决策。
- 更高的个人地位。
- 更多的爱好和休闲活动。

大学毕业生也会变得更开明、更文明、更理性、更能坚持、更不独裁。而且这些好处还会被传递给他们的孩子。

> 大学本科教育的价值，不是学习事实，而是学会思考。
> ——阿尔伯特·爱因斯坦（Albert Einstein）

此外，获得大学学位可以带来个人满足感和成就感。我曾有过一位76岁的学生，她用"最终获得'欺骗'了自己50多年的大学学位"的决心鼓舞了全班。大学学位还有一个有价值的成果：当他们走上舞台领取来之不易的文凭时，许多人都会感到骄傲和自豪。对某些人来说，大学学位是实现个人愿景的重要一步。对我的大学室友来说这也是真的，他从有记忆开始就想成为一名医生（而如今他做到了）。

对有的人来说，长期目标太过遥远，难以给人带来动力。但他们确实会被触手可及的短期目标所激励，比如在这一学期可以创造的成果。表3.1展示了

表 3.1　一位学生渴望的成果

渴望的成果	价值
获得 3.8 及以上的 GPA 并成为年度优秀学生。	在我找工作时，高 GPA 会让我的成绩单变得好看。此外，它还将极大地提高我的自信。
在英语课上，至少写一篇语法错误不超过两处的论文。	我希望在我写作时能够不必担心读我作品的人认为我是傻瓜或文盲。
在学生成功课上，学习至少三种更有效管理时间的策略。	我感觉被所有要做的事压垮了，而学习更好地管理时间可以减轻我的压力。
会计课获得 A 的评分。	我想从事会计行业，所以在这门课上取得好成绩是我事业成功的第一步。
交到三个及以上的朋友。	我的高中朋友都去了其他大学或者工作了。我想在这里交新朋友，这样就有人周末陪我出去玩了。

我的一位学生为自己选择的短期目标以及选择的原因。

大学体验的价值

价值不仅仅在于结果，也在于体验。事实上，全人类都通过尽全力最大化积极的体验、最小化消极的体验来管理情绪。比如参加校内体育活动、看电影、加入兄弟会或姐妹会、跳舞、玩电子游戏、和朋友出去玩，这些行为的价值是什么？根本上，所有的选择都是为了管理我们的内心体验。如果做得过多，这些选择中的任何一种都会使我们偏离渴望的结果。但如果适度进行，所有这些活动（以及许多其他的活动）都能创造积极的体验，并大大有助于形成学习动力。因为如果你享受这场名为大学的旅行，你就更有可能坚持到达名为毕业的目的地。

所以，你想在大学获得怎样的体验？如果未来某一天你要告诉某人，大学是你人生中最美好的体验之一，那么你具体体验了什么？很多人会说："快乐。"说得在理，那就去创造快乐。你面对的挑战是在体验快乐的同时，留在通往学术成功的轨道上。而你可以做到！考虑一下这些快乐的选择：加入社团、进行体育运动、认识同学、参加派对、学习真的让你感兴趣的新东西。我的学生还想要其他体验：尊重、放松、联系、自信、开放的心态、安静的思考、学习的热情、全身心投入、充分参与、灵感、挑战、勇气、团队精神、自我接纳、喜悦、骄傲、自由，还有惊喜。

> 设定具体的目标至少可以从三个方面帮助到学习者：这些目标将学习者的注意力集中在任务的重要方面；它们有助于激励和维持学习者的任务掌握能力；它们传递信息，向学习者提供可以用来评估的标准，并且在必要时调整他们的工作策略。
>
> ——杰雷·布罗菲（Jere Brophy）

我在大学成功课上的一位学生说他想要体验"创造力"。他提议写一首关于他学到的成功原则的说唱歌曲作为结课项目的替代作品。我告诉他，只要他同意在学期的最后一天将他的项目"说唱"给全班听，我就同意。我不知道他是一个专业的说唱歌手，出过几张CD。按照约定，他（和他的整个团队）在学期末的最后一天出现，分发了"大学成功说唱曲"的歌词，然后为我们献上了一首激动人心的课程终曲。最棒的是，他很好地证明了他学到了许多成功的关键原则，并且帮助同学们理解得更加深刻。之后他说："嘿，那是一次很棒的体验。"

> 对每个人来说，最终最重要的是意识中发生的事情：逐年增加的快乐时刻、绝望次数决定了人生的样貌。如果我们不能控制意识的内容，我们就无法享受充实的人生。
>
> ——米哈里·契克森米哈赖（Mihaly Csikszentmihaly）[1]

表3.2列出了我的另一位学生渴望的体验以及她的理由。

德国哲学家弗里德里希·尼采（Friedrich Nietzsche）曾经说过："一个人知道自己为了什么而活，他就能够忍受任何一种生活。"他断言，当我们理解自己赋予旅途结果和体验的价值时，就没有什么障碍能阻止我们。去发现自己的动力和成功的机会吧！

---

[1] 米哈里·契克森米哈赖（1934—2021），积极心理学家，在2004年提出心流，认为它是人们获得幸福的一种可能途径。

表 3.2 一位学生渴望的体验

渴望的体验	价值
快乐	我哥哥从大学退学了，因为他说那里只有学习没有娱乐。我知道我不得不在大学努力学习，但我也想要快乐。我想，如果我能过得开心，所有的作业都会更容易忍受。
学术自信	我从未在学校表现突出过，尽管我的老师都说如果我更努力，就可以成为好学生。我想要和班上的其他同学一样聪明。
学习的激情	我不喜欢高中的班级。我想在至少一门课程中保持学习的激情，所以我期待着家庭作业，有时上课时间过得快到我都不敢相信。
个人自信	我一直都是一个害羞的人，我想要变得更外向，从而在以后的面试中表现优异。我想对自己的职业更有自信，从而获得应有的晋升。

> 为"想"做之事投入 4 个小时胜过为"不得不"做之事耗费 8 个小时。
>
> ——罗杰·冯·欧克（Roger von Oech）

日记条目 8

在这篇日记中，你将确认在这门课和/或这个学期中你所渴望的结果和体验。明确这学期要做的事将有助于你保持动力和方向，并坚持到最后。用这一节提到的学生例子作为模板，记录你自己渴望的结果、体验和理由。

1. 在你的日记中，建立一个像表 3.1 那样的空白表格。填入三种及以上这门课和/或这个学期你渴望的结果。在每个结果旁边解释你为什么重视这一结果。记住，"结果"是你会在学期结束时带走的东西（比如成绩或你学到的东西）。现在你不必知道如何取得这些结果，你只需知道想要什么以及为什么。

> 成功之火不会自燃。你必须先点燃自己。
>
> ——阿诺德·H. 格拉佐（Arnold H. Glasow）

2. 在你的日记中，建立一个像表 3.2 那样的空白表格。填入三种及以上这门课和/或这个学期你渴望的体验。在每个结果旁边解释你为什么重视这一体验。记住，"体验"是你会在学期期间拥有的东西（比如快乐或者集体归属感）。再次强调，这里重要的是你想要体验什么和为什么，现在你无须担心如何获得。

3. 运用公式 V×E = M，写下你想要获得大学成功的动力水平。你可以这样开始：我认为大学成功的价值是[0~10]，我对大学成功的期待值是[0~10]。两者相乘，我的成功动力分数是[0~100]。接着继续解释你的分数，确认你具体可以做些什么来提高它（或者保持高分）。

记住，不断深入。当你深度探索你的动力，就有机会提高改善生活的可能。所以，不断深入，发现真正激励你的东西。

学生故事

王志明（Chee Meng Vang），因佛山社区学院，明尼苏达州

在我上大学时，最大的挑战就是保持动力。我总是和朋友、姐姐、表兄弟一起出去泡夜店。我还和朋友去打台球并闲逛到深夜。我一直很懒惰而且无法集中注意力。我缺课、功课落后，并且试图在最后一刻做每件事。这给我带来了许多问题，比如考试和小测验获得了很多 D。我感觉自己身上发生的一切都脱离了我的掌控。我情绪低落，充满了不满。

有天晚上，我在夜店看人们喝酒跳舞时想："这很无聊，我感到厌烦了，

> 这一切不能带我去任何地方。"好在大学成功课是我的全日制学习安排中的一部分。我们的书叫《如何让大学在一生中发挥最大作用》，它帮了我大忙。它教会我把自己看作结果和体验的主要因素，并且教会我找到促使自己行动的渴望。我太蠢了，因为我的渴望就在眼前。有太多理由可以解释大学成功的重要性。我的父母从老挝来到美国，他们渴望的就是给孩子更好的生活。在一个新的国家生活对他们来说很难，我们一直没有多少钱。我意识到自己成了一个失败者，让他们失望。我还是全家第一个上大学的人，我的五个可爱的弟弟都很仰慕我。我要向他们展示哥哥可以成为怎样的好榜样。我想从事一份可以帮助家人的职业。当我有孩子时，我不想当一个在麦当劳工作的爸爸。我的梦想是成为药剂师，但我之前走错了方向。
>
> 我来自一个贫穷的家庭，我不想未来还是这样，因此必须立刻做出改变。我不再去夜店，并且开始承担责任。我在班上变得更加外向。我每天学习两个小时或者更久。我开始在考试和小测验中获得 A 和 B。在学期结束时，我把 D 的成绩提升到了 B。你可以看到，我从一个懒惰、没有动力的人变成了一个负责任、外向、可以掌控自己命运的人。现在的我不再觉得自己是受害者。事实上，我开始感觉自己是父母、弟弟，甚至是我生活的小社区的英雄。

设计振奋人心的计划

> **关键问题**：如果你的生活变得尽可能地美好，它会是什么样子？你会有什么，做什么，成为什么？

在成长的过程中，琼（Joan）梦想成为一位知名的歌手。高中毕业后，她开始在夜店表演。她嫁给了夜店经理，两人住在一辆房车里，开车去一个个镇上寻找唱歌工作。经过了令人疲惫的数年后，琼只录了一首歌。但它卖不出去，她的梦想开始瓦解。婚姻问题和事业问题混杂在一起，让两者更加复杂。琼厌倦了经济和情感的不确定性。最后，她和丈夫离了婚，放弃了职业歌手的梦想。

> 你的目标是指引你并向你展现人生可能的地图。
> ——莱斯·布朗（Les Brown）[1]

尽管失望，琼还是开始设定新的目标。她要活下去，所以她的短期目标是成为一名理发师。从美容学校毕业后，琼省下了足够的钱来还清一些债务、买了一辆车，并且可以为实现一个新的长期目标买单。她决定去一所社区大学（我遇到她的地方）主修口腔卫生。

两年后，琼以优异的成绩毕业，然后在一家牙医诊所工作。因为缺少激励她的梦想，琼选择了另一个长期目标：获得学士学位。琼白天在牙医诊所工作，晚上去上课。几年后，她再次以优异的成绩毕业了。

然后她设定了另一个长期目标：获得硕士学位。琼曾经怀疑过自己是不是"上大学的料"。通过每一次的学业成功，她的自信不断增加。"有一天我意识到，一旦我设定了一个目标，它就会实现。"琼说道。

这一认知鼓舞她重新开始拥有梦想。小时候，琼总是想象自己成了一名教师，但她的疑虑总是把她推向别的方向。获得了硕士学位之后，她回到了我们学校教授口腔卫生。一年后，她被任命为系主任。在短短七年内，琼从一名自我怀疑的一年级学生变成了我们学校口腔卫生系的主任。尽管遇到了困难和挫折，她仍继续朝着一个积极的方向前进，实现有价值的个人目标和梦想的承诺激励着她。

> 要保持动力最重要的是设定目标。你永远应该有目标。
> ——弗朗西·拉里厄·史密斯（Francie Larrieu Smith）

---

[1] 莱斯·布朗（1945— ），美国著名作家、演讲家。

图 3.1 凯茜的人生目标

角色和目标

据心理学家布赖恩·特雷西（Brian Tracy）称，许多人拒绝设定人生目标，因为他们不知道如何设定。让我帮你清除这个障碍，这样你就可以像琼一样体验伴随着有意义的个人目标而不断提升动力。

首先，想想你为自己的人生所选择的角色。人生角色是一项我们定期投入大量时间和精力的活动。比如，你现在扮演的是大学生的角色。下面这些角色中，你还将扮演哪些：朋友、雇员、雇主、运动员、兄弟、姐妹、教会成员、儿子、女儿、室友、丈夫、妻子、伙伴、父母、祖父母、家教、音乐家、邻居、志愿者？你是否还扮演着其他角色？大多数人明确了4~7个主要的人生角色。如果你有超过7个角色，你可能花费了太多的精力。考虑一下在大学期间合并或消除一个或多个角色。如果你明确的角色少于4个，请重新评估你的人生，你可能忽视了1~2个。

一旦确认了你的人生角色，你就可以考虑每个角色的长期目标，确定你希望在接下来的2~5年甚至10年内在这个角色中达到的目标。例如，作为学生的角色，10年后，你是否能拥有一个学时两年的副学士学位、一个学时四年的文学学士学位或者理学学士学位？你是否会上研究生学院获得文学硕士或理学硕士学位？或者更进一步获得哲学博士学位、医学博士学位或者法学博士学位？其中任何一个未来的学术目标都可以是你的。

如何设定目标

一个目标想要真正激励人心需要五种品质。你可以通过运用 DAPPS 法则记住它们。"DAPPS"是一个缩写，单词的每个字母代表五种品质之一：有日期的（dated）、可实现的（achievable）、个人的（personal）、积极的（positive）和具体的（specific）。

有日期的

激励人心的目标需要具体的期限。短期目标通常在几个月内截止（比如你在日记条目 8 里期望的学期结果）。长期目标的截止日期通常在未来 1 年、5 年甚至 10 年内（比如你的最高学位目标）。随着你的目标期限临近，你的动力往往会增加。这种积极的能量有助于提高完成目标的可能性。如果你没能在期限内完成，你还有机会检查一下出了什么问题并制订一个新计划。如果没有截止日期，你可能一生都在追求同一个目标，却永远达不到。

> 目标是有截止日期的梦想。
> ——拿破仑·希尔（Napoleon Hill）[1]

可实现的

激励人心的目标虽然充满挑战但却是实际的。如果你一直反复拾起和放下进行魔鬼训练的想法，想要下周去跑马拉松（超过 26 英里）则是不现实的。不过，如果你要犯错的话，还是犯乐观的错吧。如果你设定的目标超过了你目前的能力，努力达到目标可以让你成长。想要知道你可以实现什么，听取他人意见的同时也要相信自己。请遵循这个准则："对我而言，达到这个目标至少有 50% 的可信度吗？"如果答案是肯定的，并且你真的重视它，那就去做吧！

个人的

激励人心的目标是你自己的，而不是别人强加于你的。你需要了解顺应他

---

[1] 拿破仑·希尔（1883—1969），全世界最早的现代成功学大师和励志书籍作家，曾经影响美国两任总统——伍德罗·威尔逊和富兰克林·罗斯福。

人期待的压力。也许你热爱平面设计，但你的父母希望你主修商科，参与家族生意。你还要了解牺牲你渴望的东西去顺应文化规范所带来的微妙压力。例如，所有文化都对男人和女人应该做什么有所期待，而有趣的是，性别角色的刻板印象在不同的文化中都是相似的。如果你是一名想要成为工程师的女性，就不要设定成为牙医的目标。如果你是一名想要成为幼师的男性，就不要设定成为律师的目标。你不会想在临终前的某一天才意识到你过着别人的人生。请相信，你比任何人都知道你想要什么。

积极的

激励人心的目标让你把精力集中在你真正渴望的东西上。所以，请把消极的目标变为积极的目标。例如，把不挂科的消极目标变为获得 B 及以上成绩的积极目标。我想起一位赛车手是这样解释他是如何奇迹般地不让他飞速行驶的车撞上混凝土跑道墙的："我一直盯着跑道，而不是墙。"同样地，把你的想法和行动集中在你真正想去的地方，你也能保持在正轨上。

> 我一直想成为某个人，但现在我意识到我应该更具体一些。
> ——莉莉·汤姆林（Lily Tomlin）[1]

具体的

激励人心的目标要用具体的、可测量的概念描述结果。只是说"我的目标是在这学期做得更好"或者"我的目标是更努力工作"是不够的。你怎么知道自己是否达到了这些目标？你有什么具体的、可测量的证据？把这些目标修改成："我要尽全力完成这学期的每份作业"和"我将自愿承担所有加班工作"。具体的目标可以防止你骗自己认为已经实现了目标。它还能帮助你做出积极的决定。这些年来，我一直很高兴能与那些有着美好的、激励人心的长期目标的学生一起工作，他们的目标有成为一名手术室护士、写作并出版一部小说、环游世界、为无家可归的孩子建立避难所、结婚并供养一个美好的家庭、打职业棒球、创办一所私立学校、成为一名大学教授、参加奥运会游泳比赛、管理国

---

[1] 莉莉·汤姆林（1939—　），美国演员。

际共同基金、办一次个人画展、成为时尚模特、当选州参议员、拥有一家时装店等等。你呢？你真正渴望的是什么？

发现你的梦想

梦想甚至比目标更能燃起我们内心的火焰。它们给予我们人生的目标，指引我们的选择。当我们一头撞上障碍时，它们提供了动力。当坎迪·莱特纳（Candy Lightner）的女儿被酒驾的司机开车撞死时，这场悲剧让她产生了阻止酒驾的梦想，而她的梦想最终发展成了国际组织：反对酒后驾驶母亲协会（Mothers Against Drunk Driving，MADD）。我在做了 20 年大学老师后才找到了自己的梦想：让学生拥有过上丰富而充实的人生所必需的信念和行为。尽管很难定义梦想是什么，它们总是规模宏大而充满强烈情感。与那些通常适用于我们的一个人生角色的目标不同，梦想常常占据我们的生活，鼓舞他人，并拥有自己的生命。这就是为什么我有时会疑惑是人类拥有梦想还是梦想拥有人类。

图 3.2　一个学期的冲刺路径

如果你现在拥有一个伟大的梦想，你就会知道它有多激励人心。如果你没有，你肯定属于大多数。大多数人没有找到指引性的梦想，但他们仍然可以过上美好的人生。大学提供了一个极好的机会去发现或拓展你的梦想。你会遇见成百上千的新人、新想法和新经历。每一次相遇，你都要了解自己的能量。如果你感到血压升高，请注意，你内心的某些东西正在受到鼓舞。如果你足够幸运地找到了这样一个梦想，请考虑哲学家约瑟夫·坎贝尔（Joseph Campbell）那句精辟的建议："跟随你的天赐之福。"

> 未来属于那些相信自己梦想的人。
> 　　　　　　　　　　　　　　　　　　——埃莉诺·罗斯福

你的人生计划

聪明的旅行者用地图定位目的地,确认到达那里的最佳路线。同样地,创造者明确他们的目标和梦想,以及到达的最直接路径。在创建这样一个人生计划时,最好是从你心中的目的地开始,然后倒推。如果你有梦想,完成它就是你的最终目的。或者你的最终目的是完成人生角色的一个或多个长期目标。因为你不可能一步就完成一个漫长的旅程,你的短期目标可以成为垫脚石,每完成一个就离完成长期目标或梦想更近一步。

看看一位叫皮拉尔(Pilar)的学生为她自己设计的人生计划中的一页。虽然皮拉尔记录了她的梦想,但不是每个人都能做到。她完整的人生计划包括一页关于每一个人生角色的内容,每一个角色都拥有同一个梦想。显然,有的人生角色会对她的梦想做出更大的贡献。请注意,每一个长期和短期目标都要遵循 DAPPS 法则。

> 人生计划的意义在于帮助我们尽可能地过自己的(而非别人的)人生。
>
> ——哈丽雅特·戈德霍·勒纳(Harriet Goldhor Lerner)[1]

我的梦想:我想帮助家庭抚养年龄较大的孩子(10 岁或以上),创造让孩子们感受到爱和支持的家庭氛围,帮助他们成长为健康的、有创造性的大人。

我的人生角色:大学生

这个角色的长期目标:

1. 在 2016 年 6 月获得副学士学位。
2. 在 2018 年 6 月获得文学学士学位。
3. 在 2020 年 6 月获得社会福利学硕士学位。

这个角色的短期目标(本学期):

1. 在 12 月 18 日前初级英语达到 A。
2. 在 11 月 20 日前写一篇关于收养年龄较大孩子的研究报告。

---

[1] 哈丽雅特·戈德霍·勒纳(1944—),美国心理学家、作家。

3. 在 12 月 18 日前初级心理学达到 A。

4. 在 11 月 30 日前学习和应用 5 种及以上心理学策略帮助我的家人更加快乐有爱。

5. 在 12 月 18 日前大学成功课达到 A。

6. 深入探索这本书中的每一条日记任务，每篇至少写 500 字。

7. 在 11 月 30 日前学习 5 种及以上新的成功策略并把它们教给我的弟弟们。

8. 这学期上的每节课都至少记一页笔记。

9. 这学期按时上交每一份作业。

10. 在 10 月 15 日前充分掌握电脑技巧以准备所有的书面作业。

> 我们……认为这么多高中生和大学生难以专注于学习的原因是他们没有目标，不知道学习可以带来什么。
> ——穆里尔·詹姆斯（Muriel James）和多萝西·钟沃德（Dorothy Jongeward）[1]

这是皮拉尔六页人生计划中的第一页。她给其他五个人生角色各写了类似的一页：姐姐、女儿、朋友、运动员以及一个儿童之家的雇员。

像皮拉尔那样有意识地设计人生计划有很多好处。人生计划定义了你渴望的人生目标，并绘制了你到达那里的最佳路线。在你的内心批判和内心防卫试图分散你的注意力时，它给了内心指引，给了一些可以关注的积极东西。就像所有的地图一样，人生计划可以在你迷路时帮你回到正轨。

也许最重要的是，人生计划是你对值得活过的人生的个人定义。记住这一点，你就不会那么需要别人来激励你了，最有说服力的动力就在这里面。

> 许多人在人生中失败不是因为缺乏能力、头脑甚至勇气，而是因为他们从来没有把精力集中在一个目标上。
> ——阿尔伯特·哈伯德（Elbert Hubbard）[2]

---

[1] 穆里尔·詹姆斯与多萝西·钟沃德合著了图书《天生赢家》(*Born to win*)。
[2] 阿尔伯特·哈伯德（1856—1915），美国著名出版家和作家。

日记条目 9

在这次活动中，你将设计人生计划中的一个或多个部分。为了集中你的想法，回头看看皮拉尔的人生计划并把它作为模板。

1. 在你的日记里写下新的一页：我的人生计划。在这个标题下面，完成你作为学生的人生计划。

我的梦想：（如果你有一个振奋人心的梦想，请在这里描述它。如果你不确定你的梦想是什么，你可以简单写道："我正在寻找。"）

我的人生角色：学生

这个角色的长期目标：（这是你作为一名学生在接下来的2~10年甚至更长时间内计划达到的结果。）

这个角色的短期目标：（这是你作为一名学生在这个学期计划达到的结果。每完成一个都让你离作为学生的长期目标更近一步。你可以在短期目标列表的开头写下你在日记条目8中选择的渴望的结果，然后适当地加上其他短期目标。）记得运用DAPPS法则，确保每个长期和短期目标是有日期的、可实现的、个人的、积极的和具体的。记住这一点，你可能要修改从日记条目8中转换过来的渴望的结果。

你的选择：如果你愿意，为你的其他一个或多个人生角色重复这一过程：雇员、家长、运动员等等。你扮演的角色越多，你的人生愿景就越完整。综合起来，这些页面描绘了通往丰富、充实人生的路线。

现在的你不必知道如何实现你的目标和梦想，甚至不用去考虑方法。你要知道的就是你想要什么。在接下来的几章里，你将学到几十种有力的策略把你的人生计划变为现实。现在，专注于你的目的地。

> 当我明白大学能够如何帮助我实现梦想时，我开始在学校取得成功。
>
> ——博比·马里内利（Bobby Marinelli），学生

2. 写下通过设计人生计划你学到或重新学到了什么。尤其是确认这一努力对你在这学期或生活中的其他方面表现出优秀的动力水平有何影响。

学生故事

布兰登·比弗斯（Brandon Beavers），
海兰德社区学院，堪萨斯州

我的哥哥曾是我最亲密的朋友。在我上高中一年级时，他自杀了，是我发现了他的尸体。这是任何人都不该经历的事。那个场景一直萦绕在我心头，我的生活变得很糟糕。有时我感到愤怒，有时我觉得麻木。尽管我在高中时获得了 3.7 的平均绩点并打造了一支全能的棒球队，我也只是在木然地经历人生。我不再考虑长期目标或者类似的东西。我想放弃，失去了对未来的所有感觉。

当我上大学时，我没有想过我想要什么或者打算去哪儿。这本书中的日记作业改变了这一点。它们让我思考那些我曾经做过的事和发生在我身上的事。我发现我从来没有真正地整理过我做的任何事情。我总是随波逐流，活在当下。我曾有过的目标都是短期的、自己可以轻易做到的。尽管我获得了在大学打棒球的奖学金，但我从来没有挑战过自己的极限，看看我能做到什么程度。我总是可以完成作业，获得好成绩，但我从来没有想过这会怎样改变我的未来。

当我第一次开始写日记时，我只能写半页。我只是想完成它们。然后我意识到它们是来帮助我弄清楚如何改善人生的。从那时起我开始写 2~3 页。有时候我会在晚上阅读我的日记，看看自己有什么进步。我从来没有写过如此影响人生的东西。我从前尽可能地少写，后来我会花时间看看自己能从每一篇里得到什么。

在我写日记的过程中，我意识到受害者思维一直在拖累我。我开始为自己在每种情况下的行为负责，而不是把我的糟糕选择归咎于其他人。我还意识到我的人生是我自己的，我想为自己而活。这门课逼迫我认真思考我是谁、我想做什么，以及我该如何做到。我第一次拥有了人生的计划。

我们家有一位世交是警察局局长，他和我聊了他的工作。他所说的话让

> 我觉得执法应该是我喜欢做的事。我想要帮助别人，而这就是他每天所做的事。我决定完成我的副学士学位，然后转到堪萨斯大学主修刑事司法，辅修心理学。在获得地方执法经验后，我打算转到联邦政府方面，比如烟酒枪械管理局、缉毒署或国土安全部。
>
> 未来我还打算成为一名丈夫和父亲。我会尽全力像这门课塑造我一样积极塑造我的孩子。人生并不容易，人们会经历各种挣扎。我会教他们不要只做梦，还要制订计划、设定目标、集中精力！
>
> 我很满意现在的生活。我很有条理，每天都有计划，并且拥有未来的目标。在这个学期，我通过深入探究自己真正想要成为的人而改变了自己。因为这门课，我变得更外向、更专注、更有责任感。我不仅成了一个更好的人，而且成了一个更好的作者。我没想到这门课会改变我的人生，但我已经做出了180度的改变。我不再只是麻木度日，而是拥有了想要完成的目标。我感觉更快乐，并且过上了渴望的生活。
>
> 照片：承蒙布兰登·比弗斯的允许。

致力于你的目标和梦想

关键问题：你是否以极大的热情开始了新的项目（比如上大学），却在路上失去了动力？如何保持你的动力？

很多人怀疑他们是否能得到自己真正想要的东西。当一个伟大的目标或梦想潜入他们的思想时，他们摇了摇头。"噢，当然，"他们对自己嘀咕，"我怎么能够完成呢？"

事实上，当你刚开始思考目标或梦想的时候，你不用知道如何实现它。你真正需要的是由巨大的渴望所激发的坚定承诺。一旦你向自己承诺会尽一切可能完成你的目标和梦想，你常常会以最意想不到的方式发现实现它们的办法。

> 永远记住，你自己成功的决心比任何一件事都重要。
> ——亚伯拉罕·林肯（Abraham Lincoln）

承诺可以创造方法

承诺是一个坚定的意图，一个从一而终的目的，不管在任何特殊的时刻、有怎样的想法都承诺克服所有的障碍。在我大二和大三之间的那个暑假，我学到了承诺的力量。

那个夏天，我用所有的积蓄去了趟夏威夷。在那里，我遇见了一个美丽的年轻女士，我们一起度过了快乐的 12 天。

我的愿望之一就是拥有一段美好的爱情，因此我承诺在圣诞节假期时回到夏威夷。但回到 6000 英里外的大学后，我的承诺受到了严峻的考验。我不知道如何在短短 3 个月内存下足够的钱回到夏威夷。但为了坚持梦想，我花了几个星期创造并否决了一个又一个方案（虽然当时没有意识到，但我实际上在使用明智选择流程来寻找最佳选项）。

> 当你有明确的意图时，产生期望结果的方法就会自己出现。
> ——学生手册，圣莫尼卡大学

然后有一天，我偶然想到了一个可能的解决方案。我在浏览《体育画报》（*Sports Illustrated*）杂志时注意到了一篇由耶鲁大学的学生运动员撰写的文章。在那之前，我所拥有的仅仅只是一个承诺。而在我看了文章之后，我有了一个计划。尽管希望不大，但还是一个计划：也许《体育画报》的编辑会买一篇关于我打橄榄球比赛的文章。受承诺的驱动，连续几个星期，我每晚都在写文章。终于，我把它投入了邮箱并祝自己好运。

几周后，我的手稿被退了回来。但在印刷的退稿表格上，一位善良的编辑手写道:"想试着重写吗?你可以这样改进你的文章……"

我又花了一周的时间修改文章并直接把它寄给了鼓励我的编辑,然后焦虑地等待着。圣诞节假期越来越近了,我几乎放弃了在12月回到夏威夷的希望。

后来有一天我的电话响了,打电话的人自称是《体育画报》的摄影师。"这个周末我会来给你的橄榄球比赛拍照。我能在哪儿和你见面?"

就是这样,我知道我的文章被接受了。更好的是,《体育画报》给了我足够的钱回夏威夷。我和身边裹着毯子的女朋友在怀基基海滩一起度过了圣诞节。

假如我没有承诺回到夏威夷会怎么样?读《体育画报》还会引发这样一个惊人的计划吗?我还会在20岁时想到通过为国家杂志撰写专题文章来挣钱吗?值得怀疑!

> 一旦做出无法后退的承诺,大脑就会释放出巨大的能量来实现它。
> ——本·多米尼茨(Ben Dominitz)

当我回忆自己的经历时,让我感到有趣的是,解决问题的办法一直都在那里,但我只有在做出承诺后才能看到它。

通过承诺实现梦想,我们安排大脑去寻找解决问题的办法,让我们在道路崎岖时继续前进。每当你想在自身以外的东西上寻找动力时,记住一点:动力源于对一个狂热目标的承诺。

想象理想的未来

人类企图体验快乐,避免痛苦。通过想象实现目标和梦想时的快乐,可以让这条心理学真理为你效力。

卡西·特纳(Cathy Turner)解释了她如何通过想象在速滑比赛中获得了两枚奥运金牌:"在我还是小女孩的时候,我常常站在镜子前的椅子上假装自己获得了金牌。我会想象自己得到了奖牌,我会看到他们像电视上那样在我脸上叠加国旗,我会哭起来。当我真的站在领奖台上,他们升起美国国旗时,真的太不可思议了。我在那里代表美国,代表所有的美国人。旗帜在升起,国歌在奏响,我的面前没有镜子,我站立的不是一把椅子。我梦想这一刻太久了,我的整整一生。而我的梦想就在此刻就在此处实现了。"

> 根据我自己的经验，毫无疑问，你实现目标的速度与你如何清晰而频繁地想象它有直接关系。
>
> ——查尔斯·J.吉文斯

为了做出或者加强实现大学成功的承诺，照卡西·特纳所说的做。想象自己实现最钟爱的目标，想象它真正发生时你能体验到的快乐。通过这个渴望的成果和与之相关的积极体验让你像磁铁一样朝着你设计的未来前进。

几年前，我碰巧看到我的一名学生带着一本三环活页本，贴在封面上的照片是她戴着毕业帽穿着长袍的照片。

"你已经毕业了吗？"我问。

"还没，不过这会是我毕业时的样子。"

"你怎么得到这张照片的？"

"我姐姐几年前从大学毕业了，"她解释道，"典礼过后，我穿上她的毕业袍，戴上她的毕业帽，让妈妈给我拍了这张照片。每当我对上学感到气馁时，我就会看看这张照片，想象我走上舞台拿毕业证书的样子。我听到家人为我欢呼，就像我们当年为姐姐欢呼那样。然后我就不再感到难过，继续学习。这张照片提醒我努力学习是为了什么。"

几年后，在她的毕业典礼上，我记得自己这样想："她今天看起来和照片里一样快乐，也许更快乐。"

> 我看到这样一个芝加哥，在那里，社区再次成为我们城市的中心；在那里，商业蓬勃发展，邻里各司其职；在那里，社区和城市由成员们联合管理。
>
> ——哈罗德·华盛顿（Harold Washington），芝加哥第一位黑人市长

人生会检验我们的承诺。为了让它们在遇到挑战时保持坚强，我们需要清

楚地看到我们渴望的成果。我们需要一个激励人心的精神画面，像磁铁一样引领我们稳步走向理想的未来。

如果不知道方向，去哪儿都会很困难，当你记住了这一点，想象的力量就是有意义的。生动的想象画面可以在人生的逆境与你作对时帮助你保持在正轨上。

如何想象

以下是有效想象的 4 个关键方法。

1. **放松**。想象似乎在深度放松时才会有最积极的影响。进入深度放松的一个方法是深呼吸，同时一个接一个地收紧从脚趾尖到头顶的肌肉群。

2. **动词使用现在时**。想象你现在正在经历成功。因此，所有的动词都用现在时：我正走上舞台拿毕业证书，或者我走上舞台。（不要用过去时：我之前正走上舞台。也不要用将来时：我将走上舞台。）

3. **调动全部的五感**。使用你所有的感官具体而明确地想象那个场景。你会看到什么、听到什么、闻到什么、尝到什么、触碰到什么？

4. **感知感受**。当情绪强烈时，事件会获得激励我们的力量。想象你的成就像你希望的那样宏伟壮丽，然后感受成功的激动。

心理学家查尔斯·加菲尔德（Charles Garfield）注意到运动员会利用想象赢得体育比赛；心理学家布赖恩·特雷西写到销售人员会利用想象获得商业成功；伯尼·西格尔（Bernie Siegel）博士，一位癌症专家，甚至记录了患者会利用想象改善健康。

> 想象利用了几乎可以称之为身体"弱点"的东西；它不能区分生动的心理体验和实际的身体体验。
>
> ——伯尼·西格尔博士

最后，想想这一点：遵守承诺可能和实现一个特定的目标或梦想一样重要，甚至更重要。这样，你就提高了对实现未来承诺的期望，知道如果对自己许诺，你就会遵守它。

所以，创造远大的目标和梦想吧，在你内心深处承诺实现它们。

日记条目 10

在这次活动中,你将想象实现一个最重要的目标或梦想。一旦你生动地描绘了这一成果,实现它的承诺就会被强化,你就会知道如何同样地对待所有的目标和梦想。

> 一个人在承诺之前,总会有犹豫、退缩的机会,这些总是无效的。一切主动的行为(和创造)都有一个基本的真理,对它的无知则会扼杀无数的想法和辉煌的计划:当一个人明确向自己承诺时,上帝也开始行动。各种本来不会发生的事情都会发生以帮助他。一系列事件从决定中产生,出现各种各样的意外事件、碰面和物质援助,这是任何人都不会想到的。
>
> ——威廉·哈奇森·默里(William Hutchison Murray)

写下你作为学生实现最大目标或梦想时的想象。描述你取得成功时的场景,宛如它此刻正在发生。例如,如果你渴望的是以 4.0 的平均绩点成绩从四学年的大学毕业,你可能会这样写:"我穿着一件蓝色的长袍,毕业帽的流苏挠着我的脸。我看向外面几千人的观众席,我看到了我的母亲,笑容在她的脸上绽放开来。我听到播报员叫我的名字。在我第一步迈上舞台时,我感到肾上腺素飙升,背部发麻。我看见校长面带微笑,伸出手向我祝贺。我听到播报员重复了我的名字,补充说我以优异的成绩毕业,获得了 4.0 的平均绩点成绩。我看见我的同学们站起来为我鼓掌。他们的欢呼声掠过我的心头,让我感到自豪和幸福。我走向……"

为了有视觉吸引力,可以考虑在你的日记中画一幅你的目标或梦想的画。或者从杂志上剪下图片,用它们来说明你的文字。如果你是在电脑上写日记,可以考虑加入描绘你想象的电子图片。(如果你不知道怎么做,向别人寻求帮助。)让你的创造性支持你的梦想。

记住有效想象的 4 个关键方法。

1. 放松。释放你的想象力。

2. 动词使用现在时。描述你的经历，就像你当时正在和某人通话一样。我正穿过一扇门……

3. 调动全部的五感。你会看到什么、听到什么、闻到什么、尝到什么、感觉（触碰）到什么？

4. 感知感受。想象一下，在这伟大的成就时刻，你感觉棒极了。你应该感到很棒！

经常阅读你写下的想象，最好是在睡觉前和早上刚醒的时候。你也许还想录下你的想象，反复收听。

学生故事

詹姆斯·特雷尔（James Terrell），
阿巴拉契亚州立大学，北卡罗来纳州

上阿巴拉契亚州立大学让我有些不知所措。这意味着我要去离家 7 小时的地方，不能在想回家的时候就回家。开学第一周我感觉不错，而且很开心能够独立并且自己做决定。但当我意识到我不得不做一些重要的曾经通常由父母帮我做出的决定时，事情很快发生了变化。在我的脑海里，我一直在想，我不能向他们寻求帮助，因为我现在独立了。因为思念家人，我开始变得有点沮丧，做事也不再从容。我准备退学然后进入一个离家近的社区大学，因为我觉得教授对我的期待太高了。我几乎就要告诉父母我打算回家了，因为我真的不知道自己为什么要待在这里。

就在这时，我们开始在研讨会上讨论承担个人责任的话题。在这节课上，我开始清醒了。我了解了每个人心中不同的声音。我意识到是内心指引在我想要放弃时劝我、帮助我留在正轨上。此外，我注意到是内心批判在批评我为了留在正轨所做的一切。这股敌对势力一直试图将我打倒。

我继续听从内心指引，但我意识到这还不够。在接下来一周的课上，我们讨论了创造内在动力的话题，我意识到自己挣扎的原因是缺少动力。我的心中没有能让我勇往直前的目标。这一章让我意识到我需要一个目标和梦想，在课上，我们尝试了想象目标和梦想的活动。除了日记以外，老师还让我们画一幅关于梦想的画，并且讨论在追求梦想的路上会遇到什么障碍。在这之前，我知道自己想要成为一名律师，仅此而已。有的人可能只要知道自己想要在大学毕业后成为律师就会感到高兴。但我还需要了解更多，因此我想象成为一名律师要经历的各个阶段。首先，我想象自己从阿巴拉契亚州立大学毕业并获得了政治学学位。接着我从坎贝尔大学毕业并获得了法学学位。然后我看到自己搬到加利福尼亚，成为一名成功的娱乐业律师，和我的家人住在一个美丽的社区。随着我想象梦想的每一个部分，一切都变得清晰起来。通过阅读这一章以及和老师们交谈，我学到了把梦想写在或画在纸上可以帮助我保持动力。

我现在对上学更有自信。每次去上一些较难的课时，我就在脑海里描绘我进入法学院的那天，我的梦想紧紧依附在我的脑海里。每当我感到有压力或不知所措时，我就会看看墙上的梦想之画。我对自己说："詹姆斯，你觉得通往梦想之路会是容易的吗？"每一次，答案都是否定的，但我现在知道自己不会因为困难而放弃。我对接下来的 4 年充满期待，因为这门课教会了我成为一名成功的学生需知道的基本道理。现在我有信心帮助别人学习我学到的东西，让他们也能获得成功。

照片：承蒙詹姆斯·特雷尔的允许。

职场：自我激励

找出哪种工作最让你开心，因为这也是最能发挥你才能、最有效的工作。

——理查德·博尔斯（Richard Bolles），职业专家，《你的降落伞是什么颜色？》（*What Color Is Your Parachute?*）的作者

你将做出的一个最重要的选择是，寻找一份工作、一种职业还是一项事业？如果你找的是工作，就是为了薪水而努力。如果你找的是职业，就是为了日常工作中的乐趣和满足感努力……同时你也能得到薪水，可能会很多。而事业是对自己工作的深切承诺。拥有一项事业，你会觉得在为自己、你爱的人和人类的一部分做贡献。以上三种选择我都曾经拥有，我向你保证，职业是工作的一个巨大进步，而事业更加美好，它会让人生更为甜蜜。如果你想一年50周都有动力起床去上班，你肯定要选择一份职业。而更好的选择是，找到你的事业。

> **寻找创造者**
>
> 创造者必须展现自我动力、强烈的目标意识和有效的目标设定能力。

大学是为职业做准备的好地方。但为了保持动力，你应该想要将职业选择和大学专业与你独特的兴趣、天赋和个性相匹配。我曾经有一名学生因为听说会计师可以挣很多钱而主修会计。他认为他讨厌数学这个事实不算是问题。他认为自己是在为职业做准备，但事实上他是为了工作。

高等教育中最有动力的学生是那些将大学视为职业目标道路上一个合理步骤的人。有时，他们是把从事某一特定职业作为毕生梦想。更多时候，他们是厌倦了无趣工作回到大学为有价值的职业做准备的年长学生。这些自我激励的学生不仅能充分利用教育资源，而且能享受这段旅程。

如果你有特定的职业梦想，请对找到更适合自己的职业的可能性保持开放的心态。如果你还不确定想要做什么，请继续寻找，答案很可能会自己出现。当它到来时，你的生活就会改变。我认识一位学生，在她发现自己对成为一名幼师有热情后，她的成绩从 C 和 D 提高到了连续的 A。

使用计划技能为自己设计一条激励人心的职业道路，确认可以作为成功垫脚石的短期和长期目标。使用上一章里学到的 DAPPS 法则，你可能会设计这样一条职业道路：

2 年：我获得了会计专业的荣誉副学士学位。通过彻底研究国内的会计公司，我选出了 5 家有前途的公司，可以在获得学士学位后去工作。

5 年：我获得了会计专业的荣誉学士学位。我在之前选的一家公司中担任初级会计，年薪 5 万美元或以上。

10 年：我创建了自己的会计公司，年薪 15 万美元或以上，为客户的财务繁荣和安全做贡献。

记住，选择雇主比选择薪水更重要。

选择一个目标和价值观与自己相容的雇主可以极大地帮助你保持动力。通过阅读一个公司的使命宣言，你会发现它所宣称的就是它的目标和价值观。例如，假设你想在一家大型办公用品公司从事零售或市场工作，下面是史泰博（Staples）的使命宣言：

削减运营办公室的费用和麻烦！我们的愿景是由核心价值观 C、A、R、E 所支撑的：

- 客户（Customers）——珍惜每一个客户。
- 伙伴（Associates）——以有价值的资源提供支持。
- 真正的交流（Real Communications）——与需要的人分享信息。
- 执行（Execution）——实现我们的商业目标。

下面是它的一个主要竞争者欧迪办公（Office Depot）的使命宣言：

欧迪办公的使命是成为世界上最成功的办公用品公司。我们的成功由坚定的承诺驱动：

- 卓越的客户满意度：全公司的共识是客户满意就是一切。
- 伙伴导向的环境：同事是我们最宝贵的资源。我们致力于营造一个对认可、创新、交流和企业精神予以鼓励和奖励的工作环境。
- 行业领先的价格、商品和服务：承诺以每日低价提供最高质量的商品，为客户完美地平衡价格、商品和服务。
- 合乎道德的商业行为：以坚定的诚信开展业务。
- 股东价值：为股东提供更高的投资回报。

基于他们的使命宣言，你认为哪家公司的目标和价值体系可以为你创造更有动力的工作环境？

一旦真正开始在所选职业中寻找职位，你的目标设定能力和想象能力将帮助你保持动力。你可以与每一个对你的询问感兴趣的潜在雇主保持密切联系。在寻找时保持动力的一个方法是设定一个每周联系次数的具体目标。例如：我将每周给 10 个及以上的雇主寄出我的询问信和简历。这样就可以把精力集中于你可以掌控的事情——自己的行为。

此外，每天花几分钟想象自己已经进入了所选的职业生涯。看看你的办公室、你的同事，想象自己从事这份职业的日常活动。这种精神影像可以减少焦虑，提醒你努力的目的。在通向目标的路上，想象自己进入理想的职业生涯可以在你遇到耽搁和失望时帮助你保持动力。

当你真正开始职业生涯时，自我激励的策略将对成功极为重要。你不可能不注意到有多少企业在招聘广告上寻找可以"自我激励"的员工。

这些广告可能会说"必须能独立工作"或者"寻找积极主动的人"，但你知道这些流行词的真正含义。这些雇主想要能够承担任务并在遇到困难和挫折时坚持到底的员工。谁不想要一个自我激励的员工？如果你是雇主，你不想要吗？

最后，设定目标的能力对成功至关重要。对于销售岗位的人来说，目标和指标是不可避免的，但很多雇主要求所有的员工都能设定目标、创建工作计划。设定目标的能力不仅能帮助你很好地实现个人目标，还能促进团队、办公室和公司目标的实现。随着肩负责任的不断提升，你指导他人设定目标的能力将是整个组织的宝贵财富。

你很可能会工作 30 年、40 年，甚至更久。自我激励的能力对你的结果质量和体验有很大的影响。

技术建议：自我激励

　　42 Goals 能让你设定和追踪数个目标。记录你的进度并创建图表，显示随着时间推移你向目标前进的程度。通过公开你的页面，你可以和朋友分享自己的进展。（网页、安卓和 iOS）

　　Mindbloom 让你想象自己是一棵树。树上的每一片叶子代表人生中的一个重要元素（比如职业、健康、关系）。你需选择行动来改善每一片叶子（重要的人生区域）。在你采取行动时，你的树会繁茂成长。本质上是把设定目标变成了种树的游戏（人生的一个隐喻）。你可以加入励志的语录、图片和音乐。（网页、安卓和 iOS）

　　stickK.com 利用奖励和问责制来激励用户实现目标。你通过设定目标和截止日期来创建承诺合同。例如："我每周至少学习 20 个小时。"然后——这个部分是可选的——你创建了（著名的胡萝卜和大棒中的）大棒。比如，如果没有达到目标，你就要用信用卡给一个你鄙视的团队支付 50 美元。（在撰写本文时，该网站声称有将近 2000 万美元是作为大棒"在线"的。）如果你想要，可以选择一个裁判来判断你是否实现了目标。你还可以联系朋友来鼓励你。（网页）

　　如果你想要点燃帮助别人的激情，并（如网站宣称的）"让世界不那么糟糕"，DoSomething.org 可能就是你在找的。如果你正在为你学习的课程寻找一个服务学习项目，这个网站提供了几百个选择。它拥有 330 万年轻（13~25 岁）会员，给会员提供加入各种运动的机会，比如改善地球生活，解决贫困、暴力和环境问题等。（网页）

　　注意：以上所有工具都是免费的，但有些可能会提供收费的升级服务。

相信自己：书写自我肯定

> **关键问题**：你需要哪些个人品质来实现你的梦想？如何加强这些品质？

为了实现你的目标和梦想，特定的个人品质是必需的。例如，如果你想要幸福的家庭生活，你要学会关爱、给予支持、乐于沟通。如果你想要发现癌症的治疗方法，你要有创造力、坚持不懈、意志坚强。

> 我们就是我们想象中的自己。
> ——库尔特·冯内古特（Kurt Vonnegut, Jr.）[1]

想想学业的短期和长期目标，你需要哪些个人品质来实现它们？你是否需要会思考、乐观、有口才、负责任、自信、目标明确、成熟、专注、积极、有条理、勤奋、好奇、诚实、热情、自我培养？

每一个健康的人都有发展所有这些甚至更多个人品质的潜力。而一个人是否发挥了这个潜力则是另一回事。

童年时期，一个人对自己个人品质的评价似乎大部分是基于别人所说的话。如果你的朋友、家人或老师说你是个聪明的孩子，你很可能吸收这一品质并给自己贴上"聪明"的标签。但如果没有人说你聪明，你可能永远不会意识到自己天生的才智。更糟糕的是，某个重要的人可能说过你很蠢，因此开启了你内心批判的消极唠叨。

英国一所学校的一次过失展示了我们如何内化别人贴给我们的标签。在一次考试中，一群学生的成绩被贴上了"迟钝"的标签。但由于电脑出错，系统告诉他们的老师这群学生是"聪明"的。因此老师认为他们很有潜力。当这个

---

[1] 库尔特·冯内古特（1922—2007），美国黑色幽默文学的代表人物之一。

错误被发现的时候,这群"迟钝"学生的分数已经有了极大提高。在被视为是聪明的学生后,这群孩子的行动也开始变得聪明。就像这些孩子一样,你可能也有积极的品质等待绽放。

> 我们持续受到我们与父母的早期互动的影响。我们把他们的声音当成自己的内心对话。这些声音将我们催眠,并常常制约着我们的人生。
>
> ——约翰·布拉德肖(John Bradshaw)

作为成年人,我们可以有意识地选择相信什么。就像我的一位心理学老师曾说过的:"在你的世界里,你的话就是法律。"换句话说,我的想法创造了我的现实,然后我开始根据这个现实行动(不管它是否准确)。例如,假设我正在参加一场讲座课,并一直感到困惑。坐在我周围的学生会在困惑时提问,但我不会,因为在大讲堂里提问总会让我不舒服——我就是这样。我很害羞。我的内心防卫赞同这个解释,因为它不让我做不舒服的事。或者避免质疑像老师这样的权威人物是我深层文化的一部分。麻烦的是,那些我没有问的问题不断在考试中出现,如果我不做出改变的话可能就会不及格。

我心里的另一个部分——内心指引——知道勇敢可以让我获益。事实上,如果想要通过这门课,我必须变得更勇敢!因此,我进行了一次实验。我开始告诉自己,我很勇敢……我很勇敢……我很勇敢。当然,生活会不断给我测试这份宣言的机会。几节课之后,我又遇到了一个问题,但我没有问。尽管这一次我强烈地意识到自己做了什么:我选择了懦弱地逃避。我顽强地继续着实验,想着:我很勇敢……我很勇敢……我很勇敢。当下一次遇到问题时,我等到下课后问了一位同学。有了一点进步,但还不够勇敢。接着有一天,上课时,我完全没搞懂。我唰地举起手,深吸一口气。教授叫了我,我问了问题,她回答了。足够惊奇的是,我活着讲述了这个故事。而更好的是,我在下次考试中答对了问题。最棒的是,我说到做到了。我来到了一个(我非常了解的)分岔路口,有意识地选择了勇敢的那条路,得到了需要的答案,并且意识到:我的新思想产生了新行为,它又进一步改善了我的结果和体验。而且我成功了一次,就能成功第二次。任何时候，只要我需要，我都可以这样选择！

> 早在相信以前，我就说过"我是最伟大的"。
>
> ——穆罕默德·阿里（Muhammad Ali）

说出你渴望的个人品质

加强渴望的品质的一个有效方法是建立自我肯定。肯定是一种声明，宣称自己富有你所渴望的品质。以下是一些例子：

- 我是一个勇敢、快乐、慷慨的人。
- 我是一个自信、有创造力、有选择性的人。
- 我是一个高尚的、聪明的、有好奇心的人，可以从我做的任何事中找到乐趣。
- 我是一个能够给予别人支持的、有条理的、可靠的人，我在家庭中创造和谐。

> 为了采纳新的信念，我们现在可以系统地选择肯定的陈述，然后有意识地生活在其中。
>
> ——乔伊斯·查普曼

肯定可以为我们选择的个人品质注入活力。我的一位同事回忆起当她还是孩子时，每次犯错误她的父亲都会说："我想这证明了你是 NTB 的。""NTB"是他对"不太聪明（not too bright）"的简略说法。想象一下，不断从父亲那里得到这样的信息让她觉得自己聪明有多难！现在，甚至不需要父亲在身边，她的内心批判很高兴让她想起自己是不太聪明的。她可以从这样的肯定中获益："我是 VB，非常聪明（very bright）的。"

你小时候收到过哪些限制自己的信息？也许其他人说你是"平庸的""愚蠢的""笨拙的"或者"总是搞砸"。如果是这样，现在你可以建立自我肯定，赋予自己渴望的品质。比如你可以说："我是一个美丽、聪明、优雅的女人，可以把任何错误都变成宝贵的一课。"

有人说，积极的肯定看起来像是谎言，孩童时期接收到的信息（现在仍在被内心批判重复）看起来更真实。如果是这样，试着把你的肯定看作提前说出的真相。在刚开始提出这些品质时，你

"妈妈，我有毒吗？"

图 3.3 蛇宝宝的疑问

可能并不美丽、聪明、优雅，但就像那所英国学校里的"迟钝"学生对"聪明"的评价做出积极回应一样，每一天你都可以用自己的方式来证明你选择的品质是真实的。肯定自己的过程就像成为自己的父母：去承认那些直到现在都没有人想过要告诉你的积极品质。然后最重要的是，采取行动，在这一过程中改变自己的结果和体验。

> 我的"天生输家"的文身，早在写在手臂上之前，就被刻在了我的脑海里。现在我告诉自己，我是"天生赢家"。
> ——史蒂夫（Steve R.），学生

活用你的肯定

当然，仅仅建立肯定是不足以抵消多年的负面设定的。你要加强肯定才能对人生产生影响。下面是3种给予肯定力量的方法：重复、争论、统一。

1. 重复你的肯定。这样你就可以记住自己选择加强的品质。一位学生在赛艇训练中重复她的肯定。运动的平稳节奏为她的重复提供了节奏。对你来说有什么好的场合可以重复你的肯定？

2. 与你的内心批判争论。要意识到你已经拥有你渴望的品质。你已经是有创造力的、坚持不懈的、体贴的、聪明的……这些是你天生的品质，等待被重新给予力量。为了证实这个事实（并且让内心批判闭嘴），你只需回忆一个（或

多个)曾经展现出其中一项品质的具体事件。

3.言行一致。在每一个选择的时刻,做你所肯定的事。如果你说自己是"勇敢的",那就做出勇敢的选择。如果你说自己是"有条理的",那就做有条理的人会做的事。如果你说自己是"坚持不懈的",那就在你不喜欢的时候坚持下去。在某个时刻,你将有证据称:"嘿,我真的是个勇敢、有条理、坚持不懈的人!"你的选择将证明肯定的真实性,而新的结果和体验将是你的奖励。

> 肯定必须由实现它们的行为来支持。
>
> ——查尔斯·加菲尔德

因此,思考哪些个人品质将帮助你通往目标和梦想,然后准备书写可以实现它们的自我肯定!

日记条目11

在这次活动中,你将建立自我肯定。如果经常重复你的肯定,它将帮助你做出加强个人品质的选择,实现你的目标和梦想。

1.用一句话写下一个作为学生时最激励人心的目标或梦想。你可以简单复制你写在日记条目10里的一条(或者创建一个新的)。

2.列出一长串可以帮助你实现这个学业目标或梦想的个人品质。运用像"坚持不懈的、聪明的、努力的、体贴的、善于表达的、有条理的、友善的、自信的、放松的"等形容词。写下尽可能多的品质。

3.圈出3个对实现学生目标或梦想(你在步骤1中写的那个)最为必要的品质。

> 肯定是最高形式的自我对话。
>
> ——苏珊·杰弗斯

4.写下3个版本的自我肯定。你可以通过填写下面A、B、C三种格式的空白部分来完成。在空白处填入你在步骤 3 中圈出的 3 个品质。注意：在这 3 种格式里写下同样的 3 个品质。

格式 A：我是一个＿＿＿、＿＿＿、＿＿＿的人。

示例：我是一个勇敢、聪明、坚持不懈的人。

格式 B：我是一个＿＿＿、＿＿＿、＿＿＿的人，正在＿＿＿。

示例：我是一个勇敢、聪明、坚持不懈的人，正在创造我的梦想。

格式 C：我是一个＿＿＿、＿＿＿、＿＿＿的人，而且我＿＿＿。

示例：我是一个勇敢、聪明、坚持不懈的人，而且我热爱生活。

不要照抄示例，创建你自己独特的肯定。

5. 圈出或用亮色突出步骤 4 中你最喜欢的句子。对自己说出或回想你喜欢的肯定，直到你可以不看写下的句子就做到。重复能帮助你牢记自己的肯定和渴望的品质。

6. 为肯定中的 3 个品质分别写一段话。在每一段中，写下展现你渴望的品质的一次具体经历。比如，如果你渴望的品质之一是坚持不懈，讲述一个你人生中曾经坚持不懈（即使只有一点）的故事。将这个故事写得像书里的一个画面，拥有可以让读者仿佛能亲眼看见的足够具体的细节。你可以这样开始：我肯定的第一个品质是……人生中我曾展现过这一品质的一次具体经历是……

> 进行肯定的练习让我们开始将一些陈腐的、破旧的和消极的内心唠叨替换为更积极的想法和观念。这是一项强有力的技能，可以在短时间内完全转变我们对人生的态度和期待，从而完全改变我们所创造的东西。
>
> ——沙克蒂·高文（Shakti Gawain）

你可以通过图片、关键词、自己的插画、语录或者吸引你的歌词来增加日记的创造性。

学生故事

蒂娜·斯蒂恩（Tina Steen），
查菲学院，加利福尼亚州

当我开始害怕每天的工作时，我知道是时候改变了。我在家族餐馆工作，从来没有自己的时间。而且我可以看出长时间的工作如何让我的母亲变得衰老。我喜欢为餐馆记账，所以我觉得自己也许可以成为一名会计。我的母亲也赞同我可能擅长这个。

因此我进入了查菲学院并选修了初级会计。我感到焦虑，因为我在 10 年前上大学时获得了一大堆的 F 和 W。那时候我的 GPA 只有 0.91，但当时我并不在意。我有一份体面的可以挣钱的工作，还上大学做什么？我没有动力，而我的成绩反映了这一点。但是这次，当我在会计课上获得 B 时，我感到狂喜。

然而我的成就感没能持续很久。低分再次拖累了我，我被处以最高级别的留校察看。我离正式被退学仅有一步之遥，而我的会计科成绩并不足以拉高整体的 GPA。我感觉沉重的负担压得我喘不过气来。我感到挫败，然后不情愿地参加了一个强制性的指导课。这门课可以让我暂时不被退学，并且给了我 1 年时间把 GPA 提高到 2.0。除了指导课，我还修了 2 门会计课和 1 门数学课。

上指导课的第一天，我打量了一下我的同学们。他们看起来很年轻，我瞬间感觉到不自在。消极的想法在我脑海中盘旋：你不可能做到。你过去搞得太糟了。你真的觉得自己可以把 GPA 提高到让自己留在学校的程度吗？你比这里的大多数学生都大，却还和他们一起上指导课？我的想法呼喊着我有多不足。内心批判是我唯一听到的声音，尽管那时我还不知道它的名字。随着学期的进行，我知道了我们在脑海中听到的不同声音。我学着分辨自己听到的是哪一种声音，然后开始利用内心指引的声音保持动力。然后我学会了相信自己和书写自我肯定。如果不相信自己，我知道我会重复之前的失败。我不能让它发生。就在那时，我想到了帮助我相信自己的肯定。我会常常想或者大声说出：我有能力、被人喜爱、有价值、可以聪明地吸取教训，并且坚持永不放弃自己。每当听到内心批判的声音，我都将它替换为自我肯定的话。

整个学期我将这些肯定重复了上百次，说到我开始相信它们。我用自我肯定来减轻期末考试前的恐慌，它还帮助我用 Excel 完成了会计课的一个重要项目。借助于我在这门课上学到的其他工具，我知道自我肯定奏效了。我的指导课获得了 A+，并且总体 GPA 达到了 3.785，我的留校察看被取消了。我通过阅读本书学到和运用的所有知识带来了一个非常成功的学期。 我知道我能达到目标，因为这一次我从书中学到了更好的工具，知道如何成为一个成功的学生。很多年前，我开启了只获得 F 的大学生活，但现在我选择不再做毫无动力的学生。毕竟"我有能力、被人喜爱、有价值、可以聪明地吸取教训，并且坚持永不放弃自己"。

照片：承蒙蒂娜·斯蒂恩的允许。

第四章　掌握自我管理能力

成功的学生……

▶ 有目的地行动，选择朝着目标和梦想前进的行为。

▶ 运用自我管理工具，定期计划和执行有目的的行动。

▶ 学会自律，在追求目标和梦想时表现出担当、专注和坚持不懈的精神。

挣扎的学生……

▶ 被动地等待，从一个没有目的的活动徘徊到另一个。

▶ 过着没有条理、没有计划的生活，不断回应一时的异想天开。

▶ 如果他们的行动没有带来立即的成功就放弃或改变方向。

一旦我承担了选择和创造自己渴望的人生的责任，下一步就是采取有目的的行动，将我的渴望变成现实。我采取所有必要的行动来实现我的目标和梦想。

▶ 批判性思维案例研究——拖延症

哈伦格伦（Hallengren）教授英文写作课上的两名学生在食堂讨论他们第四篇论文即将到来的提交期限。

"我不可能按时完成这篇论文，"特蕾西（Tracy）说，"我每篇论文都迟交，而且还欠着第二篇论文的改写。哈伦格伦教授会暴怒的！"

"你觉得你有麻烦！"里卡多（Ricardo）说，"我还没有交上一篇论文。现在我要落后两篇论文了。"

"怎么会这样？"特蕾西问，"我以为刚从高中毕业的年轻人拥有大把的时间。"

"别问我时间去哪儿了，"里卡多耸耸肩回答说，"截止日期不断偷偷靠近我，在我发现之前，我已经落后了好几周。我住在学校，甚至不需要通勤时间。但是总有突发事件。我本打算上周末写另一篇英语论文然后复习社会学考试，周六我却不得不去州外参加婚礼。我玩得太开心了，以至于到周一早上才开车回来。现在我更加落后了。"

"所以这就是你周一没来上英语课的原因，"特蕾西说，"哈伦格伦教授训斥了我们，因为有很多学生缺席了。"

"我知道我缺席了太多的课。有一次，我因为没有准备好论文而待在了家里。有时候，我熬夜和女朋友打电话或者玩电子游戏，然后早上就起不了床了。"

"我的情况不同，"特蕾西说，"我30多岁了，而且是单身母亲。我有3个孩子，一个5岁，一个7岁，一个8岁。我每周工作20个小时，还修了4门课。我就是不能全部都跟上！每次我觉得自己要追上了，总会出什么状况。上周我的一个孩子生病了，然后我的冰箱也坏了，我不得不加班挣钱来修它。两周前，他们更改了我的排班，于是我不得不找个新的日托。我的所有教授都表现得好像我只需上他们的课，没有其他事要做。我也希望！我能完成所有事情的唯一办法就是放弃睡眠，而现在看来，我每天只能睡5个小时。"

"你打算怎么办？"里卡多问。

"我觉得我不可能顺利度过这个学期了。我在考虑放弃所有的课。"

"也许我也应该退学。"

1. 你认为谁的自我管理问题更大，里卡多还是特蕾西？准备解释你的选择。

2. 如果某个人向你寻求如何在大学进步的建议，你会推荐他采用什么具体的自我管理策略？

继续深入

里卡多与特蕾西谁的情况与你最相似？解释相似之处，以及你如何赶上所有你要做的事情的进度。

有目的的行动

关键问题：你是否曾经注意过高度成功的人会取得多少成就？他们如何有效地利用时间？

创造者不仅仅做梦，他们培养了将渴望的成果转换为有目的的行动的技能。他们制订计划，然后一步步执行——即使他们不喜欢——直到实现他们的目标。目标和梦想决定了你的目的地，但只有坚持不懈的毅力和有目的的行动才可以带你到达那里。

> 不要把创造者和梦想家搞混了。梦想家只会做梦，但创造者会将梦想变成现实。
> ——罗伯特·弗里茨（Robert Fritz）

托马斯·爱迪生（Thomas Edison）不只是梦想发明电灯泡，在实现这一目标前，他进行了超过1万次的实验。马丁·路德·金不只是梦想全种族的正义和公平，他还演讲、组织、游行、写作。大学毕业生们不只是梦想文凭，他们还上课、读书、写论文、和老师讨论、改写论文、成立学习小组、做文献研究、提问、去辅助教室、找家教等等。

当我们思考成功人士的成就时，我们可能忘了他们不是一生下来就会成功的。大多数人都是通过不断重复有目的的行动才实现了成功。创造者采用一种有效的策略，将梦想变为现实：先采取重要行动，最好是在它们变得紧急之前。

利用第二象限的力量

在第134页中，第二象限时间管理系统（来自史蒂芬·柯维［Stephen Covey］的《高效能人士的七个习惯》［*The 7 Habits of Highly Effective People*］一书）的图表展示了重要性和紧急性对于选择行动的意义。这张图表表明，我们的行动根据其重要性和紧急性可以被分为四个象限。

> 我个人认为，时间管理领域中的最佳思想精髓可以用一个短语来概括：围绕优先级规划和执行。
>
> ——史蒂芬·柯维

只有你可以决定行动的重要性。当然，其他人（比如朋友和亲戚）也会有他们的观点，但他们不能真正了解你会重视什么。如果一个行动可以帮助你获得你所重视的东西，那它就是重要的，你只有疯了才不去完成它。但可悲的是，许多人用不重要的行为填满了他们的时间，因此阻碍了目标和梦想的实现。

同样地，只有你可以决定行动的紧急性。当然，其他人（比如老师和辅导员）会给你设定期限，但这些外在的终点线无法带来动力，除非你让它们变得对自己很重要。如果如期完成可以帮助你得到你重视的某个东西，那它就是紧急的，你只有疯了才会不按时完成它。但可悲的是，许多人错过了重要的、紧急的期限，因此阻碍了目标和梦想的实现。

我曾听过那些"不能"按时上交作业的学生找的各种借口。但当我问："如果它价值100万美元，你是否就能按时完成了？"他们的答案几乎总是："当然，但它不值这个价。"

所以现在我们知道了真正的问题是什么。他们不是"不能"按时交作业，只是没有让最终期限变得足够有价值，从而支持他们完成需完成的事。创造者们设定自己的目标并按时完成（甚至包括那些别人布置的任务），因为这是他们想要的，因为重要的是创造他们渴望的人生。

在你阅读四个象限的内容时，问自己："我应该选择将最多的时间花在哪个象限？"你做出的选择将极大地改变你创造的结果和体验。

> 不是所有的日常活动都同样重要，你的使命是对所有活动进行规划，划分优先顺序，将其变为一个工作计划。
>
> ——查尔斯·J.吉文斯

- 第一象限行动（重要且紧急）是在临近的期限压力下完成的重要活动。这些是现在必须采取的关键行动，否则后果可能会很严重。我的一位朋友在截止日期前三天才开始写他的年度论文（相当于平时两门课程的论文）。他声称大学成功对他很重要，而即将到来的最后期限无疑使这项任务变得紧急。他连续工作了72个小时，最后没有校对就把论文上交了。虽然这一次他勉强通过了，但却进一步陷入了拖延症的模式。在大四时他有太多门课不及格，被大学开除了。当你按照低优先级行动而忽视了高优先级，你就阻碍了自己的目标和梦想的实现。在最后一刻，拖延症患者不顾一切地跳入第一象限，去完成一个一直很重要但现在变得极为紧急的行动。将生命花费在第一象限中的人一生都在忙碌地灭火。他们疯狂地创造了目前的些许成就，却牺牲了未来的巨大成功。更糟糕的是，第一象限是人们经受压力罹患溃疡和精神衰弱的象限。

- 第二象限行动（重要但不紧急）是在没有迫在眉睫的期限压力时完成的重要活动。这些行动让你更接近自己重视的结果和体验。当你从事一项重要活动并且有充裕的时间把它做好时，可以最大化地实现梦想。因为缺少紧急性，第二象限的行动很容易被推迟。这本书中几乎所有的建议都与第二象限匹配。例如，你可以永远推迟记日记、使用明智选择流程、采用创造者语言、发现和想象你的梦想、设计人生计划或者建立个人肯定。但当你采取了诸如此类的有目的的行动时，你将创造一个丰富、充实的人生。第二象限是找到创造者的象限。

表 4.1 时间管理四象限

	紧急	不紧急
重要	第一象限／示例：熬夜为第二天早上 8 点的考试临阵磨枪。	第二象限／示例：在这学期第一周建立学习小组。
不重要	第三象限／示例：参加一个紧急召开但与你的目标无关的会议。	第四象限／示例：不动脑筋地看电视到凌晨 4 点。

- 第三象限行动（不重要但紧急）是带着一种紧急感完成的不重要活动。有多少次你接起电话，却被困在长而无用的对话里？或者因为自己无法说"不"而答应某件事？当我们被别人的急事说服而从事对自己的目标和梦想不重要的活动时，我们就选择了第三象限。
- 第四象限（不重要且不紧急）只是浪费时间的事。每个人都会浪费时间，所以不必以此评判你自己，尽管你的内心批判会试着这样做。相反，请听从你的内心指引。对自己的选择更加清醒，尽量不浪费每天不可替代的时间。我认识的一位大学教授在他的班级做过调查，发现他的许多学生每周看电视超过 40 个小时，这相当于一份没有工资或福利的全职工作！

> 忙碌是不够的……问题在于：我们在忙什么？
> ——亨利·戴维·梭罗（Henry David Thoreau）

1961 年的一项研究显示，高等教育的学生每周平均学习 25 个小时。20 年后，在 1981 年，大学生的学习时间下降到了每周 20 个小时。到 2003 年，平均时间再次下降到了每周学习 13 个小时。这些数据有助于解释为什么这么多有能力的学生没能从大学毕业。在第一和第二象限花费如此少的时间是很难掌握复杂的学科的。

> 的确，没有想象，人类就会灭亡。但如果没有行动，人类和想象都会灭亡。
>
> ——约翰尼塔·B. 科尔（Johnetta B. Cole），斯佩尔曼学院前任校长

在第一象限和第二象限要做什么

所以，第一和第二象限的行动是什么样的？在大学里，创造者们按时上课、记笔记、尽量完成所有的作业。他们安排与老师的会议、建立学习小组、整理笔记并经常复习。他们预测考题并把答案记在学习卡片上。没有外在的紧迫感促使他们采取这些有目的的行动。他们通过对自己所重视的目标和梦想的承诺创造自己的紧迫感。

> 没有任务的想象只是一个梦，没有想象的任务只是一个苦差事，想象和任务的结合是世界的希望。
>
> ——来自英国萨塞克斯的一座教堂，大约1730年

相反，受害者将大量的时间花在第三和第四象限，重复徒劳的行动，如抱怨、责备、找借口、浪费时间。毫不奇怪，他们每天离正轨越来越远。

某刻，如果你想知道自己在哪个象限，就问自己一个问题："我现在所做的事可以积极地影响一年后我的生活吗？"如果答案是肯定的，你就处在第一或第二象限。如果答案是否定的，你很可能在第三或第四象限。

创造者对第三和第四象限的活动说"不"。有时候这种选择会要求你对其他人说"不"。不，这学期我不打算加入你的委员会，感谢询问。有时候这种选择会要求你对自己说"不"。不，周六早上我不打算赖床。我打算早起复习数学准备考试。然后我可以和朋友去看电影而且不偏离正轨。

当我们对第三和第四象限说"不"时，我们就腾出了对第一和第二象限说"是"的时间。想象一下，如果你每天额外花30分钟采取有目的的行动，这个选择可以给你的人生带来多大的改变！

日记条目 12

在这次活动中,你将测试自己按目标行动的程度。你的目标!随着你在第一和第二象限花的时间越多,你将注意到自己创造的结果有了显著的改善。

❶ 写下你在过去两天里做过的 15 个及以上的具体行为(这些行为是具体的,就像有人用摄像机记录下你所做的事一样)。

> 记得经常反复阅读对梦想的想象(日记条目 10),帮助你保持动力。另外,记得每天说出你的肯定(日记条目 11),牢记那些帮助你通往梦想的个人品质!这些都是很好的第二象限行动。

❷ 用日记一整页画一个像上文中那样的四象限图。

❸ 将步骤 ❶ 中的行为适当地写进四个象限里。在每行行为后,写下每个活动大约花费的时间。比如,第四象限可能填满了这样的行为:

1. 看电视(2 小时)
2. 打电话给特里(Terry)(1 小时)
3. 看电视(3 小时)
4. 去商场闲逛(2 小时)
5. 在自助餐厅闲逛(2 小时)
6. 打电子游戏(4 小时)

❹ 关于使用时间,写下你学到或重新学到了什么。因此,你会做什么你一直没做的事?有效的写作可以预见读者可能遇到的问题,并能清楚地回答这些问题。为了深入挖掘这篇日记,请回答下列问题:

- 在分析你的时间后,你发现了什么?
- 你在哪个象限花的时间最多?
- 哪些具体的证据让你得出了这一结论?
- 如果继续这样使用自己的时间,你有可能实现目标和梦想吗?为什么?
- 是什么最常阻止你采取有目的的行动?
- 你如何看待自己的发现?
- 如果有不同的选择,你打算如何使用时间?

学生故事

贾森·波日高伊（Jason Pozsgay），
奥克兰大学，密歇根州

当我作为一名工程系学生开始大学生活时，我知道从高中到大学的过渡会有一点麻烦。但我不知道我的主要挑战会来自分心。在距离学校 5 分钟路程的地方有一个商场，当我的朋友想去那里闲逛时，我无法拒绝。其他时候我们会打电子游戏、出去吃晚饭，或者看电视。总会有事情让我分心，而没有人让我去学习。在高中时，我总是会得到 A 或 B，并且习惯了对我来说那些很简单的事情。而大学里有更多的作业，这些作业绝不可能像高中时的作业那样可以在 5 分钟内完成。我总能找到不做作业的借口，然后试图在上交的前一天才完成。我记得有一次，直到化学考试前 30 分钟我才开始复习。当我的成绩开始下降时，我意识到自己需要改变了，但我不确定要怎么做。

就在这时，我们在这本书里读到了自我管理。在一次课堂活动里，我们把一张纸分为四个象限，然后把过去两天里所做的事填入这些象限。在第一和第二象限（重要）里我只写了几件事。但是第四象限（不重要）却写满了。我意识到自己每周只学习 3 个小时，但逛商场 5 个小时、看电影或电视 6~10 个小时、打电子游戏 20 个小时、网上冲浪 30 个小时。YouTube 和 Facebook 这样的平台占据了我生活的大部分时间。

既然找出了自己的问题，我就需要一个解决办法。作为开始，我将象限图挂在房间里，上面有我浪费的时间。然后我在旁边挂上一张空白的象限图。我决定在下周尝试新的时间管理办法，记录我每天是如何度过的。我设定的目标是将第三和第四象限的时间减少至每周不超过 20 个小时，同时将第一和第二象限的时间增加至 30 或 40 个小时。起初，我试着完全去掉所有浪费时间的活动，但发现自己压力太大了。我学习得太多了，以至于觉得大脑会爆炸，并且记不住我所学习的东西。然后我试着在做任何会被视为浪费时间的事之前先完成所有的作业。但我再一次无法专心学习。然后我找到了有所帮助的策略。我把我的时间表放在一块干擦板上，然后根据那个星期的进度进行调整。确保自己将学习和放松的时间都放在了上面。此外，如果我有重要的事情要做，比如考试，我会将它用粗体字写在时间表上以防自己忘记。本质上，我已经做了一个可重复使用的计划。

　　自从我将这个策略付诸实践以后，它帮了我很多。当我在第一周结束后填写四个象限时，我已经将目标完成了一半。在学期结束时，我再次追踪了自己的时间，我已经达到了目标。新的系统让我更清楚自己应该选择做什么。我将更少的时间花在网络上，并且学会了说"不"。我记得当一帮朋友想在数学考试前去看电影时，他们邀请了我至少 10 次，但我留在家里学习了。那次考试，我确实考得很好。也许我做得最好的选择就是把电子游戏带回家而不是放在学校宿舍。自从我开始把重要的作业写在白板上，就几乎没有错过任何作业，并且每门课的成绩都提高了。我找到了一种时间管理的策略，可以让我在完成重要作业的同时有时间做有趣的事。这个可重复使用的计划在大一时帮助了我很多，我打算在整个大学期间继续使用它。

　　照片：承蒙贾森·波日高伊的允许。

创建一个防漏的自我管理系统

　　关键问题：如何将更多的时间花在创造对你最重要的结果和体验上？

　　有一天开始上课后，我要求学生交作业。一位学生的脸上出现了惊慌的表情。"什么作业？"他抱怨道，"你是说我们今天有作业要交？"另外有一天，我听到一名学生问他的朋友："你为今天的数学考试复习了吗？""没有，"朋友回答道，"我没有时间。"不久之前，一名学生告诉我："我在课上的表现很好，但那是因为我牺牲了其他的生活。"

> 时间是你生命中的硬币。这是你唯一的硬币，只有你能决定如何使用它。
>
> ——卡尔·桑德伯格（Carl Sandburg）[1]

这些情况听起来是不是很耳熟？重要的行动是不是会像水一样从你的手中流走？你是否有时会对重要的任务敷衍了事……或者迟迟完成……或者甚至完全不去做？你是否会为了扮演好一个重要角色而忽视另一个？想要完成每一件事并不容易，尤其是如果你想把大学事务加入已经很费力的人生。但是有一些经过验证的工具可以帮助你更有效地工作。

这些工具通常被称为时间管理工具，但这个术语是有误导性的，因为没有人能真正管理时间。不管人类做什么，时间只会嘀嗒流逝。但我们能管理的是自己。更具体地说，我们可以在每天拥有的时间里管理自己的选择。

时间和文化

正如生活有许多面一样，不同文化对时间的信念和态度也各不相同。在有些文化中，比如拉丁美洲和美洲本土文化，人们对时间的态度倾向于放松和随意。在这样的文化中，约会迟到也许不会被认为是失误或者冒犯。但北美主流文化的成员——包括在高等教育中——通常以不同的眼光看待时间。俗话说："时间就是金钱。"两者都可以被存储、预算、投资、花费和浪费。时间被认为是一种有价值的资源，而你使用它的方式不仅会塑造你的结果和体验，还会影响别人对你的评价。

在大学，明智的做法是假设你的老师会严肃对待那些注重时效的选择，比如上课、完成作业和遵守预约。老师通常会在课程大纲里列出违反规定的惩罚措施。即使你的成绩没有因为违反规定被拉低，你也可以认为自己在老师那的

---

[1] 卡尔·桑德伯格（1878—1967），美国著名诗人。

声誉受损了。

> 主流文化中的大多数人可能发现自己的生活由约会预定、日历和待办事项所驱动，不同的是，拉丁裔文化的价值观并不强调严格遵守时间表。
>
> ——林恩·凯尔·斯普拉德林

大学成功的一个关键是拥有一个防漏的自我管理系统。你在这个系统里记录、组织、评优先级和存储所有重要行动，然后竭尽所能完成一个又一个重要的任务。简而言之，有效自我管理的秘诀是最大化花在第一和第二象限的时间。请记住这两个象限是所有重要行动的所在地，因为这些行动可以帮助你实现渴望的结果和体验。

请你理解，没有适合所有人的自我管理系统。相反，有许多可以实验的工具。当你开始以更小的压力实现更多渴望的结果和体验时，你就会发现自己已经找到了最好的自我管理系统。当你发现适合自己的自我管理方法时，作为奖励，你在大学（和其他地方）取得成功的期望也会增加，因为此刻你相信自己可以完成取得成果所需的任务。下面 6 种最佳工具确保你将大部分时间花在创造美好的未来上。为了变得更有条理，你可以选择使用这些工具的纸质版，或者你可以找到提供同样功能的手机应用或网站。

周历：用于追踪经常发生的事件

有些你需要做的事每周都会发生，也许甚至就在同一天的同一时间。比如上课、学习、体育队练习、通勤、上班、娱乐。一个用来管理类似行动的理想工具是周历（第 148 页）。在周历上，记录每周同一时间发生的所有任务。在周历上记录上课、体育队练习、通勤和上班时间的价值是很明显的，但你可能会疑惑为什么应该安排学习时间，毕竟没有老师、教练或老板指望你去学习。再想想，有一个非常重要的人在等着你出现，那就是你自己！如果你真的想要获得大学成功，第一要务就是知识。而知识的关键就是学习。一个毁掉大学成功的最快方法就是这样想：我会在有空的时候学习。学习时间不会恰好出现，你要让它发生。把它列入时刻表然后完成它！经验之谈是每周每上一个小时的课就安排两个小时的学习时间。例如，如果你一周上 12 个小时的课，那就在你的周历上安排 24 个小时的学习时间。如果你选择在计划时间内做学习以外的某件事，请确认替代它的活动是更为重要的，更重要很多的，并且只有在极少数情况下才这样做。一旦你习惯把学习时间换成第三或第四象限的活动，你马上就会偏离大学成功的轨道。

> 我认为学习和使用时间是一门非常复杂的学问。许多成年人仍会遇到困难。
>
> ——弗吉尼亚·萨提亚（Virginia Satir）[1]

月历：用于追踪一次性的计划事件

当然，很多重要行动只会发生一次，而且那一天可能会在很遥远的未来。这些行动很可能会在某天的某刻发生。如果你错过了，它就永远消失了。对第一和第二象限这样的行动，月历（第 149 页）按时间的先后为即将到来的任务、约会和作业排序。用它来记录例如辅导课或者与老师会面这样的一次性活动。此外，在你的月历上记录测验、论文、期末考试、项目、实验报告和小考的日期。有了月历之后，只需轻松一瞥，你就可以知道在接下来几天、几周，甚至几个月里的一次性事件。你再也不会发出受害者的悲叹：你说今

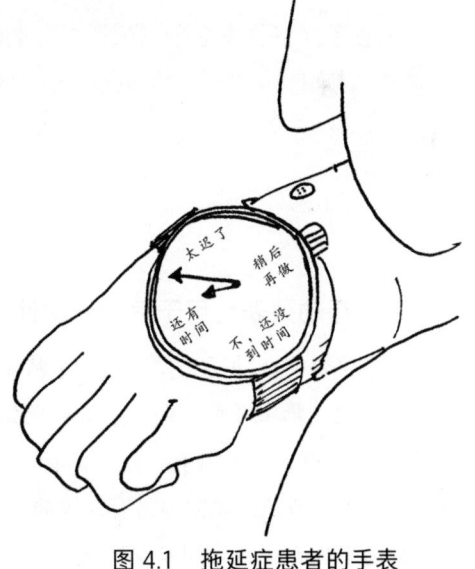

图 4.1 拖延症患者的手表

---

[1] 弗吉尼亚·萨提亚，美国极具影响力的心理治疗师。

天上交是什么意思？

作为纸质月历的替代，很多人把他们的约会安排记录在智能手机里。智能手机实际上是可以提供比存储月历更多功能的手持电脑，它还可以记录联络信息（地址和电话号码）、播放音乐、发送和接收短信、拍照片和视频、上网、下载和回复电子邮件。智能手机甚至可以向你发送约会或截止日期的提醒。很多网站都提供免费的电子日历（只要在网上搜索"在线日历"就能找到）。这些服务的独特功能是可以创建允许小组成员访问和更新的日历。如果你有一个项目组、学习小组或者一个大家庭，在线日历服务可能是一个适合管理集体时间表的工具。

在你的日历上安排有目的的行动是一回事，真正完成它们又是另一回事。一旦确定了自己的优先级，就不要让任何事阻止你完成它们，除非出现罕见的紧急情况或特殊机会。养成拒绝处于第三和第四象限中的计划外、低优先级选择的习惯。

> 在大学里，我学会了完成比别人更多的任务。毫不夸张，我们学会了如何将多个球同时抛在空中，不让它们落地。你不可能每天学习每门课，因此你必须决定什么可以被推后。经验让我们学会划分优先级。
>
> ——丹尼斯·海斯（Dennis Hayes），海斯微机产品

下一行动列表：用于追踪一次性的非计划事件

一些重要的行动不必发生在一个特定的日子，它们只需要被尽快完成。下一行动列表（第150页）记录了你需要做的"下一件"事（与把行动安排在特定日子和时间的日历不同）。每当你有可能会被浪费的空闲时间，下一行动列表就显示了第一或第二象限中需要完成的行动。下面是使用说明：

1. 写下你在第三章里定义的人生角色和相对应的目标。让你的下一行动列表比待办事项更有效，第一步是确保你的行动旨在完成你所有重要的目标。

2. 为你的每个目标列出第一象限（重要且紧急）的行动。例如，如果初级

数学课的短期目标是获得 A，你的列表可能包含这些行动：

角色：初级数学课学生

目标：成绩 A

● 阅读课本第 29~41 页并完成第 40 页的问题 1~10。

● 为周五对第 1~3 章的测试学习 2 小时及以上。

> 询问"下一步做什么"能动摇受害者心理。它预设了改变的可能性，并且假设你可以做一些事情来实现它。
>
> ——戴维·艾伦（David Allen）[1]

每个行动都是重要的，并且每个都是相对紧急的。正如用 DAPPS 法则设定目标一样，行动也要具体。例如做作业这样的模糊概念对采取行动没什么帮助。更有帮助的是像阅读课本第 29~41 页并完成第 40 页的问题 1~10 这样的具体任务。

3. 在每个目标下面列出第二象限（重要但不紧急）的行动。例如，你的初级数学课列表还可以加上这些：

● 预约菲努奇（Finucci）教授，向她寻求如何准备周五测试的建议。

● 重新安排与数学实验室导师的会面。

● 和学习小组成员见面并比较练习问题的答案。

这些第二象限的行为是那些挣扎的学生很少采取的。你可以整个学期都不进行任何这些有目的的行动，因为没有一个是紧急的。但当你不断选择第二象限的行动时，这些决定会给你所创造的成果带来很大的变化。

> 所有最好的工作都是像蚂蚁那样完成的——通过微小的、不知疲倦的、有规律的行动。
>
> ——拉夫卡迪奥·赫恩（Lefcadio Hearn）[2]

---

[1] 戴维·艾伦，时间管理大师。

[2] 拉夫卡迪奥·赫恩（1850—1904），国际记者、作家。

每当你有空闲时间，相比无意识地滑入第三或第四象限，请检查下一行动列表，寻找有目的的行动。当你完成一个行动时，将它从你的列表中划去。当你想到新的重要行动时，把它们加到列表中合适的角色下。记录下一行动列表的一个额外好处是可以避免记住很多的小任务，将你的大脑解放出来进行更多有创造性和批判性的思考。

追踪表单：用于追踪需多次重复的行动

有的目标只需通过不断重复特定行动就可以实现。追踪表单（第151页）可以帮助协调许多多次重复的行动，这些行动都是为了一个共同目标。精英运动员通常使用这种工具来计划和监督他们的训练。在大学里，追踪表单是帮助你计划和采取行动以便在充满挑战的课程上取得成功的理想方式。例如，假设你决定用追踪表单来帮助你更深刻地了解社会学并获得A的成绩。一个有帮助的外在（身体的）行动可能是"阅读教科书1个小时或以上"，一个可能的内在（精神的）行动是"说出自我肯定的话5次或以上"。因此，将这两个行动写在左手一栏的适当位置，然后把接下来14天的日期写在检查框一栏的最上面。

在采取这些行动的每一天都检查对应的格子，在第14天结束后，你可以明确地看到你为了实现目标做了（或者没做）什么。我的一个学生评论说："在我使用追踪表单之前，我觉得自己的学习时间很长。现在我意识到这还不够。"她开始学习更长时间，然后成绩有了极大的提高。追踪表单可以防止你的内心防卫欺骗你，内心防卫让你认为你在做必要的事情，以保持在正轨上，但事实上你并没有。

等待列表：用于追踪别人对你做出的承诺

你有时会在等待别人回复的时候停下向着目标前进的脚步。也许你在等待图书管理员回复你需要的书什么时候可以外借。也许你在等待朋友回复你他们是否会加入周五晚上的篮球比赛。也许你在等待老师告诉你是否可以更改学期论文的主题。这些都应该被记录在你的等待列表里，包括记录它们的日期。每天浏览一下这个列表。当其中一条已经在列表中存在了一段时间，联系对应的人稍稍催促他一下。拥有这个工具，你将极大地减少因等待他人采取对你来说重要的行动而停滞不前的次数。

> 有多少人的生命迷失在等待里？
> ——拉尔夫·沃尔多·爱默生（Ralph Waldo Emerson）[1]

项目文件夹：用于追踪和管理大型目标的进展

有的目标需要通过多个行动来实现。为每个多步骤的项目建立一个项目文件夹。假设你的演讲老师布置了一次小组展示的任务。与这个大型任务相关的每件事都应该被记录在同一个文件夹里：作业说明、所有小组成员的名字和联系信息、这个项目的下一行动列表、每个小组成员的任务、可以做出优秀PPT的人的电子邮箱、你为自己那部分展示所收集的研究材料、可以提供帮助的网站列表、可以让你的展示更生动的YouTube视频。每次得到的与这次展示有关的信息都可以放进该项目文件夹。你再也不会说出这样悲惨的话："我知道它就在这里的某个地方。"

为了追踪你的进展，在文件夹的外面放一张下一行动列表。利用这个工具来记录所有你需要完成的行动（或者其他人的，如果是团队项目的话）。你甚至可以给每个行动设置一个期限，从而保证项目能顺利完成。

有效自我管理的奖励

有的人拒绝使用书面的自我管理系统。"这些图表太过强调细节，"一位学生反对说，"我把每一件要做的事都记在脑子里。"我很了解这类言论，因为我以前也这么说。然后有一天，我的一位导师回应我："如果你能记住要做的每一件事，我想你并没有做到过什么。"

> 当大学理事会被问及什么才能成就令人满意的大学生涯时，73%的人说："有效组织任务和时间的能力。"
> ——蒂姆·沃尔特（Tim Walter）和阿尔·西伯特（Al Siebert）

---

[1] 拉尔夫·沃尔多·爱默生（1803—1882），美国思想家、诗人。

我发现尝试自我管理工具并没什么大不了。随着时间的推移，我从尝试过的工具中发明出了自己的组合。而更久以后，我的工具越来越多地被迁移到我的计算机和智能手机中。在这个过程中，我意识到自己之前都在浪费宝贵的时间。使用之前的自我管理系统时（大部分依靠记忆，偶尔会有"自我提醒"），我做得最好的就是记得做重要和紧急的事，而最糟的就是忘记一些重要的东西，然后浪费时间收拾残局。

在现在这个自己设计的系统中，我几乎总能按时完成第一象限的行动。此外，在第二象限我还花了大量时间，在它们变得紧急之前采取重要行动。这样，我更擅长信守对自己和他人的承诺，也不太可能会偏离正轨。从记住所有我需要做的事中解放出来后，我的大脑可以进行更有创造力和更为大胆的思考。最重要的是，我的书面自我管理系统帮助我采取坚持不懈、有目的的行动，从而实现我的目标和梦想。

> 当与你交往的人注意到你会有条不紊地接受、处理和组织你们之间的交流和协议时，他们就会开始以一种独特的方式信任你。
>
> ——戴维·艾伦

如果你正在实现自己的伟大目标和梦想，请继续使用现在的自我管理系统，因为它是有效的！但是，如果你的内心指引知道你可以比现在更成功，那么也许是时候采用新的办法来管理你的选择了。不管是在职场还是大学，很少有不使用某种书面自我管理系统的成功人士。事实上，佐治亚大学的研究员发现，学生的自我管理技巧和态度甚至比他们的 SAT 分数更能预测他们在大学里的成绩。

使用书面的自我管理系统是一种需要时间来建立的习惯。你可能会在开始时斗志满满，但后来发现已经过去了一个星期，你还没有使用过它。没有必要进行自我评判。相反，只需检查一下让你误入歧途的地方，然后重新开始你的计划。一直尝试，直到找到最适合你的个性并且能够创造出你想要的结果和体验的系统。你会很擅长使用自己设计的书面自我管理系统，然后看看你比之前多完成了多少任务！

日记条目 13

在这次活动中,你将探索如何改进现在的自我管理系统。通过更有效率地使用时间,你将会完成大量的重要行为,最大化实现目标和梦想的可能。

1. 写下你现在用来决定每天做什么的系统(或者缺少系统)。没有"错误的"答案,因此不要让你的内心批判和内心防卫参与进来。思考一下这样的问题:如何知道你要做什么作业?什么时候复习准备考试?上哪门课?去参加哪个老师讨论会?你如何追踪其他角色要做的事,比如你的社交或工作生活?你现在为什么使用这个方法?你的系统运作得如何(尽可能地举例)?在使用这个自我管理系统的时候,你感觉怎么样(比如是有压力的、冷静的、精力充沛的、手忙脚乱的等等)?

> 我曾经想知道其他学生是怎么完成这么多事情的。当我开始使用计划时,我好奇自己一直以来怎么会满足于只完成那么少的事情。
>
> ——约翰·西蒙斯(John Simmons),学生

2. 写下你能如何使用或调整本章中的自我管理工具,创造一个防漏的自我管理系统,改善你的结果和体验。或者,如果你不想使用或调整任何这些工具,解释原因。你可以考量周历、月历、下一行动列表、追踪表单、等待列表和项目列表。如何分别使用或者组合它们?如何将使用手机、电脑或其他技术包括在你的自我管理系统中?你如何使用这里可能没有提到的但你了解的自我管理工具?总而言之,发明你自己的自我管理系统,管理你的选择,最优化你的结果和体验。

表 4.2 ＿＿＿＿＿周的周计划

	周一	周二	周三	周四	周五	周六	周日
上午 7：00							
上午 7：30							
上午 8：00							
上午 8：30							
上午 9：00							
上午 9：30							
上午 10：00							
上午 10：30							
上午 11：00							
上午 11：30							
中午 12：00							
中午 12：30							
下午 1：00							
下午 1：30							
下午 2：00							
下午 2：30							
下午 3：00							
下午 3：30							
下午 4：00							
下午 4：30							
下午 5：00							
下午 5：30							
下午 6：00							
下午 6：30							
晚上 7：00							
晚上 7：30							
晚上 8：00							
晚上 8：30							
晚上 9：00							
晚上 9：30							
晚上 10：00							
晚上 10：30							
晚上 11：00							

备注：

第四章 掌握自我管理能力 149

表 4.3 月历

周一	周二	周三	周四	周五	周六	周日
□	□	□	□	□	□	□
□	□	□	□	□	□	□
□	□	□	□	□	□	□
□	□	□	□	□	□	□
□	□	□	□	□	□	□

表 4.4 下一行动列表

表 4.5　追踪表单

角色：

梦想：

长期目标：

短期目标（这学期要完成的）：

1.

2.

3.

4.

外在（身体的）行动步骤：

日期：

内在（精神的）行动步骤：

日期：

学生故事

阿利沙·勒佩奇（Allysa Le Page），萨克拉门托城市学院，加利福尼亚州

当秋季学期开始的时候，我不确定如何把所有事情纳入我的时间表。除了要上三门大学课程以外，我每周要做24小时的服务员、上舞蹈课、教小朋友舞蹈、和男朋友共度时光、完成作业和任务、和三个不同团体（高中、大学和教堂）的朋友出去玩、为每年12月在纪念礼堂举行的音乐剧每周排练两个晚上，这场活动将吸引上千人。我会熬夜完成作业，然后筋疲力尽地醒来。数学令我苦苦挣扎，而我发自内心地觉得我能在其他课上做得更好。我会忘记交作业、没有为舞蹈课做准备、没有回电话给朋友，而且忘记带排练音乐剧的戏服和化妆品。我常常感冒和头痛。我承受着巨大的压力，而且没能应付好任何事情。

在我失去所有的希望之前，我的职业发展课提到了自我管理工具。我建立了自己的系统，并开始写下我要完成的每件事。我在床边放了一张大大的日历，以便起床就能看见，同时我还在包里放了一本小号的日历。我最喜欢的是将所有必须完成的事进行分类的列表工具。我每天做一张新的列表并且把重要的事情放在最上面，这样即便我没有完成底下的事也没太大关系。我的系统帮助我了解自己的优先级是什么，并且让我最先完成优先级更高的事情，从而不会让我分心。

通过先完成重要的事，我做事不再仓促，从而可以集中注意力完成更多的事。当然，我不得不让一些低优先级的事等待一段时间，比如做家务或者和我的朋友们待在一起。我开始得到更多的睡眠、完成作业、在完成其他所有要做的事的同时还在所有考试中获得A的成绩。一段时间后，我开始完成更多的工作，并且意识到我确实有足够的时间把所有重要的事纳入时间表。事实上，偶尔我发现自己拥有了一种很久没有过的奢侈的自由时间。

学会自律

关键问题：你是否发现自己有拖延症，甚至是在对你很重要的项目上？如何在你不愿意行动的时候依然不断采取有目的的行动？

每个学期都会有完全有能力顺利毕业的学生放弃他们的目标和梦想。在路的某个地方，他们会分心然后停止前进，或者误入另一条歧途。

> 自律是一种自我关怀。
> ——M. 斯科特·派克博士（Dr. M. Scott Peck）[1]

"嘿，"他们的老师想要咆哮，"你走错路了。你想要的目标和梦想在这里！在这条路上继续前进。你可以做到的！"

也许这些学生认为大学是一次冲刺，一瞬间就结束了。事实并非如此。就像所有的重大胜利一样，大学是一场沿途障碍重重的马拉松。也许骄傲地跨过舞台接受你的大学文凭只需 30 秒，但你可能需要几年的时间采取几千个持续的小步骤才能到达那里。

总而言之，成功需要自律——愿意做任何必须完成的事，无论你喜不喜欢，直到实现你的目标和梦想。每年 1 月，健身俱乐部都挤满了在新的一年决心保持身材的人。你知道会发生什么。一个月后，人

图 4.2　大学马拉松

---

[1] M. 斯科特·派克（1936—2005），美国著名作家、医学博士、心理治疗大师。

群消失了，这提醒了我们保持身材需要承诺、专注和坚持。

它和我们设定的每一个重要目标是一致的。我们的行动反映了我们在面对充满诱惑的选择时能否约束自己保持正轨。大多数学生都想要获得成功，但想和做有天壤之别。和朋友出去玩比上课更容易，看电视比读有挑战的教科书更容易，参加派对比在图书馆学习更容易。

许多人会选择瞬间的满足，但很少有人会选择持久而有目的的行动所带来的长期回报。许多人开启了通往梦想的旅程，但很少有人能走完全程。我们要做的就是把一只脚迈向另一只脚的前面……一次又一次。一段一千英里的旅程只从一小步开始，但还需要很多步的积累和坚持。

自律有三个关键因素：承诺、专注和坚持。在日记条目10中，我们探索了如何强化承诺，现在，让我们看看专注和坚持。

> 自律或不自律是你在生命的每一分每一秒做出的选择。自律只不过是专注于任何选择的活动而不中断，直到活动完成为止的过程。
> ——查尔斯·J. 吉文斯

保持专注

让人分心的事不断牵扯我们的头脑，不专注的头脑就像个任性的孩子一样从一个方向冲到另一个方向。每个人都体验过一分钟、一小时，甚至一天的失神。而挣扎的学生会有几周或几个月无法集中注意力。他们开始迟到、旷课、做事马虎、忽视作业。他们把目光从奖励上移开，忘了自己为什么要上大学。

对许多学生来说，失去注意力的时间一般是在学期中。新学期的兴奋被无尽的作业清单所取代。就在这时，内心防卫开始提供放弃的借口。我遇到了无聊的老师。我的时间表糟透了。我还在经历流感。下学期我可以从头再来。而内心批判以熟练的自我评判进行附和。我从来不会做数学。我不如同学聪明。我年纪太大了。我太年轻了。我真的不是上大学的料。

但你的内心指引知道，胜者会保持专注，最终取得硕果。他们以成功的炮响而非失败的啜泣完成这个学期。随着学期接近尾声，他们反而更加努力。你

加尔文和霍布斯（Calvin and Hobbes）　　　作者：比尔·沃特森（Bill Watterson）

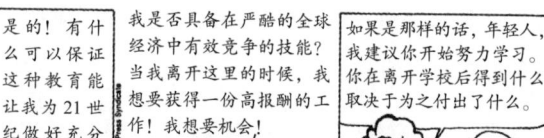

图 4.3　加尔文的准备

的内心指引可以通过一个问题帮助你重新集中注意力：我的目标和梦想是什么？如果你需要提示，回顾一下日记条目 9 里的人生计划以及日记条目 10 中对你的学术目标和梦想的想象。如果你的目标和梦想无法激励你向着终点线采取有目的的行动，那也许你需要重新考虑自己想要前往何处。

> 总是要把人生的重点放在你想要实现的目标上。
> ——迈克尔·乔丹（Michael Jordan）

坚持下去

如果专注是思想上的自律，那么坚持就是行动上的自律。当你慢下来或者放弃时，你的内心指引可以问这个问题："我对自己的爱是否足以让我坚持下去？"毕竟，你才是那个从实现你的目标和梦想中获利最多的人，你也是那个失败时付出失望代价的人。

但事实是，尽管放弃一定会失败，坚持却不一定能带来成功。有时候，智慧需要的不仅仅是一遍又一遍重复同样的事情，然后期待更好的结果。如果 A 计划不起作用，不要放弃，但也不要一直做不起作用的事！改变你的方法，如有必要，采用 B 计划、C 计划或者 D 计划。

我的一个学生了解到，坚持和愿意尝试不同事物是有多么强大。当卢安（Luanne）选择了我的初级英语课时，她已经在这门课上失败了 3 次。事实上，她已经培养出了一些好的写作技巧，但她肯定需要掌握标准英语才能通过这门课。"我知道，"她说，"其他老师也这么说。"她停顿了一下，深吸一口气然后补充道，"至少我不是个半途而废的人。"

> 也许教育最有价值的成果就是教会你完成必须做的事情的能力，不管你是否愿意。这是你应该学习的第一课。不管一个人的训练开始得有多早，他最终需要彻底学会这件事情。
> ——托马斯·亨利·赫胥黎（Thomas Henry Huxley）[1]

我问了卢安为什么上大学。当她告诉我她的梦想是在电视台工作时，她的眼睛闪闪发光。我问她掌握标准语法是否能帮助她实现梦想。她犹豫了一下，也许是担心自己的回答导致什么结果。

最终她说道："能。"

"太好了！那么，在一个月或更长时间里每天重复什么行动可以帮助你改善语法？"她需要找到一个第二象限活动，并且把它变成新的习惯。

"也许是学习我的语法书。"

我给了她一份32天承诺表（在本章日记条目14之后）。"好的。那么，我邀请你承诺连续32天学习你的语法书。你可以每天在这张表格上检查一下对自己的承诺。你能做到吗？"

"我可以试试。"

"别这样，卢安。你已经试了三个学期。我的问题是'你是否能承诺在接下来的32天里每天学习语法30分钟？'"

> 我发现高度成功的人和最不成功的人之间的主要区别是，高度成功的人坚持到底，有持久力。每个人都会失败，每个人都会遭受挫折，但高度成功的人会坚持下去。
> ——谢里·兰辛（Sherry Lansing），派拉蒙影业前任CEO

---

[1] 托马斯·亨利·赫胥黎（1825—1895），英国著名博物学家、教育家，达尔文进化论追随者最杰出的代表之一。

她又一次停顿了。此刻她的选择一定会影响她在大学的成功，甚至可能影响她的人生。

"好吧，"她说，"我会做。"

她做到了。每次我经过写作教室时，都可以看见卢安在学习语法。她去得如此频繁，以至于助教开玩笑要向她收取租金。

但这不是卢安所做的全部。她出席每一堂英语课、完成每一份写作作业、和我见面讨论她的论文。她制作了抽认卡，一面写着她的问题语句，另一面写着正确的修改。总之，卢安采取了自律的持续行动。

正如之前提到的，想要通过初级英语，两篇结课论文中必须至少有一篇要得到其他老师的认可。卢安在这学期的第一次考试时得到了一个好消息：她得到了迄今为止的最高分。但坏消息是，两位老师都说因为她的语法问题，他们不能给她通过。

卢安来到了另一个重要的选择点。在面对令人沮丧的消息时，她是否能够约束自己坚持下去？她会放弃还是完成？

"好吧，"她最终说，"告诉我怎样改正我的错误。"我们逐句检查了她的论文。第二天，她比往常更早来到写作教室，然后更晚才离开。她重写了考试论文作为练习，然后我们认真讨论了它。通过自律，卢安对标准语法的掌握程度逐渐提升。

第二次的结课考试被安排在圣诞节前的那个周五。为了确定最终得分，所有的初级英语老师在那天晚上碰面给论文评分。我承诺会打电话告诉卢安她的分数。

房间里静悄悄的，除了 24 位老师读一篇篇文章时试卷发出的沙沙声。大约在当晚的 10 点，我收到了我的学生们带有分数的论文。我飞快地翻阅那堆试卷，然后找到了卢安的成绩。她通过了！在我打电话给她的时候，卢安之前的老师告诉了其他人她的成功。

"圣诞快乐，卢安，"我对着电话说，"你通过了！"

我听到她发出高兴的声音，在那一刻，房间里的 24 位老师开始鼓起了掌。

避免拖延

想象明天你有一场数学考试，但你没有复习，而是看了整晚的电视，你很可能是在拖延。假设你要与导师进行一场不愉快的谈话，但你一直避开他，你很可能是在拖延。如果你有一篇英语课的论文要写，但你却在整理衣橱，你很可能是在拖延。

拖延就是把某件事推后。我们为什么会这么做？通常是因为这件被拖延的事让我们感到不舒服。当被推迟的行动很重要时，就会导致真正的问题。当第一和第二象限的行动令人不快时，拖延症促使我们转向第三或第四象限。我今晚不想做化学作业。我明天会做。今天我要试试我的新电子游戏。拖延有好的目的：保护我们免受痛苦。但拖延往往会破坏我们期望的结果和体验。这就是为什么拖延是自律最大——和最棘手——的敌人之一，因此它也是成功的敌人。

> 我们为什么会拖延？换句话说，我们为什么常常允许那些最重要的事情受到最不重要的事情的摆布？也许最常见的原因是某些重要任务令人不快。
>
> ——海勒姆·W. 史密斯（Hyrum W. Smith）

丹·艾瑞里（Dan Ariely）是一位心理学和行为经济学的教授。他的兴趣之一是审视那些看似不理智的行为，比如那些让我们远离既定目标，而非走向目标的行为。在他的《怪诞行为学》(Predictably Irrational) 一书中，他描述了他进行的一项实验，目的如下：

1. 理解学生的拖延症。
2. 发现解决这种自我破坏行为的方法。

艾瑞里教授是这样做的。给三个班布置了三份同样的论文作业。他向这三个班宣布了同样的迟交惩罚：每晚交一天，分数减去 1%。三个班的作业和惩罚是相同的，但论文"迟交"的判定是不同的。

对于一班，艾瑞里给了学生们三个明确的期限。所有学生要分别在第 4、8 和 12 周上交他们的论文，否则将面对惩罚。没有例外。

对于二班，艾瑞里让每个学生选择自己上交论文的期限。一旦他们选择了三个期限，就不能再更改。和一班一样，如果论文迟交的话，他们将受到惩罚。

对于三班，艾瑞里告诉学生可以在任何喜欢的时候交论文，没有截止日期。只有在课程结束后上交论文才会受到惩罚。

> 你必须放弃眼前的一些东西——安逸、轻松、认可和迅速的回报——以得到未来更美好的事物。
>
> ——帕特·莱利

当课程结束时,艾瑞里教授算出了每个班的平均分。你认为哪个班会获得最高的平均分?你可以从这个结果中学到什么克服拖延症的办法?

最终,拥有教授给出的三个明确期限的一班获得了最好的成绩。拥有自己设定期限机会的二班排在第二。而拥有完全开放期限的三班成绩最差。

艾瑞里总结道:大多数学生在面对权威规定的严格期限时,最能克服拖延症(一班)。被鼓励自己设定期限的学生(二班)比完全没有期限的学生(三班)更能避免拖延。

但艾瑞里在更仔细地观察二班(自由选择上交期限的学生)后注意到了一些有趣的现象。大多数学生把截止日期分散到整个学期,并获得了和一班学生(由老师指定期限的学生)一样好的成绩。但有的学生设定的期限间隔很短,有的甚至没有间隔。艾瑞里注意到后面这两种学生的论文显得很仓促而且写得不好,他们的分数在接受任何惩罚之前就已经很低了。因此,这些学生拉低了他们班的平均分。

> 获得成功的秘诀在于开始。而开始的秘诀在于将复杂而巨大的任务分解成小而可管理的任务,然后从第一个开始。
>
> ——马克·吐温(Mark Twain)

艾瑞里的结论是什么?提前承诺可以避免向拖延的诱惑屈服。他的意思是:为了提高自律能力,我们需要提前计划并做出承诺,战胜推迟令我们不舒服的事的意愿。例如,如果我们在解决大项目的问题时遇到麻烦,我们可以使用32天承诺表来每天完成一点点。如果我们在存钱时遇到麻烦,我们可以请雇主从每一份工资中取出一小部分,放进储蓄账户。如果我们不能抵抗睡觉前的冰激凌诱惑，我们可以确保冰箱里没有冰激凌。如果我们拒绝学习具有挑战性的学科，我们可以创建或加入充满专注学生的学习小组，让自己无法脱身。

所以，一直以来你拖延了哪些重要行动？现在你可以做出什么样的提前承诺，帮助你创造想要的明天？

日记条目14

在这次活动中，你将通过计划和实施32天承诺表来运用自律实现一个大学目标。制作和完成32天承诺表有很多好处。第一，它可以保证你在任务上付出大量的时间，这对大学成功来说至关重要。第二，32天承诺表可以自动提供分段练习，这是进行深入持久的学习的一个关键因素。第三，它帮助你朝着目标实现可见的进步，从而提高你对成功的期待并保持坚持的动力。

1. 从日记条目9里的人生规划中抄写一个你认为作为学生最重要并且最具挑战性的短期目标。

2. 写出并补充下列句式三次或以上：我可以稳定地实现目标，如果我每天……

> 我的父亲过去常常问我们，老师是否布置了作业。如果我们回答没有，他就会说："好吧，那就自己布置。"不要等着别人告诉你该做什么。努力、主动和坚持，通往成功没有捷径。
> ——玛丽安·赖特·埃德尔曼（Marian Wright Edelman）[1]

写出三个或更多不同的身体行动，这些行动是别人可以看见你完成，而且是你每天包括周末都可以完成的。因此你不能写"保持动力"或者"上课"。那样别人无法看见你的动力，而且你也不可能连续32天每天都上课。相反，如果你的短期目标是在英语课上获得A，你可以用下面这些具体的行

---

[1] 玛丽安·赖特·埃德尔曼（1939— ），美国公民权利及教育倡导者。

动补充这个句子：
- 我可以稳定地实现目标，如果我每天至少花 15 分钟做语法书上的练习。
- 我可以稳定地实现目标，如果我每天至少写 200 字的日记。
- 我可以稳定地实现目标，如果我每天修改一篇之前的论文，改正老师标记的语法错误。

很可能所有这些行动都会落在第二象限。

3. 在你的日记中另起一页，创建一张 32 天承诺表或者附上一张表格复印件（参考这篇日记后面的模板）。用步骤 2 中的一个行动来补完表格最上面的那句话（"因为我知道……"）。在接下来的 32 天，如果你遵守了承诺，就在每一天的旁边打钩。

4. 选择下面的一个话题：

> 成为世界级花样滑冰运动员意味着长时间的练习，有时还要忍受伤病的痛苦。这意味着有时会筋疲力尽，无法做任何我想做的事情。
>
> ——黛比·托马斯（Debi Thomas）[1]

A. 描述你开始 32 天承诺时的想法和感受。在日记中提出并回答读者会问的问题。比如，你过去有多自律？你的目标是什么？你考虑过哪些可能的行动？你为你的 32 天承诺选择了什么行动？当你持续进行这一行动时，它将如何帮助你达到目标？你在遵守承诺时会面临什么挑战？你将如何克服这些挑战？你对履行这一承诺有何感受？你觉得自己是否能成功完成 32 天的承诺？如果其中一天没有做到，你的内心对话会是什么？

B. 想象你的学习指导课有一个匿名的网上讨论板（学生可以在网上发布消息供全班阅读，但没人知道是谁写的，除非作者署名）。一位学生写道："我的 32 天承诺中有 4 天没有完成，现在我觉得自己很糟糕。我很擅长遵守

---

[1] 黛比·托马斯（1967— ），美国著名花样滑冰运动员，唯一一位获得奥林匹克运动会花样滑冰比赛女子单人滑奖牌的黑人运动员。

对其他任何人的承诺，但不擅长遵守对自己的承诺。"第二位学生回复说："我已经有两天没有完成了，但这一点也不让我困扰。这就是一份愚蠢的作业。它能起什么作用？"给这两位匿名学生写下你认为老师会做出的回复。

重要：如果你在32天承诺中漏掉了一天，不要评判自己或者寻找借口。只需问问你的内在指引，是什么让你偏离了正轨。然后吸取教训，更新你的承诺，从第一天重新开始。

表 4.6　32 天承诺表

因为我知道这个承诺将帮助我朝着目标前进，我向自己承诺，在接下来的 32 天，我将采取下面的行动：
_____
_____

第 1 天		第 17 天	
第 2 天		第 18 天	
第 3 天		第 19 天	
第 4 天		第 20 天	
第 5 天		第 21 天	
第 6 天		第 22 天	
第 7 天		第 23 天	
第 8 天		第 24 天	
第 9 天		第 25 天	
第 10 天		第 26 天	
第 11 天		第 27 天	
第 12 天		第 28 天	
第 13 天		第 29 天	
第 14 天		第 30 天	
第 15 天		第 31 天	
第 16 天		第 32 天	

学生故事

霍尔特·博格斯（Holt Boggs），贝尔蒙特技术学院，俄亥俄州

我是一名一年级学生并且享受在大学的生活，但我在电子学课上遇到了困难。老师讲授电流、瓦特、伏特和电阻等概念，尽管我读了书、记了笔记并且提了问题，我还是不理解这些知识。第一次考试我没有不及格，但分数很低。我很害怕，因为如果第一次考试就这样，那么剩下的会有多难？这对我来说是一种全新的体验，因为我以前不用非常努力就能取得好成绩。我知道如果我想要通过电子学，就必须尝试一些不同的方法。

在"学生学习和成功"课上，我学到了32天承诺法，并且决定尝试一下。我决定连续32天每天从电子学书上选一小节内容读两遍。我认为如果我把一节内容读两遍，第二遍时就会理解得更清楚些。但是随着学期的进行，我对这门课的了解还是不深。有时我想要放弃承诺，因为尽管我把每一节读了两遍，还是不能理解。到期中时，我读书的进度超过了课程进度，当老师教这一节的时候，对我来说完全就是复习。有一天老师在黑板上举例的时候，我意识到："嘿，我知道这个。"因为我已经理解了教材中的大部分内容，因此有时间将注意力集中在我不理解的问题上。那些对我来说还很模糊的东西在老师的解释下变得清晰起来。在随后的章节考试中，我获得了93分。最终，我以B的成绩通过了这门课。

连续32天做一件小事能给你带来惊喜。我从来没有想过承诺32天读两遍书中的小节内容可以给我带来如此大的帮助。之前我会说："嗯，我读了。"但实际上只是浏览一遍。当我读第二遍时，我捡起了第一遍时错过的东西，并且真正理解了我所读的内容。最终，32天承诺法帮助我通过了电子学课。更重要的是，这次经历给我带来了巨大的自信。现在我知道我可以通过所有有挑战的课，直至获取学位。

职场：自我管理

商业成功需要训练、纪律和努力。如果你没被这些东西吓退，今天就是你成功的最好机会。

——戴维·洛克菲勒（David Rockefeller），大通曼哈顿银行前董事长

职场成功——就像大学成功一样——意味着把你的目标转变成一个按部就班的计划。然后你要通过自律把大部分时间花在重要的事情上，最好在它们变得紧急之前——完成。在行动上，实干家将自己与梦想家区分开来。商界人士常把成功的这一方面称为"勤奋"。

在大学里，"勤奋"是明智的，因为努力通常会给你带来好成绩，而高的 GPA 给潜在雇主留下了拥有智慧和职业道德的双重印象。但是取得好成绩并不是大学里唯一能让你在面试中脱颖而出的原因。下面的这些第二象限行动也可以为你的简历增色：

- 通过兼职工作、志愿工作、实习或合作教育经验获得职场经验。
- 通过参加学生会展现领导能力。
- 创建最好的大学工作展示作品。
- 参加与未来职业相关的俱乐部或活动。

> **寻找创造者**
>
> 候选人必须展现有效的自我管理能力、自律能力和安排复杂行动以实现目标的能力。

这些明智的选择可以让雇主将你与其他应聘者区分开来。

当你需要在你的领域中寻找职位时，有效的自我管理技能将再一次为你提供帮助。使用追踪表单为你的职业目标制订外在和内在的行动步骤。下一行动列表可以追踪关键的一次性行动，例如回电话或者在面试之后写一封感

谢信。周历和月历可以帮助你避免因迟到或者时间冲突而不得不取消面试的尴尬情形。等待列表能让你跟进自己提出的要求，比如一封还没有收到的推荐信。为申请的每份工作制作项目文件夹可以让你在一个地方保存关于这个职位的所有信息。所有这些工具都可以让你监控自己对时间的使用，确保有效地把大部分时间花在第一象限和第二象限上。

在你开始求职时，你可以考虑完成下列外在行动：

- 列出你感兴趣的职业清单。
- 列出每个职业中可能的雇主名单。
- 参加一个简历撰写研习班。
- 写一份简历和求职信向雇主展示你的天赋和经验。
- 单独设计每封求职信以适应你所申请的工作。
- 培养通话技巧。
- 参加模拟面试，由别人向你提出可能被问到的问题。

大学职业中心或职业发展课程可以帮助你有效地开展这些求职行动。

求职过程可能会让人感到挫败，明智的做法是采取一些内在行动以保持积极的心态。你可以将自我肯定作为精神兴奋剂。例如："我热情地采取一切必要的行动以找到理想的职位，开始我的职业生涯"。又如："我乐观地每周发出10份求职信"。如果你觉得很难完成一个重要行动（比如打电话询问雇主是否有未公开的空缺职位），你可以想象自己在做这件事，并且得到了非常好的体验。

一旦进入职场，你的自我管理能力对完成所有任务来说都至关重要。留意一下你工作的地方有多少人使用计划工具，不管是纸质的还是电子的。如果你还没有找到有效的计划工具，试着看看是否有一种工具能帮你处理新工作中即将如暴风雪般袭来的繁重任务。世界上没有适合所有人的自我管理系统，但总有一个适合你。你的任务就是发现它或者发明它。

刚进入职场时，你可能要花费比实际工作几年之后多一倍的时间才能完成一项任务。所以，你不仅要管理下一行动列表，还要做些牺牲才能将它们全部完成。有"工作"的人有时不愿意完成所有任务，因为工作不可避免地侵占了他们的个人时间。他们只会工作到"轮班"结束。而拥有"职业"的人知道有时候他们需要熬夜或者把工作带回家。他们能约束自己工作到任务完成。当然，这些人不得不找到一个平衡，从而也能拥有个人生活。你要知道的是，在职业生涯开始时，工作总是沉重的，但这恰恰是你建立自己声誉的时候，你是一个可以信赖的人，可以完成工作。

技术建议：自我管理

Google Calendar 是谷歌提供的众多免费在线资源之一，可以通过任何联网的设备访问。日历可以被分享，支持两人或多人访问和更新。对于学校的项目团队或忙碌的家庭来说是理想的选择。（网页、安卓和 iOS）

Evernote 是一个功能强大的电子笔记本，可以轻松记录和整理你所有的清单和笔记。你可以创建待办事项列表、记录语音提醒、安排日常时间表。你甚至可以在笔记中插入网页链接。（网页、安卓和 iOS）

Any.do、Workflowy 和 Todoist 是具有不同功能的列表制作和任务管理工具。例如，Any.do 可以在任务到期前给你发送提醒邮件，而 Workflowy 基本上只允许以大纲格式创建列表和子列表。它们都提供了可以与同学、朋友和爱人一起完成任务的选项。你不妨分别试用一下，看看哪种最适合你。（网页、安卓和 iOS）

Myhomeworkapp 提供学生计划工具，让你能追踪作业、项目和考试。（网页、安卓和 iOS）

Joesgoals.com 是一个简单的网站，非常像电子版的追踪表单。你可以输入目标，追踪朝着目标前进的每一个行动，然后在采取积极行动时获得分数。（网页）

Focusboosterapp.com 是一个桌面数字定时器，可以帮助你避免分心、继续任务。比如你设定 25 分钟的时间，然后专注于一项任务直到计时器

关闭。最后按照你的选择奖励自己的努力。(网页)

RescueTime 使用另一种方法帮助你停止在网上浪费时间。你可以设置它来追踪你在网站和应用程序上的时间（比如 Facebook），生成一份关于时间分配的电子邮件周报，你甚至可以选择在某些地方花费时间的多少。如果你经常发现自己在做第三和第四象限的事，它能给予你很大的帮助。(网页、安卓)

Dontbreakthechain 是一种在线追踪 32 天（及以上）承诺的方法，只需设定一个帮助你实现个人、学术或职业目标的特定行动（或是需避免的行动）。每履行承诺一次后就去网上在日历的对应日期上打钩，该日历会将这一日期变为红色的方块，随着时间的推移就形成了一条红色方块链。这条链子越长，你离胜利就越近。(网页、安卓和 iOS)

iStudiez、My Study Life 和 myHomework 是能够让你追踪任务、作业、项目和考试的电子计划工具。(网页、安卓和 iOS)

注意：以上所有工具都是免费的，但有些可能还会提供收费的升级服务。

相信自己：培养自信

关键问题：哪个人生角色让你最为自信？哪个人生角色让你自我怀疑？如何提高你的整体自信？

有一次，在开学的第一天，一位女士在教室门口截住了我。"我可以问你点事吗？"她说道，"我如何知道我是否适合上大学？"

"你怎么认为?"我说。

"我认为我适合。"

"很好。"我说。

她站在那儿,看起来仍然很困惑。"但是……我的高中顾问说……"她欲言又止。

"让我猜猜。你的顾问说你不可能在大学取得好成绩,对吗?"

她点头道:"我认为他说得不对。但我如何确定呢?"

> 如果人们对自己没有信心,认为自己不可能获得冠军,那他们就永远无法获得冠军。
>
> ——塔拉·范德维尔(Tara VanDerveer),美国大学生篮球联赛(NCAA)总冠军斯坦福大学女子篮球队前教练

是的!我们如何知道?永远会有人不相信我们,但重要的是,我们要对自己有信心。自信的核心观念是我可以,坚定地相信我能完成一切必要的任务,实现我的目标和梦想。

最终,别人认为你能否做到某些事其实无关紧要,重要的是,你是否相信你能做到。撇开运气不说,你有极大可能会完成你认为你能做到的事。在这一小节,我们将探索三种培养自信的有效方法。

创造成功的认同感

你是否有自信系好鞋带?当然。但曾经有一段时间你没有这份自信。那么如何从怀疑走向自信?不是一遍又一遍地练习吗?你通过叠加一个又一个微小的胜利来建立自信。因此,今天你有自信每次尝试都能系好鞋带。通过同样的方法,事实上,你可以在任何尝试中建立成功的认同感。

> 成功带来自信。
>
> ——莉莲·弗农·卡茨(Lillian Vernon Katz)

内森·麦考尔（Nathan McCall）的人生展示了如何在不同情况下建立成功的认同感。它还展示了创造者心态如何帮助你克服觉得自己"不同"的消极感受，比如不是主流文化的一部分。麦考尔在弗吉尼亚州朴次茅斯的贫民窟里长大，他在那里遭受了偏见和种族歧视。他因为参与犯罪和暴力行为而入狱。在出狱后，麦考尔上了大学，学习新闻学。正如你所想象的，他最大的挑战之一就是克服自我怀疑。但他坚持着，应付每一个到来的挑战——又通过了一次测试，又完成了一门课。毕业后，他在一家报社找到了一份工作，多年来，他稳步上升为社长。回忆起他不断累积的成功，麦考尔在日记中写道："这些经历巩固了我的信念，我可以做到任何我决心做的事。可能性是无限的。"确实是无限的！麦考尔从街头帮派成员和监狱囚犯变成了《华盛顿邮报》（Washington Post）受人尊敬的记者，之后成了《纽约时报》（New York Times）畅销书的作者，后来又成了佐治亚州埃默里大学的教员。

真正的自信源于成功的历史，而成功的历史源于坚持不懈地采取有目的的行动。这就是为什么32天承诺（日记条目14）不仅是一种有效的自我管理工具，而且是一种建立成功认同感的好方法。当我们在某个人生领域经历了成功后，自信开始渗透到人生的每个角落，我们开始相信我们可以。

> 研究调查显示，自我价值感强的人经常以有形和无形的方式回报自己……通过记录和庆祝他们的成功，他们确信这些成就会再次发生。
>
> ——玛莎·辛妮塔

赞美你的成就和天赋

一个朋友向我展示了她8岁女儿带回家的一份作业。在作业页面的顶部写着："干得好，劳伦（Lauren）。你的拼写非常棒。我为你感到骄傲。"引人注意的是老师只是在这一页上打了一个钩，这段称赞是劳伦自己加上的。

8岁的劳伦可以教会我们许多关于自信的东西。被人告知我们的成就和天赋有多棒确实感觉很好。但更重要的是，我们也应该这样告诉自己。

认可成就的办法之一是为成就创建一个展示平台：每一天，在索引卡上写下至少一项成就（无论大小）。把它添加到你不断增长的成就中，每天通读一遍。或者把卡片贴在墙上，经常提示你自己的成就：在历史测验中获得 86 分……本周按时上了每一节课……在健身房运动了两个小时。除了认可你的成就，你还可以通过给自己特殊的奖励来庆祝它们——一顿最爱的晚餐、一场电影、和朋友出去休闲一晚上。

> 对于带来期望成果的行为，最强行动者会在脑海中形成鲜明强烈的画面。他们会在脑海中看到想要的结果，看到带来这一结果的行动。
>
> ——查尔斯·加菲尔德

想象有目的的行动

我们还可以通过想象自己完美实施有目的的行动来增强自信、提高能力，尤其是想象那些在自己舒适区以外的行动。心理学家查尔斯·加菲尔德进行了一项实验，以确定想象对一群害怕公开演讲的人的影响。这群紧张的演讲者被分成三个小组：

第一组学习并研究如何进行公开演讲，但他们没有实际演讲过。

第二组学习演讲，而且每周向同学和朋友等少量观众进行两次演讲。

第三组学习有效演讲，而且每周向小群体进行一次演讲。这组成员还观看了有效演讲者的视频，每天在头脑中排练两次自己的有效演讲。对实验不知情的演讲专家们在他们准备前和准备后评估这些演讲者的感染力。第一组完全没有进步，第二组进步很大。而第三组，想象自己做出精彩演讲的那组，进步最大。

当我第一次向学生介绍想象这一概念时，很多人都持怀疑态度。尤其是年轻的男学生常常直言不讳。"那太愚蠢了。"一位篮球运动员说。有两件事改变了很多人的想法。第一，他们惊奇地了解到世界级的运动员会利用精神画面来提高他们的技巧。举三个例子：篮球传奇人物迈克尔·乔丹、高尔夫巨星泰格·伍兹（Tiger Woods）和网球巨星罗杰·费德勒（Roger Federer）。第二，很多怀疑的人在认真尝试想象之后和我一样成了信徒。我的转变发生在极大地提高了壁球反手击球技巧之后。我得到了一本书，上面画着完美反手击球的每一步。几个星期以来，我一直在想象这些步骤……然后在球场上练习。当我的一次反手击球像手枪一样在墙壁上击出裂纹时（而不是像通常那样仿佛在用棉花糖撞击枕头），我的喜悦时刻到来了。

> 精神练习也被称为"想象"或者"意象演练"。首先是20~30分钟的放松训练，然后想象运动员比赛要改进的某些方面。这是与身体练习相等的精神练习。
>
> ——理查德·苏因博士（Dr. Richard Suinn），运动心理学家

在脑海中排练有目的的行动不仅能帮助你提高完成这一行动的能力，而且能减少相关的恐惧。假设你正对一场即将到来的考试感到焦虑，你的内心批判可能正在想象一场灾难。当我一走进考场，我的脉搏就开始加速。我开始出汗、感到虚弱，我的大脑一片空白。我失败了！

如果你想象的是一次更积极的经历会怎么样呢？你可以想象自己自信地走入考场，创造出理想的成果。修改后的精神电影应该是这样的。我带着充分的准备走入考场。我按时参加了所有的课、尽全力完成了所有作业，并且进行了有效的学习。我充满自信地找到了一个舒服的座位，花了一会儿工夫深呼吸、放松，并且集中注意力。我专注于这次考试的科目上，释放了所有的担心和忧虑，对能展示所学感到兴奋。老师走进教室开始分发试卷。我知道老师问的所有问题对我来说都很容易。我浏览了一遍试卷，看到了很多在学习小组中和我自己准备了一学期的问题。带着警觉和意识，我开始答题。每个答案轻松地从我的大脑知识库里流动出来。我答题稳定而高效，在完成之后，我彻底检查了我的答案。我交卷的时候还剩下充裕的时间，离开时，我感受到一种令人愉悦的疲倦。我相信自己已经尽力了。

既然你能选择头脑中播放的电影，为什么不选择主演一部成功完成有目的行动的电影呢？

> 想象自己在特定情况下工作几乎与实际工作的效果相同。精神练习可以帮助一个人在现实生活中表现得更好。
>
> ——马克斯韦尔·马尔茨（Maxwell Maltz）

创造者知道有很多选择可以增强自信。当我们有意识地选择诸如创造成就认同感、赞美成就和天赋、想象有目的的行动这样的选项时，我们很快就可以满怀信心地说：我可以。

日记条目 15

在这次活动中，你将练习提升自信的方法。自信的人期待成功，这种期待将反过来增强他们的动力，为他们提供能量。如果他们所做的事不起作用，他们不会放弃。相反，他们会调整到方案 B（或者 C 或者 D）然后坚持下去。于是他们取得了好成绩，始终如一地尽全力去实现他们的目标和梦想！通过这种办法，他们期待的成功往往都会变为现实。

从下面 4 个行动中选择 2 个完成：

1. 列出人生中你所创造的成就。你列出的成就越多，就越能提升你的自信。这些胜利无论大小。

2. 列出你的个人技能和天赋。同样，列出的越多，就越能提升你的自信。你擅长什么？你的朋友认为你有什么技能和天赋？不要小瞧那些你每天使用的天赋。没有什么天赋是微不足道的。如果列出个人技能和天赋让你感到不舒服，回忆一下这句俗语："只要是真的，就不是吹牛！"

3. 列出你在人生中遇到的积极风险。你在何时走出舒适区，克服恐惧做了一些事？

4. 写下想象自己成功完成一次重要行动的画面，这个行动是你现在抗拒去做的。例如，也许你害怕在生物课上提问，或者你对参加一场预定的面试感到紧张。记得使用在日记条目 10 里提到的 4 个关键来进行有效的想象：

（1）放松。

（2）动词使用现在时。

（3）调动全部的五感。

（4）感知感受。

作为写作示例，重新阅读这条日记之前的那篇积极想象。

学生故事

阿什莉·弗里曼（Ashley Freeman），
铜山学院，加利福尼亚州

你是否曾经在走进教室时感觉所有人都盯着你？当你被叫上台对着全班朗读时，你的心是否跳得像低音鼓，而且希望别人不要听见？当有人和你说话时，你是否会出汗、说话结巴，最后觉得自己像个十足的傻瓜？我从来不愿意承认缺乏自信是我的一个问题。但在学校，我总是那个极度害羞和安静的人，总是不去交际，试图变成隐形人。当有人问我问题时，我会试着去回答，但我会放低目光、压低声音，让人很难听清我在说什么。别人可能以为我在很不礼貌地忽视他。大学上课的第一天，当我看着所有学生走进来时，我意识到我要面对的最大障碍就是我自己。我的不自信、不自尊和极端沉默将成为巨大的挑战。

当我决定上大学时，我有一点害怕，但我得到了家人的很多爱与支持，我也很兴奋能上大学。我知道我的成绩不会是问题，因为我拥有良好的学习习惯。我可以以优异的成绩毕业，但除了老师，我从来不和任何人待在一起。

我缺少和同龄人社交的技能，但我总能早早地完成作业。得益于我的全部努力，我提前三个月毕业了。但在大学的第一天，我只是一个精神极度紧张的人，怀疑上大学是不是一个巨大的错误。老师宣布我们将进行团队活动，通过和其他人搭档、大声朗读、成立学习小组来提高技能。我很慌乱，我所能做的就是告诉自己不要放弃。日子一天天过去，我上课时几乎很少说话。在英语课上，我和安妮特（Annette）成了搭档。尽管我很沉默，安妮特还是在开学第一天和我成为朋友。这门课使用《如何让大学在一生中发挥最大作用》作为教材，我们开始学习能够帮助我们的策略。我还是很紧张，但在学习了一些策略之后，我决定采取更多行动充分利用我的大学教育和经历。我决心向自己和其他所有人证明：我可以获得大学成功。

为了创建书中所说的"成就认同感"，我制定了变得更坦率的 32 天承诺。我承诺的第一件事是每天和至少 3 个人说话。另一个承诺是不用老师点名就在全班面前大声朗读。我还决定在课堂上积极参与学习活动，分担更多的工作而不感到尴尬。我决定在课上和课后提更多问题，并且帮助同学。我甚至请求老师和同学对我为提高自信和积极参与课堂所做出的努力给出书面反馈。他们不仅给了我这一反馈，有的人甚至给我写了鼓舞人心的赞美。

我为自己做出的所有改变感到骄傲，并且现在仍在继续。我深受鼓舞，将继续成长，发挥全部的潜力。我感激所有对我友好的人，他们帮助我明白我能做到。在这学期里，我们被要求写一篇关于我们在这门课中学到了什么的文章，老师宣布学生们能够在铜山学院董事会的面前朗读自己的论文。我对自己的进步如此骄傲，以至于成了班上第二个志愿参加的人。演讲时，我感觉自己的信心增强了，甚至可以和我的听众进行大量的目光接触。在我完成演讲后，我感谢了所有人。在我走向我的位置时，我开始流泪，我知道自己实现了目标。感谢书中的策略，感谢我的家人、老师、朋友和同学给予的鼓励和力量，今天的我比以前更自信，对未来有了更积极的看法。

照片：承蒙阿什莉·弗里曼的允许。

第五章　互相帮助

成功的学生……

▶ 发展相互支持的关系，认识到给予和接受能让人生更丰富。

▶ 通过积极倾听加强关系，展示出对他人想法和感受的关心。

▶ 尊重文化差异，知道如何在一个日益多样化的世界获得成功。

挣扎的学生……

▶ 与他人保持依赖、共存或独立的关系。

▶ 不会倾听，不愿意理解他人的看法。

▶ 将不同的人评判为不适当的、不足的、错误的或不好的。

一旦承担了采取有目的的行动实现目标和梦想的责任，下一步就是发展互相支持的关系，让旅途更轻松愉快。我在人际关系中采取互相帮助的策略。

▶ 批判性思维案例研究——罗杰斯教授的试验

罗杰斯教授认为，她基础演讲班的学生会喜欢用角色扮演真实的法庭审判作为他们这学期的最后一次演讲。她还希望这次经历可以教会他们如何进行团队合作，这是一项极受雇主欢迎的技能。因此，她把她的6名学生分成了两组——组有3名辩护律师，一组有3名检察官——并且给每个团队提供了真实谋杀案的法庭笔录材料。利用审判中的证据，每个小组都会为案件提供结案陈词，然后由学生组成的陪审团做出裁决。每个小组有最多24分钟的时间进行案例陈述，每组的3名队员会得到同样的分数。

下课后，安东尼（Anthony）对他的组员西尔维娅（Sylvia）和唐纳德（Donald）说："我们明天下午4点在图书馆见面，计划如何为这个家伙进行辩护。"西尔维娅对安东尼专横的语气感到生气，她只是点了点头。唐纳德说："随便。"然后他戴上耳机哼着歌离开了，唱得比他意识到的可能还要响亮。

"听着，"第二天下午4点15分时安东尼对西尔维娅说，"我们不要再等唐纳德了。我们这样安排：你先出场，花大约10分钟来证明我们的被告没有杀人动机。我将用剩下来的时间展示为何有可能是受害者的兄弟枪杀了死者。我想要得到A。"

西尔维娅很愤怒："你不能直接决定把唐纳德排除在外。另外，被告人留在凶器上的指纹怎么解释！我们必须对这一证据提出异议，否则不可能赢。我会完成这一点。并且我要最后出场，这样我才能堵上所有的漏洞。我想要获得这场审判的胜利。"

辩护小组在审判前又见了两次面。唐纳德只参与了其中一场，并且全程都在给他的女朋友发信息。他说他不确定自己要说什么，但他会在审判那天弄明白的。安东尼和西尔维娅为哪一个证据最重要以及谁最后出场这两个问题进行了争论。当西尔维娅大发脾气，大声对安东尼说没有人选他当领袖时，一度有另一名学生威胁说要叫保安。西尔维娅怒视着抱怨的学生和安东尼，然后一言不发地跺着脚走出了图书馆。

在审判的前一天，安东尼去找罗杰斯教授。"让我的成绩取决于队友的表现是不公平的。唐纳德一点也不在乎发生了什么,而西尔维娅一直在找碴儿。我会一个人展示,不带他们。"

"如果你是名真正的律师,"罗杰斯教授回答道,"你认为你能向法官抱怨说你和搭档相处得不好吗?你必须弄清楚如何进行团队合作。这场审判将会按预定进行,你们3人会得到同样的分数。"

在审判当天,3名学生检察官做出了一个天衣无缝的、有说服力的结案陈词。然后安东尼跳出来说:"我将第一个发言。"他讲了21分钟,尽可能快地展示整个案件,包括对被告的指纹如何出现在凶器上的解释。西尔维娅方寸大乱,紧接着讲了7分钟,包括被告的指纹是如何出现在凶器上的。这时,罗杰斯教授宣布这场辩护已经超时4分钟。唐纳德保证一定会很简略。他向陪审团保证被告无罪,然后从笔录中读出三段不相连的段落作为"证据"。他的演讲只花了75秒。陪审团的学生仔细考虑了5分钟,一致认定被告有罪。罗杰斯教授最终给辩护小组每个成员的演讲评分都是D。

下面列出了故事中的角色。请按照他们对"D"级评分的责任进行排序。请给每个角色不同的评分并准备好解释你的选择。

最应负责 ← ① ② ③ ④ → 最不应负责

_____ 罗杰斯教授   _____ 西尔维娅

_____ 安东尼   _____ 唐纳德

继续深入

想象在一门大学课程中你被布置了一个团队项目,而上面被你评为最应为小组分数负责的人(安东尼、西尔维娅或唐纳德)就在你的团队里。在这种情况下,你会采取什么积极行动帮助团队获得成功?

创建支持系统

我们每个人都会——通常是无意识地——选择和其他人的关系。这一选择对我们在大学和未来的成功有重要影响。

> 依赖他人的人需通过他人获得想要的东西。独立的人可以通过自己的努力获得他们想要的东西。互相帮助的人将自己的努力与他人的努力结合起来,取得最大的成功。
>
> ——史蒂芬·柯维

人们通常会参与四种关系。我们选择得最多的那类通常可以显示出我们对自己和他人的信心程度。下面哪种与你的情况最为相似?

- 我自己无法实现目标,因此我选择依赖他人。
- 我认为实现他人的目标比实现自己的目标更重要,因此我选择共生。
- 通过努力,我可以完全依靠自己获得部分想要的东西,因此我选择独立。
- 我知道我可以通过独立工作实现部分目标,但如果我给予和接受帮助,我将完成得更多,获得更多快乐,因此我选择互相帮助。

你通常以哪种方式与别人交往?更重要的是,哪种选择最能帮助你实现目标和梦想?

> 我们都是相互帮助的。为了他人——部落、家庭、社区——而不仅仅是自己做事。
>
> ——部落首领威尔玛·曼奇勒(Wilma Mankiller)

成熟的标志

从依赖他人或共生转为互相帮助是迈向成熟的重要一步。对许多学生来说，大学生活中一个激动人心的部分是他们新获得的自由和独立。在某些时候，独立是最好的选择。

然而创造者知道，当人们合作时，人生往往会更加轻松愉快。当独自完成是最好的选择时，他们就会有很强的独立能力。但当与他人的合作是必要的或更有效时，他们也可以互相帮助。创造者通过寻找老师、同学、图书管理员、指导老师、顾问、社区服务、家庭成员等给予的帮助最大化他们在大学取得的成绩。他们知道在适当的时候应该选择互相帮助，表现出最高度的成熟。

思考一下我的学生玛莎（Martha）的故事。在学期结束的两周前，她对全班宣布："今天我是来道别的。我不得不退学，因为我的保姆搬家了。我的孩子只有两岁，我无法找到其他可以信任的人来照顾她。我想告诉你们我会有多想念你们。"

> 没有人能独自生存。
> ——玛雅·安吉罗

玛莎宣布后，大家都沉默了。她的安静和坚定使她成了同学们最喜爱的人。

然后班上的一位女士说道："我的孩子已经长大了，而且这是我这学期上的唯一一门课。我可以在接下来的几周帮你照看孩子，如果这样可以帮助你度过这学期的话。唯一一点是，你得把你的孩子带到我家，因为我没有车。"

"我也没有车，"玛莎说，"但还是谢谢你。"

"等一下，"一个年轻人说，"我有车。我可以开车接送你和你的孩子，直到学期结束。反正才两个星期。"

玛莎坐了一会儿，愣住了。"真的？你们可以这样帮我？"在三分钟的时间里，玛莎的命运从辍学变成了在两个同学的帮助下完成这个学期。

互相帮助可以让你在大学保持正轨，并且可以以你现在无法想象的方式支持你的成功。相反，共生是一种最具破坏性的关系。共生的人不会被自己的成功所激励，而是依靠别人的认可或依赖。共生的人放弃了自己的梦想，甚至通过忍受虐待来保持别人对自己的认可。

> 承担可能属于别人的责任意味着对自己的不负责。
>
> ——纳撒尼尔·布兰登

约翰是个聪明的家伙，但上了7年大学还没有毕业。在一次课堂讨论上，他讲述了一个自己的典型经历：当一个朋友打来电话求助生物辅导时，他一直在复习历史准备期中考试。约翰已经通过了生物考试。他把自己的学习放在一边，花了整晚的时间辅导他的朋友。第二天，约翰没有通过他的历史考试。他在日记中写道："我明白了，为了成功，我要让我的梦想比别人的认可更重要。我必须学会说'不'。"像约翰一样，共生的人常常把时间花在第三象限，参加那些对别人很重要，但对自己的目标和梦想不重要的活动。

在共生、依赖和独立的关系中，付出和接受并不平衡。共生的人付出太多，依赖的人接受太多。独立的人很少付出或接受。相反，互相帮助的人在付出和接受之间找到了一个健康的平衡，每个人都能获益。这就是为什么建立互助关系是最重要的第二象限行为之一。

我的经验是大多数人选择独立远多于互相帮助。也许他们认为寻求帮助意味着他们很软弱。或者他们觉得自己不值得被帮助。不管原因是什么，他们避免使用大学能提供的很多资源来帮助他们成功。让我们考虑一些可以创建支持系统的选择，它不仅能帮助你实现大学目标，还能减少路上的压力。

图 5.1 互相帮助

向老师寻求帮助

和大学老师建立积极的关系是一个强有力的第二象限行为，它可以获得丰厚的回报。你的老师经历过多年的专业训练。你已经用学费支付了他们的帮助，你所要做的就是提问。

如果你还没有提问过，找出教授的办公时间并且预约。带着提前准备的问题和请求去，你很可能会得到很大的帮助。此外，通过了解你的老师，你可能会找到能在大学和未来帮助你的导师。

> 直到最近，女孩才知道男孩网络是如何运作的……现在的女人们知道，除了努力工作和技巧外，向上跃升还要有一个可以提供支持的关系网络。
>
> ——琼·E. 加布勒（June E. Gabler）

从大学资源中获得帮助

几乎每个大学都会花一大笔费用为学生提供帮助服务，但如果你不使用它们，这些服务就会被浪费。你知道你的大学都提供哪些帮助服务吗？它们在哪里？如何使用它们？如果你完成了第一章的大学智能入门指南，你就会想要扩展那个列表。

对未来的选课感到困惑？

向你的指导老师或学术咨询中心寻求帮助。在其他方面，指导老师可以帮助你选择专业、创建多年的学术计划，包括所有的必修课和前提课程。也许你可以回忆起第一章中所说，这样的计划被称为长期教育计划。

> 对我们每一个成功的人来说，都是因为有人向你指明了出路。这盏灯并不一定总会在家里，对我来说它是老师和学校。
>
> ——奥普拉·温弗莉

学术问题？

向学校的学习或辅导中心寻求帮助。许多大学提供阅读、写作和数学方面的帮助。学术帮助的其他来源可能还包括科学学习中心或者计算机实验室。你的大学可能还有可以测试学生学习障碍的诊断专家，并且他们可以提出克服它们的方法。

个人问题？

向学校的咨询办公室寻求帮助。许多大学都有训练有素的辅导员，他们可以帮助学生度过情绪混乱的时期。学生在大学期间经历个人挑战是很平常的事。创造者们会寻求帮助。

> 没有人是一座孤岛，可以自全。每个人都是大陆的一片，整体的一部分。
> ——约翰·多恩（John Donne）[1]

健康问题？

向学校的健康服务中心寻求帮助。许多大学都有医生，学生花很少的钱或根本不用花钱就能看病。与健康相关的产品可以以低廉的价格或免费获得。你的大学甚至可以为学生提供低价的健康保险。

决定职业的问题？

向学校的就业中心寻求帮助。你可以在那里参加资质测试、寻找工作机会、发现你从未听说过的职业、学习写作或改进简历、练习有效的面试技巧。

> 我的驱动信念是：想要达到我们的极限、创造可以定义职业生涯的突破、以一种持久的意义实现人生价值的唯一方法就是伟大的团队合作。
> ——帕特·莱利，前职业篮球教练

---

[1] 约翰·多恩（1572—1631），17世纪英国玄学派诗人、教士。

大学的社交问题？

向学校的学生活动中心寻求帮助。运动队、旅行团、合唱团、舞蹈队、服务项目、学生专业组织、高校校报、校园文学杂志、俱乐部等等，都在等待你的加入。

建立项目团队

如果你正在进行一个大项目，为什么不建立一个团队来帮助你呢？项目团队是为了完成一项特定的任务而建立的。在商业中，当一个项目要吸引注意时，会成立一个特设委员会。特设（ad hoc）是拉丁语，意思是"朝向这个"。换句话说，特设委员会是为了解决某个问题这一单一目的而临时聚集起来的。一旦任务完成，委员会就会解散。

> 我从来没有独自做过一件事。这个国家所取得的成就都是国民共同完成的。
>
> ——果尔达·梅厄（Golda Meir）[1]

我的一个学生创建了一个项目团队来帮助她搬家。有十几个同学自告奋勇，包括一个提供卡车的同学。在一个周六早晨，这个团队把她的行李打包搬到了一个新公寓。如果没有这些帮助，这次搬家要花多长时间、花多少钱、会给她带来多大的压力？

你有什么大项目能通过别人的帮助而获益？你和项目团队之间唯一的障碍就是你顽固的独立性。

创建学习小组

在20世纪70年代末和80年代初，加利福尼亚大学的数学研究生伯克利（Berkeley）展示了学术研究小组的价值。尤里·特雷斯曼（Uri Treisman）发现微积分课上的成功学生会在下课后碰面，讨论包括解决数学问题在内的很多

---

[1] 果尔达·梅厄（1898—1978），以色列建国元老。

事情。而挣扎的学生不会这样做。基于这一观察，特雷斯曼为挣扎的微积分学生创造了一个项目。他的方法是鼓励这些学生有目的地聚集，讨论数学，解决有挑战的问题。这一项目非常成功，此后许多其他学院和大学都提供过。你可以为任何课程创造特雷斯曼项目的变体，只需和同学们创建学习小组。学习小组和项目团队的区别有两点。第一，学习小组是为了帮助每一个组员在特定课程中进步而创建的。第二，学习小组在一学期中会碰面很多次。事实上，有的学习小组帮助巨大，它的成员在整个大学期间都待在一起。

> 没有人会比我们所有人加在一起聪明。
> ——肯·布兰查德（Ken Blanchard）[1]

学习小组可以提供许多好处。加入学习小组提高了你对课程内容的积极参与度，这反过来带来了更深层次的学习和更好的成绩。而因此获得的学术成就提高了你对成功的期望，增强了你的动力。参与学习小组帮助你培养团队合作技能，这是一项极受雇主欢迎的技能。有的学习小组成员可能会成为你一生的朋友。下面是如何最大化学习小组价值的三点建议：

1. **只选择创造者**。在学期开始后，列出可能的学习小组成员：按时上课、预习和积极参与的同学。也要注意那些安静的学生，他们不会说太多，但是偶尔的评论会显示出对这门学科的独到理解。在第一次测试或提交论文之后，看看在你名单上的学生表现如何，然后邀请3—4个最成功的同学和你一起学习。

2. **选择团队目标**。无论潜力如何，学习小组只有在你的努力下才会有效。每个人都应该认同共同的目标。你可能会对未来的学习小组成员说："我在数学课上的目标是掌握这个科目并获得 A。这也是你们想要的吗？"与那些目标一致或超越自己的学生组队。

3. **选择团队规则**。最后一步是建立团队规则。帕特·莱利，有史以来最成功的职业篮球教练之一，让他的球员创造了一个"团队契约"。在赛季前，他们对要遵守的规则达成一致，从而向着总冠军的目标前进。你的学习小组也应

---

[1] 肯·布兰查德（1939— ），美国著名作家、演说家，美国道德管理学派代表人物。

该这样做。决定你们开会的地点、频率和时间。最重要的是，商定碰面期间要做什么。

> 单枪匹马，杯水车薪；同心协力，其利断金。
> ——海伦·凯勒（Helen Keller）

许多学习小组的失败是因为它们变成了社交聚会。如果采用类似下面这些规则的话，你的学习小组就会成功：

规则1：每周四下午1点到3点在图书馆碰面。

规则2：所有成员携带自己最爱的学习材料，包括20个带有答案和来源的新问题（例如教科书或课堂笔记）。

规则3：在社交之前讨论所有的学习材料，提问、回答和理解所有写下的问题。

> 相聚是开始，团结是进步，合作则是成功。
> ——亨利·福特（Henry Ford）[1]

我的一个学生接受了这个建议，并建立了一个解剖和生理学的学习小组，这是一门失败率很高的课。在学期末，他自豪地给我看了一张由小组其他四位成员签名的感谢卡。"如果没有你，我们无法做到，"他们写道，"谢谢你让我们团结起来！"向逆境挑战之后，每一个组员都通过了课程。

和你在一起的人会极大地影响你在大学里的结果和体验。如果他们不重视学习和大学学位，你很难抵抗他们的消极影响。然而，如果你和坚定而勤奋的学生交往，他们的鼓励会激励你向着毕业前进，即便道路崎岖。我班上的一位学生意识到以前住在他附近的"朋友"大部分时间都在贬低他，为获得大学学位他就搬家了。当你在大学里选择你的"团队"时，一定要选择那些与你所求相同的人。

---

[1] 亨利·福特（1863—1947），美国福特汽车公司的建立者。

建立一个你在大学里遇到的人的联系名单。你甚至可能还想做一些笔记：他们的专业或职业领域、家庭成员的名字、爱好、兴趣，尤其是他们的强项。在大学期间和之后与这些人保持联系。

> 如果你身边的人哪也不去，如果他们的梦想不过是在角落里闲逛，或者如果他们在拖累你，请摆脱他们。消极的人会飞快地消耗你的能量，甚至带走你的梦想。
>
> ——埃尔文·约翰逊（Earvin Johnson）[1]

创造者在大学里发展相互支持的关系，这些关系可以持续支持他们几年——甚至一生。不要因为大学的日常琐事而停滞不前，否则你将无法建立一个强有力的支持网络。

天堂与地狱的区别

有一个故事说，有一个人祈祷，想知道天堂与地狱的区别。一个天使让那个人自己去看。在地狱里，他看到一个巨大的宴会桌，上面摆满了精心准备的肉类、蔬菜、饮料和甜点。尽管饮食如此丰盛，地狱的囚犯还是一副憔悴、面颊凹陷的样子。然后这个人知道了为什么。地狱里可怜的人可以捡起他们想要的所有食物，但是他们的手肘不会弯曲，所以他们不能把食物放进嘴里。尽管生活在丰富的资源中，地狱的居民还是在挨饿。

然后天使把男人带到了天堂，在那里他看到了另一张没有尽头的桌子，堆满了类似的丰富而精致的食物。令人惊奇的是，就像在地狱里一样，天堂的居民也不能弯曲手臂喂自己吃东西。

"我不明白，"男人说，"天堂和地狱一样？"

天使只是指了指。天堂的居民们在宴会桌旁坐着，身体健康，笑得很开心。然后男人看到了差异。

天堂的居民在互相喂东西吃。

---

[1] 埃尔文·约翰逊（1959— ），美国前职业篮球运动员，绰号"魔术师"。

> 不管你取得了什么成就，总有人帮了你。
> ——奥尔西娅·吉布森·达尔本（Althea Gibson Darben）

日记条目 16

在这次活动中，你将探索自己对于付出和接受的信念和行为。

1. 写下并补完下面10个句子：

（1）有人帮助我，一次具体情况是……

（2）我帮助别人，一次具体情况是……

（3）我认为帮助别人比自己的成功和幸福更重要，一次具体情况是……

（4）当别人向我寻求帮助时，我通常觉得……

（5）当我想要向别人寻求帮助时，我通常觉得……

（6）通常阻止我寻求帮助的是……

（7）如果我常常向别人寻求帮助……

（8）如果我开心地给予别人帮助……

（9）如果我感激地接受别人的帮助……

（10）今天我可能帮助的一个目标是……

2. 写下在大学为自己建立一个强大的支持系统可以做出的两个（或更多）选择。想想你能为克服成功路上的挑战和阻碍所做的选择。同时想想你在建立支持系统时可能遇到的阻力。深入探究每一种选择。

学生故事

米奇·马尔（Mitch Mull），
阿什维尔邦克姆技术社区学院，北卡罗来纳州

我成功的最大阻碍一直都是我自己。每次遇到问题时，我都试着独自解决，因为我不希望别人看低我。我的这种信念可能来自我的父亲，他是一个非常独立的人。几年前，当我在海伍德社区学院争取园艺专业的副学士学位时，我因为不愿向同学或老师寻求帮助而放弃了很多课。最终我只是勉强毕业了。

后来，当我在一家景观公司工作时，我决定重返校园，精进我的园林事业。我需要一些学分才能进入大学学习，所以我进入了阿什维尔邦克姆技术社区学院。在第一个学期，我报名了一门夜间的化学课和一门在线的学生成功课。在注册时，我被问到是否真的想要上这门化学课。他们说这是每学期被退得最多的一门课。听到这个消息，我知道自己必须改变策略才能做得更好，但我不知道自己现在有哪里做得不对。在成功课的第一周，我们进行了这本书中的自我测试，而我在互相帮助这一点上获得的分最低。不用说，我并不感到惊讶。

这本书让我相信，在学习上过于独立并不总是一件好事，它可能让我无法实现自己的目标。我决定积极地互相帮助。我开始提前来到化学教室，这就像我之前被警告的那样充满挑战。对于我无法理解的作业，我会向老师寻求帮助。他会花一分钟的时间在黑板上写一个方程，或者教我如何得到这个方程。当他指引了正确的方向后，我常常豁然开朗。也有其他学生早早来到教室，在外面闲逛。当偶然听到他们在讨论这门课时，我也加入了他们。它很快变成了一个学习小组，这进一步帮助我从自己的壳里走出来。成功课的在线论坛也是一块让我向别人打开自己的垫脚石。网上的讨论帮助我克服了促使我避开大多数交流的害羞或紧张。在这两门课上，我都交到了以前可能

没有说过话的新朋友。我没有像以前在海伍德时那样苦苦挣扎，而是在两门课上都得到了 A。如果没有成功课和这本书，我可能只能勉强完成化学课或者放弃它。

互相帮助在职场上也给我带来了益处。作为一家当地景观公司的主管，我一直认为我要独自处理每一项任务，才能让老板赞扬我的高效独立。但有很多次我都无法达到老板想要的结果。

起初，互相帮助对我来说很难，但现在已经变得很容易。几乎任何时候，只要我请求帮助，就都能得到它。最近，我正在试图修复一条灌溉线。我曾经独自完成过很多次这样类似的修复，但通常都花了很长时间。这一次，我麻烦了一位主管在我修理时帮忙把水从洞里抽出来。如果我没有寻求帮助，我可能要花更久的时间，甚至可能修复失败。然后我就不得不再次修复，我的老板不会感到高兴。我也会尽可能地帮助其他人。某些清晨，苗圃管理员开来装货的卡车，我会伸出援手，确保在我们的员工来之前装载就已就绪。我还与秘书们更紧密地合作，确保所有的时间日志都按时归还，并追踪任何丢失的日志。自从我开始采用互相帮助的策略后，所有这些关系都有了很大的改善！

在完成了阿什维尔邦克姆技术社区学院的所有课程后，我转到了北卡罗来纳州立农业技术大学的农业教育初级班。我还在景观公司从事全职工作，同时上学。我还剩一年的时间去获得学士学位，然后我计划得到硕士学位，目标是在国家合作推广的项目中工作。在北卡罗来纳州立农业技术大学，我只获得了一个 B，其他都是 A。我从来不热衷于寻求帮助，但我必须说，现在我对互相帮助带来的好处深信不疑。

照片：承蒙米奇·马尔的允许。

通过积极倾听加强关系

关键问题：你知道如何通过积极倾听加强关系吗？成为一个好的倾听者需要哪些基本技能？

一旦我们开始了一段互相支持的关系，我们自然会希望这种关系进一步发展。关于人际关系的书比比皆是，建议了无数种加强关系的方法。所有这些建议的核心都是一个主题：我们必须显示出对他人的重视，专业的，个人的，或者两者皆有。

> 当人们说话时，请仔细听。大多数人从不倾听。
> ——欧内斯特·海明威（Ernest Hemingway）

有许多方法可以证明他人对我们的重视。一些最有力的方法包括信守诺言、给予诚实的赞赏和认可、解决冲突获得双赢、保持联系、与别人交谈时赞赏我们。但想要表现出对另一个人的高度重视，也许没有比积极倾听更好的方法了。

很少有人是真正的好倾听者。我们常常想的是自己接下来要说什么，或者我们的想法会突然转向自己的问题，忽略了别人说的话，又或者我们听到了我们以为那个人会说的话，而不是他实际上说的话。

相反，好的倾听者会清空他们的大脑，倾听全部的信息，包括语言、语气、手势和面部表情。不管一个人的沟通能力有多强，除非另一个人愿意积极倾听，否则他们的沟通和关系都可能会误入歧途。想象一下，如果一个老师对一个没有好的倾听技能的班级说："我要把期末考试的时间从下周一改到这周五，我刚刚发现我需要在周一提交分数。"会出现什么可能的问题？假设一个学生以为老师说考试会被改到下周五（而不是这周五），当他在下周五出现时，不仅考试早就已经结束，老师也已经提交了这门课的最终分数。这是一个令人不快的惊喜！

积极倾听意味着承担 100% 的责任，接收说话者表达的信息，不被自己的想法或感受影响。这就是为什么积极倾听始于共情，这是一种理解他人的能力，仿佛那一刻你就是说话人。共情并不意味着你必须赞同，它指的是理解说话者的想法和感受，并且积极地展示出这种理解。

> 倾听的缺失将造成数十亿的损失：邮件重写、会议重新安排、出货路线改变、劳资关系破裂、销售展示被误解和从未真正顺利开始的面试。
> ——迈克尔·雷（Michael Ray）和罗谢尔·迈尔斯（Rachelle Myers）

通过积极倾听，你传递出了这样的信息：我如此重视你，以至于用尽全力通过你的眼睛看世界。

如何积极倾听

积极倾听是一项需要学习的技能。如果你能掌握下面四个步骤，就能成为一名优秀的倾听者。

第一步：听明白

当你只是在等待机会插入自己的观点时，倾听是无效的。相反，你要全神贯注于说话者，激发共情，带着充分理解对方想法和感受的意图。

> 积极倾听，有时也被称为反馈式倾听，包括对所说或所做内容的语言反馈，以及对藏在语言或行动下的感受的猜测。
> ——穆里尔·詹姆斯和多萝西·钟沃德

第二步：清空你的大脑并保持沉默

不要被内心批判和内心防卫的评判声分散了注意力。清空你的大脑，保持专注和安静。让你的大脑倾听思想，让你的心倾听情感的暗流，让你的直觉倾听语言之下隐藏的深层信息，让你的同伴知道你在积极倾听。坐姿前倾，在适当的时候点头，发出语言反馈：唔……我懂了……嗯……

第三步：请对方拓展或者说明

不要用自己的经验假设或填空。请说话者分享额外的信息和感受：

- 多说一点。
- 可以举个例子吗？
- 你可以换种方式解释吗？
- 当这一切发生时你感觉如何？
- 之后发生了什么？

第四步：反馈对方的想法和感受

不要假设你理解了。用你自己的话重述一遍听到了什么，包括想法和感情。然后验证你理解的准确性：

- 对一位同学：听起来，你真的对导师给你的研究论文的反馈很生气。对你来说，他的评论似乎更像讽刺而非帮助，对吗？
- 对一位教授：我想弄清楚期末考试的新日期。您将考试从周一推迟到了下周五。我理解得对吗？

> 如果要用一句话总结出我在人际关系领域学到的一条最重要的原则，那就是：先去理解，然后才能被理解。
>
> ——史蒂芬·柯维

请注意，这种反馈不会给这场对话添加任何新的东西。不要提供建议或者讲述你自己的经历。你的目标只是理解。

在大学课堂上使用积极倾听

积极倾听不仅能加强人与人之间的关系，还能加强我们对新概念的理解，帮助我们学习。在课堂上，成功的学生会清空他们的大脑，准备倾听一些有价值的东西。他们认真思考老师的想法，确认他们听到的是准确的。当他们感到困惑时，他们会让老师在课堂上或者办公时间拓展或说明。通过运用创造者心态，这些学生积极地倾听并理解，最后把他们的理解记录在笔记中。显然，课堂笔记中的信息越准确，你能学到的就越多。

因此，今天就开始积极倾听吧。你会惊讶于这种选择对你的人际关系、学习和生活的改善。

日记条目 17

在这次活动中，你将通过写出与内心指引的对话来练习积极倾听的技能。正如之前讨论的，很多时候，想法会突然冲进我们的头脑。写下你与内心指引的对话可以以一种新的、强有力的方式应用这一知识。第一，它帮助我们了解那些指引我们选择的想法。第二，它可以鼓励我们梳理困惑，找出积极的解决办法。第三，它提醒我们，我们并不是想法本身，我们是可以改变想法的。最后，这样做可以让我们练习那些具有高智商和高适应能力的人使用的一种重要心理技能：元认知。

元认知是关于认知的认知。发展元认知有助于找到自己的思维缺陷。它能够让我们改变自己的想法，以获得更好的结果和体验。如果你在解决问题时曾经自言自语过，你可能就是在使用元认知。你会发现写下这种对话是一种全新的（也可能是不同寻常的）体验。但你练习得越多，就越能发现作为一个积极的倾听者与自己对话是一种多么珍贵的成功技能。当然，成为他人的积极倾听者可以无限地加强你们之间的关系。

1. 写下自己和内心指引之间关于在大学遇到的一个问题的对话。标记内心指引每一个回复所使用的倾听技巧：沉默、拓展、说明、反馈（记住反馈感受和想法）。让内心指引展示积极倾听的技巧，而不给出建议。

> 埃利奥特博士的倾听不仅仅是沉默，而是一种活动。挺直背脊地坐着，双手交叠在大腿上，除了两只大拇指或快或慢地旋转，他一动不动。他面对着说话者，好像同时用眼睛和耳朵去倾听。他用心倾听，聚精会神地思考你在说话时想要表达的东西……采访结束时，跟他谈话的人都觉得他听懂了自己说的话。
> ——亨利·詹姆斯（Henry James）谈查尔斯·W. 埃利奥特
> （Charles W. Eliot，哈佛大学前校长）

以下是一种对话开始的示例：

自　　己：我已经意识到寻求帮助对我来说有多难。

内心指引：你能多说一些吗？（拓展）

自　　己：好吧，我在数学课上遇到了一些困难。我知道我应该在课堂上多提问，但是……我不知道，我猜是因为不能独立解决问题让我觉得自己很蠢。

内心指引：你似乎是因为不能独自解决数学问题而感到受挫。（反馈）

自　　己：是的，我一直抵制那种事情。

内心指引：你说的"那种事情"是什么意思？（说明）

自　　己：我是说从我记事以来，我做的每件事都是独立完成的。当我还是个孩子时，我总是一个人玩。

内心指引：嗯……（沉默）

自　　己：作为一个孩子，我从来没有让任何人帮助我。现在就更不需要了。

内心指引：所以，没有人可以来帮助你？是这样的吗？

自　　己：好吧，我想我可以向罗伯特（Robert）寻求帮助。他似乎很擅长数学，但我有点害怕去问他。

内心指引：你为什么会害怕？（解释）……

想象一下你写在这里的对话是发生在电话里。在你解决所有方面的问题、知道下一步行动是什么之前，不要挂断电话。让你的内心指引通过做一个好的倾听者来证明它有多重视你。

2. 写下在这场与内心指引的对话中你学到或重新学到了什么，以及你会在自己的对话中改变什么。记得不断深入，发现强大的洞察力。当你觉得自己已经写了所有能写的，试试看能否至少多写一段。

学生故事

特罗奥·帕塞里奥（Teroa Paselio），
迎风社区学院，夏威夷

我在哥哥的阴影下长大。我是拉菲勒·帕塞里奥（Lafaele Paselio）的妹妹，他是全明星足球运动员，学校里最受欢迎的孩子。我从来没有站在聚光灯下。我觉得自己并不重要。我没有自己的个性。一个什么都没有的土豆是清淡无味的，这就是我的感觉。这真是令人沮丧，因为我知道我有很多可以展示的东西。

上大学也许对很多人来说是激动人心的，但对我来说不是。它当然是一场新的旅程，一次新的体验，但对我而言，这只是另一个被人叫拉菲勒妹妹的地方。我哥哥刚刚在夏威夷卡内奥赫的迎风社区学院度过了一年，那里的每个人都知道他。现在，我又一次陷入了他的阴影之中。即使我哥哥已经转到了加利福尼亚州圣迭戈的一所大学。我知道我注定会陷入之前所经历过的同样境地。我还是只是拉菲勒的妹妹。

在我的大学介绍课上，我们学习了如何获得大学成功的建议。

课上布置了这本书里的日记作业。对我有特别意义的一篇日记写的是自己与内心指引的对话。你的内心指引应该使用好的倾听技巧帮助你想出解决问题的方法。有趣的是，当我在写日记时，我意识到我的解决方案就在眼前，与内心指引的对话将它显示了出来。我意识到我掌控着自己的生活，别人怎么看我并不重要。我爱上了我自己，以及我能做到的事。有的事是我擅长而拉菲勒不擅长的。

我喜欢我的音乐，并且想要成为一名高中老师。

我还知道了好的倾听技能可以如何帮助我成为想要成为的那种老师。我想要让学生相信他们很重要。有些老师真的会认真倾听我说话，我感受到了这一点。一个不会倾听的老师传达出的信息是：学生想的并不重要，学生本身也并不重要。我记得有一次我和哲学老师看法不一致时，他让我解释原因。然后他不断打断我，说我是错的，甚至根本不让我辩解。这让我感到很生气，而且我再也不会喜欢他。我打算倾听别人的话。我告诉我的朋友如果我打断了他，就让我停下。我想要倾听，让我生命中的人知道他们说的话对我很重要。

通过大学介绍课的帮助，我知道了解决问题的办法。我只需要听从内心指引和我自己。能决定我是拉菲勒的妹妹这个事实是否会伤害我的只有我自己。现在我可以说，今天的我比昨天的我强大很多。我不会再成为无味的土豆，我是特罗奥·帕塞里奥，就是这样！不是谁的妹妹，不是谁的堂妹，不是谁的同名之人，只是特罗奥·帕塞里奥！在写了那篇日记之后，周一我唱着歌走进学校："我感觉自己是一颗星，你不能阻止我闪耀！"我可以肯定地说，我不再活在任何人的阴影之下。

照片：承蒙特罗奥·帕塞里奥的允许。

尊重文化差异

关键问题：在日益多样化的世界获得成功的关键是什么？

事实上，现在无论去哪里都会遇到与你不同的人，而且这种趋势会不断增长。皮尤研究中心预测了从现在到 2050 年美国种族和民族的重大变化。白种人将从 67% 减少到 47%，拉丁裔美国人将从 14% 增长到 29%，非洲裔美国人会维持在 13%，亚裔美国人将从 5% 增长到 9%，其他种族如土著美国人和阿拉伯裔美国人将为北美不断增长的多样性添砖加瓦。

据《高等教育纪事报》(*Chronicle of Higher Education*）称，大学录取数据已经反映出了这种改变。在过去的 40 年里，进入大学的白人学生从 90.9% 下降至 73.1%。同时，非洲裔美国学生从 7.5% 增长到 11%。40 年前，亚裔和拉丁裔加起来仅占高等教育新生总数的 0.6%，但现在，亚裔学生已经增长到 8.9%，拉丁裔增长到 9.7%。

可见的差异，比如肤色相对容易识别。其他的可能不太明显，但也很重要。这些差异包括宗教、经济阶层、身心能力、性取向、年龄、军事经历与学习偏好等等。如果再加上信仰、价值观、态度和行为准则这些深层文化差异，两个人之间可能存在的差异确实会更多。

很多著作都写了与不同的人进行有效交流的难题。如果在亚马逊网站上搜索"多样性"，你可以找到将近 17,000 本书的链接。如果在谷歌上搜索，你可以找到超过 2.3 亿条结果。大学课程、专业期刊、报纸、杂志、会议和研讨会上也会探讨在不同人群中创造和谐的复杂性。这些论坛中探讨的问题从源于文化信仰、态度、行为规范和规则差异的误解，到仇恨犯罪、种族清洗和大屠杀的恐怖后果。

解决根深蒂固的偏见和少数民族压迫的复杂性超出了一本大学成功书的范围。我希望那些从这本书中的策略得到力量的人，比如你，可以从实现自己的潜力而非摧毁别人的生活中找到满足感。如果你是一位遭受偏见和不公平对待的学生，我希望可以给予你反抗这些不公正行为的力量。不管你认为自己是主流文化还是少数文化的一员，你的成功很可能取决于和那些与你不同的人进行有效交流的能力。比如在高等教育里，某个与你不同的人可能是你的老师、助教、指导老师、顾问或同学。在职场，某个与你不同的人可能是你的雇主、主管、经理、客户或同事。

差异本身并不是问题。但是人类倾向于评判、害怕以及（在某些情况下）伤害不同的人，而你拥有处理个人、群体和国家间冲突的完美秘诀。解药就是用尊重代替评判。

> 包容、跨文化对话和尊重多样性，对这个人与人联系得越来越紧密的世界来说比任何时候都更加重要。
>
> ——科菲·安南

对于尊重每个人这件事一定会有道德上的争论，但也有非常实际的理由。今天，与那些和你不同的人进行有效交流的能力比以往任何时候都更能影响每个人的成功。评判会带来恐惧、误解、冲突、歧视、压迫甚至战争。相反，尊重会带来合作、同情、学习、力量、成功与和平。选择评判还是尊重将对你以及与你交流的人的结果和体验产生深远的影响。

展现尊重

你可以用以下办法展现对与你不同的人的尊重，从简单到复杂：

1. 正确读出名字。很少有比我们的名字更私人的东西。阮碧明（Bich Minh Nguyen）在她《偷了佛祖的晚餐》(Stealing Buddha's Dinner)一书中讲述了当美国人把她的越南名字读成"Bitch（婊子）"而非"Bich（碧）"时的羞辱感。体育的国际化正在帮助北美人了解陌生名字的发音，比如曾雅妮（Yani Tseng，中国台湾职业高尔夫球手）、松坂大辅（Daisuke Matsuzaka，日本职业棒球运动员）、赛亚·巴哈杜扎达（Siyar Bahadurzada，阿富汗混合武术家）和恩达姆孔·苏（Ndamukong Suh，职业足球运动员，他的父亲来自喀麦隆）。当你遇到一个有陌生名字的人时，只需说："我想正确地念出你的名字。能请你先说一遍吗？"

2. **使用更合适的术语描述某人的文化群体**。重要程度与名字相近的是文化群体的名字。因此，使用更合适的术语可以传递出和读出正确名字一样的尊重。更为复杂的是，有的文化群体的成员可能有不同的偏好。所以同样地，如果你有疑问，请问出来。

比如，Latino 和 Latina（拉丁美洲裔）是拉丁裔群体中更受欢迎的术语。但有的人可能更倾向于 Hispanic（西班牙语裔），一个美国人口普查局强加于他们而被其他人拒绝的术语。此外，避免使用排除某个群体的术语。例如，如果你对一群人说"欢迎你带丈夫或妻子前来"，你就排除了同性恋和住在一起的单身人士。你要说："丈夫、妻子或同伴。"有些主流群体的成员会因为思考这些术语的额外努力而恼怒，他们认为这是一种"政治正确"。但就像你的私人名字一样，我们更喜欢的文化群体术语也是私人的，敬重这种喜好就是一种尊重。

> 民族群体非常重视自己和别人给他们贴的标签。找到一个更合适的术语是一种尊重……
>
> ——杰里·V. 迪勒（Jerry V. Diller）

3. **学习非语言行为**。交流专家说过，我们传递的信息中有 90% 是用非语言的方式表达的。因此你要知道，两种非语言行为的区别和两种语言的区别一样大。下面是一些例子：

手势：将拇指和食指摆成圆圈在北美文化中意味着："一切都好……很完美。"但在一些南美国家中，这是一种淫秽的手势。北美的双手交握强调了一个人在问候某人时的快乐。但在沙特阿拉伯，这样的手势是冒犯的，因为沙特阿拉伯人认为人的左手是不干净的。

距离：在北美文化中，和大多数人说话时我们倾向于站在 3~4 英尺远的地方。然而，一些南美和阿拉伯文化的人在交谈时靠得更近。我有一次看到两个男学生课后讨论，一个来自沙特阿拉伯，另一个来自美国。每次沙特阿拉伯学生走近时，美国学生都会后退。在5分钟的交流时间里，他们在这场跨文化舞蹈中走过了15英尺。这看起来很幽默，但我想知道是否其中一人或者两人都觉得不被尊重，而且不知道为什么。

> 当谈到非言语语言时，我们常常误以为我们进行非语言交流的系统是相同的。
> ——戴维·松本（David Matsumoto）和琳达·庄（Linda Juang）

目光接触：对许多北美人来说，交谈中的目光接触通常会传达兴趣和尊重。但在诸如韩国和日本这样的亚洲文化中，目光接触被认为是粗鲁和不尊重的。想象一下，来自这两种不同文化的老师和学生之间的对话可能会产生怎样的误解。

因此，不管差异存在于手势、距离、目光接触或者其他肢体语言，只有意识到其他人使用的可能是一种不同的非言语语言，我们才能表达尊重。

4. 把每个人看作个体（而非刻板印象）。 人类大脑是一种制定模式的设备。我们想要概括生命，以便理解、解释和预测。例如，了解一位老师是"随和的"还是"严厉的"，可以帮助我们决定诸如复习期末考试的认真程度这样的事。不幸的是，一旦我们的大脑抓住了一条概论，即使在错误的或者不适用的情况下我们还是会应用它。这就是刻板印象的问题。刻板印象是基于有限的或者甚至是错误的证据对一群人做出的概括。一旦认为这种概括是对的，我们就倾向于把它应用于来自那个群体的每一个人。如果你想看看你对其他人持有刻板印象的例子，只需用首先映入脑海的想法补完下面的句子：

女人是……　　　　　　南方人是……
共和党人是……　　　　白人是……
犹太人是……　　　　　亚洲人是……
黑人是……　　　　　　有钱人是……
穆斯林是……　　　　　大学老师是……

对任何群体的刻板印象都是否定了他们的独特性，是对那个群体的人的不尊重。了解文化的倾向——例如一个文化是个人主义的还是集体主义的——可能有助于解释来自该文化的成员的行为。但是试着用刻板印象去预测一个人的行为是对个人独特性的冒犯。不要认为某个人要么符合刻板印象，要么可以为整个文化说话："惠美子（Emiko），你们都很擅长数学，对吗？"不，不要用刻板印象，你要把每个人看成像你一样的独立个体。

> 在一个社会里成长而不接受偏见几乎是不可能的。因此，这不是一个人是否有偏见的问题。我们每个人都有。更确切地说，问题是迄今为止人们所学到的消极的种族态度，以及从现在开始人们愿意为此做些什么。
>
> ——琼·莫尔

5. 避免正确/错误的判断游戏。人类是评判机器。我们认为自己做的是对的，所以任何不同的事一定都是错的。当我们和那些来自不同文化的人进行判断游戏时，它有了一个花哨的名字：民族优越感。民族优越感认为我们的行为方式优于他们的。

哥伦比亚大学商学院教授希娜·延加讲述了她遭遇民族优越感的经历。在日本的一家餐厅里，她点了一杯加糖的绿茶。服务员说："我们不会在绿茶里加糖。"她回答说她知道日本人不会在绿茶里加糖，但是她喜欢这样做。因为她的坚持，服务员把她的要求传达给了餐厅经理。几分钟后，经理来到她的桌旁，道歉并解释说餐厅无法提供加糖的绿茶，因为他们没有糖。因为不能按照她喜欢的方式喝绿茶，延加博士点了一杯咖啡。咖啡和两包糖一起被送了上来！当然，这个故事有一定的幽默感，但在这一切之下，是对他人的不尊重。我的方法比你的好……我是对的……你是错的！有多少次我们曾因为坚持自己是对的而不尊重——甚至伤害了别人。

6. 避免微暴力。你认为自己是个好人。你永远不会公然参与种族主义行为。但你可能会通过微暴力无意识地不尊重与你不同的人。微暴力是短暂的轻蔑和侮辱，向少数群体的成员传达贬低的信息。俄勒冈州立大学的非洲裔美国教授琼·莫尔分享了一些个人经历："当我走进商店时，一个男人看见了我的脸，无意识地检查了他的钱包。在街上，一个女人在半个街区外看到了我的眼睛，然后在整理小孩的毯子时把钱包从婴儿车把手上拿到了她身边。在机场，一个男人向他的妻子示意把她的钱包从椅子后面移到别处，而我正在走向那个椅子旁……我认为这些是'第一眼'种族主义的例子。"在每个人的反应之下隐藏的信息是：非洲裔美国人是犯罪者。

> 我看到了一个巨大的讽刺。尽管仇恨犯罪获得了最多的关注，人们对有色人种人生的最大伤害就来自种族微暴力。
> ——德拉尔德·温·苏（Derald Wing Sue）

再看看另一个例子。一位女学生参加的学习小组里的三名男生完全忽视她为作业讨论做出的努力。隐藏信息是女生不会做数学题。亚裔美国大学教授德拉尔德·温·苏注意到他常常因为英语说得好而被称赞。作为第三代美国人，苏回复道："但愿如此吧，可我就出生在美国。"隐藏信息是：他在这个出生国永远是个外国人。

解决微暴力的挑战是双重的。信息的传达者常常没有意识到他们的偏见，而接受者不确定这种轻蔑是否是故意的。如果你认为自己是微暴力的受害者，请使用稍后会学到的自信技巧来解决这种侮辱。如果有人告诉你，他被你所说的或做的某件事侮辱（微暴力），不要理会你的内心防卫，使用你之前练习的倾听技巧弄清楚自己应该如何尊重他人。

7. 倡导尊重。 压迫有很多种形式。有时候它以玩笑的形式出现，取笑一个不同的人。有时压迫升级为对某人的种族、宗教或性取向的偏激评论。请注意，你的沉默会被认为是对这种偏见的赞同。通过让别人知道你不赞同这种评论就是在呼吁尊重。（你将在本章之后的内容中学到一些变得坚定自信的策略。）

可悲的是，压迫有时候会升级为残忍和暴力的行为。最近大学校园里发生了一些事情：犹太研究中心卫生间的墙壁上被涂抹了纳粹万字符，卫生间里写着"同性恋去死"的标语，以及一位尼日利亚出生的学生会主席被刺伤。没有人能够——或者应该——在恐惧的环境下学习。在大学，你有机会遇到许多不同的观点，因此你能选择最能帮助你创造美好人生的观点。不要让其他人的偏见剥夺了你或者你同学的这个机会。如果你看到了这种仇恨犯罪，或者你自己就是这种犯罪的受害者，请将它们报告给学校办公室，并且追踪后续行动。出于互相帮助的精神，考虑向有解决仇恨犯罪经验的团队寻求帮助，比如南方贫困法律中心（Southern Poverty Law Center）和反诽谤联盟（the Anti-Defamation League）。你可以在网上搜索到这些以及其他推广社会公正的团队。

> 邪恶获胜的唯一方式就是好人无动于衷。
> ——埃德蒙·伯克（Edmund Burke）[1]

和来自不同文化的人进行有效交流充满了挑战。但在一个日益多样化的世界里，尊重他人——以及为了自己坚持这一点——可以帮助你和他人共同实现目标和梦想。

> 你需要尊重，就会得到尊重。但首先，你要给予尊重。
> ——玛丽·布莱姬（Mary J. Blige）[2]

日记条目 18

1. 描述一个你感到不被尊重的时刻。请以小说场景的方式去展现它。描述事件发生的场景，说明在场的人，展现他们所做的事和所说的话，解释你的感受。

2. 再次描述这一经历，但是这一次，将人们所说的话和所做的事修改为让你感觉被充分尊重的方式。在这次对历史的改写中，每个人的话语和行为使结果和经历变得更好，让你感觉受到了充分的尊重。

---

[1] 埃德蒙·伯克（1729—1797），18世纪英国著名政治家、保守主义政治理论家。
[2] 玛丽·布莱姬（1971— ），美国歌手、唱片制作人。

职场：互相帮助

工作谋生的人中超过 90% 都会在公司里这样做，作为团队成员，有效工作的能力通常是成功的必要条件。

——纳撒尼尔·布兰登，心理学家

你可能注意到了许多招聘广告会这样写："寻找有团队精神的人"或者"必须与他人友好相处"。很少有别的能力比能与主管、同事、下属、供应商和客户友好交流对成功的影响更大。而提高这种能力要从现在开始。

> **寻找创造者**
>
> 候选人必须展现相互扶持、团队合作以及与他人合作的强大能力。

有一天，你可能会希望之前的教授或雇主帮忙写一封推荐信。未来他们会写的东西取决于你现在和他们建立的关系。你是能和别人友好相处的人吗？你是能够出色完成作业的人吗？你是按时和准时上课的人吗？你尊重他人吗？有自知之明吗？负责任吗？

有位以前的学生请我为她写一封推荐信。在多番考虑之后，我拒绝了。基于她在我课堂上的表现，我无法诚实地写下任何帮助她被雇用的东西。可悲的是，当她"开除"我的课时，没有预料到会有要我为她向潜在雇主说好话的一天。

在职场上，大多数人必须与他人保持良好的关系才能保住工作或更进一步。在大学里，持续进行有效的互相帮助的方法是积极参与学习小组。今天学会合作有助于明天的成功（更不用说你的考试分数可能会提高）。

在你开始寻找理想工作时，关于这个职业真实样貌的最好信息来源就是正在从事这份工作的人。通过从足够多的在你所选择的行业里工作的人那里收集信息，你将了解到这个职业的录用资格、就业前景、工作条件和薪水。如果你还不认识你选择的行业中的任何一个人，做一个创造者，请你认识的人引荐。如果失败了，试试黄页或者网上搜索。打电话给你找到的公司，找公共信息办公室，说明你正在寻找的信息。你不仅会发现有用的信息，还可能会因为你专业的求职方式给别人留下深刻印象！

同样的信息收集策略也可以用于了解你自己正在考虑的某个雇主的重要信息。和在那个公司工作的人聊聊，从内部打探出它的真实样貌。例如，如果你觉得一个公司的使命宣言很吸引人，问问那里的员工，公司是否在用行动践行那些话。当然，你要和多人交谈，避免被一两个偏见所左右。

许多人将求职局限于就业机构、公开的职位以及"可见"市场上列出的工作上。然而，一些职业专家估计，多达85%至90%的空缺职位没有被列出，只能在"隐形"市场上找到。创造者们通过关系网络发现这些未被公开的空缺。通过寻找可能的雇主进行信息面试，问问他们是否知道其他人可能会有一份你能胜任的工作。此外，你可以询问朋友或熟人的公司是否有空缺职位，询问教授是否听到有工作机会，还可以在教堂和俱乐部聚会上询问。让所有人帮忙散布你在找工作的消息。你永远不会知道谁可能帮助你找到理想的空缺职位。只是因为你的朋友的同事的姐姐的老板说："当然，我们有这样一个职位。让那个人打电话给我。"你就找到了一个好工作。

另一个求职的好策略是组建互助团队，尤其是由其他求职者组成的团队。互助团队不仅能在你被失望（和内心批判）打击时提供情感支持，它还能带给你有益的建议和基本技能的实践。例

图 5.2 众人拾柴火焰高

如，互助团队可以评论你的简历和求职信，帮助你练习面试技巧。互助小组的成员还可以分享宝贵的经验教训。比如，如果有人说他在面试官问"你有什么问题要问我吗？"的时候大脑一片空白，你就知道要准备一些给面试官的问题。

好吧，假设你得到了理想公司的理想职位。团队合作仍然对你的工作生活有很大的影响。《哈佛商业评论》(Harvard Business Review)报道的一项研究发现了新泽西贝尔实验室的科学家被同事认为是"明星"的原因。有趣的是，这些明星在学术上并没有比那些不太成功的科学家做得更好。事实上，研究发现这些明星和他们同事的智商和人格测试结果十分相近。让这些明星脱颖而出的是他们强大的同事关系网。出现问题时，这些明星总能找到征求意见的人，他们的求助请求很快就能得到回应。互相帮助将一位优秀的科学家变成了明星。

我曾经问一位非常成功的投资银行家（他在35岁退休），人际网络在他的职业中有多重要。"嗯，这里是人际网，"他尽可能高地举着手，"其他所有东西都在这下面。"他把手落到离地面几英尺的地方。"在这个行业，你要么建立关系，要么失败。"

最后一个关于互相帮助的建议适用于职业道路的任何地方，但对刚刚进入职场的你格外重要：找一位导师。导师是一个处于自身职业发展后期并且愿意指导和帮助像你这样的新员工的人。留心去找一个拥有你所仰慕的品质的成功人士。你可以通过频繁接触与其建立一种非正式的指导关系或者通过明确请求他成为你的导师来建立正式关系。有了来自经验的智慧，导师可以带领你走向职业成功。

技术建议：互相帮助

OpenStudy 适用于那些想要与上同一门课的学习者建立联系的学生。除了团队合作，你还可以提问并（据网站称）在大约 5 分钟内得到答案。网站称其拥有来自 160 个国家和 190 个学习小组的 100 万名学生成员。如果你没在大学里找到适合一起学习的同学，这个网站可以解决你的问题。（网页、iOS）

ThinkBinder.com 也提供创建网上学习小组的机会，你可以在这里分享课堂笔记、文件和链接，还能聊天以及在白板上合作。你可以创建和/或开始任意数量的学习小组，因此你可以为自己选的每门课都创建一个。（网页）

Rcampus.com 是另一个可以分享文件、发消息以及创建一起学习的网上小组的应用。成员可以创建任意数量的学习小组，每一个小组都有自己的主页和信息中心。创建小组的人可以通过小组识别号和访问代码邀请其他人加入。（网页）

Koofers.com 帮助学生寻找实习机会。当你完成在线简历后，Koofers 会把这些信息分享给那些寻找实习生或全职工作人员的公司。（网页）

Project Implicit website（implicit.harvard.edu）提供揭开你对人类的隐藏偏见的机会，包括年龄、宗教、性别、肤色、体重和残疾等方面。你可能会对结果感到惊讶——我就是这样感觉的。该项目是来自全世界多个大学（包括哈佛）的科学家的研究成果。（网页）

Dropbox，Box 和 Copy 提供文件共享服务，使你可以轻松地与同学跨多个设备共享大文件。（网页、安卓和 iOS）

Google Hangouts 让你能与同学一起进行远程学习/创建在线学习小组。（网页、安卓和 iOS）

注意：以上所有工具都是免费的，但有些可能还会提供收费的升级服务。

相信自己：加强自信

> **关键问题**：如何以一种加强人际关系、创造更好结果和建立强大自尊的方式进行交流？

少数情况下，我们可能会遇到不希望我们实现目标和梦想的人。更多情况下，我们遇到的是过于忙碌、过于专注或者不在乎是否帮助我们的人。尤其在像大学这样的地方，我们会遇到这样的人。如何把我们的渴望传递给他们，不仅对关系的质量和创造的结果有深远的影响，对我们的自尊也同样有影响。

据家庭治疗师弗吉尼亚·萨提亚称，两种最常见的无效交流方式是安抚和责备，它们都保持了低自尊。

> 人类一来到这个地球上，交流就成了决定人与他人关系和人生经历的最大因素。
>
> ——弗吉尼亚·萨提亚

- 安抚。进行安抚的受害者被内心批判所掌控。他们把自己放得比其他人更低，通过说任何他们觉得会被认可的东西保护自己，免受批评和拒绝的刺痛。想象安抚者们双膝跪地，带着痛苦的微笑抬起头，表面点头和赞同，同时恐惧地把真实的想法和感受藏在心里。"拜托，请认同我。"他们乞求道，因为他们的内心批判认为自己没有价值。为了获得这种认同，安抚者经常把时间花在第三象限，做那些对别人紧急但对自己的目标和梦想不重要的事。萨提亚估计有 50% 的人把安抚作为他们主要的交流风格。
- 责备。进行责备的受害者被内心防卫所掌控。他们把自己放得比其他人更高，通过让别人为他们的问题完全负责，保护自己免受失望和失败的痛苦。想象他们带着讥笑低下头，手指评判性地猛戳下面的人。他们的内心防卫叫嚷道："你永远不能……为什么你总是……？为什么你不曾……？……是你的错。"萨提亚估计有30%的人把责备作为他们主要的交流风格。

不管是被动的安抚，还是咄咄逼人的责备，都让受害者无法建立互助的关系，难以实现他们的梦想。内在的结果则是自尊受损。

> 学会感知内心的真理并且把它清楚地传递给他人，是一种微妙的技能，它与乘法或长除法一样复杂，但在学校里我们花费在它上面的时间却很少。
>
> ——盖伊和凯瑟琳·亨德里克斯

平等

那么，创造者的交流风格是什么？有的人把这种风格称为自信果断：诚实表达意见和要求。萨提亚把这种交流风格称为平等，它是一种简单而深刻的沟通策略：直言你所看到的。

创造者大胆地表达他们自己的真实想法，没有虚假的道歉或借口，没有严厉的批评或责备。平等需要强大的内心指引和对诚实的承诺。以下是3种促进平等的策略：

1. 有目的的交流。创造者即使在情绪激动的时候也能清楚地表达目的。如果创造者找教授讨论一个令人失望的分数，不论是出于哪种目的，她都可以清楚地表达：（1）提供她对课程的理解；（2）寻求更高的分数；（3）批评教授的评分能力；或者实现其他选择。通过了解自己的目的，她可以对自己沟通的成功度进行评估。创造者有目的地陈述："当我看到这个实验报告的成绩时，我非常失望。我想和你一起回顾一下，学习如何提高下一次的成绩。"

> 我直言不讳，不想去欺骗或者被欺骗。
>
> ——科奇斯（Cochise）

2. 诚实的交流。为了建立互助关系，创造者坦诚地表达不受欢迎的想法和不愉快的感受。创造者诚实地说："我很生气，因为你没有按照约定和我在图书馆碰面一起为社会学考试复习。"

3. 负责任的交流。因为心中有责任感，创造者们用以"我"为主语的信息来表达个人责任。以"我"为主语的信息让创造者对另一个人可能做或说过的任何事的反应负全部责任。有效的以"我"为主语的信息含有4个要素：

对情况的陈述：当你……

对你的反应的陈述：我感觉／想／决定……

一个请求：我想请你……

对回应的邀请：你同意吗？

让我们比较一下受害者和创造者对同一种情况的反应。想象有一天你感觉不舒服，因此决定不去上历史课。你打电话给一个同学，她答应在课后打电话告诉你错过的内容。但她一直没有打给你。在下一节历史课上，老师进行了一次小测验，这是在你缺掉的那节课上宣布的，而你没有通过。之后，你的同学道歉说："抱歉我没给你打电话。我忙得不可开交。"你会选择哪种反应？

安抚：哦，别担心。我知道你有很多事，这次考试我可能注定要失败。

责备：你是我见过的最糟的朋友！让我把那场考试考砸之后，你还敢来和我说话！

平等：你没有打电话给我，我很生气。我意识到自己应该打给你，但我觉得自己可以相信你会遵守承诺。如果我们还要继续做朋友，我想知道你以后能否遵守对我的承诺。你会吗？

请注意，平等是这3种反应中唯一一个积极解决问题，培养平等关系，并显示出高度自尊的办法。

> 我们应该用以"我"为主语的信息取代疏远的、批评的语言。比起"你是个骗子，没人会相信你"，请说："我不喜欢无法相信你的话的感觉，这样我们很难合作。"
>
> ——肯·凯斯

提出请求

提出有效的请求是另一种自信和自尊的表现。创造者知道他们无法独自实现最大的目标和梦想,因此他们会寻求帮助。提出有效请求的关键是应用 DAPPS 法则。不论何时,让你的请求是有日期的、可实现的、个人的、积极的,并且——最重要的是——具体的。以下是如何把受害者请求翻译为具体而清晰的创造者请求的示例:

受害者请求	创造者请求
1. 我下周五不在,如果有人能告诉我错过了什么当然最好了。	1. 约翰,我下周五不在。你愿意周五晚上打电话告诉我错过了什么吗?
2. 我想你不会考虑再给我几天时间完成这份研究论文,对吗?	2. 我想要请求延长研究论文的时间。我保证会在下周四中午前上交,这样可以吗?

当你提出具体请求时,另一个人可以用明确的"是"或"否"来回答。如果那个人拒绝,并不是没有指望了。你可以试着商量:

1. 如果你周五晚上不能给我打电话,我可以周六早上打给你问问我错过了什么吗?

2. 如果你不能接受周四中午,我可以在周三下午 5 点前交论文吗?

创造者寻求绝对的是或否的答案。受害者常常接受"也许"或者"我会试试",因为他们害怕听到"不",但一个具体的"不"其实更好,你可以找一个会说"是"的人。

> 如果你对某人说:"我需要帮助。"他们会说:"当然,亲爱的,我希望可以帮你。"但如果你说:"我需要你在周二打电话给某人,可以吗?"他们要么同意,要么拒绝。如果他们拒绝,你可以感谢他们并说:"你知道谁能帮忙吗?"如果他们答应,你可以在周三打电话问问他们是否做到了。你不会相信我有多擅长这个,之前我完全不知道如何请求别人做某事。
>
> ——芭芭拉·谢尔(Barbara Sher)

我的一位导师提出了一个宝贵的建议："如果一整天你都没有得到至少两个'不',那你就没有寻求足够的帮助。"

说"不"

说"不"是自信的创造者的另一个工具。当我思考说"不"的力量时,我会想到莫妮克(Monique)。有一天下课后,她深呼吸一下,叹气告诉我说她已经筋疲力尽。她抱怨说她工作地方的每个人都不断给她任务。因此,她几乎没有社交生活,大学成绩也落后了。她想要寻求时间管理的建议。

"听起来你每周工作60个小时,完成两个人的工作量。"我说道。她轻轻地点点头。"这是一个令人惊讶的想法:下一次上班时如果有人给你更多的事,说'不'。"

"这听起来很不礼貌。"

"好吧,那就说:'抱歉,我的时间表已经排满了,我做不了。'"

"如果是我的老板提出的呢?我不能对她说'不'。"

"你可以说:'我很愿意效劳。但我手头已经有很多项目了,我需要你把其中一个交给其他人。这样我就有时间出色地完成这个新项目。'"

> 当两个人关系成熟时,每个人都可以向对方请求他或她想要或需要的东西,完全相信对方如果不想给的话会说"不"。
> ——爱德华·德西(Edward Deci)[1]

莫妮克同意进行说"不"的实验。当我下一次看到她时,她很兴奋。"我给老板发了一份备忘录,告诉她我的工作太多了,无法接受她分配给我的最新项目。在我找她讨论这条备忘录之前,一位同事来找我。他说我们的老板让他来接管我的一些项目。我不仅没有接到新项目,而且还摆脱了其中两个。我也许能顺利度过这个学期了。"

莫妮克的声音中有一种之前没有的力量。通过一个"不",她从筋疲力尽变得兴奋不已。这就是一个创造者直言相告的力量。

---

[1] 爱德华·德西(1942—),心理学家,"德西效应"的提出者。

日记条目 19

在这次活动中,你将探索如何变得自信。这种强有力的方法可以创造伟大的成果、加强关系、建立自信。

1. 选择下面的一个话题:

A. 写出你对下面描述的老师的 3 种不同反应:(1)安抚;(2)责备;(3)平等。请参考上面"平等"那一部分中的对话作为示例。

情况:你注册了一门专业必修课。这是你毕业前要上的最后一门课。当你第一次参加课堂会议时,老师告诉你,你的名字不在名单上。这门课已经满员了,无法提供其他位置。你被排除在了这门课之外。老师告诉你,你必须推迟毕业,下学期回来再完成这门必修课。

记住,在 3 种反应中,请写下你实际会对老师说的话——首先是安抚,接着是责备,最后是平等地直言相告。

> 当事情真的变困难时,我能说的就是,寻求帮助。
> ——伯尼·西格尔博士

B. 想出一个最具挑战性的学术目标,以及谁能给你提供帮助。写一封信给这个人请求帮助。由你决定是否要寄出这封信。

以下是信中可能提到的内容:
- 告诉这个人你这学期最具挑战性的目标。
- 解释这个目标会如何成为你梦想的踏板。
- 描述你的梦想,解释它对你的重要性。
- 详细解释你的困难。
- 讨论你如何认为这个人可以帮助你克服困难。
- 承认你对寻求帮助的所有不情愿或害怕。
- 明确说出你想要请求这个人做什么,说服他/她为你提供帮助。

记住,有效的请求要使用 DAPPS 法则。

2. 写下关于自信你学到或者重新学到了什么。你在追求目标和梦想时如何直言相告？这一选择如何影响你的自尊？你打算在交流（安抚、责备、平等地直言相告）、提出请求和拒绝时做出什么改变？请确保深入探索！

学生故事

艾米·阿克顿（Amy Acton），
南方州立社区学院，俄亥俄州

我带着破碎的心情在秋季学期回到校园。我希望离开一段时间可以对我的婚姻和精神状态有所帮助。但我感觉疲惫和崩溃。我很少睡觉或吃饭。我不断地磨牙，做噩梦。上课时我会做白日梦，因为我真的不想待在那儿。我已经拥有了威尔明顿学院的学士学位，但因为想要成为一名护士而回到学校。过去，我的 GPA 总是很高。但由于婚姻问题，学习不再在我的 A 列表里，也许甚至都不在 B 或 C 列表中。我必须把一份作业读好几遍才能理解它，而我肯定没有尽全力。当我在解剖与生理学课的第一次测试中得到 C 时，我慌乱了。最糟糕的事就是假装一切顺利。我不能寻求帮助或者承认苦难。我不能。相反，我带着最无忧无虑的微笑，通过运动来保持健康生活的样子。

我选修了心理学：大学成功课。因为上学期有人在英语课上对它赞不绝口。这听起来像一门我能用到的课，我想。第一周，我进行了自我测试。哦，雪上加霜，我在互相帮助这个方面的得分相当低。令我震惊的是，创建支持系统是如此重要。我总是重视自己的独立品质。但我知道自己必须从某个地方开始做出改变。

因此我开始寻求帮助。起初，这让我感到很不舒服。但它渐渐变得容易起来。我信任本书，因此认为互相帮助一定会有好处。通过练习，它变得令人舒服多了。而现在，它变得很美妙。开始时，我请求和那些解剖与生理学学得好的学生建立学习小组。我们会碰面复习课上讲的内容。他们告诉我记住所有骨头的方法。我们制作了学习卡片，我把它们随身携带着。我甚至开始向我工作的医院的同事寻求帮助。通常我都是一个人完成所有的病人图表，但现在我开始请别人共同完成这个任务。

接着，我练习了说"不"的艺术。我接受的教育是说"好"，后面接着"请"。说"不"需要一些努力。起初，我真的发了麻疹。我吃了过敏药，然后继续努力。现在我已经非常擅长说"不"，每天都会说，后面通常接着"谢谢"。我的妈妈总爱打电话叫我去商店买东西。我最终告诉她我必须选择那些对我的目标重要的活动，比如上护士课。我甚至拒绝一直打扫房子。我想要一个干净的房子，但是拒绝打扫意味着我可以做一些更重要的事。这些决定可以改变我的生活。

我还有意识地告诉别人我的真实感受。以真实、古怪的自我生活让我感觉很好。我不再在一段关系中包揽全部事情。例如，我让丈夫帮忙打扫房子。起初他很生气，但我告诉他，他的帮助对我获得大学成功和成为护士的目标有多重要。现在他帮的忙比以前更多了。我终于把我想要过的生活作为最优先的事，真正关心我的人也很高兴。

我真的很高兴和感激自己能学习这门课，并且认真对待，深入探索。我在9月偏离了轨道，但到了新年一切又明朗起来。我的期末成绩全都是A，我的婚姻变得更好，丈夫说我改变了。他没有说是什么改变了，但我知道他更喜欢现在的我。这个过程不是一夜之间发生的。日记是治愈自己的宝贵工具。在写日记时，起初我有所保留，但很快我意识到自己有东西想说。我又听到了自己的声音……我的声音！这就像遇到了一个老朋友。一瞬间我傻笑了起来。我想："我记得你，我喜欢你。你去哪儿了，我的老朋友？"

照片：承蒙艾米·阿克顿的允许。

第六章　提高自我意识

成功的学生……

▶ 意识到他们何时偏离了轨道。

▶ 认清他们自我挫败的思想、情感和行为模式。

▶ 改写过时的剧本,修改狭隘的核心信念和自我挫败的模式。

挣扎的学生……

▶ 在生活中徘徊,不知道自己偏离了轨道。

▶ 不知道他们自我挫败的思想、情感和行为模式。

▶ 无意识地根据过时的剧本持续做出选择,发现自己离正轨逐年偏离。

尽管我为创造大学和人生成功付出了全部努力,我还是可能偏离正轨。现在是识别和修正内在障碍的最佳时机。我有意识地选择可以帮助我成功的核心信念和习惯模式。

▶ 批判性思维案例研究——奇怪的选择

"你的学生是否会做出十分奇怪的选择?"阿桑特教授问道。

其他教授从午餐里抬起头。"你是指什么?"其中一个问道。

"在每节课开始时,我会进行一次小测验,占最终成绩的50%,"阿桑特教授回复说,"我的一个学生每节课都来得很晚,尽管我不断告诉她如果一直错过小测验的话是不可能通过这门课的。但她仍然一直迟到!她在想什么?"

"这不算什么,"巴克利教授说,"我有一个非常聪明的学生,他每节课都到,而且会在讨论时给出很棒的评论。但在学期快要结束时,他还没有交过任何一份作业。在这时,他离通过已经很遥远了。现在我把他的选择称为奇怪的选择。"

"你觉得那很奇怪,"章教授说,"我在电脑实验室教写作。上周我坐在一位女士旁边,她正在写论文,我提出了一种改进她的引言的办法。我不敢相信她的反应。她咒骂着我,冲出房间,砰地关上门。"

唐纳利教授插话道:"好吧,我可以超过你们所有人。在我的哲学课上,参与度占最终分数的三分之一。我有一个学生在这学期的12周里没有说过一句话。即便我叫他,他也只是摆摆手,低声说了点我听不到的东西。有一天下课后,我问他是否意识到如果不参与课堂讨论,他能得到的最好成绩就是D。他只是嘟囔说:'我知道。'我无法理解他的选择!"

"听听我这个!"埃格雷教授说,"上学期我有一个学生在离期末还有两周的时候平均分为B。然后他消失了。这学期我在校园里遇见他,我问他发生了什么。'哦,'他说,'我筋疲力尽,不去上课了。''但你只要再坚持两周。你丢弃了13周的努力。'我说。你们知道他做了什么?他耸耸肩,走开了。我想要摇醒他问:'你怎么了?'"

范宁教授说:"说到奇怪的选择,上周有4个企业老板来我的市场营销课上讨论他们如何推动企业发展。在接近尾声的时候,一个学生问这些老板是否曾有过拖延症的问题。在嘉宾决定谁来回答时,我开玩笑说:'也许他们愿意以后再回答。'好吧,这不太好笑,但大多数学生都笑了起来,然后一个嘉宾回答了问题。第二天我接到了院长的电话。那个提问的学生说我在全班面前取笑她,现在她打算退学了。我给这堂课录了像,所以我问她是否愿意看一下录像记录。之后她承认我没有说一些她以为我说了的话,但她还是退学了。现在的学生和他们奇怪的选择都是怎么回事?"

下面列出了6名学生。选择一个你觉得做出最奇怪选择的人,然后猜测他为什么会这样做。请深入探索,而不是给出"他可能只是害羞"这样明显的答案。你为什么觉得他害羞?过去的什么经历可能会让他这样做?他的内心批判和内心防卫的对话可能是什么样的?他常常会有什么感觉?他对自己、他人和世界可能有怎样的信念?在什么其他情况下(比如工作、人际关系、健康)类似的选择会摧毁他的成功?

① ② ③ ④ ⑤ ⑥

_____ 阿桑特教授的学生　　　　　_____ 唐纳利教授的学生

_____ 巴克利教授的学生　　　　　_____ 埃格雷教授的学生

_____ 章教授的学生　　　　　　　_____ 范宁教授的学生

继续深入

回想你曾经在一堂课里做出的可能会被老师认为"奇怪"的选择。解释你为什么做出这个选择。深入探索真正导致你进行这个选择的因素。

意识到自己何时偏离轨道

> **关键问题**：你的哪个人生角色偏离了轨道？你知道如何到达那里吗？更重要的是，你知道如何回到正轨实现你渴望的结果和体验吗？

深呼吸，放松，想象你迄今为止的旅程。

你开始承担创造自己想要的人生的责任，然后你选择激励自己的目标和梦想，带给你人生的目的和方向。

> 想想这一点：如果一开始你没有成功，那就是有东西挡住了你的去路。
>
> ——迈克尔·雷和罗谢尔·迈尔斯

接着，你创建了自我管理计划并开始采取有效的行动。最近，你培养了互助的关系，给你的旅程带来帮助。自始至终，你都在研究如何相信自己。

尽管付出了所有这些努力，你还是有可能偏离轨道——在大学里、在人际关系中、在职场或者生活的其他方面。你就是无法实现自己渴望的结果和体验。你需再一次做出一个重要的选择。你可以选择听从内心批判和内心防卫的责备、抱怨和借口。或者，你可以选择让内心指引找到一些重要问题的答案，例如……

- 我的哪些习惯破坏了我的成功？
- 我的哪些信念让我偏离正轨？
- 我要如何不断做出明智的选择，创造一个丰富的、自我实现的人生？

自我破坏的秘密

自我破坏几乎发生在每一个踏上通往美好人生旅程的人身上。想想我的学生杰罗姆（Jerome）。刚从高中毕业的杰罗姆说，他的梦想是在 30 岁生日之前建立自己的会计公司。他设定了获得大学学位和通过注册会计师（Certified Public Accountant）考试的长期目标。他设定了第一学期所有课都获得 A 的短期目标。他建立了书面的自我管理系统，并且通过启动学习小组展现了互相帮助的品质。但在学期结束时，难以置信的事发生了：杰罗姆没有通过初级会计考试。

> 渐渐地，我们发现在事情表面之下和我们的意识之下是丰富的经验，而这些可能才是生活中解决问题和发挥潜力的关键。
> ——伊拉·普罗高夫（Ira Progoff）[1]

但是等一下，杰罗姆的内心指引揭示了更多的信息。你看，杰罗姆在第一学期做出了一些奇怪的选择。他逃掉了 3 次会计课去做兼职。另有一天，他因为和女朋友生气而没有去上课。然后他因为周末聚会的宿醉错过了两节周一的课。他有 5 次因为难以找到停车位而迟到。杰罗姆因为太忙，常常把作业推迟到最后一分钟。他因为一份很重要的作业令人困惑而没有上交。他在第一次碰面后就不再去参加学习小组，因为……好吧，他不太确定是为什么。随着学期慢慢过去，杰罗姆对期末考试的焦虑不断增加。在考试的前一晚，他熬夜死记硬背，然后筋疲力尽地去考试。考试时他的大脑一片空白。

你是否也曾做出那些和你的目标与梦想相反的选择？我们都做过！我们只是把眼睛从轨道上移开了一瞬间，一些看不见的力量就会把我们拉得偏离正轨。当我们意识到发生了什么的时候——如果我们的确曾经意识到——我们可能已经偏离了很远，感觉十分痛苦。

这里到底发生了什么？

> 在整个科学史上，很难找到一种发现，其结果可以与无意识信念力量的发现相提并论，它是通往隐秘大脑及其未开发潜能的大门——也可能是障碍。
> ——威利斯·哈曼（Willis Harman）

---

[1] 伊拉·普罗高夫（1921—1998），美国现代人本主义心理学家。

无意识力量

心理学的最重要发现之一是无意识力量的存在和能量。我们现在知道，过去的经历在清醒的头脑已经忘记很久之后还会在无意识的大脑里徘徊。因此，我们每天的选择都被我们甚至已不记得的古老经历所影响。

蒙特利尔神经病学研究所的怀尔德·彭菲尔德（Wilder Penfield）博士发现我们的大脑可能保存了几乎所有经历的证据。彭菲尔德博士给那些被局部麻醉但是其他部位完全清醒的病人做脑部手术。在手术期间，他用微弱的电流刺激脑细胞。这一刻，他的病人能以生动的细节讲述早就被遗忘的事。

> 我们从手术经验中得知，电刺激传递到大脑的颞区可以使患者大脑产生过去发生的事件的图像。这确认了这样的记忆是被"储存的"，大多数情况下无法自愿地回想起来。因此，我们每个人"知道"的比我们认为自己知道的要多。
>
> ——理查德·雷斯塔克（Richard Restak），医学博士

神经科学家约瑟夫·勒杜（Joseph LeDoux）进一步研究表明，我们大脑中的杏仁体储存了感情充沛但无意识的记忆。杏仁体，就像一个神经系统的守卫，检查每一次新的经历，并把它与过去的经历进行比较。当新事件的一个关键特征与一件痛苦的往事相似时，它宣称这是匹配的。然后，无意识地，杏仁体劫持了我们理性的思维过程。它让我们按照对过去事件反应的经验对现在的事件做出反应。问题是，过时的反应常常不适合现在的情况。当杏仁体松开对决策权的掌控时，我们可能已经做出了一些非常糟糕的选择。

如果许多让我们偏离轨道的力量是无意识的，我们要如何发现它们的破坏影响力？通过类推，答案出现在天文学的一个迷人发现中。多年前，天文学家发明了一个数学公式来预测围绕太阳的所有行星的轨道。然而，有一颗行星——天王星，没能遵循其预测的轨道。天文学家对天王星为何"偏离轨道"感到困惑。法国天文学家勒威耶（Leverrier）提出了一个巧妙的解释：一颗看不见的行星的引力吸引天王星偏离了轨道。果然，当更强大的望远镜被发明后，海王星被发现了，勒威耶被证明是正确的。

重点是：就像行星一样，我们每个人每天都会被看不见的"海王星"拉扯。对我们而言，这些看不见的力量不在外太空，而在我们的内心世界，在无意识的大脑里。和天王星一样，发现这些无意识力量存在的第一条线索就是意识到我们已经偏离了轨道。所以，坦率地回答：今天你在何处偏离了轨道？学校、人际关系、工作、健康、其他地方？哪些渴望的结果和体验是你正在远离而非接近的？哪些目标和梦想似乎渐行渐远了？自我意识可以让你意识到自己已经偏离正轨。只有那时，你才能做出明智的选择，让自己回到你想要创造的生活中。

> 我知道自己不能指望外在的自我做任何事。如果我要有所成就，必须从内在做起。
>
> ——奥普拉·温弗莉

日记条目20

每个人都会时不时偏离正轨，但只有那些拥有自我意识的人可以回归正轨，改善人生。

1.写下某次你偏离轨道然后采取有效行动回到正轨的经历。例如结束一段不健康的关系，在高中毕业几年后进入大学，改变职业，选择变得更坦率直言，改变你对自己、他人或世界的消极信念或偏见。通过提出和回答类似下面的问题进行深入探索：

- 我生活的哪个区域偏离了轨道？
- 我做了什么选择使我偏离轨道？
- 我做了什么改变使我回到正轨？
- 在做出这些改变时我遇到了什么挑战？
- 什么个人优点帮助我做出了这些改变？
- 因为我的改变我获得了什么好处？
- 如果我没有做出改变，今天我的生活会是什么样的？

2. 写下今天你在生活中偏离轨道的区域。如果你需要帮助来确定这个区域，回顾一下日记条目 8 中渴望的结果和体验以及日记条目 9 中的目标和梦想。解释一下你生活中的哪个区域距离你想要的方式最遥远。什么选择使你偏离轨道？继续偏离轨道会对你的生活造成什么影响？

> 事实上，最美好的时刻最有可能发生在我们感到深深的不适、不快乐或不满足的时候。因为只有在这样的时刻，在不舒服的推动下，我们才有可能突破常规，开始寻找不同的方式或更真实的答案。
>
> ——M. 斯科特·派克

过去做出的积极改变可以很好地提醒你，你拥有在任何时候做出类似改变的个人优点。你需要的就是发现自己偏离轨道的意识以及做出新选择的动力。

学生故事

萨拉·里士满（Sarah Richmond），
密苏里科技大学，密苏里州

我在急诊室的时候才突然意识到自己偏离了正轨有多远。我的朋友马特（Matt）把我送到了急诊室，因为学生保健中心不能提供喉咙严重疼痛所需要的抗生素给我。当我们坐在等候室聊天时，我告诉马特我没有通过数学考试，然后开始崩溃大哭。我告诉他我在大学里做了我在家从未做过的事。高中时，我的父母非常严格。他们不让我在工作日的深夜外出，并且会在早上叫醒我，确保我会去上学。但在大学里，没人会关心你是否整晚不归或者是否起床去上课。我把"为什么不"当作我的座右铭，然后开始做一些我知道自己不应做的事。我的周末充斥着男孩和聚会，甚至开始在工作日聚会。高中时我参加的聚会大多是小女孩之夜，而不是大学的那种醉酒联谊会。高中时我属于聪明的孩子，尽管我很少学习，我还是一名荣誉学生。但是大学不同。我的数学很差，生物也差很多。我很震惊自己没能像高中时那样优秀。

我开始对人生产生悲观的看法，我真的不想上大学。我不知道自己想主修什么专业。我觉得自己是个懒惰、不负责任的人。我记得自己曾经告诉一个朋友，我应该结婚生子，然后在40岁前离婚。之后，我将把余生花在一份糟糕的工作上，挣扎着生存下去。我觉得自己做什么都不对。我不知道为什么所有事情都困扰着我，我感觉很糟糕。

通过在急诊室和马特的聊天，我发现自己在大学有多么孤独。我想念我的家人，尤其是我的姐姐。我和室友相处得不好，我们会为所有的事情竞争：外出、男孩、喝酒、熬夜、打电子游戏等等。大学里的许多学生都沉迷于玩《光环》(Halo)。我想试着融入其中，但我不擅长打电子游戏。在我的学校，如果你不学理工科，就会不停地被取笑。一次，有个家伙拿起了我的这本书，然后开始取笑我和这门课。"所以你们在这门课上做什么，"他问道，"坐在一起讨论你们的感受？"我并没有说得出口：这门课帮助我思考很多我不会想到的问题，比如我犯的所有错误。

在急诊室的那一天唤醒了我。坐在那儿和马特聊天，我不仅意识到自己偏离了轨道，还意识到在内心深处我并不相信自己，因此我不能在今天采取行动来改善明天。在那之后，我意识到自己必须做出巨大的改变。我找了一个新室友，不再聚会，静下心来复习通过了数学考试。那是两年前的事了。现在我是大三学生，生活有了很大的不同。我找到了喜欢的专业，刚刚结束了一次很棒的实习，我的GPA达到了3.4。做出积极的改变并不容易。但那一天我在急诊室和自己进行了一次深入谈话，意识到我远远偏离了正轨，在那之后，我的人生开始变好。

照片：承蒙萨拉·里士满的允许。

弄清你的剧本

> **关键问题**：生活中的什么习惯模式让你偏离正轨？这些习惯模式是怎么发展的？

一旦意识到自己已偏离轨道，你就得知道如何回到正轨。这可能很棘手。那些让我们偏离轨道的力量，往往就像勒威耶和他的同事看不见外太空的海王星一样，无法被看见。

作为内在空间的观察者，心理学家试图识别那些他们实际上看不到的东西：把人类潜能转移到失望中的内在力量。在各种心理学理论中，这些无意识的内在力量有很多名字，如自我防卫、条件反射、程序、心理磁带、盲点、模式和生活陷阱。

> 心理剧本是一个人的人生戏剧的持续推演，决定了他的人生方向以及如何到达。这是一出强制演出的戏剧，尽管他对它的认识可能是模糊的。
>
> ——穆里尔·詹姆斯和多萝西·钟沃德

我最喜欢的描述无意识内在力量的术语是心理学家艾瑞克·伯恩（Eric Berne）创造的：剧本。在戏剧世界中，剧本告诉演员在舞台上表演什么台词、动作和情感。当演员在剧中得到其他人的提示时，他不会对自己的反应做出选择。他在剧本的指导下自动做出反应。在一场场演出中，他用同样的方式回应同样的提示。

根据戏剧剧本自动做出回应是成为成功演员的可靠方法。但根据人生剧本自动回应必然会导致挣扎。

剧本剖析

每个人都有剧本。我有，你的老师有，你的同学有，你也有。有的剧本帮助我们实现现在的成功，有的则可能让我们远离目标和梦想。了解自己独特的个人剧本可以帮助我们在每个分岔路口做出明智的选择，从而创造我们想要的人生。

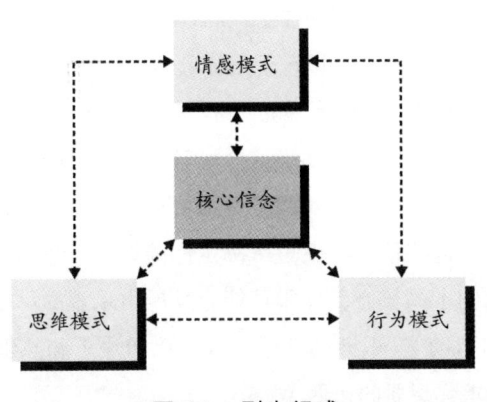

图 6.1 剧本组成

剧本由两个部分组成。离我们的意识表层最近的是我们的思维、情感和行为模式。思维模式包括习惯性的自我对话。比如我很忙、我擅长数学。和我不同的人对我是一种威胁。我总是搞砸。我们解决问题的方法是正确的，因此其他所有方法都是错的。我不会写作。情感模式包括习惯性的感受，比如愤怒、兴奋、焦虑、悲伤和快乐。行为模式包括习惯性的行动，比如吸烟、批评他人、不迟到、从不寻求帮助、定期运动。当人们很了解我们时，他们常常可以预测出在特定情况下我们会说什么、感受什么和做什么。这种能力显示了他们对我们的模式的认知。

在无意识大脑的深处存在着更难以捉摸的第二部分剧本：我们的核心信念。在生命的早期，我们形成了关于世界（例如这个世界是安全的或者这个世界是危险的）、他人（例如人们可以被相信或者人们不可以被相信）和自己（例如我有价值或者我没有价值）的核心信念。尽管我们很少意识到自己的核心信念，这些无意识的判断决定了我们一贯的思考、感受和行为。这些信念成了我们看世界的透镜。无论是准确的还是扭曲的，我们的信念决定了我们在每个岔路口做出的选择。你因为相信什么导致你做出了别人觉得奇怪的选择？更重要的是，你因为相信什么而无法创造自己想要的结果和体验？

我们如何撰写自己的剧本

尽管没有人确切地知道我们如何在孩童时期撰写人生剧本，但这里存在一些合理的解释。其中一个因素可能是别人给我们的回应。想象下面这个场景。这时候你两岁，感觉孤单和饥饿，于是你开始哭。你的母亲匆忙过来把你抱起。"我在这儿，我在这儿，"她低声说，"没关系。"她拥抱你，喂你，唱歌给你听。你吃饱了带着满足睡着。如果这个场景发生得足够多，你认为你会对这个世界、他人和你自己有何看法？很可能你会相信这个世界是善良的；人们会帮助我；我很可爱。这些信念会反过来决定你的想法、情感和行为。拥有这样的积极信念作为你剧本的核心，你很可能会发展出乐观的思维模式（比如如果我请求，我会得到帮助）、积极的情感模式（比如快乐和热情）和带来力量的行为模式（比如请求你想要的东西）。

> 父母从孩子出生起就有意或无意地在教他们如何行动、思考、感受和感知。摆脱这些影响不是件容易的事。
>
> ——艾瑞克·伯恩

现在，想象同样的童年场景和一个不同的反应。你哭了但是没人来。你叫得更大声，但还是没人来。最后，你放弃了有人会回应的希望。你哭着睡着了，孤独而饥饿。同样想象这样被忽视的场景经常发生。你很可能会发展出这样的核心信念：世界并不关心我；人们不会帮助我；我并不重要。你很可能会发展出悲观的思维模式（比如我独自一人）、消极的情感模式（比如焦虑和愤怒）和被动的行为模式（比如不去请求你想要的东西）。

现在，再一次想象这个场景。在你哭求关注和食物时，一个大人冲进你的房间，咆哮道："闭嘴！"然后打了你一耳光。在经历了几次这样伤人的经历后，你可能会认为：这个世界是个危险而痛苦的地方；人们会伤害我；我不可爱！这些信念可能会导致戒备的思维模式（比如人们会针对我）、戒备的情感模式（比如恐惧和暴怒）和戒备的行为模式（比如一有危险就立即战斗或逃跑）。想象这些模式可以多么轻易地就让你之后的生活偏离轨道。

> 孩子的心灵是脆弱的。这个世界的残酷开端会把他们扭曲成奇怪的形状。一个受伤孩子的心会收缩，之后永远都像桃核一样坚硬且坑坑洼洼。
>
> ——卡森·麦卡勒斯（Carson McCullers）[1]

第二个可能塑造我们剧本的因素是大人对我们说的话。他们对于这个世界说了什么：它是安全的还是危险的？他们对他人说了什么，尤其是那些和我们不同的人：他们可以被相信吗？可能最重要的是，大人对我们说了什么？心理学家有一个关于品质的术语，告诉我们"是"什么或者"应该是"什么：属性。一般的属性有善良、安静、叛逆、忠诚、乐于助人、健壮、性感、强硬、独立、依赖、低调、有男子气概、占支配地位、好强、聪明、害羞或自信。

心理学家还有一个关于品质的术语，告诉我们"不是"什么或者"不应该是"什么：禁令。常见的禁令包括不要做自己、不要顶嘴、不要感受、不要想、不要亲密、不要拒绝、不要接受、不要生气、不要相信和你不同的人、不要表露你的感情、不要爱自己、不要快乐、不要软弱、不要相信自己、不要存在。

第三个可能撰写剧本的方式是通过观察大人的行为。孩子会注意到大人们在做什么。如果一件事情对他们来说是对的，那么对我也是对的。当孩子们玩耍时，我们看到他们会尝试模仿成人的行为、对话和感情。不需要侦探来找出他们是从哪里学到的。从重要的大人那里，我们不仅学到了独特的个人剧本，还学到了我们的文化程序。例如，有的文化认为我们可以通过自己的选择塑造未来，而有的文化认为我们的未来由不可控力所决定。有的文化强调未来的成就，而有的文化专注于现在或过去。有的文化非常注重时间，而有的文化对待时间则更为随意。有的文化鼓励个性，而有的文化最重视家庭和集体。每一种

---

[1] 卡森·麦卡勒斯（1917—1967），20世纪美国最重要的作家之一。

信仰都深深地植根于文化之中,成为其成员看世界的透镜,影响他们的选择,不管他们是否意识到。

> 当我们长大成人时,我们已经学会了许多文化行为准则,而且反复实践以至于它们成了我们的第二天性。我们成年后的许多行为都受到这些模式和准则的影响,我们是如此熟练以至于自动地和无意识地进行这些行为。
>
> ——戴维·松本和琳达·庄

通过这些方式,我们每个人都发展出了自己的个人剧本和文化程序。每一个都由核心信念和由此产生的思维、情感和行为模式组成。在关键的选择点上,尤其是当我们处于压力之下时,我们会无意识地把个人剧本和文化程序默认为指引。

关于无意识剧本和程序积极的一面是,它们总是积极的——总是最小化我们的痛苦,最大化我们的快乐。它们帮助我们适应出生的家庭和社会。很多人在童年剧本和程序的帮助下克服了成长过程中的精神、情感和生理上的挑战。有的人依靠它们才活下来。

但你也许能猜到,它们也有消极的一面:当我们像成人一样做出无意识的选择时,我们常常会偏离正轨。这是因为我们在童年发展出的剧本和程序常常无法适用于现在的情况。想象一个成年人情不自禁地扮演他许多年前在小学戏剧里学到的角色!我们当中的许多人在日常生活中会做出同样的事。

> 你越是敏锐地意识到自己创造思维、情感和行为的痛苦,你就越有可能摆脱它们。
>
> ——艾伯特·埃利斯

我做的选择对其他人而言可能很奇怪,但对我而言却很合理。然而,重要的问题是:我的习惯性选择是帮助还是阻碍我追求我想创造的人生?回答这个问题需要三步。第一,找到我的"海王星",也就是我的无意识信念、态度、偏好、规范、偏见和价值观。第二，评估自己的心态，哪些会帮助我追求目标和梦想，哪些会阻碍我。第三，保持和加强那些能帮助我的习惯，同时改正或替换那些阻碍我的习惯。这一切都从自我意识开始。

自我挫败的行为模式

就像早期天文学家看不见海王星一样，我们也看不见无意识剧本，尽管如此，我们还是可以常常看见它们在生活中的影响。在下列思维、情感和行为模式旁打个钩，如果它们常发生在你身上。这些习惯可能揭露了让你偏离轨道的个人剧本和文化程序。尤其注意是否有什么习惯使你在日记条目20中写的内容偏离正轨。

> 无意识的刻痕很深，我们将剧本熟记于心。
> ——埃伦·J. 兰格（Ellen J. Langer）

- ☐ 1. 我浪费很多时间做不重要的事（例如看电视、玩电子游戏）。
- ☐ 2. 我想知道自己是否是"上大学的料"。
- ☐ 3. 我容易感到不安（例如愤怒、难过、焦虑、忧郁、愧疚、挫败）。
- ☐ 4. 我和那些无法支持我达成学术目标的人出去玩。
- ☐ 5. 我认为大多数人不喜欢我。
- ☐ 6. 我常常晚交作业。
- ☐ 7. 我担心人们因为我属于某种文化群体（种族、宗教、性别、经济水平、年龄等）对我有刻板印象，而看不到真正的我。
- ☐ 8. 我为追求行事完美而过分担忧。
- ☐ 9. 我认为大多数同学都比我聪明。
- ☐ 10. 我放弃那些对我重要的事。
- ☐ 11. 我允许生命中的一个人对我很不好。
- ☐ 12. 我不相信自己可以像其他人一样获得成功。
- ☐ 13. 我错过了许多不应该错过的大学课程。
- ☐ 14. 我对自己很挑剔。

☐ 15. 我等到最后一分钟才完成重要的作业。
☐ 16. 我不在课堂上提问，也不参与课堂讨论。
☐ 17. 我经常违背对自己或他人做出的承诺。
☐ 18. 我沉溺于某种东西（比如咖啡因、酒精、香烟、软饮料、电子游戏、社交网站）。
☐ 19. 我有严重的考试焦虑。
☐ 20. 我对请求帮助感到不自在。
☐ 21. 我对一群和我不同的人有强烈的负面情绪。
☐ 22. 我经常在课堂上交头接耳或做白日梦。
☐ 23. 我很少在作业上尽全力。
☐ 24. 我对别人很挑剔。
☐ 25. 我对一群人说话时感到非常紧张。
☐ 26. 我一直希望能在大学里多学习，但我没有。
☐ 27. 我的感情很容易受伤。
☐ 28. 我是个孤独的人。
☐ 29. 我不喜欢和不同于我的人在一起。
☐ 30. 当别人告诉我我做错了什么时，我会采取防御姿态。
☐ 31. 我……_____
☐ 32. 我……_____

你是否意识到自己其他的思维、情感或行为模式？如果有，把它们加入列表。

> 人生并不是一件又一件糟糕的事，而是一件糟糕的事不断重复。
> ——埃德娜·圣·文森特·米莱（Edna St. Vincent Millay），
> 美国诗人

日记条目 21

在这次活动中,你将探索人生中自我挫败的模式,它们可能揭示了无意识剧本。你将开始一场内心世界的刺激旅程!在那里可以发现——并且在之后修正——那些让你偏离目标和梦想的隐形力量。

1. 写下你的一种自我挫败的行为模式。选择一种你在上面列表中选取的行为模式,或者找出一种不在列表中但你经常做的自我挫败的行为模式。记住,行为是其他人可以看到你做的某件事。在日记中写下你预计别人可能会问到的关于这种行为模式的问题(即使是你,在阅读自己10年前的日记时也可能会有问题)。例如:

- 自我挫败的行为模式到底是什么?
- 有什么具体的例子证明你在进行这一行为?
- 什么可能导致这一习惯?
- 它对你造成了什么不好的影响?
- 如果你改变了这个习惯,人生会有怎样的改善?

一位学生的开头这样写道:"我的自我挫败的行为模式是很少在大学作业上尽全力。例如,在生物实验室……"

> 所有认真的勇气都从内心开始。
> ——尤多拉·韦尔蒂(Eudora Welty)[1]

2. 重复步骤1,选择一种自我挫败的思维模式或情感模式。同样地,选择一种你在上面列表中选取的模式,或者找出一种不在列表中但你经常这样想或感受的习惯。你可以这样开始:我有一种自我挫败的思维模式是想知道自己是否足够聪明到可以获得大学成功。我尤其会在考试的时候这样想。例如,上周四我……或者:我有一种自我挫败的情感模式是我常常感到沮丧,例如……

---

[1] 尤多拉·韦尔蒂(1909—2001),美国作家。

学生故事

詹姆斯·弗洛里奥利（James Floriolli），福特希尔学院，加利福尼亚州

在人生的不同时刻，我一遇到挑战就会放弃。小时候，我喜欢棒球，但自从我的脸被球砸中后，我就不再玩棒球了。上学时，我写作遇到了难题，并且被诊断为有学习障碍。我得到了各种各样的迁就，甚至比应有的还多，然后我开始偷懒。我说服自己，成功就是以最少的努力获得最大的成功。高中毕业后，看起来没什么希望上大学，所以我加入了海军陆战队后备队。新兵训练营比我想象的还要艰难。我再一次用必要的最少努力来完成每一项任务，最终我未能达到海军陆战队应有的水平。当我离开军队去找文职工作时，我把成功定义为以最少的努力获得最大的满足。

我在电话公司找到了一份工作，起初它看起来很完美。我以微小的努力获得了很好的薪水。但这种情况并不如我想象的那样值得。几年后，我开始想要进行更大的挑战。我知道我需要接受教育来获得职场提升，因此我开始上非全日制的大学课程。第一年我避开了需要大量写作的课，因为我仍然被过去在这个领域的失败所震慑。但当拙劣的文笔开始影响我在其他课上的成绩时，我决定选修一门写作课。在这门课上，我们阅读了这本书，在关于自我意识的那一章里，我开始明白消极的剧本会带来怎样的问题。我开始怀疑是否有这样一个剧本导致了我生活中的挫败感。一个起初我不愿意接受的想法不断出现。我一直认为自己很努力，但是回顾我的人生，不可否认的是我确实逃避过挑战。当打棒球需要额外的努力来克服我对球的恐惧时，我放弃了。当上学对我来说不再容易时，我放弃了。当我意识到成为一个成功的军人需要多努力时，我放弃了。我发现这个模式对我来说非常有用。最后，我明白了自己是如何陷入这种境地的。我意识到自己会做任何事来避免不舒服的感受。如果我对某种方式感到沮丧，我会把所有东西扔出窗外让自己感觉好点。过去，我怀疑自己，害怕冒险。我高估了安全性而低估了自己。我要相信我有能力完成任何我想做的事情。

很快，我必须选择自己的大学专业。一个选择是获得计算机科学学位并在电话公司工作。这很可能会带来最大的利益和安全性。或者，我可以选择一个专业，为我在职业棒球队管理部门工作的理想做准备。显然，追求梦想非常困难，起始薪资会大幅缩减。因为知道自己很难遵守最具挑战的承诺，我需要非常谨慎地设定目标。无论选择什么，我希望当一切尘埃落定之后，我会为我所取得的成就感到骄傲。这意味着我已经成功地修正了逃避重要挑战的消极剧本。

重写过时的剧本

关键问题：如何重写阻止你发挥全部潜能的自我挫败的剧本？

在一次写作课上，当我正在解释如何组织论文时，一个名叫戴安娜（Diana）的学生说她没听懂。她问我是否能把解释写在黑板上。

之前在课上，我们讲的是左脑和右脑思维的区别。我们讨论了左脑如何处理有逻辑、有条理的信息，而右脑处理更有创造力、更直观的信息。"没问题，"我对戴安娜说，"我听到你的左脑迫切需要一些条理。让我们看看我能否帮你。"

> 我们所看见的不是事物的本质，而是自己的样子。
> ——阿娜伊斯·宁（Anais Nin）[1]

当我转身在黑板上写字时，她尖叫道："你没有权利这样说我！"

我惊呆了。多么奇怪的反应！我深吸一口气让自己镇定下来。"也许我们可

---

[1] 阿娜伊斯·宁（1903—1977），世界著名的女性日记小说家之一。

以在课后谈谈这个。"我说。

过时信念的影响

我和戴安娜聊了下，我知道她将近 40 岁，是一位单身母亲，有一个 8 岁的女儿。我们的谈话进行了一会后，戴安娜提到她一直都不喜欢学校。小学时，她的成绩一直很差，而她的姐姐总是得到 A。在戴安娜大概 12 岁的时候，一天，她无意中听到父母谈论她糟糕的成绩单。"我不知道我们该拿戴安娜怎么办，"她父亲说，"她只有半个脑子。"（你明白了吗，为什么戴安娜会那么生气。）

戴安娜把别人认为她不能思考或学习的看法当成了事实。她发展出了支持这种信念的思维、情感和行为模式。她认为上学是浪费时间（思维），她在任何人质疑她的功课时爆发（情感），并且她常常缺课（行为）。戴安娜勉强从高中毕业后，找了一份让她厌烦的粗重工作。

将近 20 年的时间里，戴安娜听到她的内心批判（很像她父亲的声音）不断说她的大脑有问题。最后，另一个内心声音开始低语：也许，只是也许……然后有一天，她冒着巨大的风险进入了大学。

> 我们就是我们所想的。我们随着我们想法的产生而存在。透过我们的想法，我们塑造了世界。
>
> ——释迦牟尼

"结果发生了什么？"她说着又生起气来，"我遇到了一个把我称作只有半个脑子的老师！我就知道会这样。我应该直接放弃。"

我运用了最积极的倾听技巧：我努力听明白，对她的想法和愤怒给予反馈，请她解释和拓展，允许长时间的沉默。

最终，她的情绪风暴平息了。她深吸一口气坐了回去。

我等了一会儿。"戴安娜，我知道你认为我叫你'半个脑子'。但我实际上说的是左脑。你记不记得上课时我们正在讨论左右脑思维的区别？有两种不同规划论文的方法？我正在说这些。"

"但我听到了！"

"我知道那是你听到的。但那不是我说的。我读了你的两篇论文，我知道你的大脑一切正常。但真正重要的是你怎么想！你要相信自己的智力。否则你会一直听到别人叫你'半个脑子'，不管他们真正说了什么。更糟的是，你自己也会一直相信这一点。"

图 6.2　人生剧本

想象一下，当你抱有"我只有半个脑子"的核心信念时，有多难做出明智的选择。戴安娜离辍学和放弃大学文凭只有一步之遥，这都是因为她童年的剧本。

重写

在重写局限的剧本之前，我们都不太可能实现自己最珍贵的目标和梦想。这就是为什么意识到自己偏离正轨可能会因祸得福。通过识别那些让我们偏离轨道的自我挫败的思维、情感和行为模式，我们也许能发现隐含的、破坏成功的核心信念。

戴安娜坚持学习并且通过了初级英语。她坚持不懈，以幼儿教育副学士学位毕业。当我最后一次和她谈话时，她正在一所托儿所工作，还谈到要回大学去攻读学士学位。和我们大多数人一样，她可能会在余生中与自己的剧本进行拔河比赛。但至少现在，她知道是她，而不是剧本，可以对她的选择负责。

> 在培养自我意识时，许多人都会发现无效的剧本和根深蒂固的习惯，这些剧本和习惯对我们完全没有价值，与我们生命中真正珍视的东西无法调和。
>
> ——史蒂芬·柯维

关于人类状况的重大发现之一是我们不会被个人剧本或文化程序所困住。我们可以重塑自我。我们可以保留有效剧本，改变无效剧本。通过修改过时的剧本，我们可以回到正轨，极大地改善人生的结果和体验。

日记条目 22

在这次活动中，你将练习修改剧本，从而更好地掌控人生。就像日记条目 17 一样，你将再一次写下和内心指引的对话，这是一种可以让你成为自己最好的教练、顾问、导师的一种批判性思维技能，指导你度过充满挑战的时期。批判性思维的实际应用极大地增强了你的自我意识，帮助你承担更大的责任，做出明智的选择，从而创造你渴望的结果和体验。

写下你和内心指引的对话，帮助你修改自我挫败的剧本。

让你的内心指引提出下列 10 个问题。在回答每个问题后，让你的内心指引使用一种或多种积极倾听技巧帮助你深入探索。

- 沉默（显示你在密切关注说话者）。
- 反馈（用自己的话表达你认为说话者说了和感受了什么）。
- 拓展（要求例子、证据和经历）。
- 说明（要求解释）。

内心指引的 10 个问题：

1. 你人生的哪个区域偏离正轨了？
2. 可能是什么自我挫败的思维模式导致了这个情况？
3. 你可以选择什么不同的思维来回到正轨？
4. 可能是什么自我挫败的情感模式导致了这个情况？
5. 你可以选择什么不同的情感来回到正轨？
6. 可能是什么自我挫败的行为模式导致了这个情况？
7. 你可以选择什么不同的行为来回到正轨？
8. 可能是什么有限的核心信念（关于世界、他人和自己）导致你采用这些自我挫败的模式？
9. 你可以选择什么不同的信念来回到正轨？

10. 根据你在这里学到的知识，你将采取什么新的行为、思维、情感模式或核心信念？

> 时刻避免被老旧的程序妨碍，是人类大脑的一种奇特力量。这种天赋叫作有意识的选择。
>
> ——沙德·黑尔姆施泰特

示范对话如下。
自己与内心指引的示范对话

内心指引：你人生的哪个区域偏离正轨了？（问题1）

自　　己：这学期我的成绩很糟糕。

内心指引：你可以详细说说吗？（拓展）

自　　己：高中时我的成绩基本是 A 或 B，尽管我从事 3 种运动。我这学期的目标是 GPA 最低达到 3.5，但从目前看来，我能达到 2.0 都算幸运。

内心指引：可能是什么自我挫败的思维模式导致了这个情况？（问题2）

自　　己：我猜是因为我告诉自己不需要努力就可以获得好成绩。

内心指引：你为什么会这么想？有什么更深层的含义吗？（说明）

自　　己：如果我必须努力学习，那我肯定是不聪明。

内心指引：这是一个很好的意识！你可以选择什么不同的思维来重新达到 GPA3.5 的目标？（问题3）

自　　己：我可以提醒自己上大学就像从小联盟篮球赛打到大联盟赛。挑战更为艰巨，我最好开始像个大联盟的选手一样学习，否则无法成功。

内心指引：可能是什么自我挫败的情感模式导致了这个情况？（问题4）

自　　己：当我不能立刻明白某事时就会很沮丧。

内心指引：所以你想要立刻理解它。（反馈）

自　　己：当然。如果我不能立刻理解，我就会转向其他东西。

内心指引：这可以理解，因为高中时期所有的事对你来说都很容易。你可以选择什么不同的情感来重新达到GPA3.5的目标？（问题5）

> 在你把无意识变成有意识之前，它都会指导你的生活，而你称之为命运。
> ——卡尔·荣格（Carl Jung）[1]

自　　己：就像篮球教练让我防死另一支球队的得分王时一样。我可以让自己振作起来，强迫自己更加努力地学习。大学学位对我来说比赢得一场篮球赛更有价值。

内心指引：可能是什么自我挫败的行为模式导致了这个情况？（问题6）

自　　己：正如之前所说，当我不能立刻明白某事时就会很沮丧，然后我就会把它放在一边。我总是打算之后再捡起它，但通常没能做到。

内心指引：你可以想到其他自我挫败的行为吗？（拓展）

自　　己：我不向老师寻求帮助，也不去辅导中心。我猜我讨厌寻求帮助。这样做就像承认我并不聪明一样。

> 不管我们对自己和自己的能力抱有怎样的信念，最终都会成真。
> ——苏珊·L.泰勒（Susan L. Taylor），
> 《本质》（Essence）杂志前主编

内心指引：又一次是对于自己不够聪明的担忧。（反馈）

自　　己：我没有意识到内心批判的声音有这么大！

内心指引：现在你可以证明自己的内心批判是错的。你可以选择什么不同的行为来重新实现目标？（问题7）

自　　己：我可以向老师寻求帮助，同时去辅导中心。此外，当我把作业放在一边时，我可以在日历上写下重新开始工作的时间。我很擅长完成我写下的事。

---

[1] 卡尔·荣格（1875—1961），瑞士心理学家，创立了荣格人格分析心理学理论。

内心指引：我喜欢这一点！可能是什么有限的核心信念（关于世界、他人和自己）导致你采用这些自我挫败的模式？（问题8）

自　　己：这场对话让我意识到，我会怀疑自己是否如我想的那样聪明。也许我不相信自己真的可以获得大学的成功，除非学习变得容易。也许我在高中时有点被宠坏，变得懒惰。

内心指引：你可以选择什么不同的信念来回到正轨？（问题9）

自　　己：如果我愿意努力，并且用尽全力，我就能获得大学的成功。

内心指引：很好！努力并且用尽全力！根据你在这里学到的知识，你将采取什么新的行为、思维、情感模式或核心信念？（问题10）

自　　己：当我想要把作业放在一边时，我至少要继续做15分钟。然后，如果我在完成前停了下来，我要在日历上写下再次去完成的时间，并且之后继续完成它。如果我在作业上还是遇到问题，我会向老师寻求帮助。我将不断提醒自己："努力并且用尽全力。"如果这样不起作用，我会回来继续找你聊天。我能得到3.5的平均绩点！谢谢倾听。

图 6.3　决定的连锁反应

学生故事

安妮特·瓦勒（Annette Valle），
维多利亚学院，得克萨斯州

特纳女士，我七年级的数学老师，一直存在于我的脑海。我有超过 30 年没有见过她，但仍然能回忆起那天我走到教室前她桌旁的画面。她有着白皙的皮肤，长长的棕色头发和淡褐色的眼睛。我可以看到她胳膊肘放在她的大木桌上，眼睛盯着远处，一只手指的指甲轻轻敲击着大拇指指甲。当我请她帮忙解释数学时，她转过身来，朝我挥舞着纸张，说我笨到学不会数学。这么多年之后，我仍然能听到她的声音。"我不知道你为什么会上这门课，安妮特。你永远不可能通过数学课。你太笨了。"然后她挥手把我打发走了。

20 世纪 70 年代，我在得克萨斯州的休斯敦长大。大学是富有、聪明的人才能上的。对于居住在可怜的贫民窟的西班牙裔孩子来说，这并不是一种选择。在我们的社区，没人聊上大学的事。谈话的内容是毒品贩子、开车枪袭案和最近被丈夫殴打的女孩。我们人生的最大目标就是生存。和我的许多朋友一样，我辍学了。我在 15 岁时结婚并且在 17 岁时有了两个孩子。1980 年我哥哥在军队里获得普通高中同等学历证书后，他说服我也获得了一个。这个证书让我有资格得到高薪工作，比如化工厂的安全员工作或者装载自动取款机。但这些都是无聊的体力劳动，我并不快乐。

现在快进到 2005 年，我被诊断患有类风湿性关节炎。医生说我不能再从事体力劳动的工作，并且我有资格参与一项康复项目，这给了我上大学的机会。当我在 46 岁开始第一个学期时，我感到不知所措和恐惧。校园看起来很大。我被所有的年轻学生和我所不理解的学术要求吓坏了。老师说："这是你的课程大纲。"但我不知道"课程大纲"是什么。我的英语老师告诉我们用 MLA 格式（美国现代语言协会制定的论文指导格式）做研究论文，但我也不知道这意味着什么。我不想提问，因为我觉得其他人都知道。因此我假装自己也知道。我低着头在校园里走来走去，看着水泥地。如果我遇到问题且没有人提出帮助，我只会试着自己解决。

我有一门叫策略性学习的课，在课上我们阅读了这本书。课堂上我学会了克服恐惧，接受面前的挑战。它帮助我用信念武装起来，相信自己做出的选择和我使用的策略会决定我的遭遇。我学会了和大脑里的剧本抗争，它们说：你不够聪明；你做不到这个；你永远都不会是一个好的大学生。我将这些消极的想法替换为：我能做到这点；我会尽一切努力完成工作；只有我能改变自己的道路。我能上这门课是件好事，因为我也在学数学。特纳女士仍然在我的脑海里说我很笨，永远不可能通过数学。相比以前在课上向她屈服的经历，我尝试了新学习的坚决策略。我做的其中一件事就是将这本书中的励志引语写在我家的工作墙上。当我想要放弃时，我会将它们大声读出来。然后我会提醒自己，我和班上的年轻同学一样聪明，我可以像他们一样实现自己的梦想。我愿意做任何事情，甚至包括每周花 40 个小时在辅导课上。也许我永远无法成为一个优秀的数学学生，但我确实通过了这门课。

现在我是大四学生，我会昂首挺胸地走在校园里。当看到另一个困惑的学生时，我会提供帮助。我甚至运用了一些书里的技术来鼓励其他遇到同样问题的学生。这门课让我变得更强大，帮助我改变了人生。尽管如此，当我意识到自己相信特纳女士这么久时，我还是很难过。我浪费了这么多年的时间听她在我脑袋里的批评，并且在很长一段时间里让她抢走了我的成就。

照片：承蒙安妮特·瓦勒的允许。

职场：自我意识

> 向里看是我们寻找自己方向的第一步，而不是最后一步。
> ——克拉克·G.卡尼（Clarke G. Carney）和
> 辛达·菲尔德·韦尔斯（Cinda Field Wells），
> 《职业规划》（*Career Planning*）

许多人在选择电影上花的时间多过选择职业。因此，那些不幸的人害怕去上班，也许余生都是这样！相反，创造者将时间和精力奉献给重要的第二象限活动：慎重的职业规划。因此，他们大多真的享受工作。

慎重的职业规划需要自我意识。你如何在千千万万个职业机会之间找到与自己匹配的那一个？规划的起点是对硬技能的盘点。硬技能是你一生中学到的特殊知识技能。它们包括游泳、写作、电脑编程、打壁球、解决数学问题、造房子、创建预算、演讲、写商业计划、设计花园、烹饪面条、徒步旅行、下棋和阅读。你可以从讲师、教授、导师那里或书上学到大部分硬技能。这些技能通常是可以录制成视频的，并且它们只适用于有限和特定的情况。例如，会写商业计划在电脑编程时没有什么价值。为了开始对硬技能进行盘点，问问自己："什么天赋带给我赞美、认可和奖励？我在哪些学校课程上获得了好成绩？我什么时候感觉到充满活力，非常有能力或者非常聪明？当时我在使用什么技能？"将硬技能与职业要求相匹配是成功的关键。

> **寻找创造者**
>
> 候选人必须表现出自我意识、自信以及积极的工作和生活习惯。

自我评估的下一步是软技能（有时被称为"必要技能"）的盘点。软技能是你用来处理生活的技能。它们包括你在书里探索的那些：做出负责任的选择、自我激励、刻苦、培养互助关系、展现自我意识、在每一次经历中吸取教训、管理情绪和相信自己。当你面对人生的挑战时，你会不知不觉地学到很多这样的软技能。通常，它们是态度和信念，因此无法被录下来回放。它们像氧气一样看不见，但却对人生质量一样重要。不同于硬技能，软技能在任何职业中都能提供帮助。例如，无论你是一名会计、程序员还是护士，自信都一样有价值。为了盘点你的软技能，问问自己："什么个人品质给我带来赞美？我为什么样的成就感到骄傲？什么内在品质帮助我实现了它们？"将软技能与职业要求相匹配进一步加强了你到达职业顶端的可能性。

自我评估的第三步是识别你的个人偏好。为此，你需要去大学职业中心索取一份有名的兴趣清单：斯特朗兴趣量表（Strong Interest Inventories，SII）、自我探索量表（Self-Directed Search，SDS）或迈尔斯–布里格斯个性类型测量表（Myers-Briggs Type Indicator®，MBTI®）。这些工具会帮助你发现个人偏好，并给出符合你的兴趣的大学专业和职业选择建议。另一个工具霍兰德代码（Holland Code）将你归入6种人格类型之一，并为每一个类型提供可能的职业建议。下列哪种人格类型听起来最像你？

现实型人格更喜欢涉及目标、工具和机器的活动。可能的职业：技工、电工、计算机维修师、土木工程师、林农、工艺美术教师、牙科技师、农民、木匠。

研究型人格更喜欢涉及抽象问题解决和探索物理、生物和文化现象的活动。可能的职业：化学家、经济学家、侦探、计算机分析员、医生、天文学家、数学家。

艺术型人格更喜欢涉及自我表达的活动，使用文字、思想或材料来创造艺术形式或新概念。可能的职业：作家、广告经理、公关专家、艺术家、音乐家、平面设计师、室内装潢师、发明家。

社会型人格更喜欢涉及与他人互动的活动，告知、培训、发展、帮助或启发他们。可能的职业：护士、按摩治疗师、教师、辅导员、社会工作者、日托提供者、理疗师。

事业型人格更喜欢涉及说服和管理他人的活动，以达到组织目标或经济利益。可能的职业：销售员、电视新闻播音员、银行经理、律师、旅行代办员、人事经理、企业家。

传统型人格更喜欢涉及数据应用的活动，以消除混乱并按规定制订一个计划。可能的职业：会计、计算机操作员、秘书、信贷经理、财务策划师。

约翰·霍兰德博士——霍兰德代码的创造者——的研究显示，人们往往对与自己性格类型相匹配的职业感到满意，当两者不匹配时，人们常常不太满意。了解你的兴趣偏好和人格类型可以增加找到满意职业的机会。

自我认知的另一个重要领域是那些支持你成功和无法支持你成功的剧本。例如，持有什么信念可能阻止你追求自己选择的职业或取得成功？如果你的剧本之一是不相信其他人，那么你就很难建立起促进成功的互助系统。了解这一点可以帮你做出修改剧本的有意识选择。记住，既然最初是你写了剧本，你就可以为了一份成功的职业而改写它。

在职场中，自我意识还能在自我挫败的习惯使你偏离轨道时给你提醒。例如，你将不再开会迟到；你会早到几分钟。你将不再打断别人的话；你会积极倾听。你将不再假装自己知道所有的答案；你将询问别人的意见。总之，你将有意识地把破坏性的行为转变为建设性的行为。如果你曾遇到表现出这些消极行为的老板或同事，你会知道你多么希望他们能意识到自己在做什么并且做出改变。

总而言之，培养软技能将有助于你选择一个自己喜欢的职业，展现出能帮助你在这个行业中脱颖而出的行为、信念和态度。

技术建议：自我意识

自我意识盘点在网络上比比皆是。网络搜索"自我意识测试"或"自我意识盘点"就能找到。例如，你可以在 Wisconline.com 找到一个，这是威斯康星技术学院系统中 16 所学院的合作成果。在网站上搜索"自我意识"，可以进行有 24 个问题的测试。

Zenify（不要与一款同名饮料混淆）是一款移动设备的应用程序，旨在帮助你摆脱无意识的选择，更加了解你在每一刻的想法、行为和感受。这个应用按照你选择的时间表提供 7 个层级的任务。大多数任务以短信的形式发送，有的会包含图片和音乐。这些任务要求你将意识集中于生活的各个方面，包括想法、情绪、伴侣、父母和朋友。（安卓、iOS；免费）

Queendom.com 是一个拥有许多自我评估测试的网站，帮助你了解自己。你可以在这个网站上找到许多与本书展示的内在品质有关的测试，包括自我意识、自尊、自信、拖延症、倾听技巧、焦虑、沮丧、愤怒管理和情商。（网页；结果简报是免费的；拓展报告要付费成为会员才能获取）

相信自己：书写自己的规则

> **关键问题**：什么个人规则支配你每天做出选择？这些规则中哪些能帮助你建立高自尊？

很少有什么东西比我们对个人力量的感知更能影响自尊。当我们感觉自己只是人生列车的乘客，没有选择明确前进的方向，自尊就会萎缩。当我们感觉自己是人生航线的飞行员，有能力做出明智的选择实现我们的目标和梦想，自尊就会增长。

> 我想你会很惊讶地发现，你可能生活在你甚至还不知道的规则之下。
>
> ——弗吉尼亚·萨提亚

无意识的个人剧本和文化程序会窃取我们对个人力量的感知，降低我们的自尊。当这些无意识的力量占据主导地位时，我们基本失去了对生活的掌控。然后我们做出了那些让我们偏离轨道的奇怪选择，让我们怀疑："我到底是怎么变成这样的？"比如，在马利亚主义的文化传统中，拉丁裔会遵循这些规则：将丈夫和家人的需求放在自己的需求之上，永远不要批评你的丈夫，不计代价地忠于你的婚姻，永远不与他人分享个人问题。如果一个拉丁裔有意识地接受这些规则，她会欣然做出相应的自我牺牲，得到她的选择带来的结果和体验。事实上，她的文化自豪感很可能极大增强了她的自尊。但是，如果她无意识地让这些规则控制她的选择，她会过上令人无助而愤怒的生活。例如，想象一下，如果你永远放下自己的梦想去帮助别人实现愿望，你怎么才能获得大学文凭？只有当你有意识地接受、修改或替换某些文化规则，你才有可能完全与自己和谐相处。当然，那些根植于你的个人剧本的规则也是这样。

正如心理学家弗吉尼亚·萨提亚指出的，我们都生活在规则之下，但重要的是：我们是否选择了自己的规则？为了回答这个问题，你会想要识别和保留任何使你走上正轨的有力规则。然后你会想要了解并修改那些妨碍你的规则。最后，你会想要书写新的规则，支持你实现更大的胜利。这也是前第一夫人埃莉诺·罗斯福做的。下面是一些她用来指导人生选择的规则：尽你所能做任何事情；尽可能少地思考自己，尽可能多地思考别人；既然你能从给别人带来快乐中得到更多的快乐，那就应该好好思考你能给予的快乐。

三条成功规则

我调查了数以千计的大学老师，他们一致认同最成功的学生坚持的三种行为。正如你所看到的，这些规则同样适用于职业生涯和人际关系中的其他角色。那么，请把这三条规则视为你个人行为准则的基础。

规则 1：出席

承诺从头到尾不缺席一节课。有人曾说过，出现就是 90% 的成功。这很有道理，不是吗？如果你不到场，如何取得成功？研究表明考勤与成绩（成功的一个衡量标准）直接相关。在巴尔的摩社区学院，一项研究发现，平均来说，成绩会随着缺课次数的增加而下降，尤其是在入门课程上。亚利桑那州立大学商学院教授的一项研究表明，平均来说，他的学生每缺席两节课，成绩就会下降一分。如果你没有出勤的动力，也许你需要新的目标和梦想。

> 最重要的事是拥有一套生活准则，知道如何生活。
> ——汉斯·谢耶（Hans Selye），医学博士

规则 2：尽最大的努力

承诺尽全力完成所有作业，包括准时上交作业。你会惊讶于教员们看到过多少邋遢的作业。但不仅仅是学生们会这样。一个生意上的朋友向我展示了数以百计的求职申请，这些简历是如此草率，像是求着被扔进垃圾箱。尽最大的努力完成任务是一项规则，它将推动你在所有方面取得成功。

规则 3：积极参与

承诺参与其中。大学就像人生一样，不是一项观赏性的运动。提前准备好来上课，认真听课，记笔记，深入思考老师教的东西，问自己如何运用课堂知识实现你的目标和梦想，提前阅读，建立学习小组，提问和回答问题。如果这样高度参与，即便你不想学，也无法阻止自己去学习。

> 那些过着令人满意的生活的人，和自己的过去和未来很合拍的人——总之，我们称之为"快乐"的人——通常是按照他们自己创造的规则生活的人。
> ——米哈里·契克森米哈赖

有的学生拒绝采用这三条成功的基本规则。他们说："如果我生病了怎么办？如果我的车在上课的路上抛锚了怎么办？如果……？"我相信到目前为止你已经认出了内心防卫的声音——内在的借口制造者。

当然会发生一些阻止你遵守规则的事。每条规则不过是你的强烈意图。每条规则都标识出一个你认为可以帮助你达到渴望的结果和体验的行动。因此你

打算从头到尾不缺席一节课。你打算用尽全力并及时上交作业。你打算积极参与各项学习活动。你对自己承诺永远不会因为琐碎的理由打破自己的规则。然而，面对更高价值的东西（比如你的健康）时，你总会打破自己的规则。在每个岔路口，成功的关键是弄清楚哪个选择会去向你想要的未来。当你是创造者时，你做出的每个选择都不受过去（你的剧本）的影响，而由你自己的行为准则告知，并由在那一刻最能支持你实现目标和梦想的选项所决定。

改变你的习惯

杰出的学生不仅遵守这三条成功的基本规则，他们也为大学和人生制定自己的规则。通过选择个人规则，他们致力于用有意识的选择替代剧本和文化限制。以下是一些我自己的人生准则：

> 你所憎恶的，不要向你的同胞施行。这是法律的全部，其他的都是注释。
>
> ——犹太法典

- 遵守对自己和他人的承诺。
- 我寻求反馈，并做出适当的轨道更正。
- 我通过准时到达来尊重别人。
- 我尽全力完成所有重要的项目。
- 我玩耍并创造快乐。
- 我通过运动、健康的食物和良好的医疗保健爱惜我的身体。
- 我很善良。

我是否每天都遵守这些规则？不幸的是，我没有。当我不能遵守时，我很快发现自己偏离了轨道。然后我可以重新承诺遵守自己选择的规则，避免破坏我想要创造的人生。

只要我们遵守规则的时间足够长，它们就不再只是简单的规则。它们就成了习惯。一旦积极的行动、想法和感觉变成习惯，很少有障碍能阻止我们的成功。

日记条目 23

在这次活动中,你将书写可以让自己获得大学和人生成功的规则。通过遵守你的行为准则,你更有可能通往自己最大的梦想。

为了集中注意力,问问自己:"成功的人会坚持做什么?他们的想法、态度、行为和信念是什么?"

1. 将这篇日记命名为《我的大学和人生成功准则》。在此之下,写下实现大学目标的规则列表。只要列出那些你愿意坚持的行动。你可能想要将这些规则打印在证明文件上,张贴在每天可以看见的地方(也许就贴在你的肯定旁边)。你可以考虑将下面这些作为你的前 3 条规则:

(1)出席

(2)尽最大的努力

(3)积极参与

2. 写下你认为哪个个人准则对大学和人生成功最重要,以及为什么。

如果你的一条准则是:深入探索!它将给你的大学和人生成果带来多大的改善?

学生故事

布兰德·惠更斯(Brandeé Huigens),东北艾奥瓦社区学院,艾奥瓦州

高中时我从不喝酒,但当我 21 岁时,我开始和朋友们去酒吧。我发现"酒胆"可以让我自我感觉良好。当我喝酒时,我很有趣,玩得很开心,也很快乐。然后我开始断片。有一次我在自己的卡车里醒来,周围都是警察,我不知道自己怎么到的那,也不知道自己在哪儿。还有一次,我在床上醒来,到处都是交通罚单。后来我发现自己在监狱里度过了一夜,警察用出租车把

我送回家，但更糟糕的是，我一点也不记得了。我之前总是能得到好成绩，但现在我开始缺课。我做的不如我想的那样好，尤其是在护理课上。我感觉很糟糕，然后开始给自己更多的压力。然后我会喝酒，它会让我感觉好点，就像一个好朋友。问题是，我会在第二天醒来，生活变得分崩离析。人们告诉我可以用药物脱瘾，但我开始想从大学辍学。

现在回想起来，我意识到自己完全失去了对内心的掌控。不过，我从来没有放弃过，我开始用这门课的日记弄清楚我的挑战以及如何解决它们。我的日记会有 5—6 页长，因为我把感情都投入到写作中。我很兴奋，因为这是一种积极表达自己的方式。学期大约过半的时候，我为自己制定了一条新规则并告诉了全班：我要戒酒。从第一天起，它就是一条掌管我生活的规则，我决定用 32 天承诺表来追踪它。为了支持我的改变，我开始参加戒酒协会的聚会，并且去药物滥用服务中心找了一位顾问。我重读了自己的日记以寻找灵感。在这门课里，我们每天都分享自己履行承诺的经历。当然，有时候我很想喝酒，但我成功地遵守了 32 天的承诺，并继续遵守下去。在过去的 6 个月里，我每天都会戒酒，只破例过一次。

现在回想起来，写下那句简单的话并把它作为我的新规则，这拥有多么强大的力量。这能让一切开始正常运作。有的很明显，比如我变得头脑清醒，不再断片。我的期末成绩很好，甚至在微生物学课上获得了 B，这是我上过的最难的一门课。此外，我对成绩有了新的看法。我总是想要变得完美，从而获得家人的赞赏，但现在我认为 B 也是一种成功。也许最重要的是，我认识到，尝试取悦我以外的所有人让我无法专注于对我重要的事和我想实现的目标。现在我创建了一条自信的规则。我开始为自己说话，并且说"不"，我感到自信和自尊都在不断变强。通过这门课以及在课上分享经历的人，我学会了如何自立。我的内心还未成熟，但种子已被种下，它一定会开始成长。

第七章　终身学习

成功的学生……

▶ 培养面向人生的学习目标，寻找能够提供宝贵经验的新的学习经历，并积蓄力量，以面对未来的挑战。

▶ 发现他们喜爱的学习方式，利用策略最大化学习珍贵的新信息和技能。

▶ 运用批判性思维，运用探究和严密的推理技巧来评估复杂情况、做出明智选择并解决重要问题。

挣扎的学生……

▶ 逃避新的学习经历，认为他们的智商是固定的，无法应对挑战。

▶ 如果老师没有按照他们喜欢的方式教学，就常常感到挫败、厌倦或抗拒。

▶ 使用贫乏的思考技巧，导致思维混乱、判断不严谨、问题不断，甚至被他人利用。

作为创造者，我承担学习所有实现目标和梦想所必要的信息、技能和人生经验的个人责任。

我从每一次经历中学习宝贵的经验。

▶ 批判性思维案例研究——鱼的故事

9月的一个早晨，大学开学的第一天，26名一年级学生进入了生物实验室。他们按照一张实验桌6个人的方式围坐下来，环顾四周寻找教授。因为这是他们大学里的第一节课，大多数学生都有一点紧张。一些人进行了自我介绍，其他人则不断地看表。

9点整，教授穿着一件宽松的白色实验室大衣走进房间。"早上好。"他说。他在每张桌子中间放了一只白色的盘子。每只盘子上放着一条小鱼。

"请观察这条鱼，"教授说，"然后写下你们的观察结果。"他转身离开了教室。

学生们互相看了看，都很困惑。这太古怪了！噢，好吧。他们拿出草稿纸，写下了例如我看到一条小鱼这样的评论。一位学生补充道：它在一只白色的盘子上。

他们满意地放下笔等待，然后等待。整堂课期间他们都在等待。几个学生小声说这是个把戏。他们说教授可能在测试他们，看看他们是否做出错误的事。时间慢慢过去。他们还在等待，试着不去做会带来麻烦的事。最后，一个学生喃喃自语说她下节课要迟到了。她拿上书站了起来，停顿了一下。其他人也站起来，开始整理东西离开房间。有的人在离开时小心地回头张望。

当学生进入生物实验室上第二堂课时，他们发现同一只白色的盘子和同样的小鱼已经在实验室的桌子上等待他们。9点整，教授走进教室。"早上好。请观察这条鱼。"他说。

学生们翻书包找笔记。许多人都找不到笔记。少数可以找到的学生当教授在桌子间走动时拿给他看。

在访问了每个学生后，教授说："请观察这条鱼。写下你们所有的观察结果。"

"这是个测试吗？"一位学生问道。但教授已经离开了教室，关上了他身后的门。学生们沮丧地说："他为什么不直接告诉我们他想让我们知道什么？"

学生们互相看了看，更加困惑。找到笔记的少部分人来回看那条鱼和他们的笔记。教授疯了吗？他们还应该注意到什么？那只是一条鲨鱼。

就在那时，一位学生在教授的桌上发现了一本书。这是一本辨认鱼的书，她把它抢走了。通过这本书，她很快辨认出了盘子里鱼的种类。她急切地读着，在笔记中记录了她发现的关于鱼的所有事实。其他人看见了，也要求使用这本书。她把书递给其他桌的同学，同学们很快就找到了关于这条鱼的描述。大约15分钟后，学生们非常高兴地坐了下来。喧闹逐渐平息，他们等待着老师。但是教授没有回来。当这堂课结束时，所有人都仔细收好了他们的笔记。

同一只盘子上的同一条鱼迎接了上第三堂课的每一名学生。教授在9点时走进教室。"早上好，"他说，"请举起你们的观察笔记。"所有的学生立即举起了他们的笔记。他们互相看了看，微笑着，教授走过一张张桌子查看他们的作业。他再一次走向大门。"请……观察那条鱼。写下你们所有的观察结果。"他说道，然后离开了。

学生们无法置信。他们嘀咕着、抱怨着。这家伙是个疯子。他打算什么时候教我们一些东西？我们付学费到底是为了什么？一张桌子上的学生开始观察他们的鱼。其他桌子的学生也开始照做。

所有学生注意到的第一件事是老化的鱼散发出的强烈气味。一些学生记录了鱼的颜色细节，这是他们前两节课没有观察到的。他们想知道这个颜色是最初就这样还是随着鱼的老化而出现的。每个小组都测量了他们的鱼。他们拨弄它并描述它的质感。一位学生观察了鱼的嘴，然后发现他可以透过鳃看到光。另一个学生发现了一个小天平，每个小组都给他们的鱼进行了称重。他们传递了某人的小刀，用它切开鱼，检查内部。在一条鱼的胃里他们发现了一条更小的鱼。他们飞快地记录着，笔记很快就有了三四页。最后有人喊道："嘿，已经下课10分钟了。"他们用三环活页夹小心地收好笔记。他们和鱼道别，不知道下周一的时候他们的鱼族朋友是不是还会在那里。

它们确实在，一股糟糕的气味充满了实验室。教授在9点整的时候大步走进房间。学生们立刻将笔记举在空中。"早上好。"教授高兴地说，走向一个又一个学生。他比之前花了更久的时间检查他们的笔记。学生们在教授离门越来越近的时候焦急地在座位上扭动。他们怎么能再忍受一节课这样的气味？在门边，教授转向学生们。

"好的，"他说，"现在我们开始上课。"

——灵感源自塞缪尔·H. 斯卡德（Samuel H. Scudder）的《拿起这条鱼看看它》（Take This Fish and Look at It）（1874）

基于你在这节生物课上观察到的，按照下面的标准给教授评分。准备好解释你的评分。

糟糕 ← ① ② ③ ④ ⑤ ⑥ ⑦ ⑧ ⑨ ⑩ → 优秀

继续深入

如果你也在这堂生物实验课上，你会从这次经验中学到什么大学和人生的经验？当你觉得自己发现了一条人生经验的时候，请继续深入，找出另一条甚至更强大的经验。

培养人生的学习方向

关键问题：如何最大化你在大学和人生中的学习？

"哦，"我想，"我遇到大麻烦了！"

当时我18岁，每当我回忆起那个可怕的时刻，它仿佛就发生在昨天。我正打算开始大学的第一个学期。我们全班都在学校参加迎新会，其中一个任务是选择第一学期的课。我正和一位新室友坐在一起查看课程描述。约翰正在浏览我们正在考虑的文学课的阅读清单。"我读过这本书,"他说道,并用笔尖钩出书名,"还有这本……这本……这本……和这本。"和我的许多同学一样,约翰上了一所私立高中。而我上的是公立高中。约翰读过列表上的每一本书,而我甚至没有听说过这些书。就在这时,我想:"哦,我遇到大麻烦了!"

图 7.1 "成功"与"学习经验"

> 太多学生执着于成绩,利用成绩来证明他们的价值。成绩很重要,但学习更重要。
>
> ——卡罗尔·德韦克(Carol Dweck)

在那一刻,我做出了无意识且不幸的选择。我进入了生存模式:我只想要在接下来的 4 年里存活下来并且顺利毕业。因此,我用那些我认为容易的课填满了我的时间表。有一门课比我想象的要难,因此我退掉了它。在上课期间,我很少说话,害怕我会说出一些很蠢的话。在第一学期结束时,我如释重负地松了口气:我通过了所有的课。我的成绩比高中时低很多,但我存活了下来。在接下来的 7 个学期里,我避免选择有"严格"名声的教授的课。到了选择专业时,我选择了一位朋友告诉我最容易的那个。随着我对成绩游戏越来越熟练,我的分数逐步攀升。4 年后,我实现了我的目标:我毕业了。按照大多数标准,我在大学里很成功。但我真的成功了吗?

成长心态和固定心态

其实,心理学家卡罗尔·德韦克和其他人已经研究过我在本科时的学习方法。显然,我的方法十分常见。心理学家把它称为"固定心态"。与之相对的是"成长心态"。在我描述这两种心态时，请看看你是否熟悉它们。

拥有固定心态的学习者认为人类生来具有固定的能力和天赋。至于智力，他们要么拥有要么没有。如果他们在学校表现优秀，那是因为他们聪明。反之，则是因为他们不聪明。德韦克发现拥有固定心态的学生更喜欢那些他们已经能完成得很好的任务。新的挑战是有威胁的，因为他们害怕自己的智力无法胜任。因此，当他们遇到挑战时，他们倾向于避开或者放弃，作为一种自我保护的手段。错误或失败令他们恐惧，因为在他们心里，这些结果反映出他们的固定智力水平很差。我曾见过学生们完成了他们需要的所有课程，除了一门。这门课不可避免地是他们所害怕的科目：可能是数学、写作或者外语。当拥有固定心态的学生经历挑战、挫折或失败时，他们的内心声音就会评判他们（我不够聪明），然后他们可能会放弃。这些声音听起来像不像受害者行为？

> ……奇迹只是感知的转变。
> ——玛丽安娜·威廉森（Marianne Williamson）

相反，拥有成长心态的学习者则认为智力就像肌肉——越用就越强。有趣的是，这种心态与我们所知道的大脑学习方式是一致的。我们锻炼大脑越多，创造的神经网络就越多，我们就变得"越聪明"（请阅读"积极学习者的工具箱"中"成为积极学习者"的部分以了解更多）。成长心态鼓励我们接受挑战、努力奋斗、从错误中学习、必要时做出改变并且在遇到挫折和失败时坚持住。这种心态的学习者认为他们的努力和坚持可以克服掌握一门学科或技能的最初困难。如果他们的行动不起作用，他们的内在指引就会解释说："我不够努力"，或者"会有更好的办法"，或者两者都有。他们会承担责任，做出新的计划。我相信现在的你应该能识别出创造者的反应了。

> 学习的目的是成长，我们的大脑不同于身体，会随着继续生活而不断成长。
> ——莫蒂默·阿德勒（Mortimer Adler）

德韦克在从学前班到大学的学生身上测试了她关于固定心态和成长心态的理论。其中一个是与一所常春藤联盟大学的医学预科生进行的实验。这些学生正在学习有机化学方面的一门非常有挑战性的课。风险很高，因为这门课的成绩对他们能否进入医学院有着很大的影响。拥有成长心态的学生与拥有固定心态的学生相比有3个重要差别：（1）他们更享受课程；（2）他们能更有效地从诸如考试成绩差这样的挫折中恢复；（3）他们的期末成绩更好。

心理学家乔舒亚·阿伦森（Joshua Aronson）及其同事也测试了德韦克的理论。他们请斯坦福大学的学生与当地初中生成为笔友，帮助年轻的学生留在学校。实验要求斯坦福学生告诉他们的小笔友例如"人类有能力在生活中随时学习和掌握新事物"这样的话语。换句话说，斯坦福学生在鼓励他们的小笔友采用成长心态。实验者真正想要看到的是表达成长心态可能对斯坦福学生产生什么影响。之后与对照组相比时，实验中的斯坦福学生获得了更高的分数，更常表达出对学术工作的喜爱。

德韦克和其他人还探索了导致一些人采取固定心态而其他人采用更强有力的成长心态的原因。其中一个解释是，当重要的成年人（如父母或老师）表扬我们的智力：你的数学很好，显然你很聪明！固定心态就会产生。这里传达的信息是，成功是聪明的结果。问题是现在我们对尝试新事物感到紧张。毕竟如果我们失败了，就意味着我们不够聪明，而且我们认为没有办法变得更"聪明"。相反，当重要的成年人表扬我们的努力（而非智力）时：你的数学很好，显然你很努力！更有可能培养出成长心态。这里传达的信息是，成功是努力的结果。带有这种信念，我们更有可能积极应对未来的挑战，因为我们相信如果结果或体验是值得的，我们可以更加努力。

> 无冥冥之志者，无昭昭之明；无惛惛之事者，无赫赫之功。
> ——中国谚语[1]

就像其他心态一样，固定心态和成长心态似乎是由深层文化信仰所塑造

---

[1] 出自《荀子·劝学》，意思是，没有刻苦钻研的心志，学习上就不会有显著成绩；没有埋头苦干的实践，事业上就不会有巨大成就。

的。例如，日本和中国家长更可能把成功归功于努力（成长心态）。他们相信如果足够努力，所有的学生都可以学习。相反，北美的家长更可能将成功归功于天生的智力或能力（固定心态）。这种文化信仰体现在美国的教育体系中，"有天赋"的学生能得到丰富的学术项目。

如果培养出成长心态，就拥有了帮助你实现大学和未来成功的核心信念。但如果你发现自己发展出了固定心态，不要被困住，你可以改变它。

如何培养成长心态

以下是4种培养和加强成长心态的方法。

把你的大脑想象成肌肉。就像肌肉一样，大脑运用得越多就越"聪明"、越能干。专业术语是神经可塑性，指的是大脑利用新的经验修改旧的神经网络并创造新的神经网络的能力。这就是学习的原理。一旦你理解了这个概念，你会发现——通过精神努力——你的大脑是可以成长和改变的。认为"每个人类大脑拥有固定的能力"和"世界是平的"一样都属于被遗弃的错误信念。只是因为学习某样东西具有挑战性并不意味着你不能学会它。因为大脑的神经可塑性，努力和坚持结合有效的学习策略是有效学习的关键。想要了解这个概念的更多信息，请看"积极学习者的工具箱"中"成为积极学习者"的部分。

> 改变心态永远都不会太晚。心态是信念——强有力的信念和塑造动力的信念——但信念可以被改变。
>
> ——卡罗尔·德韦克

设定学习目标以及绩效目标。当我还是个大学生时，我会设定绩效目标。我的主要目标是GPA每学期进步。我实现了那个目标，但付出了代价。为了确保成功，我采取了安全的方法，浪费了我的学习机会。我避开了那些可能会把我带入全新世界的课程。我避开了那些可能成为导师或指导者的"苛刻"教授。我只为了分数而学习，只学到了足够通过考试的内容。当然，我拿到了学位——一张通往职场的门票，但这是以什么为代价的？不要误会，设定获得好成绩的目标并没有错。显然，好成绩是实现很多未来目标的方法，比如工作或者读研究生。但如果我们唯一的目标是获得好成绩，那就有问题了。这样的目标限制了我们的潜能。它让我们无法获得那些可以帮助我们创造一个更丰富、更自我实现的人生的知识、技能和智慧。解决办法是将两种目标结合起来。绩效目标提供了可以衡量的成就（比如成绩），而学习目标提供了你在余生都可以使用的知识和技能。

> 我们现在接受了这个事实：学习是一个跟上变化的终生过程。最紧迫的任务是教人们如何学习。
> ——彼得·德鲁克（Peter Drucker）[1]

那么，学习目标会是什么样的？假设你在上一门写作课。这门课的绩效目标可以是获得 A。而学习目标可以是掌握 3 种撰写有效引言段落的方法。假设你想要减肥。绩效目标可以是在 6 月 30 日前体重下降至 150 磅。而学习目标可以是学习 3 条良好营养的重要原则。假设你在上一门有机化学课。绩效目标可以是在 12 月 1 日前读完教科书。而学习目标可以是掌握专注阅读有挑战性内容至少 20 分钟的能力。请注意，绩效目标通常给我们一个明确的（通常可测量的）结果。相反，学习目标帮助我们成长，给我们实现未来绩效目标的技能和能力。鉴于我的绩效目标可能是实现 x，我的学习目标可能就是学习 5 种帮助我完成 x 的策略。这 5 种同样的策略也可能帮助我实现余生的其他目标。回顾一下你在日记条目 9 中设定的目标，看看你设定的是哪种目标。如果他们大多数是绩效目标，请考虑加一些学习目标。

寻求反馈。反馈对学习至关重要。幸运的是，生活每天都会给我们提供有帮助的反馈。不幸的是，许多人都忽视了它，尤其是那些拥有固定心态的人。最初，反馈礼貌地轻拍我们的肩膀。如果我们不注意，反馈就会用力地摇晃我们。如果我们继续忽视它，反馈可能会让我们陷入困境，在生活中制造破坏。这种破坏可能是被退学或者被解雇。在失败或被解雇前，如果我们留心，往往可以发现很多反馈。你的内心防卫可能把反馈看作威胁，但你的内心指引知道

---

[1] 彼得·德鲁克（1909—2005），现代管理学之父。

它对成功至关重要。

> 一旦你接受了不愉快的消息，不是把它当作负面消息，而是要改变的证据，你就不会被它打败。你正在从中学习。
>
> ——比尔·盖茨（Bill Gates）

在大学里，请把自己想象成一名飞行员，而老师是你的私人空中交通管制员。当他们在课堂上纠正你或者评论作业或者给你的一次考试评分时，他们真正要说的是：你在轨道上，在轨道上……哎呀，现在你偏离轨道，偏离轨道了……好的，没错，现在你回到正轨了。飞行员珍惜这些反馈。没有它，他们可能无法到达目的地。他们甚至可能会坠毁。同样地，有效学习者们欢迎老师的反馈，并利用它留在正轨。他们注意老师提供的每一次作业建议，他们理解考试分数传达的信息，他们要求说明每一个不理解的反馈，并且要求额外的反馈。也许注意反馈这个想法对你来说很多余，但我无法告诉你我有多少学生在不断犯同样的错误，不仅忽视我的反馈，而且忽视了如果坚持就会持续得其所得的事实。

> 全人类都会定期被宇宙力量所测试……一个人在压力下的表现是他的精神、心灵和渴望的真实尺度。
>
> ——斯派克·李（Spike Lee）[1]

在人生的每个地方，注意反馈对创造你想要的人生都至关重要。这些反馈可能是朋友、爱人、配偶、父母、孩子、邻居、老板、同事甚至陌生人说的话。或者它可能更微妙，以不令人满意的关系、乏味的工作、酗酒导致的断片或者失控的信用卡债务的形式出现。任何不适或痛苦的区域都是警告的红色标志：嘿，醒醒！你远离了渴望的结果和体验。你偏离轨道了！而这种意识带来了第四种培养成长心态的方法。

---

[1] 斯派克·李（1957— ），美国电影制作人、导演、编剧、演员。

必要时改变轨道。发现自己偏离轨道是一回事，为之采取行动则是另一回事。纠正轨道需要勇气。你得承认自己的行动不起作用，寻找替代方案，抛弃熟悉的方法，走入未知区域。受害者会被困在原地。创造者会学习、改变、成长。

我有一位偏离轨道的学生被她要做的事所压垮，然后她纠正了轨道，改变了解决大型项目的方法。

她在日记中写道："当我把一个庞大的任务分解成块，每天做一点点时，我就能做成一件大事。"

> 纠正轨道的能力就是，减少你现在的路径和实现目标的最佳路径之间的差异的能力……
>
> ——查尔斯·加菲尔德

另一个偏离轨道的学生发现，他是一个把自己的大学失败怪罪在别人头上的专家：他的老板、他的老师、他的父母、他的女朋友。他决定做出改变，让自己更负责任。他意识到："过去，我花了太多的精力让人们同情我，而不是去完成一些有意义的事。"

第三个偏离轨道的学生心中充满了对父亲的恨，她认为他抛弃了自己，然后她决心要改变。她最后原谅了他，继续自己的生活。她写道："把所有的时间花在讨厌某人上让我没有时间爱自己。"

第四个偏离轨道的学生意识到，自己在每一件事情上付出的努力和关心是如此之少，包括他的大学作业。他发现："我总是在寻找抄近路和避免做必要的事的方法。这没有用。为了成功我必须用尽全力。"

还有一位偏离轨道的学生意识到，他在学校设定的唯一目标就是获得好成绩。作为一名研究生，他发现："当我专注于学习时，我的成绩自然会变好。更好的是，我学到的东西可以用来提高生活质量！"他对自己错过的所有学习都感到后悔，但他也对所有仍能学习的东西感到兴奋。他开始上那些会让他感到兴奋的课。他发现了应用所学知识和创造全新生活的方法。他很感激自己纠正了轨道，这改变了他的结果和体验。以防你还没有猜到，实话告诉你我就是这个偏离轨道的学生。

> 对我而言,地球就是学校。我把人生看作我的教室。我这样体验每一天:我是一个学生,所有的经历都有可以教给我的东西。我总是问自己:"现在我可以学什么?"
>
> ——玛丽·胡尔尼克(Mary Hulnick),圣莫尼卡大学副校长

我们很少能直线走向目标和梦想。但通过不断纠正轨道,我们提高了最终到达目的地的概率。在这一路上,大学生活恰恰提供了让我们充分发挥潜力的机会。我们只需要倾听、学习、改变和成长。

日记条目 24

在这次活动中,你将探索为了改善结果和体验,你曾做过的或者需要去做的轨道纠正。

在下面两个选项中选一个来写:

1. 描述一次过去你曾做过的重要轨道纠正。解释你如何意识到自己偏离了轨道,如何改变轨道以及努力的结果。最重要的是,你从这次经历中学到了什么?

> 如果我们不尽快改变方向,就无法到达终点。
>
> ——欧文·科里(Irwin Corey),教授

2. 找到一个你目前已偏离轨道的方面,提供一份纠正轨道的计划。解释人生中一个偏离轨道的方面(例如大学、社交生活、思想)。描述你收到的反馈——来自你的内部或外部——告诉你,你已经偏离了方向。你会做些什么不同的事来回到正轨?最重要的是,你认为人生这所大学希望你从这种情况中吸取到什么教训?

学生故事

杰茜·马加德（Jessie Maggard），
厄巴纳大学，俄亥俄州

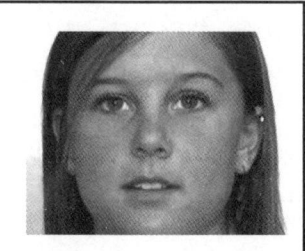

我在大学交到的第一个朋友是足球队的队友。训练之后我们开始骑车转悠、购物和参加派对。我们几乎从不聊学校或个人问题。相比它们，玩耍时间更为重要。我睡得不多，总是筋疲力尽。我不喜欢学习，上课时我没有学到多少东西。然后发生的几件事震撼了我。第一，我的英语老师递给我一份论文，告诉我写得不是很好。我思考了一天她说的话，这真的令我苦恼。我是全家第一个上大学的人，我开始担心自己是否能毕业。如果那些我以为容易的课都完成得很差，那些更困难的课要怎么办？第二，我发现我的父母要离婚。我试着和一些队友聊我的感受，但他们只是听着，没有说任何话。我还不如说给墙听，我意识到他们对我的问题并不感兴趣。

这本书说，即使你想要成功也十分容易偏离轨道。这是真的。当足球赛季结束的时候，我已经远远偏离了轨道，我知道自己必须做出一些严肃的改变。首先，我花了更多时间独处。我制作了一张日程表，让自己变得更有条理。然后我慢慢开始花更多的时间和室友待在一起。随着时间的推移，我和6个了不起的人成了朋友，他们都真正触动了我。在学校表现优秀对他们来说也很重要。我们开始一起学习，我的成绩开始进步，甚至老师也说我改变了很多。但我仍为父母的离婚忧心忡忡，这对我的学业造成了很大的干扰。我的一位新朋友也经历了父母的离婚，对于如何渡过这个难关她给了我一些建议。她鼓励我坐下来和父母谈谈我的感受。我这样做了，这给了我很大的帮助，我也理解了他们为何不再相爱。

通过所有这些，我学到了当你偏离轨道时必须做出改变。我的足球朋友拥有不同的目标。我不是在贬低他们。他们的目标并不差，只是与我的目标不同。我的目标是获得学位，教育幼儿园小孩。当我和足球朋友出去玩时，我走向了错误的方向。我彻底改变了自己，现在我又回到了正轨。我知道我是唯一能改变自己人生的人。我只需要坚持自我的勇气。曾经，改变看起来如此困难，但现在从宏观来看，它又如此简单。

照片：承蒙杰茜·马加德的允许。

发现你更喜欢的学习方式

关键问题：你更喜欢的学习方式是什么？当老师没有以你更喜欢的方式教学时你能做什么？

如今，我们已经进入了信息时代。这意味着向着目标和梦想前进要学习大量的信息、事实、理论和技能。一旦你掌握了"积极学习者的工具箱"中的"核心（CORE）学习系统"，所有的学习都应该变得容易，对吗？并不是。

> 用同样的学习方法来教别人是很自然的。我们很难相信别人能以一种对我们来说陌生和困难的方法学习。
> ——卡罗琳·曼丘（Carolyn Mamchur）

你看，除了对我们所有人来说很常见的学习方法，我们每个人都有自己更喜欢的学习体验，都有自己更喜欢的吸收和深度处理学习经历的方法，都有自己更喜欢的方式，从我们在大学、工作、家庭以及人生其他方面遇到的纷繁芜杂的信息中创造意义。知道你更喜欢如何学习可以在人生中给你带来巨大好处，尤其是在大学里，当老师不按照你喜欢的方式教学时。

自我评估：我更喜欢如何学习

在继续阅读之前，请进行下面的自我评估。它会让你了解自己更喜欢如何收集和处理信息。

我们每个人都有偏好的学习方法。这些受偏爱的学习方法更令人愉快，需要更少的努力，并且通常比不太被喜欢的学习方法带来更多的成功。为了快速理解学习偏好，请回忆一下你上次学习一款电子游戏或者包含许多零件的组装的经历。有的人喜欢立刻开始玩或者组装。他们立刻深入。有的人喜欢先看说明。只有在消化了书面信息后，他们才会开始玩或者组装。注意，两种方法你都可以用来处理学习任务，但你更喜欢其中的一种。

尽管没有一种所有人都喜欢的学习方法，但总有你喜欢的方法。自我评估的分数表明了你对 4 种学习方法的偏好顺序：思考、行动、感受、创新。具体而言，你的分数展示了哪一类问题会激励你、你喜欢如何收集相关信息以及你喜欢如何处理信息、发现有意义的答案。

> 对大脑优势的了解赋予我们作为个人和群体发挥更大潜能的力量。
> ——奈德·赫曼（Ned Herrmann）[1]

传统大学教学的特点是授课和布置教材作业。这些学习体验通常有利于思想家的学习偏好，而某种程度上不太利于行动家。但随着越来越多的老师发现学习偏好的重要性，许多人开始调整他们的教学方式，帮助所有学生最大化他们的学术潜力。

正如你可能猜到的，你一定会遇到和你的学习偏好不匹配的老师。当你遇到时，试试下面的建议。也许最重要的是培养学习的灵活性。你拥有的选择越多，你的学习经验就会越丰富，你也会越成功。

在表 7.1 中，你会发现思考家、行动家、感受家和创造家更喜欢如何学习。你可能想要先阅读你的学习偏好，这个偏好基于你的自我评估分数。你可以在那里找到当老师没有按照你喜欢的方式教学时可以采用的想法。通过查看其他

---

[1] 奈德·赫曼，研究大脑思维偏好并创造了全脑模型。

学习偏好，你可以找到拓展有效学习策略菜单的其他方法。在这里，你的目标是找到匹配且支持你的学习偏好的深度学习策略，同时拓展你用其他方法学习的能力。

> 教育是我们通向未来的通行证，因为明天属于今天做好准备的人……像关注头发一样关注你的大脑，你会优秀一千倍。
> ——马尔科姆·爱克斯（Malcolm X）[1]

高度有效的学习者发现，不是所有老师都会带来他们喜欢的那种学习体验。他们不仅对学习的内容负责，还对学习的方法负责。他们有自信，通过精益求精，他们的大脑可以胜任这个任务。他们发现了最大优化学习效果的深度学习方法，不论是什么学科或教学方式。

▶ 学习偏好调查

在下面的每组调查问题中，按照最不真实到最真实给4个答案（A、B、C、D）排序。每个答案都给出不同的评分。答案没有对错，你的观点最重要。记住，最真实的选择得分为4。

最不真实 ← ① ② ③ ④ → 最真实

1. 我更愿意选择的大学课程属于
   ____ A. 科学领域
   ____ B. 商业管理领域
   ____ C. 群体动力学领域

---

[1] 马尔科姆·爱克斯（1925—1965），美国北部黑人领袖，与南部的马丁·路德·金并称为20世纪中期美国历史上最著名的两位黑人领导人。

____ D. 我设计的独立学习

2. 我解决问题的方式是

____ A. 后退，思考，分析出了什么问题

____ B. 做一些实际的事情，看看它是如何运作的

____ C. 着急介入，做当时感觉正确的事

____ D. 相信直觉

3. 吸引我的职业群体是

____ A. 工程师、研究员、财务策划师

____ B. 行政管理、城市管理者、军官

____ C. 老师、社会工作者、理疗师

____ D. 企业家、艺术家、发明家

4. 在我做决定前，我要确保

____ A. 我理解所有相关的想法和事实

____ B. 我很自信我的方法会起作用

____ C. 我知道我的决定会如何影响其他人

____ D. 我没有小看一个更有创造性的解决办法

5. 我相信

____ A. 现在的生活需要更有逻辑的思考和更少的感情

____ B. 生活会奖励实际、努力和脚踏实地的人

____ C. 生活必须充满热情和激情

____ D. 生活就像音乐一样，最好由创意灵感而非规则组成

6. 我喜欢阅读的书是

____ A.《20世纪的伟大理论和思想》

____ B.《如何安排你的人生，实现更多成就》

____ C.《培养更优人际关系的关键》

____ D.《挖掘你的创造力》

7. 我认为做决定时最有价值的信息来源是

____ A. 对事实的逻辑分析

____ B. 过去有效的成果

____ C. 直觉

____ D. 我的想象

8. 能够劝服我的论点需要

____ A. 提供数据或事实证据

____ B. 展现知名专家发现

____ C. 我崇敬的人的激情展现

____ D. 探索未来改变的创新可能性

9. 我更喜欢老师会

____ A. 知识渊博地教授这门课的事实和理论

____ B. 提供带有明确目的且有计划的实践活动

____ C. 开展令人兴奋的课堂讨论和小组项目

____ D. 让我挑战独立思考，自己探索这门课

10. 认识我的人对我的评价是

____ A. 有逻辑的

____ B. 实际的

____ C. 情绪化的

____ D. 有创造性的

将 A、B、C、D 四个选项的分数分别加起来记在下面：
____ A. 思考　　　　　____ B. 行动
____ C. 感受　　　　　____ D. 创新

你的分数意味着：
30—40 你很喜欢这种学习方式。
20—29 必要时你能够这样学习。
10—19 你避免这种学习方式。

注意：这些问题只用于学习的自我评估目的，与全脑优势思维模型（HBDI）或任何其他测试或评估没有任何联系。

日记条目 25

在这次活动中，你将应用你所学到的学习偏好提高一门有挑战性课程的成绩。

> 小猫，如果你睁大眼睛，哦，你会学到东西！最棒的东西！
> ——苏斯博士（Dr. Seuss）[1]

1. 写下这学期你最具挑战性的课。利用你刚刚学到的学习偏好，解释一下为什么这门课很难：考虑学科问题、老师的教学方式、教科书，以及任何可能导致这门课对拥有你这种学习偏好的人来说困难的因素。（如果你这学期没有具有挑战性的课，写下你在受教育经历中上过的最有挑战性的课。）

2. 利用你现在知道的学习偏好，写下你可以做出什么选择，帮助自己更轻松地学习这门有挑战性的课。请参考思考学习者、行动学习者、感受学习者、创新学习者的对比表格，寻找可能的选择。

通过为一门有挑战的课选择不同的学习方式，你可以避免找借口、责备和抱怨的受害者思维，应用创造者的面向解决方案的方法。

---

[1] 苏斯博士（1904—1991），20 世纪最卓越的儿童文学家、教育学家之一。

表 7.1 思考学习者、行动学习者、感受学习者和创新学习者的对比

	思考学习者	行动学习者	感受学习者	创新学习者
激发动力的问题	"什么"问题 ● 什么理论支持这种说法? ● 统计分析显示了什么? ● 这里的逻辑是什么? ● 有什么事实依据? ● 专家们关于这点写了什么?	"如何"问题 ● 它如何运作? ● 我如何使用它? ● 它将如何帮助我或其他人? ● 它过去是如何运作的? ● 我如何完成得更有效率? ● 专家们是如何做的?	"为什么"或者"谁"问题 ● 我为什么想要或者需要了解这个学科? ● 谁会教我? ● 谁会和我一起学? ● 他们为什么想要知道这个信息? ● 这里谁关心我? ● 这里我关心谁?	"要是……怎么样"或者"还有什么"问题 ● 要是我用另一种方法会怎么样? ● 还有什么是我能做的? ● 要是情况不同会怎么样? ● 这是什么情况类似?
偏好的收集信息的方法	● 喜欢思考事实和理论。 ● 辅助来源:利用演讲、视觉教具和 PPT 展示信息的老师;以老师为范例解决问题;阅读教科书;独立图书馆研究;需要重点写下来的活动。 ● 从反思所学中受益。	● 喜欢采取行动。 ● 辅助来源:以逐步的、有逻辑的方式展示技能和实践内容的模型或示例的老师;提供许多内行专家操作或实践应用的老师;允许学生在实验室动手操作任务的老师。 ● 从直接深入完成任务的机会中受益。	● 喜欢人与人之间有联系和情感交流的环境。 ● 辅助来源:温暖和关爱的老师;重视感受和想法的老师;利用诸如小组任务、角色扮演等分享个人经验的活动和创造安全、友好氛围的老师。 ● 从来自与老师和同学连接的机会中受益。	● 喜欢想象新的可能,建立出乎意料的联系。 ● 辅助来源:鼓励学生发现全新创新应用的老师;许多直觉创造新事物的老师;利用独立项目、灵活视频作业、日期以及艺术项目和隐喻、艺术项目等辅助来单来教学方法的老师。
偏好的处理信息的方法	● 尊重对事实和数据支持的逻辑论证。 ● 对依赖于传统、情感、个人因素或直觉的答案感到不安。	● 尊重对想法或理论的客观测试,不管它是自己的还是专家的。 ● 对基于抽象理论、情感、个人因素或直觉的答案感到不安。	● 尊重自己的情感,寻求有个人意义的答案。 ● 对基于抽象理论或冷静事实和数据的答案感到不安。	● 尊重个人想象力和直觉。 ● 对基于抽象理论、冷冰冰硬数据、情感或事实、大考量的答案感到不安。

（续表）

	思考学习者	行动学习者	感受学习者	创新学习者
	● 擅长通过分析、剖析、理解和逻辑思考得出合理的答案。 ● 喜欢井井有条，证据充分的信息。 ● 从整理复杂信息的深度学习策略中受益，例如创建提纲或比较图表。	● 擅长通过保持公正、采取行动、观察结果、遵循程序和利用证实的事实得出合理的答案。 ● 欣赏井井有条，证据充分的信息。 ● 从整理复杂信息的深度学习策略中受益，例如如何将学习过程或流程建立模型。	● 擅长做出情感回应，同情他人，考虑他人在决策中的感受，运用直觉得出与个人相关的答案。	● 擅长相信内在视野，对新事物的直觉以及他们的想象。
当老师没有按照你喜欢的方式授课时，你可以做什么：	● 构建重要的"什么"问题，在课堂作业中寻找答案。 ● 构建和回答其他老师可能会问的问题：如何？谁？为什么？要是……怎么样？ ● 仔细阅读所有的课本作业，创建条理有序的笔记，找出关键点。 ● 如果你的老师要求进行团队合作或要让学生进行部分教学，请不要烦恼。 ● 有逻辑地整理你的课堂笔记，在合适的地方和阅读大纲和比较图表。	● 构建重要的"如何"问题并寻找答案。 ● 构建和回答其他老师可能会问的问题：什么？谁？怎么样？为什么？要是……怎么样？ ● 在课后练习使用课程信息和技能进行一天或以上。 ● 找一个在工作中使用课程信息或技能的人，跟随他学习一天或以上。 ● 如果你的导师对理论非应用更感兴趣，请不要烦恼。	● 构建重要的"什么"和"为什么"问题并寻找答案。 ● 构建和回答其他老师可能会问的问题：什么？如何？谁？要是……怎么样？ ● 发现这门课对个人的价值。 ● 用概念图整理你的笔记和学习材料。 ● 如果你的老师看起来疏远和冷漠，请不要不安。 ● 练习和生活中的人使用课程中学到的信息和技能，与他们在课后讨论这门课。	● 构建重要的"要是……"问题并寻找答案。 ● 构建和回答其他老师可能会问的问题：什么？如何？谁？为什么？ ● 如果你的老师和同学不能像一样对你理解某事，请不要不安。 ● 用概念图或立刻理解某标志或创建图片整理你的笔记和学习材料。 ● 有创造性地（我要如何应用？）和类比地（这像什么？）思考内容。

（续表）

	思考学习者	行动学习者	感受学习者	创新学习者
请你的老师这样做：	● 与学习偏好不同的同学一起学习，因为他们可能会给出无从老师学习中学到的教学方式的见解。 ● 在课堂或会议上回答重要的"什么"问题。 ● 在黑板或讲义上列出重点。提供PPT讲义。 ● 回答讨论问题时，给学生大声读出答案前写下答案的时间。 ● 推荐扩展阅读读物，尤其该学科知名权威的著作。 ● 提供过去考试问题或范例的解法。 ● 逐步展示数学教学问题或提供支持所展示科学理论的数据或客观证据。	● 逐步整理你的课堂和阅读笔记，在合适的地方使用大纲和比较图表。 ● 与学习偏好不同的同学一起学习，因为他们可能会给出无从老师中学习到的教学方式的见解。 ● 在课堂上回答重要的"如何"问题。 ● 解释所教理论的实际应用。提供概念的视觉模型（例如第六章的剧本模型）。 ● 在黑板或讲义上列出重要步骤。 ● 逐步展示信息或技能。 ● 邀请来实讲解课程信息或技能在日常工作中的真实应用。 ● 在展示了你对这个问题的实际理解时，观察并给出正确的反馈。	● 录下上课内容（得到允许的情况下）并在空闲时间听录音。 ● 与学习偏好不同的同学一起学习，因为他们可能会给出无从老师中学习到的教学方式的见解把学习到的教给别人。 ● 在课堂上回答重要的"谁"和"为什么"问题。解释每个人可能会如何应用课程信息。 ● 课后找老师见面，也许是为了辅导，这样你们可以更好地互相了解。 ● 不时在课堂上开展小组活动。 ● 讲述自己（或其他人）是如何来自使用课程中所教授的信息或技能的。 ● 和同伴或小组成员共同完成作业。 ● 在面向全班同学回答问题之前，给予学生成对讨论的时间。	● 与学习偏好不同的同学一起学习，因为他们可能会给出无从老师中学习到的教学方式的见解。 ● 在课堂上回答重要的"还有什么……怎么样"问题。 ● 允许你设计部分自己的课程作业。 ● 用视觉辅助解释概念。 ● 推荐一本该领域最新创新思想家的书。 ● 讨论反驳你的最初观点的书。 ● 用论文和独立项目来评价你的学习，而不是客观题测试。

学生故事

梅丽莎·汤普森（Melissa Thompson），麦迪逊区技术学院，威斯康星州

我的挑战是化学课。在课上，我可以听到老师说的话，但听不懂。老师干巴巴的，冷漠而吓人，从不开玩笑。我可以把书读一遍，再读一遍，却仍然不知道我刚刚读了些什么。我很受挫，因为我必须通过化学课才能拿到学位。意识到这一点，我每周花10—12个小时学习，甚至建立了学习小组，找了家教。通过所有这些帮助，我的作业完成得尚可，但是考试让我很痛苦。我一看到试卷脑袋就一片空白。我的压力很大，很想放弃这门课。

就在那时，我完成了这本书里关于学习偏好的自我评估。我在感受学习者上得分最高，行动学习者排在第二。我知道了与老师和同学保持良好关系对我很重要。此外，我想要看到和摸到我所学的东西，我对抽象概念和冰冷事实感到不安。高中时我最喜欢的学科是艺术和英语，它们可以任由我进行创造和实践。我最喜欢的老师是我的艺术老师，一个善良、有爱的人，他讲述了许多与生活有关的艺术故事。现在上的化学课，恰好是让我不舒服的学科类型，而且我遇到了一个冷淡而可怕的老师。我知道自己必须做些什么，在上大学成功课之前，我可能就不会这样做。

我问化学老师能否在课后和他谈谈。我解释了刚刚发现的学习偏好，以及为什么化学对我来说是个巨大挑战。他同意在每节课后和我见一面。上课时，我会在笔记的空白处写下问题，或者在我困惑的地方留下空白。我还会在书中标识出我不理解的地方。课后和他一起复习我的问题，这很有帮助，因为我脑子里的一切都很新鲜。他会用和课上不同的方法回答我的问题。然后我会告诉他我的理解，而他会教导我直到我理解对了。当我开始了解他时，我发现他实际上很友善且乐于助人。他是个安静的人，但我可以感觉到他有多喜欢化学。过去，我在走进教室时会感到害怕，很快我就感觉舒服多了。

在这些会面后不久，我的成绩开始提升。我记住了信息，这一点很明显。我努力学习，最终通过了化学考试。如果我没有发现自己的学习偏好，采取

> 不同的行动，我不认为我会通过考试。我的教授肯定是一位"思考家"，他处理事情的方法和我完全不同。尽管曾经的我也了解这一情况，但后来，我知道自己必须站出来掌控我的生活，我做到了。

采用批判性思维

关键问题：如何确定这个复杂而混乱的世界的真相？如何以一种有逻辑性和说服力的方式向他人展示你的真理？

想象一下：在决定下学期选什么课时，你决定选择初级心理学。在多次核对它的上课时间后，你高兴地发现有一节课完美适应你的时间表。这门课的老师是斯金纳（Skinner）教授。因为你有两个朋友这学期选择了斯金纳教授的课，你明智地询问他们的意见。

一个朋友说："斯金纳博士很糟糕。千万别选他的课！"但你的第二个朋友说："斯金纳博士是我见过最棒的老师！你一定要选他的课。"见鬼，现在你怎么办？

在做决定之前，你最好采用批判性思维。"批判性"这个概念起源于希腊词汇 kritikos，意思是拥有通过正确判断理解或决定的能力。批判性思维帮助我们更好地理解复杂的世界，做出明智选择，创造更多渴望的结果和体验。因为知道批判性思维在许多人生领域的重要性，很多大学教育者把它放在想要学生掌握的技能列表的优先位置。

> 高阶思维、批判性思维能力对个人和职业人生中各个领域的成功越来越重要。
>
> ——理查德·保罗（Richard Paul）

这里有个好消息。你已经在使用一种强有力的批判性思维技能——明智选择流程。正如你之前经历的，深思熟虑地回答明智选择流程的 6 个问题，指导你进行识别选项、查看可能的结果、选择当时可用的最佳选项这些步骤。做出明智选择是批判性思维的关键应用。

此外，批判性思维还可以给另一个重要领域带来帮助：构建和分析有说服力的论证。想想之前其他人无数次地试图劝你想或做某事：数学是个迷人的学科（这样想），让我复印你的化学笔记（那样做），全球变暖是个巨大威胁（这样想），选择会计专业（那样做），我的室友太不体贴了（这样想），去读研（那样做）。当然，你也在做同样的事。这样想……那样做。

因此，大部分人生是一场精神拔河。努力影响他人的想法和行动是从交流到战争这些大多数人类交际的核心。这样想……那样做。难怪你的人生质量会受到构建和分析有说服力论证的能力的极大影响。你甚至可以使用这些技能来决定是否选择斯金纳教授的初级心理学课。

> 智力是我们天生就有的东西。思考是我们必须学习的技能。
> ——爱德华·德博诺（Edward de Bono）

构建逻辑论证

在许多大学里，整个课程甚至是专业都致力于研究论证。在这里，我们将专注于对构建和分析有说服力的论据十分关键的两个技能。第一个技能是构建逻辑论证的能力。逻辑论证的三个组成因素是：原因、证据、结论。作为逻辑论证的组成因素，这三个成分可以以任意顺序出现。例如，假设有人想要说服你参加大学二年级的留学项目。她可能这样论证：你应该申请二年级留学项目。它会改变你的人生。我在我们的大学报纸上读到了一篇关于这个项目的文章。作者调查了完成这个项目的学生，80% 的学生认为他们的经历"改变了人生"。

下面是按其组成部分组织论证的一种可能：

1. 原因 （也被称为前提、要求或假设）回答"为什么"的问题。原因解释了听众为什么应该想或做某事。原因被展示为真实的，但它们可能不是。	为什么？ 二年级留学项目会改变你的人生。
2. 证据 （也被称为依据）回答"你怎么知道"的问题。证据提供了劝说者知道原因真实性的依据。证据应该被证实为真的。三种常见的证据是事实、数据和故事。	我怎么知道的？ 我在我们的大学报纸上读到了一篇关于这个项目的文章。作者调查了完成这个项目的学生，80%的学生认为他们的经历"改变了人生"。
3. 结论 （也被称为观点、信念或立场）回答"什么"的问题。结论陈述了劝说者希望听众想或做什么。	你应该想或做什么？ 你应该申请二年级留学项目。

> 现在许多年轻人的问题不是没有观点，而是他们的观点没有事实依据。
>
> ——艾伯特·尚卡尔（Albert Shanker）

提出探究性问题

对分析有说服力的论据十分关键的第二个批判性技能思维是：提出探究性问题。探究性问题能够揭露基于不合理的理由、有缺陷的证据和错误逻辑的结论。它们是一个好的律师、医生、教育家、父母、侦探、情人、顾客或朋友为揭露隐藏的真相而提出的那种问题。下表列出了一个批判性思考者可能会对任何有说服力的论证提出的问题。提出和回答这些（和其他）问题可以帮助你构建自己的有力论证和分析他人的论证。

> 有妙问才有妙答。
>
> ——E.E. 卡明斯（e.e. cummings）

表7.2 关于原因、结论的问题及探究性问题示例

关于原因的问题	探究性问题示例
• 提供了什么原因支持这个结论？ • 基于你的经验和知识，这些原因听起来合理吗？ • 这些原因来自认真反思和逻辑思考还是被误导的信仰或偏见？ • 这些原因有什么重要的例外吗？ • 所有关键术语的定义清晰吗？ • 是否用强烈的情感取代了原因？ • 证据的来源可靠吗？ • 证据真实吗？ • 证据客观而公正吗？ • 证据相关吗？ • 证据是当前的吗？ • 有足够的证据吗？ • 是否存在相反的证据？ • 证据完整吗？	• 你哥哥在澳大利亚留学了一年，这个经历改变他的人生了吗？ • 报纸文章里提到的学生所说的"改变人生"意味着什么？ • 这个项目看起来会改变我的人生吗？ • 我想要改变人生吗？ • 受调查的学生是否是特别挑选的，以支持作者对于二年级留学项目的观点？ • 如果我参加项目，劝说我的人是否会获利？ • 是否调查了足够多的学生使调查结果有意义？ • 之前所有参加二年级留学项目的学生中认为这次经历"改变人生"的人占比是多少？
关于结论的问题	**探究性问题示例**
• 为什么？ • 结论是否有逻辑，或者推理是否有错误？ • 同样的原因和证据是否能得出不同的结论？	• 除了二年级留学项目以外，是否有其他原因导致学生们认为这是改变人生的经历？ • 认为他们的经历"改变人生"的学生是否有其他共同之处可能成为改变人生的原因？ • 现在的项目和改变那些受调查学生人生的项目是否相同？

> 学习的真正价值在于回答问题和质疑答案。
>
> ——马蒂·格罗思（Marty Grothe）

采用批判性思维

让我们在行动中观察这些批判性思维技能。听听两位学生争论"一条鱼的故事"中生物教授的结论。注意他们如何解释结论产生的原因和证据。看他们如何各自用探究性问题质疑另一个人的论证。

惠美子（Emiko）：我认为生物教授是"糟糕的"。我讨厌他当我的老师。【结论】

弗兰克（Frank）：为什么？【探究性问题】

惠美子：你在开玩笑吗？大学老师之所以被称为"教授"是有原因的。他们领着工资来"教授"，而教授意味着讲述。教授应该是专家，所以他们的工作是向学生讲述学生们需知道的知识。【原因】

> 教育必须使人能够筛选和权衡证据，辨别对错、真伪、虚实。因此，教育的功能是教会人们深入和批判性地思考。
>
> ——马丁·路德·金

弗兰克：大学老师当然要是这门学科的专家。但他们的工作真的是向学生讲述学生要知道的知识吗？【探究性问题】我认为老师的工作是帮助学生学会独立思考，而不只是记住事实。【原因】我很愿意有这样一位老师。我认为他"很棒"。【结论】

惠美子：在整个第一周的课上，他所做的只是给学生鱼然后就离开教室。【证据】你不觉得老师至少有责任待在教室吗？【探究性问题】

弗兰克：问题不在于老师是否在教室里，而在于他是否帮助学生学习。【原因】生物老师不仅仅是给学生鱼然后离开教室。他要求学生观察鱼并且写下他们所有的观察。这个要求让他们在上课的第一天就可以像生物学家一样积极思考。【证据】我认为这使得他成为一位很棒的老师。【结论】

> 培养成为批判性思考者的能力旨在帮助你思考自己的人生状况。
>
> ——约翰·查菲（John Chaffee）

惠美子：如果教授想要让学生积极参与，这没有问题。但老师不应该让学生在大学第一天感到受挫和焦虑。好的老师让学生感到舒服。【原因】看看他们在等待教授回来的过程中有多焦虑。他们完全不知道发生了什么。【证据】因此我认为这个老师很糟糕。【结论】

弗兰克：也许学生有一点焦虑，但这不是一件好事吗？【探究性问题】有时我们需经历一点不适才能学到东西。【原因】我高中时遇到的最好的老师让全班都感到不舒服，她尽可能快地向我们提问，尤其是向那些不专心和没有做作业的人提问。我在这门课上学到的东西比高中其他所有课加起来的还要多。【证据】我宁愿在一个让我思考的教授那儿得到 C，也不愿在一个只是提供考试答案的教授那儿得到 A。【原因】

> 我在 21 岁时就知道，你不能说一件事是这样只是因为它不可能那样，一个更聪明、更睿智、更深思熟虑的人会出来告诉你并非如此。如果你还以为它是这样，你必须证明。好吧，这对我来说是件新鲜事。我不能，我真的无法描述这对我的内心和想法造成了什么影响。我想：我终于受到了教育。
>
> ——芭芭拉·乔丹（Barbara Jordan）[1]

惠美子：如果你想像我一样成为一名医生的话就不会这样想。如果我得到了很多 C，我几乎不可能进一所好的医科学校。【原因】因此我会避开这种像灾难一样的老师。他很糟糕！【结论】

尽管他们的论证并非无懈可击，这些学生使用的批判性思维技巧还是应该被称赞。他们努力提供原因和证据来支持他们的结论。此外，他们还针对对方的原因、证据和结论提出探究性问题。就像所有批判性思考者一样，他们是值得尊敬的怀疑论者。

对有的人来说，批判性思维的目的是赢得争论。虽然这一点明显可以被批判性思维实现，但它实际上有一个更崇高的目标。批判性思维帮助我们寻找真相。这就是为什么作为一个有效的批判性思考者，每当发现一种更能解释现实的观点时必须愿意放弃你原有的立场。批判性思考者的最终目标不是胜利，而是学习。

---

[1] 芭芭拉·乔丹（1936—1996），美国历史上首位黑人妇女众议员。

日记条目 26

1. 回到这一节的开头,你被要求想象收到关于初级心理学教授斯金纳博士的两种相反观点。列出至少 10 个可以问两位朋友的探究性问题,帮助你找到"真相",做出是否选择斯金纳博士课程的明智选择。你的问题应该包含探究他们的原因、证据和结论。另外,考虑利用你的学习偏好进行提问。

> 教育的目的是用开放的思想代替空虚的头脑。
> ——马尔科姆·S. 福布斯(Malcolm S. Forbes)

2. 写下逻辑论证,解释在"罗杰斯教授的试验"案例(在第五章的开头)中你认为哪个角色对小组 D 的成绩负有最多责任。确保明确陈述你的结论(谁负有最多责任),得出这个结论的原因和案例中支持原因的证据。例如,你的日记可以这样开始:我认为对小组成绩负有最多责任的是……我这样认为的第一个原因是……案例中的证据显示……我认为这个人负有最多责任的第二个原因是……

职场:终身学习

未来工作中要具备的知识素养是能够定义问题、快速吸收相关数据、概念化和重组信息、进行推论归纳、提出艰深的问题、与同事讨论发现、协作寻找解决办法并说服别人的能力。

——罗伯特·B. 赖克(Robert B. Reich),
美国劳工部前部长

有的学生认为,一旦从大学毕业他们就终于完成了学习任务。事实上,大学文凭只是一张进入庞大的职场大学的门票。根据美国培训与发展协会的数据，在最近的一年里，美国雇主花费了超过550亿美元用于员工培训。

> **寻找创造者**
> 候选人必须展现对终身学习的承诺、强烈的批判性思维能力以及适应新挑战的能力。

职场的继续教育包括对硬技能的指导，例如管理一条新的生产线、一个计算机系统，或者一条政府法规。公司也会为员工提供许多与你在本书中所学到的相同的软技能的培训，例如倾听、设定目标、时间管理和工作项目。事实上，在当今职场，软技能是如此短缺，以至于顶尖的培训顾问每天收费数千美元向美国企业的员工教授这些技能。

聪明的员工会充分利用雇主提供的正式课程。他们还会充分利用人生大学提供的非正式课程。在这个大学里，你有机会从每一次经历中学习，尤其是从工作经历中学习。终身学习者不会被挫折打败，比如项目解散甚至丢掉工作。他们从自己的经历中学习，变得比过去更强更聪明。创意领导力中心的一份报告比较了那些职业生涯偏离目标的和表现优秀的管理者。尽管两组人都有弱点，关键的区别是：那些没有从错误和缺点中学习的管理者更容易在工作中失败。相反，那些确实吸取了宝贵经验教训的管理者更有可能振作起来，重新获得职业生涯的成功。

一旦你认真，想要找到理想工作，你的职场学习就开始了。除非你很确定自己的职业道路，否则你将要做大量的研究。即使你对自己的职业选择有信心，进一步的研究也会带来更好的结果。如今有超过20,000个职业和40,000个职称，你会想要找出与自我评估中所显示的个人才能和兴趣相匹配的职业。

大学图书馆或者就业中心可能有大量关于职业的资源。例如，计算机程序系统如SIGI PLUS、CHOICES和CIS可以用于探索数千种可能的职业。《职业头衔字典》（*DOT*）中数千个职业的简短描述可以提供帮助，《职业探索指南》（*GOE*）是职业选择的另一个来源，《职业展望手册》（*OOH*）的最新版本提供关于各种职业需求的信息。利用这些资源，你可以掌握一些你从未听说过的重要事实，包括工作性质、工作地点、所需的培训和资格、收入、工作条件和就业前景等。记住，在这个快节奏的世界里，当你毕业的时候可能会有今天并不存在的职业可供选择。

全脑优势思维模型的创造者奈德·赫曼这样写道："经验表明，一个人的心理偏好与他的工作相符时会带来成功和满足感，而不相符通常会导致表现不佳和不满。"因此，利用你在这一章中发现的学习偏好选择一个与之相符的职业。查看表7.3的一些示例。

当你缩小了自己的职业选择范围时，你可能想要在表态之前进行深入了解。为了获得有关一个职业是否适合你的内部消息，你要进行一些实际体验。在这个领域寻找兼职或临时工作、申请实习甚至做义工。有一段时间，我以为我想成为一名兽医，但在兽医医院工作了一个夏天后我很快知道：这个职业与我并不匹配。我很高兴在就读兽医学校之前发现了我真实的感受！

现在是你面试的时候了。记住，大多数雇主都在寻找能适应新职位并在未来的几年里能够不断学习新技能的人。事实上，美国劳工部最近的一项研究发现，入门级员工的雇主认为特定的技术和技能不如在工作中学习的能力

表7.3　学习偏好和相应职业

A.思考学习者：生物学家、股票经纪人、工程师、城市管理者、科学老师、计算机设计师/程序员、计算机技术员、侦探、教育行政人员、放射科医师、电气工程师、财务规划师、律师、化学家、数学家、医学研究员、医师、统计员、兽医。
B.行动学习者：记者、会计、图书馆员、记账员、临床心理学家、信用顾问、历史学家、环境科学家、农民、旅馆/汽车旅馆经理、市场总监、军事人员、警官、房地产经纪人、校长、技术撰稿人。
C.感受学习者：演员、社会工作者、神职人员、社会学家、咨询心理学家、人力资源经理、公关专家、记者、音乐家、教师、护士、职业治疗师、组织发展顾问、康乐治疗师、销售、作家。
D.创新学习者：舞者、诗人、广告设计师、花匠、精神病医生、艺术家、创意作家、企业家、时装艺术家、剧作家、电影摄制者、平面设计师、幽默家、发明家、景观设计师、营养师、摄影师、编辑、程序开发者。

重要。那么，如何在面试中展示自己终身学习的一面？首先，当然要有一份优秀的成绩单来证明你在大学里的学习能力。准备这样的问题："你如何跟上自己领域的进步？你参加过哪些讨论会或研究组？你会进行哪种阅读？"去面试前准备好自己要问的好问题。告诉面试官，在工作中提升自我能力是你的追求目标。

"尽管你特别优秀，凯特，我还是会说'受害者'不是一个好的职场选择。"

图 7.2　诚恳的提醒

如今的职场以扁平化为特点。公司以更为精简的员工进行运作，这意味着每一位员工对企业的成功都至关重要。这也意味着那些无法跟上变化的人将被牺牲。让自己拥有竞争优势的一个强有力的方法是不断学习新的技能和知识，甚至在你的工作需要它们之前就学习。当你的主管说："这里有谁知道如何使用桌面出版程序吗？"你就能够说："当然有，我会。"在工作中不断学习的另一种方法是寻求反馈。优秀的员工想听到别人对他们工作的看法，知道这是学习如何更好地完成工作的方法。

据《大学蓝皮书》(*College Blue Book*) 的作者安东尼·安吉洛（Anthony J. D'Angelo）称，世界知识每 14 个月增加一倍。假设他错得离谱，世界知识如其他人所称的那样每 5 年翻一番，这还是意味着我们必须每天学习一点点才能跟上世界的脚步，每天学习很多才能走在时代前沿。教育家马歇尔·麦克卢汉（Marshall McLuhan）曾说过："工作的未来在于学习人生（而不是挣钱谋生）。"他的观察结果日益真实。未来的职场成功属于终身学习者。

> **技术建议：终身学习**
>
> Mindsetonline.com 是固定型和成长型心态理论的创造者卡罗尔·德韦克的网站。点击链接"测试你的心态"，完成 16 道在线测试题就能立刻得到结果。（网页）
>
> Mindsetworks.com 提供 4 种与心态有关的测试。作为一名学生，你可能对第一个最感兴趣："我的心态是什么？"（适用于 12 岁以上人群）。这个测试只有 8 个问题，可以在几分钟内完成。这个网站上还有一些关于固定型和成长型心态的视频。（网页）
>
> VARK-learn.com 是一个在线自我测试网站，提供关于"学习风格"的信息。你的偏好是视觉的（看）、听觉的（听）、读/写的还是动觉的（物理移动）？如同本章中的学习盘点一样，你最好在 VARK 上看看你的测试结果，它展示了你对某些学习活动的偏好，但不是不能以其他方式学习。（网页）

相信自己：培养自尊

关键问题：你现在的自尊水平是多高？如何提高自尊？

自尊是认为"自己是一个值得钦佩的人"的核心信念。如果自信是我做了什么的结果，那么自尊就是我如何去做的结果。

建立或摧毁自尊的两个关键选择是：我是否活得诚信和我是否遵守承诺。

活得诚信（不作弊、不抄袭）

诚信的基础是个人价值体系。什么对我很重要？我想要什么经历？我想要他人拥有什么经历？我是否珍惜诸如汽车、衣服、赞美、旅行、名气或金钱之类的外部奖励？我是否珍视诸如爱、尊重、卓越、安全、诚实、智慧或慈悲之类的内在体验？

> 始终致力于思想与言行的和谐统一。
> ——莫汉达斯·K. 甘地（Mohandas K. Gandhi）

单词 integrity（诚信）的词根是 integer，意思是"一"或者"整"。因此，我们通过选择与我们的价值观相符的言行来创造诚信。许多学生说他们重视教育，但他们的行动恰恰相反。他们不做作业、没有尽全力完成任务、缺课、迟到。简而言之，他们的选择与他们所说的价值观相悖。缺乏诚信的选择撕裂了一个有意识的人的自尊。

我最重要的一次诚信测试发生在大学的第一年。首先，简单介绍一下背景。在我上的公立高中，作弊十分普遍。你可以说这是学生文化的一部分。至于我，我为自己从未作弊而自豪，直到那次拉丁语考试（当时我的高中提供了 3 个等级的拉丁语课）。我知道作弊是不对的，但我的内心防卫早就准备好了借口：每个人都作弊。不再有人使用拉丁语，所以学拉丁语是对时间的巨大浪费。如果我不作弊，其他人都作弊……那么我的成绩就会很差。我可以熟练地把词汇和动词变化写在可以想到的最小的纸上。我得到了 A。我犯了错。

现在快进到我大学第一学期的期中。所有人都在准备期中考试。我的内心批判已经让我确信我正面临着辍学的严重危险。我觉得班上的每个人都比我更聪明、准备得更好。

他们读过我从未听说过的书。他们上过我的高中学校没有开设的课。他们可以发表对罗马的高见……用拉丁语。如果我想要留在大学，我决定，自己必须作弊。在我准备期中考试时，我制作了一些关于地球的详尽小抄。

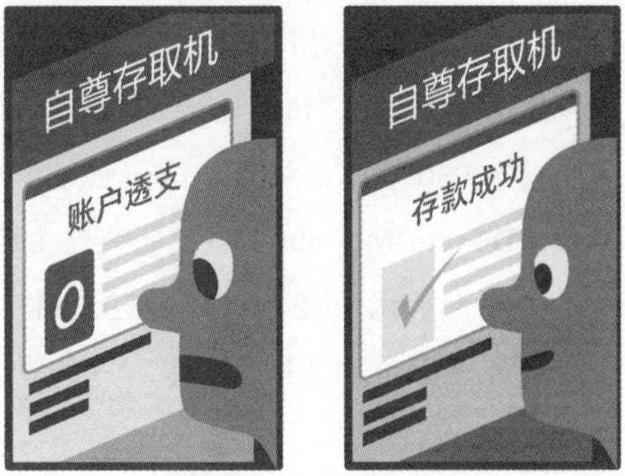

图 7.3　自尊存取机

> 如果你想被他人尊重，最重要的是先尊重自己。只有通过自尊，你才能让别人尊重你。
>
> ——费奥多尔·陀思妥耶夫斯基（Fyodor Dostoyevsky）

但我被吓了一跳。当我第一次参加大学考试时，教授让我们在考试卷前写下下面的声明并签名："我以自己的荣誉发誓，在这场考试中我没有给予别人帮助也没有得到别人的帮助。"然后他离开了考场！

这是一个分岔路口！现在我拿着巧妙制作的微型小抄，并且（A）我刚刚签了不会使用它们的承诺；（B）如果我用了，没有老师在场可以抓我。该死，怎么办？

学术诚信是高等教育深层文化的另一个方面。你的大学很可能拥有一份书面的政策或荣誉守则，维护学术诚信的价值，谴责作弊行为。你可以在大学手册或网站上找到。这是阿默斯特学院荣誉守则的一部分：……学院认为，提交非本人完成的作业，破坏学术风气是违反学术责任要求的。

> 愿意承担自己人生的责任是自尊的源泉。
>
> ——琼·迪迪翁（Joan Didion）[1]

学术欺诈，阿默斯特的政策解释为：任何旨在产生与个人表现不相称的学术评估的行为，或旨在不公平地协助或阻碍个人学术努力的行为。因为高等教育的一个目的就是寻找真相，杜绝作弊看起来是个好主意。

你可能会想："如何杜绝？"如果你在谷歌上搜索"学术诚信"，你可以找到超过 5,930,000 条结果。这显然是个热门话题。罗格斯大学教授唐纳德·麦凯布（Donald McCabe）多年研究这个课题。他调查了来自 9 所大学的 1800 名学生。70% 承认曾经考试作弊过，84% 的人承认在作业上作弊过。美国教育考试服务中心（ETS）报告称，一个销售学期论文的网站每天平均点击量约为

---

[1] 琼·迪迪翁（1934—2021），美国作家。

80,000次。讽刺的是，我在一个这样的网站上发现了60篇关于学术诚信的学期论文在出售。换句话说，你可以通过购买一份谴责作弊的论文来作弊。

> 正像有了白昼才有黑夜一样，对自己忠实，才不会对别人欺诈。
> ——波洛涅斯，莎士比亚《哈姆雷特》(Hamlet)中的人物

所以，看起来很多学生都会作弊。为什么不加入他们？原因很多，下面列举了三个。

首先，让我们实际一些，你可能会被抓。因为作弊如此普遍，教育工作者有多种方式与之抗争。例如，正如有许多可以购买论文的网站，也有一些网站可以让老师检查一份学期论文是否被上交过。后果是什么？最好查一下你们大学对作弊的惩罚措施，从考试或作业不及格，到课程不及格，甚至开除。有的大学会在成绩单上记录学生的违规行为，这是一个让未来雇主寒心的信息。

其次，你会学到更多。如果你上大学只是为了拿学位，那么你学到什么并不重要，你可能不在乎——直到你的工作需要你在用作弊通过的那门课中应该学到的技能。如果你是护理专业的学生，我当然希望永远不会受到你的照护。如果你是工程专业的学生，我当然希望永远不要从你造的桥上驾车开过。

> 我宁愿光荣失败，也不愿以作弊取胜。
> ——索福克勒斯（Sophocles）[1]

最后，诚信可以增强你的自尊。至少这是我所体验到的。你看，在许多年前我的大学第一场期中考试上，我决定不作弊。我的第一个想法是，老师离开之后，作弊太容易了。而第二个想法是，如果我作弊了，我永远也不会知道自己能做什么，也许我能做到的比想象的要多得多。接着我想到，这是不对的，即使没有人发现，我知道自己作弊了。在那一刻，在成熟的18岁时，我判定作弊的代价太高了。

---

[1] 索福克勒斯（公元前496—公元前406），雅典三大悲剧作家之一。

这些是我学到的：每当我们违背自己的价值观时，就会从自尊账户中取出东西。每当我们忠于自己的价值观时，就会存入东西。当你发现自己的选择与价值观不一致时，为了你自己好，你需做出改变。你无法在放弃自己所尊重的东西的同时仍然保持自尊。

遵守承诺

现在让我们考虑一下另一个影响自尊的选择。想象一下有人对你做出承诺但是没有遵守。接着他再次打破了第二个承诺，然后一个又一个。你不会失去对这个人的尊重吗？当做出和打破所有这些承诺的人是你时，你觉得会发生什么？

诚然，你的内心防卫会很快扔出借口作为烟幕。但真相不会在内心指引中遗失。事实仍然存在：你做出了承诺，却没有遵守。违反承诺让你的自尊账户失去了一大笔存款。

> 每当我违反约定时，都会先付出代价。它破坏了我的自尊、我的信用、我的自信。它让我不能相信自己。如果我不能相信自己，还能信任谁？
>
> ——帕特里夏·J. 芒森（Patricia J. Munson）

为了在你的自尊账户里存入存款，请遵守承诺，尤其是对自己的承诺。下面是方法：

- 清醒地达成约定。准确理解你的承诺。拒绝那些会让你偏离轨道的要求，不要为了安抚他人而做出超过你能力范围的承诺。
- 使用创造者语言。不要说我会试着做，而是说我会去做或者我不会去做。
- 让你的约定变得很重要。把它们写下来，告诉其他人。
- 制订计划，然后用尽全力实施计划。使用自我管理工具追踪你对自己和他人的承诺。
- 如果出现问题或者改变主意，重新商量（不要直接放弃你的承诺）。

讽刺的是，我们最常违背对自己的承诺。你在这方面做得怎么样？下面是一些证据：你如何对待为了实现日记条目 10 中的目标和梦想而做出的承诺？

你如何对待日记条目 14 中的 32 天承诺？

如果你没能遵守这些（或其他）承诺，问问你的内心指引，什么比遵守对自己的承诺更重要？一部分的你想要遵守承诺，但显然另一部分，更强的那部分想要抗拒。请彻底地、诚实地探索这场内心冲突，你可能会发现一种自我挫败的模式或是一种迫切要改变的有限核心信念。毕竟，我们的选择揭示了我们真正的价值观。

> 对我而言，诚信是自尊的底线。它开始于对承诺的遵守，当你说自己要做某事时，不论你是否愿意，都要做到。
> ——贝蒂·哈奇（Betty Hatch），美国自尊委员会主席

遵守承诺通常要克服无数障碍。我的一个学生就是这样。罗莎莉（Rosalie）将成为护士的梦想推迟了 18 年，在此期间她独自抚养了两个孩子。刚进大学不久，她的新婚丈夫就让她退学照顾他前段婚姻的两个儿子。罗莎莉同意了，再一次推迟了她的梦想。10 年后的今天，她再次回到大学，说出了她所谓的"神圣誓言"：按时出席每一堂课，尽全力做好所有的工作，积极参与学习活动。这一次她承诺要获得护理学学位。她的时代终于来了。

然后有一天晚上，她接到了儿子的电话，他已经结婚了，有一个两岁的女儿。他遇到了一个严重的问题：他的妻子吸毒。更糟的是，那天她赊账买了价值 200 美元的毒品，而毒品贩子挟持了罗莎莉的孙女，不付钱就不放人。罗莎莉整晚都在四处凑钱，终于把钱给了她儿子。然后，她整夜都醒着，等着听她孙女平安归来的消息。

早上 6 点，罗莎莉等到了这个好消息，她的儿子把小孩带到了她家。他让罗莎莉在他和妻子进行严肃谈话时帮忙看着孩子。几个小时过去了，罗莎莉还在照看小孩。离大学上课的时间越来越近。因为意识到自己再一次让其他人把自己拖离了正轨，她越来越生气。然后她想起自己可以做出选择：待在家里，为自己感到难过，或者采取行动回到正轨。

9 点的时候，罗莎莉打电话给住在小镇另一边的姐姐。她让姐姐打车来自己家，承诺会支付出租车费，甚至额外付一笔钱让姐姐照看小孩。

> 只有忠于自己，你才会永远受到欢迎。
>
> ——玛雅·安吉罗

"我没能准时去上课，"罗莎莉说，"但我要去。当我到的时候，我只想走到教室中间大喊'耶！我做到了！'"

如果你能看到她告诉全班她的苦难和胜利时的脸，你会看到一个女人刚刚学到人生中一个重要教训的样子。当我们违背了对自己的承诺时，我们内心的某些东西就会死去。当我们遵守对自己的承诺时，我们内心的某些东西就会茁壮成长。这个东西就是自尊。

日记条目 27

在这个活动中，你将探索如何加强自尊。自尊的人不仅尊重自己做了什么，而且尊重自己如何做到。

> 品质，简单说就是做你承诺的事。一个更为正式的定义是：品质是在做出决定的情绪过去之后实施这个有价值的决定的能力。
>
> ——海勒姆·W. 史密斯

在下面两个话题中选择一个：

1. 写下某次你通过个人诚信测试的经历。讲述一次你受到极大诱惑去放弃一个重要价值观的经历。描述你如何决定"做正确的事"而不是向诱惑屈服。

2. 写下某次你遵守了一个难以兑现的承诺的经历。充分解释你对自己或他人做出的承诺，讨论其中——内部和外部的——让你难以遵守承诺的挑战。解释面对这些挑战，你如何遵守承诺。

提出那些带来有意义答案的探究性问题。预测那些好奇的读者可能对你的故事提出的问题，然后回答它们。例如，你的选择会对自尊产生怎样的影响？

第八章 培养情商

成功的学生……

▶ 展现情商，利用情感作为指南针，向着目标和梦想前进。

▶ 有效减少压力，管理和抚慰不安的情绪，如愤怒、恐惧和悲伤。

▶ 创造幸福，充分、积极地参与大学学习生活以及人生的其他阶段。

挣扎的学生……

▶ 让自己被情绪绑架，做出使自己偏离正轨的不明智选择。

▶ 不承担管理情绪的责任，做出不理智的冲动行为。

▶ 频繁经历消极情绪，比如无聊和不幸福。

如果我不快乐，创造世俗的成功是没有意义的。这意味着我必须承担的责任不仅是创造结果的质量，还有内心体验的质量。我创造自己的幸福和内心的平静。

▶批判性思维案例研究——数学考试之后

当毕晓普教授（Professor Bishop）拿到期中考试成绩时，他说："我教了20年数学，从来没有见过这么低的分数。有人能告诉我出了什么问题吗？"他伸出一只手，梳理着他那灰白的头发，等待着。没有人说话。"你们难道不在乎自己的成绩吗？"学生们摆弄着试卷。他们看向窗外。没有人说话。

最终，毕晓普教授说："好吧，斯科特（Scott），从你开始。发生了什么？你考了35分。你学习了吗？"

斯科特，18岁，咕哝道："我学了，但我就是不懂数学。"

班上的其他学生也在点头。一个学生喃喃自语道："阿门，兄弟。"

毕晓普教授环顾教室。"你呢，埃琳娜（Elena）？你甚至没来考试。"

埃琳娜，31岁，叹气道："我很抱歉，但除了这门课以外我还有很多事情要担心。我的工作不断改变我的日程安排，上周我断了一颗牙，我的室友不愿意还欠我的钱，我的车坏了，而且我连续3周没能找到我的数学书。我猜我男朋友把它藏了起来。如果我的生活中再有一件事出错，我就要尖叫了。"

毕晓普教授慢慢地摇了摇头。"嗯，这是一个很好的故事。其他人呢？"学生们沉默了整整一分钟。

突然，迈克尔（Michael），23岁，站起来咆哮道："你就是个该死的笑话，伙计。你不会教书，却把问题推到我们头上。嗯，我受够了。我会退掉这门愚蠢的课，然后提出申诉。你最好开始找新工作吧！"他冲出教室，砰地关上身后的门。

"好吧，我看这不会有任何结果，"毕晓普教授说，"我希望你们都回去想想为什么考得这么差。在你们准备好诚实地回答这个问题之前不要回来。"他拿起书离开了教室。埃琳娜看了下表，然后冲出了教室。她还有时间在学生休息室里看她最喜欢的真人秀节目。

一个小时后，迈克尔独自坐在自助餐厅，他的同学斯科特和基亚（Kia）加入了他。斯科特说："天啊，迈克尔，你真的朝毕晓普发飙了！你不会真的退掉他的课，对吗？"

"我已经退了！"迈克尔在他

的同学们坐下时恶声恶气地说,"我直接从教室去了注册办公室。我不干了!"

"我不如也退掉这门课。"基亚想。自从她被拒绝进入护理项目后,她沮丧到无法完成任何作业。熟悉的泪水模糊了她的视线。

斯科特说:"我不知道数学是什么。我复习了好几个小时,但是当我开始考试的时候,我变得很害怕,就像我从来没有学习过一样。我的大脑一片空白。"想到数学,斯科特开始想要吃东西。

"在哪里提交对教授的申诉?"迈克尔问。

"我不知道。"斯科特说。

"什么?"基亚回答道。她没有听到迈克尔或斯科特说的任何一句话。她唯一能想到的是,她的一生都被毁了,因为她永远无法成为一名护士。

迈克尔站了起来,跺脚以示申诉。斯科特去买薯条。基亚把头抵在自助餐厅的桌子上,试图咽下喉咙里的灼烧感。

下面列出了故事中的5个角色。请按照他们的情商排序。请给每个角色不同的评分。准备好解释你的选择。

情商最低 ← ① ② ③ ④ ⑤ → 情商最高

_____ 毕晓普教授　　　　_____ 埃琳娜　　　　_____ 基亚

_____ 斯科特　　　　　　_____ 迈克尔

继续深入

想象一下,你被要求去指导评分为1(情商最低)的人。除了推荐顾问之外,你会如何建议这个人以情商更高的方式处理他的烦恼。

理解情商

关键问题：情商是什么？如何在体验各种人类自然情感的同时，仍然向着丰富而充实的人生前进？

在某个学期的期末考试期间，我听到护士教育办公室传来尖叫声。几秒钟后，一个学生冲出办公室，尖叫着把论文抛向空中，跌跌撞撞地走下大厅。一群忧心忡忡的同学追上去，拼命想安慰她。"没关系。下学期你可以再参加考试。没关系。真的。"她背靠着墙，闭着眼睛。她顺着墙滑下去，直到瘫倒在地，周围都是同情的声音。后来，我听说她辍学了。

> 我知道这很难接受，但人生中的烦恼是有益的，因为它告诉你你偏离了正轨，你得重新回到那条清晰的道路上。
>
> ——苏珊·杰弗斯

在另一学期结束时，我执行了一个令人不愉快的任务，告诉一个最勤奋的学生，她没有通过写作能力考试。她的母亲在那个学期去世了，所以我特别担心她要如何处理更多的坏消息。我们见了一面，在告诉她这个坏消息时，我开始安慰她。大约有一分钟的时间，她安静地听着，然后说道："你很难接受我的失败。你需要拥抱吗？"我还没来得及回答，她就把我从椅子上拽了起来，给了我一个拥抱。"别担心，"她拍拍我的背说，"我下学期会通过的。"果然，她做到了。

对大多数人来说，人生有时很坎坷。我们没有通过一门大学课程。我们想要的工作属于别人。我们喜欢的人没有回应我们的感情。我们的健康给疾病让路。如何处理这些痛苦的经历对我们人生的结果和体验至关重要。

成功不仅仅取决于高智商和学术成就。伊利诺伊大学的凯伦·阿诺德

（Karen Arnold）和特里·丹尼（Terry Denny）研究了81名致辞的优秀毕业生。他们发现，毕业10年后，与同龄人相比，这些学术明星中只有25%的人达到了职业巅峰。事实上，很多人的表现都很差。他们缺少的似乎是情商。

> 在情绪领域，许多人都是幼儿园水平。不需要自责。毕竟，在接受正规教育的时候，你上过几门处理感情的课？
> ——盖伊和凯瑟琳·亨德里克斯

20世纪60年代的一项实验表明了情绪控制对成功有多么重要。一所幼儿园的4岁儿童被告知，他们马上可以得到一个棉花糖。或者，如果他们能等待大约20分钟，他们就可以得到两个。十几年后，实验者们研究了一个棉花糖（情绪冲动的）儿童和两个棉花糖（情商高的）儿童的差异。那些能够延迟满足的孩子在学业能力倾向测验中的平均分要高出210分。此外，两个棉花糖的青少年未婚生育的情况更少，而且遇到的法律问题也更少。显然，忍受当下的不适情绪以换取未来更大回报的能力是成功的关键。

情商的4个组成部分

作为一个相对新颖的研究领域，情商仍有待界定。但是，《情商》（*Emotional Intelligence*）的作者丹尼尔·戈尔曼（Daniel Goleman）确认了情绪有效性的4个组成因素。前两种特质是个人的，与识别和有效管理自己的情绪有关。后两种是社会性的，与识别和有效地管理他人的情绪有关。

> 我认识的每一个伟大、成功的人都能在情绪"风暴"中保持精神集中、思路清晰和心理强大。
> ——安东尼·罗宾（Anthony Robbins）[1]

1. **情绪的自我意识**：了解你此刻的情绪。对自己情绪的自我意识是情商和

---

[1] 安东尼·罗宾（1960— ），演说家，潜能激励大师。

有效决策的基础。因此，敏锐地意识到自己情绪变化的人能更好地掌控生活。例如，情绪的自我意识会帮助你有效地处理崩溃的情绪，而不是把看电视（或者其他分散注意力的事情）作为临时逃避的方式。

2. **情绪的自我管理**：**管理强烈的情绪**。情绪的自我管理让人们能在强力的情感牵引下做出明智选择。擅长这个技能的人可以避免在戏剧性的时刻做出决策。他们会等到内心风暴平静之后再做出深思熟虑的选择，从而带来渴望的结果和体验。例如，情绪的自我管理能帮助你不会因为对老师生气而放弃一门重要的课。它还能帮助你做出一个能提供延迟福利的选择（比如写一篇学期论文），而非一个可以带来即刻满足的选择（比如参加一个聚会）。

3. **社会意识**：**准确地与他人进行情感共鸣**。共鸣是基础的"人际交往能力"。那些有共鸣和恻隐之心的人更熟悉那些他人传达需求和渴望的微妙社会信号。例如，社会意识帮助你注意到充满焦虑和悲伤的人，并提供安慰。

4. **人际关系管理**：**利用技巧和睦处理人际关系中的情绪**。人际关系的艺术很大程度上取决于管理他人情绪的技能。拥有擅长倾听、处理冲突、合作和清晰表达小组意识这些能力的人可以处理好任何依靠与他人顺利互动来达成的事。例如，人际关系管理能帮助你避免说出可能会让人尴尬的话。

> 英语产生的一个常见的困惑是我们使用"感觉"这个词而实际不在表达一种情绪。例如，在"我感觉我没有得到公平的待遇"这个句子中，"我感觉"这个词可以用更准确的"我想"来代替。
>
> ——马歇尔·B. 卢森堡（Marshall B. Rosenberg）[1]

了解自己的情绪

情商的基础是对自己情绪的敏锐意识。没有这种能力，其他任何能力都不可能存在。下面的步骤可以让你更熟悉自己的情绪：

---

[1] 马歇尔·B.卢森堡（1934—2015），国际非暴力沟通中心创始人，全球首位非暴力沟通专家。

图 8.1　特德与朋友们的聊天话题

创建一本情绪字典

学习你可能经历的情绪的名字，它们有几百个。除了愤怒、恐惧、悲伤和幸福之外，你还能说出多少名字？

注意正在产生的情绪

学会识别和表达当下的情绪。意识到情绪的微妙之处，学会在相似的情绪之间做出细微的区分，例如悲伤和沮丧。

了解引起情绪的原因

回顾你的情绪，当伤痛引起愤怒，当不理智的想法导致焦虑，当失望造成悲伤，当使你偏离长期目标的即刻满足带来快乐，你都需要留心。

> 盛喜中，勿许人物；盛怒中，勿答人书。
> ——中国谚语

识别情绪和其结果行为之间的区别

感受情绪是一回事，基于情绪采取行动则是另一回事。情绪和行为是两种独立的体验——一种内在，一种外在。当你倾向于混淆两者时，请注意。一位曾经这样做过的学生说过："我的老师太令我生气了，我要退掉这门课。"你可以对老师生气，但你仍然要学习这门对你的目标和梦想很重要的课。情商的一个基本原则是，永远不要在经历强烈情绪时做重要决定。

没有情商，你永远无法发挥自己的全部潜力。不管你的学术前景有多么光明，缺少情商都会限制你的成就。培养情商可以激发你的动力，帮助你成功度过情绪风暴（你的和他人的），增加实现自己最伟大目标和梦想的可能。

日记条目 28

在这次活动中，你将探索了解和识别自己情绪的能力。这个能力是所有其他情商技能的基础。

1. 写下你感受到以下情绪的经历：沮丧或愤怒、恐惧或焦虑、悲伤或不幸。充分描述原因（发生了什么）和你的情绪反应。因为情绪很难描述，你可能想要尝试这样的比喻：愤怒在我身上蔓延，就像一堆干草上的火焰……或者我吓得发抖，我好像是下一个站在行刑队前的人，或者两天以来，不幸把我笼罩在一片深邃的黑暗中。当然，创造你自己的比喻。你的日记可以这样开始：上周是我生命中最令人沮丧的一段时间。一切都始于……最重要的是，注意你在写作时可能感觉到的任何情绪。

> 把一些感受写在纸上有时能让我感觉更好。描述痛苦能带来一种解脱。就好像，如果我能描述它，它就失去了一部分控制我的力量。我草草写下无法对任何人诉说的内心深处的想法，记录我在身边看到的一切，表述通过阅读事物激发的感受。
>
> ——内森·麦考尔

2. 写下你感到快乐或愉悦的经历。同样地，充分描述原因（发生了什么）和你的情绪反应。可能的比喻：快乐像冒泡的香槟，我禁不住笑了起来。最重要的是，注意任何你在写作时可能感觉到的情绪。

在你描述以上两种情绪时，写下你的任何情绪变化。关于如何影响情绪，你学到或重新学到了什么？如果你意识到描述过往情绪时没有任何情绪变化，看看能否解释原因。你是完全没有体会到任何情绪，还是没有意识到自己正在感受的情绪？

学生故事

琳赛·贝克（Lindsey Beck），
三河社区学院，康涅狄格州

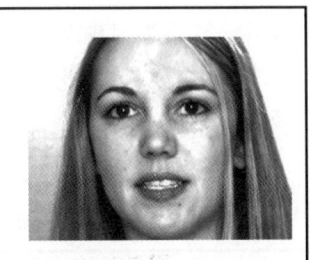

在我进入大学时，我已经经历了3年的被虐待噩梦。我害怕离开这个人（我叫他亨利［Henry］），因为我们有一个孩子，他让我相信，没有他我就失去了作为一个人的价值。6英尺4英寸，亨利比我高1英尺，体重是我的2倍。他会揍我或踢我直到我痛到不能去上课。当我去上课的时候，我经常早早离开，因为他确信我欺骗了他，我不想再给他打我的理由。我有相当高的学术能力，我的高中成绩很好，但是我开始让我的情绪侵占我的智力。就像碗里有一堆情绪，当事情发生的时候，我就会从中随便抽一个。一天，当我母亲对我的瘀伤表示担忧时，我对她大发雷霆。不是因为亨利殴打我而生气，而是我感到害怕、困惑和沮丧。不是退一步用逻辑思考事情的经过，而是让情绪控制着我。

学习成了我逃避的方法。在大学一年级的体验课上，我喜欢上了在日记中表达自己的观点。在第八章中，我开始写下自己的情绪，多年来我第一次不为自己的情绪感到羞愧。我决定完全诚实，我写下了正在发生的事情以及我对它的真实感受（而不是亨利告诉我的感受）。写日记让我真正面对自己，问自己：我在这段关系里做了什么？当我读到所有管理情绪的积极方法时，我开始以不再忍受的方式看待事物。我每天都变得更强，然后有一天我决定离开亨利。

我一直很擅长写论文、学习和考试，但我从来没有真正为自己的情感负责过。我学到了，如果我想要顺利度过余生，我要控制自己的情感生活。现在我意识到，某一刻的感受不一定就是10分钟后的感受。情绪会变化。为什么让这些临时的东西控制我？通过情感的成长，我能够控制自己的情绪，而不是让它们控制我。我终于可以为自己描绘一个没有亨利的积极人生，我每天都变得更加自信。我的梦想是获得微生物学学位，通过在世界卫生组织工作，让世界因我而不同。参加这门课是我做过的最好的人生决定。如果没有这份经历，可能此后 10 年我都不会想要改变生活。但我做到了，现在我的面前是完整的人生。

照片：承蒙琳赛·贝克的允许。

缓解压力

关键问题：如何缓解那些让生活变得不愉快并有可能让你偏离正轨的压力？

生活中的改变和挑战是不可避免的。因此，压力的潜在挑战也是如此。也许你一直等到最后一分钟才去打印英语课的论文，而打印机正好没墨了，压力。或者你拒付 6 美元的支票，银行向你收取 25 美元的罚金，压力！或者你有一场历史考试，而你的阅读落后了两个章节，压力！

> 生活的过程就是对压力做出反应的过程。
> ——斯坦利·J. 萨尔诺夫（Stanley J. Sarnoff）

即使是生活中令人愉快的事，比如一段新的恋情或者周末旅行，也会给你带来一种积极的压力，叫作良性应激。如果我们不小心，一种又一种压力会使我们偏离轨道。

压力是什么？

美国医学协会将压力定义为妨碍一个人的精神或身体健康的任何干扰。然而，我们大多数人都只是把压力看作我们在试图应对人生挑战时思想和身体所经历的"磨损"。今天我们身体对应激源的反应和几千年前的祖先的反应是一样的。一旦我们察觉到威胁，我们的大脑就会释放应激激素皮质醇和肾上腺素，我们的身体会立即做出反应，心跳、新陈代谢和呼吸加快、肌肉紧张、血压升高。我们已经准备好"战斗或逃跑"了。

对我们的祖先来说，压力反应事关生与死。在他们从威胁中（也许是剑齿虎）存活下来后，压力荷尔蒙在几分钟内就从他们的身体里消失了。但在现代生活中，我们的大部分压力来自对过去事件的担心，对当前的挑战感到苦恼和对未来变化的忧愁。压力荷尔蒙在我们体内活跃的时间不是只有几分钟，它们可能持续数月甚至数年。对我们大多数人来说，压力是一个持久的、有毒的伴侣。

> 每一种压力都会留下不可磨灭的伤疤，机体从压力下存活后，都会付出变老的代价。
>
> ——汉斯·谢耶，医学博士

当压力持续时会发生什么？

持续的压力对健康来说是坏消息，它几乎对每一个身体系统造成破坏。它抑制消化、生殖、生长、组织修复以及免疫系统的反应。长期压力影响健康的一个例子是，卡内基梅隆大学的研究人员将 400 名志愿者暴露于感冒病毒中，发现在生活中经历高压力的人患感冒的可能性比低压力的人高 2 倍。

事实上，美国国家心理健康研究所估计，70%—80% 看医生的人都患有与压力有关的疾病。压力导致的身体症状多种多样：高血压、肌肉紧张、头痛、背痛、消化不良、肠易激、溃疡、慢性便秘或腹泻、肌肉痉挛、疱疹疮、抽搐、震颤、性功能障碍、疲劳、失眠、身体虚弱和情绪亢奋等。

对大学生来说，重要的发现是压力对记忆有负面影响。它也阻碍了其他的心理技能，如创造力、专注力和对细节的关注。当你感到有压力时，你无法完美地完成学术作业，更别提享受它了。所以，当感到有压力时，你的选择是什么？

不健康的减压

当感受到压力时，拥有受害者心态的人会设法尽快摆脱不适。为此，他们常常做出不明智的选择：饮酒过量、麻木地坐在电视或电脑前几个小时、过分沉迷工作、打架、服用麻醉药、购物狂欢、吃得太多或太少、过度吸烟、大量摄取咖啡因、赌博而造成无法承受的损失。当面对他们自我破坏行为造成的伤害时，他们往往会责备、抱怨、找借口：是压力让我们这样做的！

就像棉花糖实验中冲动的孩子一样，受害者寻求即时的满足感。他们很少考虑这些选择对未来的影响。通过做出一个又一个冲动而不妥当的选择，受害者越来越偏离正轨。

健康的减压

拥有创造者心态的人能找到更好的方法来缓解压力。他们意识到，理智地管理情绪意味着做出明智的选择：释放压力而非掩盖它。为了尽早有效地识别痛苦情绪，创造者采取积极的行动来避免被情绪困扰劫持。下面是针对4种最常见压力症状的健康而有效的管理建议。

对高压人群的特别提醒，你的内心防卫可能会看一看下面的策略列表，然后说出这样的话："我现在无法处理这个问题。这只会让我更加紧张！"如果真的是这样，请考虑预约学校的咨询办公室为你的压力寻求一些精准而专业的帮助。

为了缓解自己的压力，这里有一个简单的两步计划。首先，阅读下面描述最紧迫压力症状的部分：感到不知所措、愤怒、焦虑或悲伤。其次，选择一

图8.2　受害者与创造者

个减压策略并进行 32 天承诺（见第四章的"学会自律"部分）。在一个多月内，你可能会感到压力在减少。更好的是，你已经证明了是你，而不是压力，掌管着你的生活。

感到不知所措

感到不知所措可能是大学生最常见的压力源。如果能被注意到，它的信息是很有价值的：你的生活变得太复杂，你的承诺太多。感到不知所措是在警告我们自己已经失去了对生活的控制。创造者可能会注意到他们的下颌、肩膀或腰部的僵紧或疼痛，或者缺乏睡眠。或者他们会注意到自己在想："如果再有一件事出错，我就要尖叫了！"也许他们确实尖叫了！有了这个意识，创造者就明白是时候采取行动了。许多积极的策略是为了将你的生活从不知所措的痛苦中解救出来而存在的。

> 当你为自己的所有感受和所有发生在你身上的事情承担全部责任时，你永远不会再将你所拥有的任何不愉快的感受归咎于外部世界的人或处境。
>
> ——肯·凯斯

选择新的行为。当你觉得自己被压得喘不过气来的时候，下面是你可以采取的一些行动。如你所见，其中很多都是你在第四章学到的自我管理策略的变体：

- 脱离外部压力源。也许外部的压力源是邻居吵闹的音乐或者一份要求很高的工作。你可以选择在安静的图书馆学习，或者找一份要求较低的新工作。
- 列出所有你要做的事情并按优先级排序。使用下一行动列表（请看第四章的"创建一个防漏的自我管理系统"部分），根据人生角色记录所有你未完成的任务。

给每个任务分配优先级：A= 重要且紧急的行动；B= 重要且不紧急的行动；C= 所有不重要的行动。

- 删除 C。找出你浪费时间的地方，然后把它们从你的清单上划掉。
- 委派 A 和 B。在可能的情况下，让另一个人完成你的一些重要任务。请朋友帮你拿干洗衣物。花钱请人打扫你的公寓。这个选择可以让你腾出时间做只有你能做的事情，比如你的数学作业。
- 独立完成剩下的 A 和 B。从你的 A 级优先事项开始，比如一份即将到期的学期论文或者一台坏了的冰箱。立即处理它们：去图书馆借三本书开始研究你的学期论文题目；打电话给家电维修店，安排一次上门维修服务。只花时间完成 A 和 B，让你的不知所措渐渐消退。

> 人们所感受到的压力，很大程度上并非由于有太多的事情要做，而是由于没有完成他们已经开始的事情。
>
> ——戴维·艾伦

- 发现省时因素。有意识地更好地利用你的时间。例如，记录一份差事列表，这样你就可以在一次旅行中完成所有任务。或者在上课间隙学习知识卡片。
- 消除浪费时间的因素。识别和消除第三和第四象限的活动。例如，减少你花在 Facebook 上的时间，减少看电视的时间，不玩电子游戏。
- 说"不"。承认你的盘子是满的，并且礼貌地拒绝那些增加你的承诺的请求。如果你同意接受一些新的东西，那就对已经在你盘子里的东西说"不"。如果说"不"对你来说很困难，那就和朋友一起练习，或者写下来。（在第五章的"说'不'"部分寻找更多建议。）
- 运动。有氧运动可以提高血液内的内啡肽水平，而这些激素会抑制疼痛，产生一种愉悦感（锻炼的快感），并减少压力。一个警告：在大幅度改变你的运动强度之前请先咨询你的医生。
- 得到充足的睡眠。如果睡眠有问题，不要在晚上 7 点以后进食，并在晚上 10 点前睡觉。如果一直有想法在你的脑海中萦绕，就把它们写下来。深呼吸并放松，清空你的大脑。如果你睡不着，可以考虑去看医生。当睡眠被剥夺时，你将无法有效地学习。

> 我喜欢运动对大脑的作用。如果我经历了糟糕的一天，如果我感到压力很大，如果我感到不知所措，它会把一切都带走。
>
> ——凯莉·里帕（Kelly Ripa）

选择新的想法。因为是我们创造了内心不知所措的感受，我们也可以不创造它。方法如下：

- 提高眼界。从整个人生的维度看待每个问题，从这个新角度问自己"一年后这个问题真的重要吗？"答案通常是"不"。
- 相信积极的结果。有多少次，你因为某件事心烦意乱，后来发现却是因祸得福？因为这是可能的，期待好运吧。
- 给大脑放个假。想象一个你喜欢的地方（例如白沙滩、山坳或森林小径），然后花几分钟在你的脑海中畅游一番。享受这个迷你假期的和平与复苏。

感到愤怒

健康的愤怒宣告了环境对我们或我们关心的人或事的威胁或不公正。察觉到这种侵犯，大脑就会发出信号，释放出刺激我们力量和斗志的儿茶酚胺（荷尔蒙）。创造者可以通过一些变化意识到即将到来的愤怒，如潮红的皮肤、紧张的肌肉和加快的脉搏。

> 聪明人的标志是用理性控制情绪的能力。
>
> ——玛利亚·曼内斯（Marya Mannes）

有了这种意识，创造者就可以停下来，明智地选择下一步该做什么，而不是冲动地把事情搞砸。情绪不会提出理性的问题，所以我们必须做到。例如，创造者会问，我会因为释放愤怒而受益，还是会付出沉重的代价？

当你察觉到真正的不公正时，用愤怒所产生的能量去纠正错误。为了避免被愤怒挟持，做出以后会后悔的事，以下是一些有效的策略：

选择新的行为。让产生愤怒的激素潮在大约20分钟后消退。方法如下：

- 分开。独自爆发，让自己有足够的时间恢复，做出理性、积极选择的能力。

- 运动。剧烈运动帮助你减少体内的愤怒激素。
- 放松。慢下来也有助于平静你的身体，把决定的控制权交还给你的理性（只要你不把时间花在过分思考激怒你的事情上）。
- 写日记。详细描述你的感受，对你的日记大声咆哮。探究愤怒的原因和影响，承担制造愤怒的责任。诚实的情绪表达有助于黑暗风暴的流逝和理性思想的回归。
- 把愤怒转化为积极的行动。这是坎迪·莱特纳的女儿卡里穿过街区时被酒后驾驶的司机——一个惯犯——撞死时她所做的。她把愤怒变成了行动，然后创建了国际组织反对酒后驾驶母亲协会（MADD）。MADD如今成了一个美国全国性的组织，致力于终结酒驾并为受害者提供支持。在你的愤怒平息之后，明智选择流程能帮助你决定可以采取的积极行动。

选择新的想法。因为思想激起情感反应，修正产生愤怒的思想可以让我们平静下来。方法如下：

- 重新定义。从不同的角度来看待这个问题。为引发愤怒的事件寻找善意的解释。如果你意识到自己是不知不觉地、无意识地或者甚至是不可避免地被伤害，你就可以用一种不那么敌对的方式来看待对方的行为。
- 分散注意力。有意识地将你的注意力转移到一些愉快的事情上，停止那些愤怒的想法。参与令人振奋的对话、看电影、读书、听音乐、玩电子游戏、猜谜语或类似的娱乐活动。

> 将生活活成艺术需要有宽恕的意愿。
>
> ——玛雅·安吉罗

- 原谅。放过冒犯你的人，不管他们做了什么，不管他们有多讨厌。不要关心他们是否值得原谅，问题是你是否应该得到原谅他人后的情感慰藉。原谅主要是为了改善你的生活，而不是他们的。我们结束这件事，让自己摆脱每天施加给自己的有毒评判。原谅并不意味着我们忘记了伤害并允许他们再次伤害我们。
- 识别伤害。愤怒往往是由于受到伤害：有人在约定好之后没有来见我。

愤怒之下，是她对我毫不关心，我受到了伤害。这是把注意力从愤怒转移到更深的伤害上。考虑用写作表达出这种伤害。

感到焦虑

健康的焦虑传递出我们可能处于危险中的信息。我们的大脑会释放荷尔蒙，给我们逃离的能量。然而，许多受害者夸大了危险，他们适当的担忧被令人麻痹的焦虑甚至是对不可能出现的问题的恐惧所取代。

> 焦虑……破坏了各种学术表现。对超过 36,000 人的 126 项不同的调查研究发现，一个人越容易担心，他们的学业成绩就越差，无论评分标准是什么——考试分数、平均绩点或成就测验。
> ——丹尼尔·戈尔曼

创造者们通过身体的清晰信号意识到焦虑的来临，包括呼吸短促、脉搏加快以及心中发慌。有了这种意识，创造者就可以停下来，明智地选择下一步做什么，而不是一时冲动地逃离或持续为一个没有威胁的人或情况担忧。

情绪阻碍学业表现的一个方面是考试焦虑。除非你能将这种痛苦最小化，否则你将无法有效地证明所学知识已被自己掌握。许多大学开设了研讨班或课程，提供可以减少焦虑的策略。下面是一些避免被焦虑尤其是因为考试产生的焦虑所劫持的明智选择。

选择新的行为。和愤怒一样，促使产生焦虑的化学物质消退。方法如下：

- 充分准备。如果你的焦虑和即将到来的表现有关（例如考试或工作面试），在充分准备之后再多准备一些。充分的准备可以减少焦虑从而增加自信。
- 使用你的核心学习系统——请见"积极学习者的工具箱"——是在任何测试中提高你对成功的现实期望的好方法。
- 放松。慢下来可以帮助你重新掌控你的思想和情绪（但不要把这段时间花在纠结焦虑的原因上）。
- 深呼吸。焦虑和恐惧会压迫身体。让氧气流经身体，以扭转它们的生理影响。在 YouTube.com 上搜索"横膈膜呼吸"或"腹式呼吸",找到这种呼吸的演示并学着练习。
- 将家庭的温暖带入考试。例如,随身带一张家庭照片。
- 请求协调。访问学校的残疾服务中心,看看是否有特殊的制度安排,比如更长的考试时间。特殊的安排通常需要医务人员的证明。

选择新的想法。改变我们的想法可以舒缓不理智的焦虑。方法如下:

> 如果你的想象是积极的,它们会在你气馁时给你支持和鼓励。反之,消极的想象会在你的内心喋喋不休,在你不知情的情况下影响你。
>
> ——弗吉尼亚·萨提亚

- 脱离。一旦准备好迎接即将到来的挑战(比如考试),你就没有必要继续担心。担心不会有帮助。所以尽你所能准备迎接挑战,然后顺其自然。
- 重新定义。问问自己:"如果最糟糕的事情发生了,我能忍受吗?"例如,如果你考试不及格,你一定不喜欢这个结果,但你能忍受它吗?当然可以!(如果不行,请考虑寻求帮助,重新获得健康的态度。)
- 想象成功。创造一部你获得理想成果的精神电影。一遍遍地播放,直到成功的画面变得比你的恐惧更强大。更多关于如何有效想象的信息,请见第三章"致力于你的目标和梦想"。
- 做最好的假设。受害者经常通过消极的假设来制造焦虑。假设你的教授说:"我想在办公室和你谈谈。"不要假设谈话涉及不好的事情。如果你要假设,为什么不假设它是美妙的事情呢?
- 面对恐惧。尽管害怕,也要做事。大多数情况下,你会发现你的恐惧(FEAR)只是一种看起来真实的虚假期望(False Expectation Appearing Real)。
- 说出你的肯定。当产生焦虑的想法潜入你的脑海时,用积极肯定的话语代替它们。

感到悲伤

悲伤是对失去珍贵的某人或某物的自然反应。充分哀悼我们的损失是必要的，因为只有这样，我们才能尊重和释放自己的情绪。对于大学生，尤其是面临着学术与社会压力的一年级大学生来说，悲伤和情绪"低落"也是可以理解的。然而，不健康的悲伤却变成了一种挥之不去的、无助的感觉，使我们麻木。如果你感觉被这样的抑郁情绪困扰着，就去大学找个辅导员吧！他可以提供帮助！

然而，对于短暂的悲伤，有很多方法可以让你恢复过来。首先，识别身体的清晰信号：低能量、持续疲劳、缺乏完成有意义任务的积极意志。有了这种意识，就可以采取措施重新获得大学和人生的积极体验。下面是一些健康的选择：

> 不好的事情确实会发生，我对它们的反应决定了我的性格和生活质量。我可以选择困在永恒的悲伤中，被失去带来的重力所束缚，或者我可以选择从痛苦中走出来，珍惜我所拥有的最珍贵的礼物——生命本身。
>
> ——沃尔特·安德森（Walter Anderson）

选择新的行为。帮助身体产生自然的、振奋情绪的荷尔蒙。方法如下：

- 为你的目标做一些事（任何事！）。无论多小，都要行动起来，创造一个结果。成就可以打败悲伤。
- 运动。剧烈运动帮助身体产生内啡肽，带来一种让你心情愉悦的自然快感。
- 听励志的音乐。放一首能振奋精神的歌。避免播放关于失去所爱的和痛苦的悲伤歌曲。
- 大笑。就像运动一样，笑在生理上与忧郁不相容。所以租一部有趣的电影，去喜剧俱乐部，看笑话书或卡通片，或者去拜访你最有趣的朋友。
- 深呼吸。就像恐惧一样，悲伤也会被压缩。保持深呼吸可以抵消悲伤的生理负面影响。
- 帮助有困难的人。帮助那些不幸的人是令人振奋的。你体验了减轻别人负担的喜悦，同时也提醒着你，尽管身处逆境，仍有许多值得感激的事去做。
- 写日记。写下你的感受可以帮助你更快更有效地与它们达成协议。通常，我们在纸上的情绪似乎没有那些漫游在大脑和心中的那么痛苦。
- 与朋友和所爱的人交往。孤独通常会加剧忧郁。社交活动让你与重要的人重新接触，帮助你从更健康的角度看待你的处境。

> 对抗压力最好的武器是选择另一个想法的能力。
> ——威廉·詹姆斯（William James）[1]

选择新的想法。和其他令人痛苦的情绪一样，改变我们的想法可以舒缓悲伤。方法如下：

- 与悲观的信念争辩。阴郁的情绪因悲观而滋生。因此，挑战那些让你的现状看起来变成永久、普遍或个人的消极信念。相反，想想生活将如何随着时间的推移而改善，问题只是生活的一部分，想想问题并非你的个人缺陷，而是你可以用行动来弥补的东西。
- 分散注意力。和愤怒一样，有意识地用愉快的想法取代悲观的想法可以帮助你停止感到痛苦。所以，参与一些有趣的活动，把你的思想放在愉快的消遣上。
- 关注积极的一面。确认你的祝福和成功。想想所有令你感激的事情，甚至可以列一个清单。珍惜你所拥有的，而不是遗憾你所没有的。
- 在问题中找机会。至少，总结学习生活带来的教训并继续前进。最好能把你的损失转化成收益。
- 提醒自己："这也会过去的。"一年后，你将处于一个完全不同的生活状态，这种情绪上的不安将只是一种记忆。
- 找出那些更伤心或沮丧的人。通过对比，你就会发现自己是多么幸运，把你的注意力从损失转移到你仍然拥有的一切上。

---

[1] 威廉·詹姆斯（1842—1910），美国心理学之父。

> 我们的快乐或痛苦大部分取决于我们的性情，而不是环境。
> ——玛莎·华盛顿（Martha Washington）[1]

选择你的态度

在处理压力时，关键的问题是你管理情绪还是它们管理你？如果你真心实意地管理自己的情绪，而它们仍然蔑视你，你可能需要心理咨询师或治疗师的帮助。在某些情况下，持续的情绪困扰是一种内分泌失衡的结果，这种失衡可以用处方药来治疗。如果你想得到一些启发，想想维克多·E.弗兰克尔（Viktor E. Frankl），他是二战期间被关押在纳粹集中营的精神病医生。在他的书《活出生命的意义》中，弗兰克尔讲述了他和其他囚犯如何在可怕的条件之下，创造出一种积极的内心体验。

例如，弗兰克尔讲述了一个特别凄凉的日子，他陷入了深深的绝望之中。脚疼得厉害，他被迫在严寒的天气里跋涉了许多英里，来到一个工地，在那里，他由于饥饿而冻僵了，忍受着狱警们不断的虐待。弗兰克尔描述了他是如何"强迫"自己的思想转向另一个主题。在脑海里，他想象着自己站在一个灯光明亮、温暖、舒适的讲台上，他的面前坐着一群观众，被他所讲的集中营心理迷住了。"通过这种方法，"弗兰克尔说，"我成功地克服了当时的处境，克服了当时的痛苦。我看着它们，仿佛它们已经过去了。"

> 我们这一代最伟大的发现是，人类可以通过改变他们内在的思想，改变他们外在的生活。
> ——威廉·詹姆斯

从他的经历与观察中，弗兰克尔得出结论：从我们这里一切都可以被拿走，除了"人类最后的自由——在任何特定的环境中选择自己的人生态度和方

---

[1] 玛莎·华盛顿（1731—1802），美国第一任总统华盛顿的夫人。

式的自由"。

创造者们声称，只要有可能，他们就永远有权选择自己的结果和内心体验。如果维克多·弗兰克尔能够克服集中营里不人道的监禁所带来的压力，我们也一定能找到克服日常生活压力的力量。

日记条目 29

在这次活动中，你将练习找出减少生活压力的积极方法。

> 情绪直接来自我们的想法：认为"我有危险"，你就会感到焦虑。认为"我被冒犯了"，你就会感到愤怒。想到"失去"，你就会感到悲伤。
>
> ——马丁·塞利格曼（Martin Seligman）[1]

1. 写下最近让你感到不知所措、愤怒、悲伤或焦虑的时刻。选择一个和日记条目28中描述的不同的经历。充分描述引起你情绪反应的情况，然后描述你所体验的痛苦感受，最后解释你为了积极管理情绪所做的（任何）事。

2. 当经历这种情绪时，找出以后你能使用的两种及以上的策略。分别用一段话介绍每种策略，记住4E的力量——例子（examples）、经历（experiences）、解释（explanations）和证据（evidences）——改善你的写作。当你完成后，留意通过写下你的压力源和管理它们的方法是否可能会降低你的压力水平。在南卫理公会大学的一项研究中，写作为学生们提供了帮助。

---

1 马丁·塞利格曼（1942— ），美国心理学家，曾获美国应用与预防心理学会的荣誉奖章、终身成就奖，1998年当选为美国心理学会主席。

学生故事

詹姆·圣米格尔（Jaime Sanmiguel），迈阿密戴德学院，佛罗里达州

我不认为自己是一个生活在恐惧中的人，生活中几乎没有什么东西能吓倒我。然而，一个我永远无法克服的恐惧就是公开演讲。当我不得不在初中或高中发表演讲或大声朗读文章时，我的声音会颤抖，手心出汗，然后脸完全变红。当我上大学的时候，我学了一门基础演讲课，其中大部分的成绩都取决于两个演讲，我们必须要用幻灯片演示。我的第一次演讲不太顺利。我并没有真正学会使用PPT，而幻灯片的内容似乎与我所讲的不相符。我开始感到不安，于是四处求助。我的老师说这个演讲很好，但是我并不满意，尤其是因为我的目标是在公共关系部门工作，在那里我需要能够自信地和团体对话。

我参加了学生支持研讨会，同时，我在这本书中发现了很多帮助我克服恐惧的方法。我为下一次演讲做的第一件事就是确保自己做了充分的准备。这一次，我先写下了全篇讲稿，然后把关键点记在索引卡上。我学会了如何使用PPT，确保所有幻灯片与我所讲的内容一致。我练习了好几次演讲，我的狗就是我的听众。班上的另一个学生做过一次关于手表历史的精彩演讲，我想象自己像她一样演讲，比如有效地使用双手、看起来很放松、微笑、表现得更自然友善。我也做了一些放松训练和深呼吸，帮助我打消了顾虑。我曾经担心人们会以为我不知道自己在说什么，但我改变了这些担忧，把观众当成了想知道我要说什么的朋友。当我演讲的时候，我挑选了个别的学生，一次一个地和他们交谈。这些技巧让我更相信自己，在观众面前不会太忸怩，最后我以B的成绩通过了这门课。

但同样重要的是，我在这本书中学会了："如果坚持你所做的事，你会不断得到你应得的回报。"我掌握了这个事实：如果我想在公共关系事业中取得成功，我必须面对并克服我对演讲的恐惧。我想我正在努力实现这一目标。

增加幸福感

1999年,科研人员开始更加关注幸福。

> 我们认为这些真理是不言而喻的:人人生而平等,造物主赋予他们某些不可剥夺的权利,其中包括生命、自由和追求幸福的权利。
> ——选自美国《独立宣言》(Declaration of Independence)

首先,那年在内布拉斯加州的林肯市,人们举行了第一次积极心理学峰会。过去,大多数心理学家认为他们的作用是帮助人们变得不那么痛苦。在积极心理学峰会上,心理学家问道:"如何利用科学帮助人们变得更幸福?"

从那以后,为了回答这个重要问题,数百万美元被花费在科学研究上。2002年召开了第一次关于积极心理学的国际会议,分享研究发现的内容。从那以后,世界各地举行了数十次类似的会议。

与此同时,大学校园里开始出现幸福课程。2006年,哈佛大学开设了一门名为"积极心理学"的课程。854名学生的报名使它成了哈佛最受欢迎的课程。现在,许多其他大学也都开设了积极心理学课程。也有一些大学提供了这个新兴领域的硕士或博士学位。最近,麻省理工学院和哈佛大学联合提供了一门免费在线课程,名为"幸福课"。全世界有近7.5万人报名参加,包括我。

从这些对幸福的关注来看,我们的结论似乎是显而易见的。人们想要变得更幸福。我们想知道怎么做。

增加幸福感的理由似乎很简单:"幸福总比不幸福好。"但研究也揭示了许多其他好处。与不幸福的人相比,幸福的人通常更富有成效、更可爱、更积极、更友善、更乐于助人、更有适应力、更有创造力。幸福的人往往更健康,有更好的人际关系,更高的薪水,甚至更长寿。

> 我更关心的是国民幸福总值，而不是国民生产总值。
> ——吉格梅·辛格·旺楚克（Jigme Singye Wangchuck），
> 不丹前国王

例如，一项关于幸福的研究关注了20世纪30年代和40年代天主教修女所写的自传体散文。她们当时的平均年龄是22岁。2001年，科学家们对这些文章进行了分析，寻找积极情绪的表达。然后他们关注了修女们的后续生活，她们中的许多人已经去世了。研究结果是什么？平均而言，幸福的修女比不幸福的修女多活了10年。她们不仅活得更久，更幸福的修女也不太可能患上认知症。因此，积极情绪似乎有助于长寿和大脑健康。

幸福的限制

遗憾的是，研究发现了一些关于增加幸福感的坏消息。事实证明，我们对幸福水平的控制很有限。主要原因是遗传。我们似乎生来就有一个由基因控制的幸福设定值。通过研究同卵双胞胎——尤其是那些被分开抚养长大的——心理学家估计，我们大约50%的快乐是遗传的。就像我们从父母那里继承了身高一样，我们也继承了幸福的设定值。没有人知道如何改变幸福（或身高）的设定值。

生活环境对幸福有什么影响？你可能会问。当然，幸福的高低会受到金钱、健康、气候、外貌、种族、性别、年龄、智力和教育等因素的影响。但事实上影响不大。研究表明，像这样的环境对我们幸福水平的影响大约只有10%。当然，当有好事发生的时候，我们会感到一阵快乐——比如在考试中获得A或者在工作中获得大量加薪。但后来，一种叫作享乐适应的东西就会取而代之。它的工作原理是：在好事发生之后，我们很快就会习惯它，然后滑落回我们的幸福设定点。换句话说，当新的好东西变成旧的好东西时，兴奋感就消失了。如果你曾经有过"太多的好东西"，你就会经历享乐适应。

下面是一个享乐适应的例子。也许你曾经想过："如果我能中彩票，那我就会变得快乐！"心理学家菲利普·布里克曼（Philip Brickman）和他的同事们想弄清楚这是不是真的。他们请伊利诺伊州彩票的获得者给自己的幸福评分。

然后他们请没有中奖的人也这样做。正如你所预料的那样，彩票中奖者的幸福指数在他们得到好运之后会飙升。然而，大约一年后，大多数中奖者并没有比未中奖者更快乐。事实证明，一旦满足了基本需求，更多的钱并不意味着更多的幸福。那个无赖的享乐适应把我们拽回了自己的设定点。想想那些曾经让你为之兴奋的事情……它们现在看来也没有那么棒。这就是享乐适应的影响。

> 为一个有意义的人生目标努力是给你带来持久快乐的一个最重要策略。
> ——索尼娅·柳博米尔斯基（Sonia Lyubomirsky），心理学家

让我们回顾一下我们目前所知道的。大约 50% 的幸福是由基因带来的设定值决定的。大约 10% 的幸福感会受到环境的影响，但通常只会持续很短的时间。那另外 40% 呢？这就是科学研究提供的好消息。事实证明，有很多选择可以增加我们的幸福感。

事实上，本书已经讨论过的许多选择都与增加幸福感有着密切的联系——例如，追求重要目标、锻炼、发展积极的关系。让我们看看增加幸福感的其他选择。

尽情享受乐趣

快乐可以增加幸福感。你可以从品尝美味的食物、伴着美妙的音乐跳舞、观看孩子和小猫玩耍、接受全身按摩，或者从烤箱里闻到肉桂面包的味道中体验快乐。我的一个乐趣就是从菜园里采摘新鲜成熟的西红柿，然后把它们加入晚餐的沙拉里。幸运的是，有一种方法可以加深并延长快乐。这就是所谓的回味。当我们回味一段经历时，我们内心指引会低声说："请密切注意这一点……待在它身边……待在它身边……再多待一会儿。"通过回味，我们让一种愉快的体验萦绕在意识之中，就像甜奶油弥漫在浓郁的黑咖啡里。

快乐不仅源于现在的积极体验，它还存在于对过去积极事件的重新审视和回味中。例如，一群严重抑郁的人被要求每晚登录一个网站。在那里，他们记

"但是，记住，你要对自己的幸福负责。"

图 8.3 小丑的忠告

录了当天发生的三件好事，不管有多小，如"我去散步了"。然后，为了深入研究，他们写下了为什么这是一件好事，如"我觉得天气太好了，不能整天待在屋里"。在 15 天的时间里，他们把注意力集中在生活中的美好事物上——不管这件事有多小——94% 的人说他们的情绪有所改善。

> 只要多花几秒钟的时间保持积极的体验——甚至是一次舒适的呼吸——你就能将一个短暂的精神状态转化为持久的神经结构。
> ——里克·汉森，神经心理学家

神经心理学家里克·汉森说，回味快乐实际上会改变我们的大脑，让我们更有能力享受未来的快乐。积极的体验会增加荷尔蒙多巴胺的释放，而多巴胺让你感觉很好。当你不断地创造和回味积极的体验时，你的新神经网络会对其他积极的体验"更有黏性"。大脑的变化可以提高享受积极体验的能力，而享受积极的体验会让你的大脑更容易接受未来的快乐。

汉森提出了避免享乐适应破坏这个正向循环的有益策略。首先，创造各种愉快的经历（而不是重复同一个）。其次，随着时间的推移，传播愉快的经历

（而不是一次性的）。最重要的是，充分享受每一次愉快的经历。把你的注意力集中在上面……久一点儿……再久一点儿。

感激

心理学家罗伯特·埃蒙斯（Robert Emmons）研究了感激和幸福之间的关系。他说，感激是"一种对生活的惊奇、感谢和欣赏"。他和其他人的研究表明，那些经常细数自己幸事的人可以得到很多好处。他们不仅比那些不表达感激的人更快乐，他们也更有活力、更乐观、对生活更满意。此外，感恩的人经历的压力和抑郁也更少。

科学家们尝试了多种表达感激的方式。其中最明显的一件事就是做一个感恩清单："我还活着""我有食物吃""我有机会上大学"。当我做这个练习时，我发现自己列出了以前从未想过要感激的东西。比如说，我很感激第一个从咖啡树丛中摘出咖啡豆、烘烤它们、碾碎它们，并给它们倒热水的人。更不用说那个想到添加糖和奶油的人了。

> 让我们充满感恩地生活，即使今天我们没有学到很多东西，至少我们学到了一点，即使我们没有学到一点，至少我们没有生病，即使我们生病了，至少我们没有死；所以，让我们都心存感激。
> ——释迦牟尼

另一种表达感激的方式是回忆过去经历的痛苦，然后立刻与现在的经历对比。关键是要注意到你现在所感激的，痛苦已经过去了："我挺过去了""我知道了谁是真正的朋友""因为它，我变得更强""我更愿意接受挑战了"。

你也可以写一封信来感谢那些在你生活中很重要的人。可能是父母、兄弟、姐妹、教练、老师、雇主或朋友。详细地告诉这个人你为什么感激他。他说了什么或做了什么？这些事如何影响你的生活？因为他，你变得有何不同？如果可能的话，亲自送信，一起读信。在一项研究中，这些感激之旅带来了幸福感的大幅提升，并且持续了一周到一个月。

投入

这些幸福策略的共同之处在于提高我们享受积极体验的意识。讽刺的是,另一种增加幸福感的方式是全身心地投入一项活动,以至于失去了对其他任何事情的意识,直到后来我们才意识到这段经历是多么愉快。心理学家米哈里·契克森米哈赖把这种完全投入的时刻称为心流状态。心流来自对一个活动的全身心投入。在心流状态时,我们对自己没有任何想法或担忧。时间是扭曲的,往往过得很快。我们完全存在于这一刻。

如果你能在大学课程中体验到心流状态会怎么样?创造者会尽其所能使这种可能性最大化,如何选择课程和导师是一个好的开始。受害者通常会根据便利制定课程安排:给我一节中午的课,因为我不喜欢早起。

创造者的方法截然不同。他们意识到,与一位在课堂上创造心流的优秀导师一起学习是值得做出牺牲的。当你计划下个学期的安排时,请其他同学向你推荐这样的老师……

图 8.4 忘情的投入

- 展现出对所教学科的深刻理解;
- 对他们所教学科的价值表现出极大的热情;
- 为学生设定具有挑战性但合理的学习目标;
- 提供迷人的学习体验,吸引拥有不同学习偏好的学生;
- 提供学术和情感上的支持,让学生对成功有很高的期望。

> 能够进入心流状态是情商的最佳状态;心流服务于表现和学习,是对情绪的终极利用。
>
> ——丹尼尔·戈尔曼

想象一下和那些知识渊博、热情、富有挑战性、有魅力、热心支持的老师一起上课！这些可以在课堂上创造心流的老师将帮助你获得学术上的成功，并激励你成为终身学习者。如果你找到了一门可以体验到心流的课，你很可能找到了你的专业，甚至是你的理想职业。

贡献

让我们再考虑一种增加幸福感的方法。首先，想象一下科学家正在监测你的大脑活动。他们给了你一些钱和一个选择：你可以把钱留下或者捐给慈善机构。你认为哪个选择可以使你大脑的奖励中心最为活跃？如果你说"把钱捐给慈善机构"，这是对的。向他人示好会增加积极的情绪。

在加州大学河滨分校的一项研究中，人们被要求做善事。他们选择做一些额外的家务，帮别人拿东西，或者给一个特别的朋友做早餐。参与者的幸福感不仅会立即上升，而且这一影响还会持续一个月之久。正如你所预料的，那些执行多种善举并传播善举的人比那些在短时间内重复做同一件事的人创造了更好的结果。

> 没有什么比努力帮助社会上最脆弱的人更能给我带来幸福了。这是我人生的目标和重要组成部分——是我的命运。任何处于困境的人都可以来找我。无论他们在哪里，我都会跑过去。
> ——戴安娜王妃（Princess Diana）

那么，今天你能做什么好事呢？它可能很小（为别人开门），或者可能很大（给一个正在挣扎的人指导一门你已经掌握的学科），也可能是巨大的（采取行动减少世界饥饿）。许多完成善举的人会证明，他们得到的比付出的更多。

草莓时刻

许多关于幸福的科学发现都是通过我多年前听到的一个比喻来说明的。一个人在一个陡峭山坡的狭窄岩石小道上行走时遇到了一只饥饿的老虎。那人吓坏了，抓起一根藤蔓，悬挂在悬崖边上。他低下头，看见另一头等在下面的老虎。然后他感受到藤蔓的震动，抬头看见一只老鼠正在啃食藤蔓。当他的痛苦加剧时，他注意到一株草莓生长在山边的裂缝里。他用一只手握住藤蔓，伸出另一只手摘下一颗饱满的红草莓。他把草莓放进嘴里，品尝着它的美味。

人生充满了困难、障碍、挑战和痛苦。有时，人生似乎就是一个接一个的问题。我们想知道这些问题什么时候会结束。但在这些问题中存在着一颗草莓——如果我们能注意到它。也许这颗草莓正在创造和品味一种短暂的快乐。也许这颗草莓正在感激它所拥有的，而不是为自己没有的而痛苦。也许这颗草莓正在体验心流。也许这颗草莓正对另一个也面临一个又一个问题的人表达善意。积极心理学的新科学发现了我们可以提高自己幸福感的证据。为此，我们需要找到自己的草莓。

> 宪法只赋予人们追求幸福的权利。你必须自己去抓住它。
> ——本杰明·富兰克林（Benjamin Franklin）

日记条目 30

在这次活动中，你将试验下面两种提高幸福感的策略中的一条。第一条是前文中简要叙述的，第二条是新的。类似的任务在密歇根大学和宾夕法尼亚大学等大学的积极心理学课程中取得了鼓舞人心的结果。

1. 选择下面的一个话题：

A. 感谢信：给那些对你的人生有重要和积极影响的人写封信。选择一个你从未完全表达过感激之情的人。在信中，具体而彻底地解释这个人做了什么让你感激的事，这份善良给你的人生带来了什么积极的影响。（如果你选择之后和对方分享你的信，可以考虑一起在安静的环境下读出来。如果不能面对面，你可以邮寄这封信，稍后再打电话讨论。）

B. 尽全力的我：详细描述一个你成功面对困难的时刻，一个你为自己的处理方式感到骄傲的时刻。确保充分讨论：（1）困境是什么；（2）你如何处理；

（3）你的处理反映出什么内在力量和性格。虽然谦虚是一种美德，但请不要让它歪曲了你所做事情的真相。诚实地告诉自己，当你用尽全力时，你的表现和你的内在品质是怎样的。

> 不要等着别人为你高兴。你得到的任何快乐都是由自己创造的。
> ——艾丽斯·沃克（Alice Walker）

2. 阅读你在步骤1中所写的内容，花一些时间去回味你所做的事，以及它对你内在力量和性格的描述。然后，诚实地描述写这篇日记的第1步是否鼓舞了你的精神，是否提高了你的积极情绪。

尽你所能解释你的反应。记住，这些活动对一些人来说是有用的，但对其他人来说却不是，所以你可以诚实地说出你自己独特的反应。

考虑用手绘、贴纸、照片或其他图片来展现这篇日记。

职场：情商

近20年里，我从事咨询心理学家的工作，服务数十家公司和公共机构，我见过缺乏情商会如何破坏个人和公司的成长和成功，也见过使用情商能如何给个人和公司带来富有成效的结果。

——亨德·韦森格（Hende Weisnger），《职场情商》（*Emotional Intelligence at Work*）

想象一下：一家大型零售连锁店的本地商店经理向她的部门主管们发送了一封单行的电子邮件：“明天9点之前将季度销售数据放在我的办公桌上。”男装部的主管读了这封邮件，感觉被要求的语气羞辱了，他用一封愤怒的邮件回击道:"我在这里工作的时间比你长得多,我不喜欢你对销售报告截止时间的提醒,令人不快。你应该试着以同事的态度对待人,而不是像对待等待你每个命令的仆人。"他一时冲动,将回复抄送给了总部的公司总裁和5名副总裁。

你认为这两封邮件会损失多少时间和效率?对员工的职业关系和他们在未来的合作能力会造成多大的伤害?当其他人听到这件事的谣言时,他们的声誉和职业生涯会受到怎样的影响?

> **寻找创造者**
>
> 候选人必须展现情商,包括管理自己和他人情绪的能力。

现在考虑一下,如果男装部的负责人遵循了情商的基本原则,这件事会有多么不同:永远不要在强烈的情绪掌控下做出重要决定。假设他读了商店经理的邮件后,深呼吸,再读一遍。他对经理看起来是独裁的语气感到愤怒,如果他等待30分钟再做出回应呢?在那段时间里,也许他会做一些深呼吸。也许他会记起,自从经理6个月前接手这家店以来,她一直很尊重他。在平息了最初的不满之后,假设他现在去了商店经理的办公室,要求进行一次简短的会议。"你知道,"他在修改后的场景中对她说,"我刚刚读了你关于上交第三季度销售数据的邮件,我知道你生气了,需要谈谈吗?""什么?哦,不,"她回答,"没有问题。我本打算上周给你发个提醒的,但我落了太多工作以至于忘记了。当我今天早上想起的时候,我在做其他五件事的时候写了邮件。如果它听起来好像在生你的气,对不起。相反,我认为你干得很棒!"

职场情商的另一个名字是"敬业精神"。专业人士意识到了自己的情绪,并且已经开发出管理这些情绪的方法。他们也善于感知他人的情绪,知道如何有效地沟通,建立联盟而不是摧毁它们。请注意,这样的声誉可能因为一次不小心发脾气而被摧毁。在数字时代,可能是一封鲁莽的电子邮件、一条短信、推特或者Facebook帖子。

从考虑职业道路时起,情商就开始影响你的工作与人生。如果你选择没有激情或情感投入的工作,就是带着巨大的障碍开启职业生涯。没有工作结果或体验的激励,你可能会偷懒,无法完成推动事业成功的必要条件。相反,当你的兴趣和才能与职业选择相匹配时,你将发现工作的刺激,更有可能成功。正如哈佛商学院的精神病学家兼教授肖莎娜·扎波夫(Shoshana Zuboff)所言:"只有意识到自己喜欢什么,我们才知道该做什么。"

在找工作的过程中,情商一直支持着你的成功。很有可能,每个被邀请参加面试的应聘者都有接受培训的机会。那么,什么能让你脱颖而出呢?一个答案是,雇主们在寻找工作技能之外的东西。1997年,美国培训与发展协会对大型企业进行的一项调查发现,五分之四的公司将情商视为他们在新员工身上寻找的特质之一。意识到这一点,你就知道不仅要在面试时谈自己的学术和工作相关技能,还有你的情商。

雇主有理由寻找有情商的员工。丹尼尔·戈尔曼在他的《情商》一书中写道:"我们现在拥有25年的实证研究经验,这些研究告诉我们,在一个以前不为人知的精确程度上,情商对成功到底有多大影响。"关于121家公司对181个不同职位获得成功的必备能力的分析,戈尔曼介绍了他的研究结果。他发现,被认为对有效工作表现至关重要的能力,其中三分之二是情绪管理能力。换句话说,根据雇主自己的说法,在工作效率上,情绪管理能力比其他因素重要两倍。

你可能会认为,与情商相关的软技能对那些在高技术和智力领域(如工程、计算机科学、法律或医学)工作的人来说不那么重要。事实正好相反。因为所有从事这些职业的人都需要学术上的成功和高智商,所以在这些职业中,几乎每个人都是"书本型聪明"。然而,并不是每个人都有高情商。在这些职业中,"软"领域的变化比在教育和智商上更多。因此,如果你处于情商的顶端,就比那些没有情商的同事有更大的优势。正如戈尔曼所说:"'软'技能对'硬'领域的成功更重要。"

情商在初级职位中重要,当一个人晋升到领导岗位时,它就变得至关重要了。据戈尔曼说,雇主报告显示情商对成为优秀领导者有80%—100%的必要性。作为其重要性的一个例子，领导者们要能够发现并解决工作中发生的冲突。否则，这样的混乱会使个人、团体、部门乃至整个公司偏离正轨。

美国运通金融顾问公司执行副总裁道格·莱尼克（Doug Lennick）总结了职场情商的一个例子："你需要在智力上获得成功——但也需要情商才能充分发挥自己的才能。没有充分发挥潜力的原因就是情商不足。"

技术建议：情商

MEIT（移动情商测试 Mobile Emotional Intelligence Test）评估有效识别他人情绪的能力。这款应用会给你展示一些人脸，让你正确地标注每个人表达的情感。其他测试会测试你处理不同情绪状况的最佳方法。你的目标是超过 90 分（目前美国的平均得分是 89 分）。（安卓、iOS）

Awareness 是一款由心理治疗师设计的应用程序，它能随机地"拦截"你的日常生活，并发出柔和的铜锣声。你需记录下当时正在做的事情和感受。这款应用会指导你做一个简单的冥想练习，让你的意识进入当下。每天、每周和每月的报告将帮助你发现规律，这样你就可以改变不想要的习惯，过上更平静的生活。（安卓、iOS）

Gratitude Journal 让你写下感激的事。你可以设置一个计时器，提醒你在不断增加的列表中添加你所感谢的东西。对许多人来说，回顾这样的清单是令人振奋的。（安卓、iOS）

Track Your Happiness 以一次性问卷开始。然后你决定想要被联系的时间和频率。在你选择的日程上，你会收到一封电子邮件或一条短信，要求汇报你正在做的事情以及你的感受。你会收到一些定期的报告，这些报告能找出提升幸福感的因素。（iOS）

MindShift 是特别为青少年和年轻人创造的，帮助处理焦虑。这款应用可以帮助你学会放松，培养更多的支持性思维方式，并找出减少焦虑

> 的具体行动。该应用提供了应对考试焦虑、社交焦虑和表现焦虑等痛苦情绪的策略。（安卓、iOS）
>
> Happify 提供基于幸福科学研究的活动和游戏。这些活动将帮助你强化五项关键的快乐技能：回味、感恩、渴望、给予和移情。该网站称，根据用户数据追踪，发现 86% 的高频用户在两个月内变得更加快乐。（网页、安卓、iOS）
>
> 注意：以上所有都是免费的工具，但有些可能还会提供收费的升级服务。

相信自己：培养自我认可

> **关键问题**：为什么高度自尊对成功如此重要？如何提高自尊？

罗兰（Roland）在 40 多岁时参加了我的初级英语课。他在课堂讨论中发表了很多有见地的意见，所以当罗兰没有上交前两篇写作作业时，我感到很困惑。两次他都一再道歉，承诺很快就会完成。他说他不愿找借口，但他已经达到了极限：他晚上要工作，白天要在妻子工作时照顾两个年幼的儿子。"不过，别担心，"他向我保证说，"我周一就交一篇论文给你。我会成为家里第一个获得大学学位的人。没有什么能阻止我。"

但是星期一到了，罗兰没出现。凭直觉，我查了一下他的学术记录，发现他以前上过两次初级英语课。我联系了他以前的老师。他们都说罗兰做了很多承诺，但从来没有交过作业。

我打电话给罗兰，我们约了见面谈谈。他没有出现。在下一节课上，当全班同学在写作业时，我邀请罗兰到大厅里来。

"对不起,我错过了我们的见面,"罗兰说,"我本来是想打电话的,但事情越来越多。"

> 任何人成功做事能力的基础都是高度自尊。如果你还没有,你可以随时培养。
>
> ——弗吉尼亚·萨提亚

"罗兰,我和你的其他老师谈过了。我知道你从来没有写过任何作业交给他们。我很乐意帮助你,但你要采取行动。你要写一篇文章。"

"我周五前会交一篇论文给你。"

我看着他的眼睛。

"我保证。"他说。

我知道是罗兰所做的,而不是他所承诺的,才能揭示他内心深处的信念。

自尊和核心信念

我们大家都是如此。我们的核心信念——真实的或虚假的、真正的或想象的——形成了指引我们选择的内在罗盘。

> 自尊是我们心中认为的自己的声誉。
>
> ——纳撒尼尔·布兰登

我们信念的核心就是关于"我是……"的陈述。我们如何在内心补全这句话对我们的人生质量有深远的影响。

高自尊是推动我们进入成功循环的燃料。我们是否认同自己,接受自己的缺点和优点?我们是否相信自己有能力、令人钦佩、可爱、值得拥有最好的人生?如果是这样,我们的信念能让我们做出明智的选择,走向富裕、充实的人生。

例如,想象有两个学生:一个是高自尊者,另一个是低自尊者。想象他们得到令人非常失望的考试成绩。他们接下来会做什么?自尊心较弱的学生很可能会选择保护自己脆弱的自我形象，比如放弃课程，而不是接受可能再次发生的不及格。另一方面，自尊心强的学生可能会选择让他走向成功的选项，比如坚持不懈地学习，以及寻求额外的帮助来获得成功。两个学生，同样的情况。一个人关注缺点，另一个人关注优势。结果是：两种不同的选择和两种不同的结果。

好消息是，自尊是后天习得的，所以任何人都可以学会提高自尊。

图 8.5　聪明如爱因斯坦，也不知道如何应对三垒的棘手反弹球

了解和接受自己

自尊心强的人知道没有人是完美的，他们接受自己的优点和缺点。用哲学家雷茵霍尔德·尼布尔（Reinhold Niebuhr）的话来说，成功的人接受他们不能改变的事情，有勇气去改变他们能改变的事情，用智慧区分两者的不同。

成功人士有勇气进行诚实的自我反省，就像你在第一章开始做的自我评估一样。他们承认自己的长处而不假作谦虚，他们承认自己的弱点而不固执地否认。他们讲述自己的真实情况，并采取行动改善自己的能力。

对罗兰来说幸运的是，他决定说到做到。在我们谈话后的那个星期五，他交了他的初级英语作文。他的写作大有前途，我也这样告诉了他。我还对他说，我很感激他放弃了忙得没时间做作业的借口。从那以后，罗兰准时交了作文。他和我碰面，参加写作实验室，做语法练习来提高他的编辑技能。他轻松地通过了课程。

> 自尊不仅仅是承认一个人的积极品质。它是一种接受的态度，对自我及他人的不评判。
>
> ——马修·麦凯和帕特里克·范宁

几年后，罗兰打电话给我。他转到了一所四年制的大学，以 3.9 的 GPA 成绩毕业，继续在研究生院学习城市规划。他最想让我知道的是，他的一位老师曾请求使用他的一篇文章作为优秀写作的典范。"你知道，"罗兰说，"如果我没有接受关于自己的这两件事，我还是会避免写作，那就是我有点懒，而且非常害怕。一旦我承认了这些关于自己的事情，我就开始改变了。"

我们每个人都有自己的优点和缺点。当挣扎的人意识到自己的弱点时，他们通常会把问题归咎于别人，或者因为自己不完美而自责。然而，成功人士通常会做出不同的选择：他们承认自己的弱点，不带评判地接受它，并在可能的情况下采取行动，做出积极的改变。一如既往地，我们所做的选择决定了我们前进的方向和旅程的质量。培养自我认可有助于我们做出明智的选择。

日记条目 31

在这次活动中，你将探索自己的优点和缺点，以及你认为自己拥有的声誉。这种对自尊的探索让你可以继续修正任何关于自己的限制性信念。通过这样做，你将朝着成功迈出重要的一步。

1. 在你的日记中，列出 10 个及以上的个人优点。例如，心理上：我擅长数学；身体上：我很有运动细胞；情绪上：我很少被愤怒控制；社交上：我是一个好朋友；其他方面：我几乎总是准时。

2. 列出 10 个及以上的个人缺点。例如，心理上：我读东西很慢；身体上：我身材走形；情绪上：我很容易被批评伤害；社交上：我不擅长倾听；其他方面：我是一个非常拖拉的人。

> 除非我们接受，否则无法改变任何事情。
> ——卡尔·荣格

3. 利用步骤 1 和 2 中的信息，写出你目前的自尊状态。如果进行第一章的自我评估，你的自尊分数是多少？当你在第九章重新测试时，你认为你的分数会是多少？如果你认为两个分数会不一样，那么产生差异的原因是什么？你对目前的自尊程度满意吗？如果不满意，你能做些什么来提高它？

要写出一篇优秀的日记，请记住在第一章"撰写精彩人生"部分中使用的5个建议。不断深入！

学生故事

温达·艾莉森·波莱特（Wynda Allison Paulette），
国家公园社区学院，阿肯色州

当我重返校园时，我41岁了。这真的"难如登天"。我不知道在承担许多生活责任的同时，我是否有能力在学校取得成功。我不知道自己是否足够聪明，甚至不知道在这么多年后是否有学习的能力。但我知道自己想要成功。我会尽力。我在生活的其他方面都做得很好，我想向自己证明，我可以接受良好的教育，为我的孩子树立好的榜样。

所以我来到了成功研讨课，阅读本书。我读了学生故事，开始审视自己的人生。我写的一些日记让我精神上筋疲力尽，因为老师总是让我们"挖得更深"，而我也会不断深入。我会写一些曾经坚定地留在过去的主题，重新开启它们，让自己有机会从全新的角度看待它们。最终，我把自己在生活中犯过的"可怕"错误视为教训，而不是失败。我可以放下对自己的消极想法，开始看到我的成长。我开始不知不觉地练习自爱和认可。我学到了很多关于自己的知识，我从课堂中学到了如此多的知识，当学期结束时，我们被要求上交笔记，我写了这首诗给我的老师。我写这篇文章只花了几分钟，但总结得相当不错。

朋友
我生命中曾经有一个人，
我声称要关心她；
但事实是，
我不喜欢她，
一点也不。

我的朋友会说她有多漂亮多聪明；
而我沉默地表示不赞同。

我做的决定会伤害她……
让她感到不便，以及偏离轨道。

我从不担心她的幸福。
在我看来，她不值得我的爱。

我一心一意地拖累那个可怜女孩20年，
给她带来了许多不必要的麻烦。

我默默地看着她经历糟糕的关系、
徒劳的友谊和不必要的艰难，
却懒得出面调停。

我看她越陷越深，
离梦想越来越远，
认为这是她应得的。

我对她太苛刻，
不尊重她，
且毫不悔恨……
直到——
有一天我看着那个人，
真正花时间去了解她，
开始看到她的优点……

我开始尊敬她，
即使是最艰难的时候，
她也能优雅地应对……
她乐观地看待世界。

我开始看到她的内在价值，
比装满金子的宝库还要耀眼。

我在她身上看到了一种美，
美得让我流泪。

我开始每天鼓励她，
向她保证她的梦想可以实现，
她可以完成任何她想做的事。

我第一次爱上她。
我开始钦佩和尊敬她。
我后悔让她经历那些可怕的时刻：那些挫折、错误……

但是现在回想起来，

我意识到我现在爱的女人可能不会是她现在的样子，
如果她没有走过黑暗的道路，
她也不会像这样喜欢阳光。

因为在她的内心深处，
有一个老练的、聪明的、善解人意的、负责任的、有爱心的人。
这个女人就是我。

我的故事还在继续。总会有挣扎，没有东西可以"不劳而获"。但我也从成功研讨会上付出的所有努力，以及从课文和练习中收获的所有宝贵经验和信息中领悟到，人生充满了可能性。没有绝路，只有稳步前进的新路线和经验。最重要的是，我们必须学会爱自己和相信自己。

照片：承蒙温达·艾莉森·波莱特的允许。

第九章　坚持成功之路

成功的学生……

▶ 获得自我意识，有意识地运用行为、信念和态度保持正轨。

▶ 通过终身学习，从几乎每一次的经历中都能找到宝贵的经验和智慧。

▶ 培养情商，有效地管理他们的情绪以支持他们的目标和梦想。

▶ 相信自己，认为自己是有能力的、可爱的、天生有价值的人。

挣扎的学生……

▶ 无意识地做出重要的选择，被自我破坏的习惯和过时的人生剧本所引导。

▶ 拒绝学习新的想法和技能，认为学习是恐惧或无聊的，而不是一场精神游戏。

▶ 生活在强烈情绪的支配下，比如愤怒、悲伤、焦虑，或者对即时满足的需求。

▶ 怀疑他们的能力和个人价值，觉得无法创造他们渴望的结果和体验。

计划下一步

> **关键问题**：在这门课上你改变了什么？你还想做出什么改变？

虽然我们的旅行即将结束，但你们的旅程才刚刚开始。展望你的未来，你想拥有什么，做什么，成为什么样的人？你要采取什么行动来实现你渴望的结果和体验？制订一个计划，然后去执行！

> 命运不是机遇的问题，而是选择的问题。这不是一件要等待的事，而是一件要争取的事。
> ——威廉·詹宁斯·布赖恩特

当然，有时你会偏离轨道。但现在你有了回到正轨的策略——外部的和内部的。在朝着你的目标和梦想前进之前，先花点时间回顾一下这些策略。任何时候你都可以浏览这本书的目录，了解你所学到的知识。浏览章节开始的表格，看看成功和挣扎的人的不同选择。重读策略作为提醒。也许最重要的是，重读你的日记。任何时候，你都可以回到这本书和你的日记中来，提醒自己是否忘记了什么。相信我，你会忘记，会偏离正轨。但你有能力记起来，做出明智的选择，回到正轨，创造理想的生活。

> 重要的不是你来自哪里，而是你要去哪里。
> ——埃拉·菲茨杰拉德（Ella Fitzgerald）[1]

---

[1] 埃拉·菲茨杰拉德（1917—1996），美国黑人爵士乐歌手。

再一次评估自己

这里和你在第一章所做的自我评估相同。再做一次（先别回头看你之前的答案）。在日记条目 32 中，你将比较第一次和现在的分数，思考你所做出的改变，认可自己成长的勇气。看看你还要做些什么才能成为最好的自己。

现在你已经拥有了很多在人生和梦想中保持正轨的必需品。剩下的你可以在旅途中学习。勇敢一点！从今天开始吧！

前进吧！

图 9.1 向左走，向右走

▶自我评估

阅读下面的陈述，根据描述与自身情况的符合程度给每句话评分。为了得到精准的评估，请根据它确切的准确程度（而非你想要成为的）打分。记住，没有正确或错误答案。从 0 到 10 给每一句陈述选择一个分数，如下所示：

完全错误 ← ⓪ ① ② ③ ④ ⑤ ⑥ ⑦ ⑧ ⑨ ⑩ → 完全正确

1. ____ 我能掌控自己的成功。
2. ____ 我不确定自己为什么会上大学。
3. ____ 我把大部分时间花在做重要的事情上。
4. ____ 当我遇到一个具有挑战性的问题时，我试着自己去解决它。

5._____ 当我偏离目标和梦想时，我能立刻意识到。

6._____ 我不确定自己更喜欢如何学习。

7._____ 我知道如何增加幸福感。

8._____ 只有消除了缺点和弱点，我才能真正接受自己。

9._____ 不可控因素（如糟糕的教学）是我成绩不好的原因。

10._____ 我非常重视大学学位。

11._____ 我不需要把事情写下来，因为我能记住自己需要做什么。

12._____ 我有可以寻求帮助的人际关系网。

13._____ 如果我有妨碍我成功的习惯，我不确定它们是什么。

14._____ 当我不喜欢老师的教学方法时，至少我知道如何学习这门课。

15._____ 当我非常生气、悲伤或害怕时，我会做或说一些会给我带来麻烦的事情。

16._____ 当我面对即将到来的挑战（比如考试）时，我通常认为自己能做得很好。

17._____ 当我遇到问题时，我会采取积极的行动找到解决办法。

18._____ 我不知道如何设定实际的短期和长期目标。

19._____ 我做事有条理。

20._____ 当我选择了一门困难的课程时，我会独自学习。

21._____ 我知道哪些信念阻碍了我的成功。

22._____ 我不知道如何对复杂问题进行批判性和分析性的思考。

23._____ 在完成重要的学校作业和做有趣的事情之间，我会选择前者。

24._____ 我违背了对自己或对别人的承诺。

25._____ 我经常做出糟糕的选择，这使我无法得到真正渴望的东西。

26._____ 我希望在大学课程上表现优秀。

27._____ 我缺乏自律能力。

28._____ 别人讲话时我会仔细聆听。

29._____ 我无法改掉任何妨碍我成功的习惯。

30._____ 我认为自己的智力是可以提高的。

31._____ 我经常感到无聊、焦虑或沮丧。

32._____ 我认为自己和其他人一样有价值。

33._____ 个人之外的力量（比如运气或其他人）可以掌控我的成功。

34._____ 大学是实现我的目标和梦想的重要一步。

35._____ 我把大部分时间花在做不重要的事情上。

36._____ 我知道如何尊重和我不同的人（种族、宗教、性取向、年龄等）。

37._____ 我可能会偏离目标和梦想很长一段时间而自己却没有意识到。

38._____ 我知道我喜欢怎样的学习方式。

39._____ 我的幸福程度主要取决于我的经济状况。

40._____ 我接受自己的全部，包括缺点和弱点。

41._____ 我成绩不好的原因在于自己。

42._____ 如果我在大学失去了动力，我不知道如何找回它。

43._____ 我有一份书面的自我管理系统，它帮助我按时完成重要的事情。

44._____ 我很少和与我不同的人互动。

45._____ 我知道哪些习惯妨碍我成功。

46._____ 如果我不喜欢老师的教学方法，我可能会在课程中表现不佳。

47._____ 当我非常生气、悲伤或害怕时，我知道如何管理情绪，以防做出任何我会后悔的事。

48._____ 我面对即将到来的挑战（比如考试）时，我通常认为自己会做得不好。

49._____ 当我遇到问题时，我会抱怨、责备他人或者寻找借口。

50._____ 我知道如何设定实际的短期和长期目标。

51._____ 我做事没有条理。

52._____ 当我选择了一门困难的课程时，我会寻找学习伙伴或者加入学习小组。

53._____ 我不知道哪些信念阻碍了我的成功。

54._____ 我知道如何对复杂问题进行批判性和分析性的思考。

55._____ 我经常感到快乐和充满活力。

56.＿＿＿ 我遵守对自己或对别人的承诺。

57.＿＿＿ 当我需要做出重要决策时，我会使用决策程序来分析可能的选择及其结果。

58.＿＿＿ 我不期望在大学课程上表现优秀。

59.＿＿＿ 我很自律。

60.＿＿＿ 当别人讲话时我很容易分心。

61.＿＿＿ 我知道如何改掉任何妨碍我成功的不良习惯。

62.＿＿＿ 智力高低是天生的，而我没法改变它。

63.＿＿＿ 在完成重要的学校作业和做有趣的事情之间，我会选择后者。

64.＿＿＿ 我觉得自己不如别人有价值。

把你的分数填写到下面的评分表上。在 8 个板块中，将 A 列和 B 列的分数求和。然后按照下面的示例计算你的最终分数。

表 9.1　自我评估分数表

示例		评分 #1：承担个人责任		评分 #2：自我激励	
A	B	A	B	A	B
6. 8	29. 3	1. ＿＿	9. ＿＿	10. ＿＿	2. ＿＿
14. 5	35. 3	17. ＿＿	25. ＿＿	26. ＿＿	18. ＿＿
21. 6	50. 6	41. ＿＿	33. ＿＿	34. ＿＿	42. ＿＿
73. 9	56. 2	57. ＿＿	49. ＿＿	50. ＿＿	58. ＿＿
28 + 40 − 14 = 54		＿＿ + 40 − ＿＿ = ＿＿		＿＿ + 40 − ＿＿ = ＿＿	

评分 #3：掌握自我管理能力		评分 #4：互相帮助		评分 #5：提高自我意识	
A	B	A	B	A	B
3. ＿＿	11. ＿＿	12. ＿＿	4. ＿＿	5. ＿＿	13. ＿＿
19. ＿＿	27. ＿＿	28. ＿＿	20. ＿＿	21. ＿＿	29. ＿＿
43. ＿＿	35. ＿＿	36. ＿＿	44. ＿＿	45. ＿＿	37. ＿＿
59. ＿＿	51. ＿＿	52. ＿＿	60. ＿＿	61. ＿＿	53. ＿＿
＿＿ + 40 − ＿＿ = ＿＿		＿＿ + 40 − ＿＿ = ＿＿		＿＿ + 40 − ＿＿ = ＿＿	

（续表）

评分#6：终身学习		评分#7：培养情商		评分#8：相信自己	
A	B	A	B	A	B
14.___	6.___	7.___	15.___	16.___	8.___
30.___	22.___	23.___	31.___	32.___	24.___
38.___	46.___	47.___	39.___	40.___	48.___
54.___	62.___	55.___	63.___	56.___	64.___
___ + 40 − ___ = ___		___ + 40 − ___ = ___		___ + 40 − ___ = ___	

分数解释

如果你的分数是……

0~39　意味着你的选择很少能让你保持正轨。

40~63　意味着你的选择有时能让你保持正轨。

64~80　意味着你的选择通常能让你保持正轨。

▶ 成功学生的选择

成功的学生……	挣扎的学生……
▶ 承担个人责任，将自己看作创造其结果和体验的主体。	▶ 将自己看作受害者，认为他们身上发生的事主要由外部力量决定，比如命运、运气和其他有力的影响因素。
▶ 自我激励，通过追求有意义的个人目标和梦想，找到人生的意义。	▶ 难以保持动力，常常感到沮丧、受挫，并且/或对人生缺少方向感到不满。
▶ 拥有自我管理能力，坚持计划并采取有目的的行动来实现目标和梦想。	▶ 很少明确实现预期结果所需的具体行动，即使明确，他们也往往会拖延。
▶ 互相帮助，建立相互支持的人际关系，实现自己的目标和梦想，同时帮助其他人做到这一点。	▶ 独来独往，很少请求甚至拒绝他人的援助。
▶ 提高自我意识，有意识地利用行为、信念和态度帮助他们不断前行。	▶ 无意识地做出重要选择，被坏习惯和过时的人生剧本控制。
▶ 进行终身学习，几乎在每一次经历中都能学到宝贵的经验和智慧。	▶ 拒绝学习新观念和新技能，认为学习是可怕的或无聊的，而非智力游戏。
▶ 培养情商，有效地管理自己和他人的情绪，从而支持自己的目标和梦想。	▶ 生活在强烈情绪的支配之下，例如愤怒、悲伤、焦虑或即刻得到满足的需求。
▶ 相信自己，认为自己是有能力的、可爱的、绝对有价值的人。	▶ 怀疑自己的能力和个人价值，不相信自己能创造渴望的结果和体验。

日记条目 32

在这次活动中，你将检查自己从这门课开始以来所做出的改变，计划在大学和人生中取得成功的下一步。

1. 在你的日记中，对 8 个板块进行自我评估，将你在第一章中的评估分数（第一次得分）和上面的评估分数（第二次得分）填入如下表格里：

表 9.2　两次自我评估对比

第一次得分	第二次得分	
		承担个人责任
		自我激励
		掌握自我管理能力
		互相帮助
		提高自我意识
		终身学习
		培养情商
		相信自己

2. 比较两次自我评估的结果，分数提高的部分写得深入一点。记住要回答有思想的读者可能会问你的问题，通过使用 4E（例子、经历、解释、证据）深入探究。

3. 进一步比较两次自我评估的结果，想要进步的部分写得深入一点。记住那句话："如果坚持你所做的事，你会不断得到你应得的回报。"带着这个想法，确定在未来的几个月和几年里，你在行为、思想、情绪和信念上想要做出的具体改变。

顺便一提，如果你的某个分数在这学期下降了，这个结果可能并不是表明你的效率降低了，而可能是表明现在的你对自己更加诚实，或者更清楚地知道在这一领域出类拔萃的必要条件是什么。

4. 在最后一篇日记里总结你在这门课中最重要的发现和对美好未来的计划。深入探索！

学生故事

斯蒂芬·J.蒙哥马利，(Stephan J.Montgomery)
瓦什特洛社区学院，密歇根州

2002年的时候，我在搬入流浪者收容所时跌入了人生的谷底。在接下来的4年里，我在一个又一个的避难所中进进出出。在那里，我看到人们是如何变得被动和麻木，他们的眼睛里没有生命和希望。他们身上散发着难闻的气味，低着头走路，充满了消极情绪。他们生活中唯一的目标就是得到施舍。我知道我不能让收容所的生活变成我的人生。

从1985年到1998年，我是底特律的一名警官。1996年，我失去了母亲，不久之后，我17岁的儿子死于哮喘。在我看来，趴在别人肩膀上哭是软弱的表现，所以我把这一切都藏在心里。我以前喝过酒，但现在开始喝得更多了。我在1998年离开警察部队，开始了豪车司机的服务工作。4年后，我因酒后驾车被捕，失去了驾驶执照。当我付不起房租时，和我住在一起的那个女人把我赶了出去，我在车里住了两个月。就是从那时起我向流浪者收容所求助。

我首先考虑的是自立，但不知道从哪里开始。我去了一家国家就业服务机构，对一位咨询师说："我想要一个大学文凭，而不是求职市场里那些薪水很低的工作。"她告诉我当地社区学院的奖学金，在她的帮助下，我在2007年注册了课程。我已经30多年没上过大学了，一想到上大学就害怕。但我有一个目标。我想成为一名计算机系统安全分析师，这个职业的起薪是4万8000美元。这份工资听起来不错。

在我的基础英语课上，我遇到了这本书。这本书让我对过去的失败和成功有了深入的了解，也为我在大学和人生中获得成功提供了具体的策略。我意识到我过去的许多问题都源于受害者语言。当我在警察部队的时候，我觉得有些上司对我很挑剔。我得说他们不喜欢我，因为我不是合适的人选。事实上，我错过了很多工作，但我总是推卸责任。在阅读了关于受害者/创造者的文章后，我告诉自己，你必须重塑自己。没有人会为你做这件事。我甚至开始告诉收容所的人们我在这门课上学到的东西。

对于上大学，我最大的担忧是如何安排我的时间。

我内心新出现的创造者用四象限图来区分我的日常任务。当我使用书中的自我管理工具时，我产生了自信，认为自己可以在大学里表现出色。我向其他人展示了下一行动列表，并告诉他们有能让你集中注意力的清单是多么重要。如果有人告诉你他们有底特律活塞队比赛的门票，你必须说不，做对你的目标重要的事情。

除了如何安排时间，我还发现了互相帮助的美。我和我的两个英语课同学决定每次课后在写作中心见面，一起完成作业。我们互相鼓励，互相教导。我们新建立的相互依赖让我们觉得自己很有价值，它给了我们更多的自信和自我价值感。这种信心也转化为学术上的成功。在第一个学期，我获得了3.88的平均绩点和很高的荣誉。

接下来的一个学期，我在写作中心找到了一份兼职。当我帮助学生们写好论文时，我喜欢看到他们眼中闪烁的光芒。我也开始在华盛顿的扫盲项目上做志愿者。我在生活中继续使用这本书中的原则，并在辅导中心、志愿者工作和收容所中分享它们。

这些原则为人们获得成功、幸福和不再流浪的人生提供了最好的希望。收容所里有两个人现在已经被学校录取了，他们有问题会来找我。其中一个仍然有受害者的心理。我对他说："你为什么把自己的悲苦都怪到别人身上，而不照照镜子，找找自己的原因？如果我能帮助你，我会的。但你得先帮助自己。"

人们必须学会自立，我现在有能力帮助别人做到这一点。我甚至改变了我的职业目标。我打算当小学老师。对我来说，这不再是钱的问题，而是分享自己的成长经验。在体验了这本书的课程后，我觉得我有一些东西可以分享。我对失败的恐惧消失了。作为一个创造者，我相信自己，并且有自信能解决我所面临的任何问题。现在我想和其他人分享这种感觉。

照片：承蒙斯蒂芬·J.蒙哥马利的允许。

学习技巧
积极学习者的工具箱

成为积极学习者

关键问题：人类大脑是如何学习的？如何利用这一知识成为高效学习者？

本书之前的章节展示了大学和未来成功必要的软技能。这一章节提供成为一个积极和高效学习者所需的硬技能工具箱。

正如第一章中提到的，软技能和硬技能都是可以学习的。然而，软技能是无形的，比硬技能更难衡量。有些人认为软技能是内在力量、个人素质或非认知因素。你的祖母可能只是简单地称这些品质为"品格"。书中探讨的软技能包括个人责任、自我激励、自律、互相帮助、自我意识、情商和自信。

> 我们现在接受这样一个事实：学习是一个伴随变化的终身过程。最紧迫的任务是教人们如何学习。
>
> ——彼得·德鲁克

硬技能比软技能更容易被发现和测量。学习和评估它们的过程更为明显。既然你作为学生的主要工作是学习，你就需要硬技能，这将使你成为一个有效的学习者。这些硬技能也被称为学习技能，它们将改善你在大学的学习（和成绩)。但这还不是全部。

大学毕业后，这些技能将在你的职业生涯中帮助你，无论何时你都面临着 21 世纪的终身学习的挑战。在如今的经济形势下，你很难找到一份不需要快速有效学习能力的工作。每当你下载一个新的应用到智能手机上，许下一个愿望，申请抵押贷款，开始一个新的爱好，或者去国外度假，你都需要运用有效的学习技能。这只是你学习创造美好生活的开始。

评估你获得大学成功的技能

在我们开始探索有效的学习技能之前，先花几分钟完成下面几页的自我评估问卷。在这个学习工具箱的最后，你将有机会重温这份自我评估，并比较两次的分数差异。我想你会对你所学到的东西感到印象深刻！

当你进行自我评估时，绝对要诚实，这样你就能了解到自己目前真正的学习技能。这些有价值的信息可以为你在未来的学习中取得巨大进步铺平道路。

▶ 自我评估

阅读下面的陈述，根据自身情况的符合程度给每句话评分。为了得到精准的评估，请衡量它确切的准确程度（而非你想要成为的）。记住，没有正确或错误答案。从 0 到 10 之间给每一句陈述选择一个分数，如下所示：

完全错误 ← ⓪ ① ② ③ ④ ⑤ ⑥ ⑦ ⑧ ⑨ ⑩ → 完全正确

1. _____ 我理解人类的大脑是如何学习的，我利用这些知识进行有效的学习。
2. _____ 当我阅读课本上的作业时，我很难辨认出最重要的信息。
3. _____ 我知道记忆重要事物的有效策略，如事实、细节和公式。
4. _____ 我不知道如何创建图形或线性的备忘笔记。
5. _____ 我擅长在课堂讨论或讲座中找出什么是重要的。

6.＿＿＿ 在拿到考试结果后，我会检查成绩看看我的表现，然后把它扔掉。

7.＿＿＿ 当我写论文时，我知道如何添加辅助细节，使我的主要思想更清晰。

8.＿＿＿ 考完试后，我不知道我将得到什么样的分数。

9.＿＿＿ 在阅读作业时，我有一个有效的系统来标记或写下重要的想法。

10.＿＿＿ 当我课后复习笔记时，它们是完整的，很容易理解的。

11.＿＿＿ 在复习准备考试之前，我把所有的课堂笔记、作业、阅读作业和讲义都浓缩成一份文件，然后根据这份新文件进行学习。

12.＿＿＿ 我大部分（有时全部）的学习是在考试前一天或考试当天完成的。

13.＿＿＿ 当我参加考试时，我感到平静和自信。

14.＿＿＿ 当我写论文题目的答案时，我发现很难整理我的思路。

15.＿＿＿ 当我复习准备考试时，我使用了许多不同的学习策略。

16.＿＿＿ 阅读内容之后，我不记得我读过什么。

17.＿＿＿ 我的课堂和家庭作业笔记包含了后来在考试中出现的大部分信息。

18.＿＿＿ 我知道至少三种整理学习材料的方法，让这些信息的学习变得更有效。

19.＿＿＿ 我通过检查我完成的家庭作业和老师在课堂上解决的问题来复习准备数学考试。

20.＿＿＿ 当我参加考试时，我有一个获得尽可能多分数的计划。

21.＿＿＿ 一篇论文我通常写一份稿，也只上交这一份稿。

22.＿＿＿ 考完试的几天后，我不记得我学过什么。

23.＿＿＿ 在阅读完家庭作业后，我会花时间去思考、写作，或者和别人讨论我刚读到的内容要点。

24.＿＿＿ 我从来没有学过如何在课堂上记好笔记。

25.＿＿＿ 我在一个不受打扰的安静地方学习。

26.＿＿＿ 参加考试时，我觉得自己还没有准备好，因为我真的不知道如何有效地学习。

27.＿＿＿ 我不知道如何在大学里写一篇好论文。

28._____ 我知道如何在考试中取得好成绩，不管考的是什么题型：多项选择题、判断题、填空题、匹配题或论文写作题。

29._____ 学习的过程对我来说是一个谜。

30._____ 我擅长在阅读作业中识别重要信息。

31._____ 在学习的过程中，我列出了一系列我认为会在考试中出现的题目。

32._____ 在讲座或课堂讨论中，我很难集中注意力。

33._____ 我不善于记忆重要的公式、细节和事实。

34._____ 在得到考试结果后，我分析并改正我所犯的所有错误。

35._____ 我的论文很短，因为我很难添加使我的主要思想更清晰的辅助性细节。

36._____ 甚至在考试前我就知道如何判断我的某门学科学得怎么样。

37._____ 当我阅读书本时，我不会在书中做记录，也不会另外记笔记。

38._____ 上课几天后，当我看课堂笔记时，发现它们很难理解。

39._____ 我通过重读课本、课堂笔记和课程讲义来复习准备考试。

40._____ 我经常学习每一门课程，并让学习贯穿课程的始终。

41._____ 我在考试中失利是因为花太多时间在一个问题上或者花太多时间去回答一个只值几分的问题。

42._____ 我写的论文很有条理。

43._____ 我不参加课堂讨论或学习活动。

44._____ 当我完成一项阅读作业时，我记住了我读到的大部分内容。

45._____ 当我考试的时候，有一些问题是我的笔记里没有的。

46._____ 当我学习的时候，经常会被干扰，我无法集中注意力。

47._____ 当我复习数学准备考试时，我解决了许多与考试相同的问题。

48._____ 某些类型的试题对我来说很难，我做得不好。

49._____ 我理解并使用写作的四个步骤：预写、写作、修改和编辑。

50._____ 当我感到困惑时，我会在课堂上提问。

51._____ 阅读完一本教科书后，在考试前我对我所读到的东西都没有太多的思考。

52.＿＿＿ 我在上课或课堂讨论中做了很好的笔记。

53.＿＿＿ 当我考试时，我发现了没有复习到的问题。

54.＿＿＿ 我在学习的时候使用了一个有效的学习系统，所以我在考试的时候感觉准备很充分。

55.＿＿＿ 我知道如何在大学里写一篇好论文。

56.＿＿＿ 考试时我感到紧张，头脑一片空白。

把你的分数填写到下面的评分表上。在7个板块中，将A列和B列的分数求和。然后按照下面的示例计算你的最终分数。

表 T.1　自我评估分数表

示例		评分＃1：积极学习	
A	B	A	B
6. _8_	29. _3_	1.＿＿	8.＿＿
14. _5_	35. _3_	15.＿＿	22.＿＿
21. _6_	50. _6_	36.＿＿	29.＿＿
73. _9_	56. _2_	50.＿＿	43.＿＿
_28_ + 40 − _14_ = 54		＿＿ + 40 − ＿＿ = ＿＿	

评分＃2：阅读		评分＃3：记笔记	
A	B	A	B
9.＿＿	2.＿＿	5.＿＿	24.＿＿
23.＿＿	16.＿＿	10.＿＿	32.＿＿
30.＿＿	37.＿＿	17.＿＿	38.＿＿
44.＿＿	51.＿＿	52.＿＿	45.＿＿
＿＿ + 40 − ＿＿ = ＿＿		＿＿ + 40 − ＿＿ = ＿＿	

评分＃4：整理学习材料		评分＃5：背诵和熟记学习材料	
A	B	A	B
11.＿＿	4.＿＿	3.＿＿	12.＿＿
18.＿＿	39.＿＿	40.＿＿	19.＿＿
25.＿＿	46.＿＿	47.＿＿	26.＿＿
31.＿＿	53.＿＿	54.＿＿	33.＿＿
＿＿ + 40 − ＿＿ = ＿＿		＿＿ + 40 − ＿＿ = ＿＿	

(续表)

评分 #6：考试		评分 #7：写作	
A	B	A	B
13.____	6. ____	7. ____	14.____
20.____	41.____	42.____	21.____
28.____	48.____	49.____	27.____
34.____	56.____	55.____	35.____
____ + 40 - ____ = ____		____ + 40 - ____ = ____	

分数解释

如果你的分数是……

0~39 意味着你的学习技能很少能支持深度学习。

40~63 意味着你的学习技能有时能支持深度学习。

64~80 意味着你的学习技能通常能支持深度学习。

人类大脑如何学习

特别是在过去的几十年里，人们已经发现了很多关于人类如何学习的知识。为了从这些发现中获益，让我们快速地了解一下我们的大脑。人脑重约3磅，由数万亿个细胞组成。其中大约1000亿是神经元，这里就是我们学习需要用到的地方。当一个潜在的学习体验发生时（比如读这句话），一些神经元会发出电信号。这种活动会导致附近的神经元也这样做。当神经元一起放电时，它们就形成了所谓的"神经网络"。

> 在地球所有物种中，人类的大脑拥有最大的未支配皮层（没有特定的必要功能）。这使得人类拥有非凡的灵活性和学习能力。
> ——艾瑞克·詹森（Eric Jensen）[1]

我喜欢想象一群神经元在我的大脑里手牵着手，上下跳跃，并举办学习聚

---

[1] 艾瑞克·詹森，纽约医学院教授，美国神经科学学会和纽约科学院的成员。

会。如果这个聚会只有一次，学习能力就会很弱（比如你看到老师有一天解了一道数学题，而下一次你就想不起来该如何做题）。然而，如果你让相同的神经元集合重复放电（就像你自己解决 10 个类似的数学问题一样），结果是可能形成长期记忆。根据《大脑如何学习》（How the Brain Learns）一书的作者大卫·苏萨（David Sousa）的说法："最终，反复的放电模式将神经元连接在了一起，如果其中一个放电，其他都会放电，最终形成新的记忆痕迹。"

这里的要点是：如果你想固化学习成果，就要建立强大的神经网络。通过这种方式，学习实际上改变了你的大脑结构。通过尸检，神经学家罗伯特·雅各布斯（Robert Jacobs）和他的同事们确定，与高中辍学的学生相比，研究生的神经连接实际上要多 40%。雅各布斯的研究结合了许多其他的大脑研究，揭示了一个重要的事实：要想成为一个优秀的学习者，你要在你的大脑中建立尽可能多的神经连接。

深度持久学习的三个原则

通过对我们大脑中所发生事情的简要介绍，让我们探索一下高效学习者如

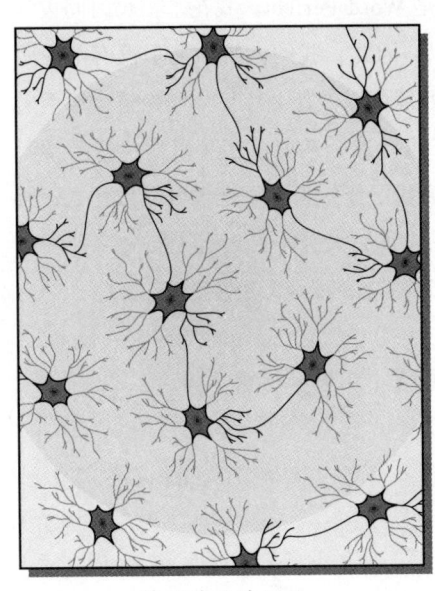

学习前的神经元　　　　　　　　学习后的神经元

图 T.1　学习前后的神经元

何最大化他们的学习成果。不管他们是否知道，他们已经找到了在大脑中建立许多强大的神经连接的方法。你也可以。

> 关于如何最有效地学习，我们正处于该知识领域爆炸的边缘。
> ——杰弗里·D. 卡普克（Jeffrey D. Karpicke），
> 心理学老师，普渡大学

怎么做？简而言之：成为一个积极的学习者。学习不是一项观赏性的运动。你不可能通过被动地听一场讲座、随意地浏览一下课本，或者让导师帮你解决数学问题就可以进行深入持久的学习。为了建立强大的神经网络，你必须积极地参与学习过程。

现在，这里有一个更长的答案。好的学习者，不管是有意识的还是无意识的，都应该遵循以下三条原则：

1. **提前学习**。大脑研究表明，当你把你正在学习的东西与先前储存的信息（即已经形成的神经网络）联系起来时，你能更快、更深入地学习新的信息或技能。例如，我学到的第一个文字处理程序是 Word Perfect。我花了很长时间去学习，因为我之前没有文字处理方面的知识；因此，我的大脑中几乎没有与我所学相关的神经网络。首先，我要了解文字处理可以做什么（比如删除整个段落）。然后，我要学习如何使用 Word Perfect 来执行这个功能。多年以后，我要学习另一个文字处理程序 Microsoft Word。因为我已经知道文字处理可以做什么，所以能够更快地学习这个新程序。换句话说，我的大脑中已经有了与文字处理相关的神经网络，而学习 Microsoft Word 让这些神经细胞聚集了起来。

> 当信息"一只耳朵进，另一只耳朵出"时，通常是因为它没有任何东西可以依附。
> ——乔舒亚·福尔（Joshua Foer）[1]

---

[1] 乔舒亚·福尔（1982— ），美国记忆大师。

过去的学习对新学习的帮助有助于解释，为什么有些学习者在大学里学习数学、阅读和写作等学术技能时会遇到困难。如果他们早期的学习不稳定，他们新的学习就会遇到问题。他们没有强大的神经网络来连接新的学习，这就像在地基不牢固的情况下建造房屋。在这种情况下，最好的选择是回去加强基础，这正是培养（基本技能）课程的目的。但是没有必要像以前那样去学习这些基本技能。毕竟，你以前的学习方式并没有让你所掌握的信息或技能变得更牢固。所以这一次你会想要使用更有效的学习策略，这些策略可以创建必要的神经网络。如果你的情况就是这样，采用本书中描述的更有效策略可以给你带来优势。

如果你是一个拥有强大基础的学习者，你会发现这里的策略可以提高你的学习效率。

2. 学习的质量。你的运动方式会影响你的体能。同样，你的学习方式也会影响你神经网络的强度，从而影响你的学习质量。某些信息（如数学公式或解剖学术语）必须被准确地回忆。对于这样的学习任务，有效的记忆策略是最有用的。然而，你在大学里要学的很多东西对单纯的记忆来说都太复杂了（尽管很多努力学习的学生都尝试过）。要掌握复杂的信息和技能，你需要学习专家所说的深度处理。这些是成功的学习者用来最大优化他们学习的策略。在这个工具箱中，你将学习有效的记忆和深度学习策略。

但是不要只使用一种深度学习策略。成功的运动员知道交叉训练的价值，所以他们使用各种训练策略。同样，成功的学习者也知道使用各种深度学习策略的价值。这是因为你用越多的方法深入学习新知识，你的神经网络就越强大。

> 数学老师……看到学生前一天还会用一个公式来正确地解决问题，但是第二天他们就不记得怎么做了。如果过程没有被存储，信息将再次被视为全新的！
>
> ——戴维·A.苏泽（David A. Sousa）[1]

当你积极学习任何信息或技能时，可以使用多种不同的有效深度学习策

---

[1] 戴维·A.苏泽，教育学博士，国际教育顾问。

略。这样做可以建立并加强相关的神经网络，你的学习就会突飞猛进。

3. **学习的数量**。学习的质量也取决于你学习的频率和时间。这个因素通常被称为"工作时间"，最有效的方法是分布式实践。当学习随着时间的推移而分布时，人脑学习得最好。没有一个成功的运动员会等到比赛前一晚才开始训练。那么，为什么苦苦挣扎的学生认为他们可以在考试前一晚才开始学习呢？通宵补习可能会在他们的短期记忆中留下印记，甚至可以让他们通过第二天的考试。然而，即使是成绩好的学生也经历过死记硬背的失败。这种效应有时被称为"学习失忆症"。这是一种让人沮丧的经历，让人无法在需要时回想起之前课程中学到的东西。当我们没能建立起强大的神经网络使学习持续时，遗忘就会发生。要创建强大的神经网络，你要使用许多不同的深度学习策略来处理目标信息或技能，并经常这样做。

> 几乎每个人都会回顾他的学生时代，想知道他在上学期间应该积累些什么知识。
>
> ——约翰·杜威（John Dewey）[1]

除了深度学习的频率，每次学习的时间也很重要。显然，60 分钟的深度学习比 5 分钟能带来更多学习成果。因此，高效的学习者会在任务上投入足够长的时间。一周学习的传统指导方针是，每上课 1 小时就学习 2 小时。因此，如果你每周有 15 个小时的课程，你的"充足任务时间"大约是每周 30 个小时。许多挣扎的学生学习得既不频繁，也不持久。然而，有些人通过投入"足够的时间"来愚弄自己，但很少把时间花在有效的学习策略上（比如你将要学习的策略）。相反，他们略读教科书中复杂的信息，试图记住他们不理解的信息。他们的思绪漫游到午餐时的谈话中。他们翻着书包、梳妆台抽屉和壁橱寻找课堂笔记。他们上网，玩一种或者五种电子游戏。他们打电话给同学，发几条信息，然后他们知道接下来该上床睡觉了。当他们第二天考试不及格时，他们抱怨说："但是我学了这么长时间！"

---

[1] 约翰·杜威（1859—1952），美国哲学家、教育家，实用主义的集大成者。

> 深度持久学习的三个原则
> 1. 提前学习。将新的信息与之前学过的信息联系起来。
> 2. 学习的质量。使用多种不同的深度学习策略。
> 3. 学习的数量。时长足够的频繁练习。

有些学生因为内分泌失衡而无法长时间集中注意力，他们的学习也因此受到影响。如果你认为自己也是这样，请预约学校的障碍咨询师寻求帮助。不过大多数学生在学习中挣扎的原因可完全由他们自己掌控。你不需要拥有天才的智商就能成为一个好的学习者并在大学里取得好成绩。你用的是一个学习系统，利用科学对人类大脑如何学习的知识发现。数以亿计的神经元在你的耳朵之间准备聚会。让学习节开始吧！

> 好的学习者，像其他人一样，是活着的、蠕动的、怀疑的、感知的、恐惧的、关爱的、语言化的神经系统。但是他们成为好的学习者，正是因为他们相信和做了一些不那么有效的学习者不相信和不愿做的事情。关键就在这里。
>
> ——尼尔·波兹曼（Neil Postman）和
> 查尔斯·韦恩加特纳（Charles Weingartner）

核心（CORE）学习系统

四种通用策略对于好的学习者来说很常见。你可以用核心（CORE）一词（见图 T.2）来记住这些策略。核心 CORE 代表收集（Collect）、整理（Organize）、练习（Rehearse）和评估（Evaluate）。核心学习系统是有效的，因为它会自动引导你使用前面讨论过的三个积极学习原则。因此，通过应用我

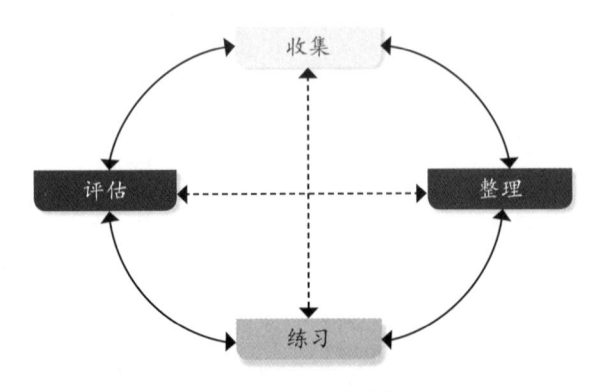

图 T.2　核心学习系统

们对人类大脑如何学习的了解，核心学习系统可以帮助你创造深度和持久的学习。它是这样运作的：

收集：在每一个清醒的时刻，我们都在通过五种感官不断地收集感知。不用刻意努力，大脑就会接收大量的视觉、声音、气味、味觉和身体感觉信息。大部分感知会在瞬间消失。有些，比如我们的第一语言，可能会持续存在一辈子。因此，我们在生活中学到的很多东西都是无意识学会的。然而，在大学里，学习要更有主动意识。这是因为老师希望你能学到具体的知识和技能。当然，他们希望你能通过小测验、测试、考试、学期论文和其他评估方式展示你学到的知识。在大学里，收集信息和技能最重要的两种方式是阅读课本和上课。

整理：一旦收集了信息，我们就要理解它。当我们在日常生活中学习时，我们倾向于以无意识的方式整理收集到的信息。我们甚至都没有意识到我们在这么做。然而，在大学课程中，你要系统地整理信息，这些经过整理后的信息对你来说才有意义。事实上，从收集到的信息中寻找意义是研究的最重要成果之一。

练习：一旦我们收集并整理了我们的目标知识，我们就要记住它，以便将来使用。练习可以加强神经网络，使学习更持久。当你解决 10 道有挑战性的数学题时，你就是在练习。随着时间的推移，解决问题的过程变得更容易、更自然。好的学习者知道如何练习掌握信息和技能，以便在考试、职业生涯或个人人生中使用它们。

评估：人生很擅长给我们关于学习质量的非正式反馈。也许你讲笑话的时候忘了笑点，于是你立刻知道自己需要学习更多。高等教育为我们提供了更正式的反馈。是的，就是那些讨厌的测试、学期论文、小测验、实验报告、论文、课堂问题和期末考试。评估——不管是非正式的还是正式的——是所有学习的重要组成部分。因为没有反馈，我们永远无法确定我们的学习是否准确或完整。

> 研究表明，当学生们主动积极地参与一门学科的学习而不是简单地听别人说时，他们学得最好。
> ——芭芭拉·奥克利（Barbara Oakley），
> 《学习之道》（A Mind for Numbers）

在这个"积极学习者的工具箱"中，你将学到这些经过验证的策略：
- 收集关键信息。
- 将这些信息整理成有效的学习材料。
- 练习掌握信息和技能以备将来使用。
- 评估你所学到的。

但是学习并不是以一种按部就班的方式进行的。在学习的任何时候，你都可能需跳转到核心系统中的不同部分。例如，在练习时，你可能会意识到有些信息对你来说没有意义。所以你应该停下来重新整理它。有时你会同时参与两种及以上的环节。例如，当你练习学习材料时，你可能同时在评估你对所学知识的掌握程度。因此，你可以按任何顺序和任何组合使用核心学习系统的四个环节。

> 记住，重要的不是大脑的大小，而是神经元之间连接的数量。
> ——戴维·A.苏泽

虽然核心系统是创造深入持久学习的有效蓝图，但并不是所有的学习者都喜欢用同样的方式去收集、整理、练习和评估。这就是为什么你会在这个工具箱中遇到许多不同的策略。你的任务是试验并找到最适合你的策略。最终你要构建的是一个个性化的学习系统，你可以在以后的人生中使用它。通过这种方式，你将有信心学会所有实现大学目标和梦想所要掌握的知识。

> **练习：积极学习**
>
> 找出一件仅仅因为你喜欢而学会的东西。然后写出或讨论以下问题的答案。
> A. 你是如何收集你需要的信息或技能来学习的？（收集）
> B. 你是怎么学到这些信息或技能的？（整理）
> C. 你还做了什么来学到这个东西？（练习——种类）
> D. 你多久学习一次？（练习——频率）
> E. 当你学习这个东西时，通常花多长时间？（练习——持续时间）
> F. 你用什么反馈来确定你学得如何？（评估）

> **学生故事**
>
> 凯斯·科米尔（Kase Cormier），
> 阿什维尔邦克姆技术社区学院，北卡罗来纳州
>
> 在大学的第一个学期刚开始的时候，我被压垮了。我已经离开学校超过10年了，不知道该如何适应回到学校的生活。在以前的学校经历中，我觉得自己很笨。我的记忆力很差，学习能力也很差，写作和拼写都很困难。在我看五门课的教学大纲时，我不知道该如何把这些知识融入我的大脑。解剖

学和生理学的知识本身就已足够多了，再加上论文、电脑项目和其他课程的阅读作业，我忙得晕头转向。最重要的是，我被要求参加一个学习技能班。一个以前上过这门课的朋友告诉我，这是值得的。我怀疑地回答："你在开玩笑吧？我不可能从那门课中学到任何东西，我没有时间了。"

在上课的前一周，我决定先开始进行必需的大量阅读。我拿起课本《如何让大学在一生中发挥最大作用》，懒洋洋地浏览了一遍，直到我读到"成为积极学习者"这一章节。关于创建"神经网络"的信息激起了我的兴趣，我读到了深度学习的三个原则：把新信息和已知东西联系起来、使用许多不同的学习技术、经常学习。虽然当时它很有趣，但我有太多事要做无法让它渗入我的内心。然而随着这学期的进展，这三条原则开始在我的脑海中浮现。当我学习新材料的时候，我几乎可以感觉到我的神经细胞越来越活跃，试图找到方法去处理和保留我所学到的一切。每堂课都进展得很快，我发现我只有很短的时间去学习。我一直在应用这些技术，只要我把新信息和我已经知道的联系起来，找到新的、有创造性的方法去学习它，并且经常重复这些活动，我就能将更多的信息融入我的大脑中。比起仅仅为了考试而死记硬背，这些原则不仅让我学到新的信息，还帮助我记住它们。

这三种学习原则对于解剖学和生理学来说是极其重要的，因为我们要负责学习的信息太多。为了下一次考试而死记硬背是没有用的。每个环节都在为未来做准备，我要保留这些信息。为了创造不同的学习体验，我尝试了几个不同的学习小组，每个小组都有不同的学习风格，直到我最终找到了一个和我有联系的小组。之后，我用其他小组的风格补充到了我的主要学习小组风格中，使其多样化。我和每个小组成员一起努力学习，甚至编了一些愚蠢的游戏来探索不同的学习方法。其中一个游戏是"抽认卡比赛"。我们把脑神经的名字写在抽认卡上，把它们打乱，然后比赛谁先把它们排好。我接受信息的方式越不同，我的神经连接就越强。我抓住一切机会在开放实验室中学习，并且在课堂上问了很多问题。我的同学跟我开玩笑，说我问了太多"为什么"。但我解释说，它能帮助我把信息与我已经知道的东西联系起来。期末考试（碰巧是关于神经元的）结束后，我的学习伙伴们都给了我一个拥抱，感谢我用愚蠢的游戏和不断的提问改进了学习过程。我们都获得了A！

　　书中的原则乍一看可能毫无价值，但不要被骗了。它们将伴随着你，改变你的学习习惯。我很感激自己在上课之前主动阅读了关于学习的部分。在高中时，我总是得到C，但这学期我获得了4.0的平均绩点分！把新信息和已知东西联系起来、使用许多不同的学习技术、经常学习，这三个策略无疑帮助我在回到大学的第一个学期取得了成功。

　　照片：承蒙凯斯·科米尔的允许。

阅读

核心学习系统的第一步是收集知识，而在大学里收集知识的最重要的方法之一就是阅读。在学习过程中，你应该阅读成千上万页的内容。你会阅读教科书、参考书、期刊、小说、文章、讲义、网站等等。你参加的大部分考试都是基于阅读。你要写的文章和研究论文也是如此。显然，阅读是你取得大学成功的最重要技能之一。

不幸的是，据美国大学入学考试（ACT）称，许多即将进入大学的学生都缺乏这种技能。最近参加 ACT 的 120 万学生中，有近一半的人在阅读方面得分较低。这是个坏消息。ACT 认为，阅读和理解复杂文本的能力是大学成功的关键。事实上，这项技能把准备好上大学的学生和没有准备好的学生区分了开来。由于大学有阅读要求，阅读能力好的学生也可以从更好的阅读能力中获益。

你在本小节学到的学习策略有一个共同点：它们治愈了无意识阅读（mindless reading）。无意识阅读是指你浏览了一页书，但后来发现几乎想不起来你读过的内容。与无意识阅读相反的是主动阅读（active reading）。主动阅读的特点是阅读时的集中投入。这种高度专注的参与可以带来大脑中的重要神经活动，有助于深入和持久的学习，还可以让你获得高分（对学生来说是个好消息）。

阅读：大局

有意识地阅读时，你在积极地收集核心概念、（主要和次要）观点以及（主要和次要的）辅助细节。按重要性级别排序，所读取的信息如图 T.3 所示。

核心概念是你正在阅读的主题，例如通货膨胀、有丝分裂、第二次世界大战，或符号互动论。

在概念上扩展的观点被分为主要的和次要的。主要观点（有时被称为"论题"）是作者想要传达的关于核心概念的最重要的思想。两位作者可能写了相同的核心概念，但提出了不同的主要观点。例如，他们可能都写了关于通货膨胀的文章，但对其产生的原因有不同的看法。一个人可能会说："通货膨胀的主要原因是战争。"另一个人可能会说："成本的上升是通货膨胀的主要原因。"

次要观点（有时被称为"主题句"）通过回答读者可能提出的问题来阐述一个主要观点。例如，关于通货膨胀的一个问题可能是："税收对成本上升有

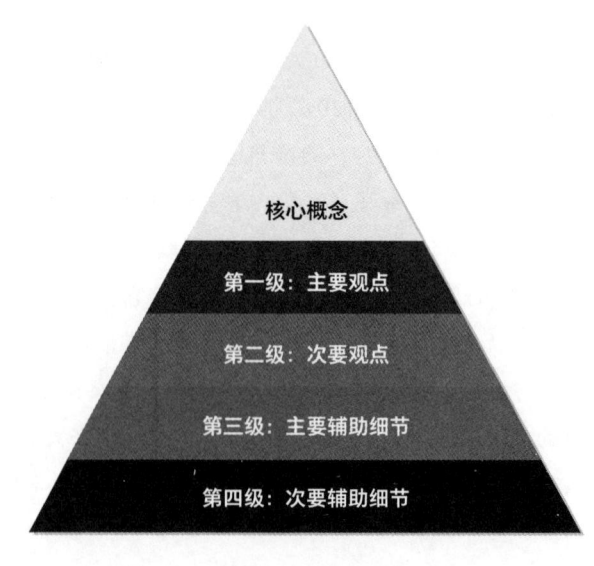

图 T.3 核心概念

什么影响?"另一个问题可能是:"工会如何影响生产成本?"

每个观点——主要或次要的——通常带有辅助细节,例如示例、证据、解释和经验。

为了说明层次之间的关系,请想象你的老师问了你们这个问题:"在本书的第二章中,核心概念是个人责任。它的主要观点是什么?"(如果你读过那一章,那就暂停片刻,想想你该如何回答,因为你的回答可以反映你目前的阅读能力。)

想象一位同学回答:"第二章的主要观点是,个人责任是创造学术、职业和个人成功的重要内在品质。"

"回答得好,"你的老师说,"次要观点有哪些?"

另一个学生回答:"当我们负责任时,我们会以创造者而不是受害者的身份来应对人生的挑战。另一个次要观点是,我们内心的对话会影响我们是否做出负责任的选择。第三个观点是,使用一个叫作'明智选择流程'的决策模型可以帮助我们做出负责任的选择。"

"很棒,"你的老师激动地说,"你已经证明了自己对这一章重要观点的理解。现在,请一位同学详细说明一下明智选择流程。"作为回应,第三个学生解释了明智选择流程的六个步骤,然后给出了一个例子,说明她是如何利用六个步骤做出一个近期决定的。通过阐述,她借助辅助细节回答了深思熟虑的读者可能对明智选择流程提出的问题,比如"它是什么,如何使用它"。

所以当你看到下面的学习策略时,请记住阅读的大方向:你的目标是收集核心概念、重要观点和辅助细节。

改善阅读的策略

接下来,你会发现许多掌握阅读技巧的最佳策略。记住,每个策略的目的都是帮助你从无意识阅读转向主动阅读,从而收集核心概念、重要观点和辅助细节。阅读完每一个策略后,暂停一下,看看它是否能帮助你提高阅读技能。

如果是，用某种方式（例如下划线、圆圈、亮色突出、星号）标记它。稍后，你可以决定试验哪一种策略来提高你的阅读能力。

阅读前

1. **以积极的态度对待阅读**。态度是成功的基础，因为它会影响你的选择。你是对一般阅读还是针对具体学科的阅读抱有消极态度？或者你是否怀疑自己有能力理解你所读到的内容？你是否认为所有阅读作业都超出了你的理解力，并且枯燥、毫无价值或愚蠢？如果是这样，请用积极的态度来取代消极的态度。要知道，阅读可以让你接触到人类记录的全部知识。有了有效的阅读技巧，你几乎可以学到任何你需要的信息或技能来改善你的人生，但前提是你要以积极的态度对待每一项阅读作业。

2. **创建分布式阅读计划**。考试前的马拉松式阅读很少能提供帮助。相反，你应该将短暂的阅读分散到整个课程期间。例如，计划通过每周阅读 30 到 40 页来完成 450 页的历史文本。你可以通过每天读 5 到 6 页来轻松达到这个目标。像这样的分布式调度可以让你保持当下的状态，帮助你在整个阅读过程中集中注意力，增加你从阅读中能回忆起来的内容。

3. **回顾过去的阅读**。在阅读之前做个热身，看看你之前读过的书。看看过去的章节标题和文字标题，以唤起你的记忆。检查你在第一次通读时所做的任何标记或注释（参见策略 11）。

查看你所做的笔记（参见策略 12）。这样的练习利用了深度和持久学习的三个原则之一：提前学习。当你将现在阅读的内容与之前储存的信息连接（已经形成的神经网络），你将更快、更深入地学到新的信息或技能。

4. **阅读之前预览**。就像从高山上观察山谷一样，预览一项阅读作业可以提供一份未来的蓝图。你将看到重要的观点和整体结构，加快你在阅读时的理解。在课程开始时，最好先预习整本教材。但大多数时候，你只需预览一个章节。浏览时，阅读章节标题、章节目标、关键问题、文本标题、表格、图片、插图、前言和总结。注意任何特殊格式的词，如大写、粗体、斜体等。在短短几分钟内，你将得到一份关于将要阅读内容的有用概述。章节预览不应超过 5 分钟，并包括快速浏览以下部分或全部要素：

- 目录：预览的最快方式是查看目录。它提供了阅读大纲。你可以参阅这本书的目录。
- 章节目标和关键问题：通常在每一章的开头，这些要素确定了你可以从本章中获得的内容。本书的每一节都以一个或多个关键问题开始。
- 章节题目和标题：浏览你要读的页面，注意标题。它们为你将要阅读的主题提供了有益的概述。例如，下面是第二章中的三级信息：

承担个人责任

 采用创造者心态

  受害者心态和创造者心态

  责任和文化

  责任和选择

- 特殊格式：大写、粗体、斜体或有颜色的词汇让人们关注核心概念和观点。当你看到特殊格式时，作者在说，这是重要信息！特殊格式文本的一个常见用法是让人注意关键字。
- 视觉元素：表格、图片、插图、卡通、照片和图表都是为了强化文本中的概念，提高读者的理解能力。例如，在"人类大脑如何学习"这一节中，有两幅图展示了学习如何改变大脑中的神经元。视觉元素的标题通常解释了它们的意义。
- 章节总结：许多大学课本会在章节最后提供总结，通常指出了本章的重要观点。

虽然这里用了很多词来描述预览阅读作业的六个选项，但是一旦你熟练了，预览只要花费几分钟。

  5. 确定你的阅读目的。 想要把大局铭记于心，问问你自己："我要读的东西有什么意义？"例如，这本书每一节的"意义"是展示可以提供力量的信念和行为。然后你就可以决定在你的工具箱里添加哪些东西以获得大学和人生的成功。记住这个目标，你就可以在阅读的时候收集最重要的观点。你现在阅读的目的是找出能帮助你提高阅读理解和速度的策略。

  6. 创建问题列表。 如果作者提供了关键问题，就用它们作为这个列表的开始。然后把章节或小节标题变为问题。例如，如果一本计算机书的标题是

"HTML 标签",那就将该标题转换为一个或多个问题:"HTML 标签是什么?HTML 标签是如何创建的?"如果你在文本中遇到问题,将它们添加到你的列表中。

阅读问题答案的过程,尤其是那些你真正感兴趣的问题,可以提高你的注意力,增加你的参与度,改善你的理解力。

阅读中

7. 成块阅读。 拙劣的读者一次读一个字。优秀的读者不会去读字,他们读的是观点,而观点可以在成组或成块的文字中找到。例如,在下面的句子中,试着同时阅读分隔符号之间的所有词:

• 成块 • 阅读 • 将会提高 • 你的阅读速度 • 和理解力。•

像任何新习惯一样,这种方法最初会让人感到尴尬。然而,当你练习的时候,你会发现你能以越来越快的速度接收大量的信息,就像这样:

• 成块阅读 • 将会提高你的速度 • 和理解力。•

由于你的大部分阅读时间都是花在停下来理解单词(被称为"固定")上,所以你停顿的次数越少,阅读的速度就越快。除了接收更大的信息块,你还可以通过让手指沿着文本线移动来加快速度。当你练习在一次固定中吸收更多的单词时,就可以提高你的手指速度,阅读得更快。

8. 集中精力读得更快。 在一项实验中,学生们通过仅仅把注意力集中在尽可能快的阅读上,同时理解他们正在阅读的内容,就能将他们的阅读速度提高 50%。你也可以仅仅通过下定决心来提高速度。

9. 暂停并复述。 你是否曾经完成过一次阅读作业,却发现根本不知道自己读了什么?这里有一个补救措施。在每一节结束时停下来,大声总结你所理解的主要观点和辅助细节,阅读越困难,你就越想停下来复述。每次复述都会给你即时的反馈,告知你对

图 T.4　速读课

作者观点的理解程度。如果你无法流畅地复述你读过的内容精华，请回过头再读一遍。试着大声朗读你画线或标出的词。积极地阅读这些观点，直到你完全了解它们。现在就暂停，试试这个策略。你刚刚读到的9种阅读策略是什么？你能回忆起几个？你记得多少？

10. **阅读时寻找问题列表上的答案**。如果你已经创建了一个问题列表（策略6），那么现在是时候利用这一成果了。例如，假设你即将阅读一本名为《复式记账系统》的会计书中的一章。在你的问题列表上，你写下了"什么是复式记账法？"这个问题。当你阅读这一章时，寻找并画出答案。然后把问题写在旁边的空白处。如果你完成了阅读作业，但仍有未解答的问题，请在课堂或办公时间向老师询问答案。

11. **标记并注释你的文本**。当你阅读时，不断地问自己：核心概念是什么，这个概念的主要观点是什么，文中提供了什么辅助信息？在你读了一整段，甚至一整节之后，识别主要和辅助观点通常会更容易。一旦你确定了什么是重要的，请在你的书上画出或标记这些观点。作为指导，只标记文本的10%—15%。这种限制将帮助你选择真正重要的内容。另外，给你阅读的东西添加注释。注释意味着添加评论。在每一页的开放空间中写下你自己的评论，可以帮助你减少无意识阅读，使你的理解力最大化。注释可以包含用你自己的词汇、图表或问题进行的总结。稍后，在创建学习材料时，你的标记和注释将帮助你继续收集要学习的最重要观点。

12. **记笔记**。有很多从教科书里收集观点的策略。有的策略建议在一个单独的活页夹或电脑文件中记笔记。稍后，你将学习一些实现此目的的实用策略。但是，有一个选项非常适合在阅读文本时记笔记，我们来看看。首先在你的笔记页或电脑文件的顶部写下章节标题（通常这就是核心概念）。在章节标题下面，抄下第一个主要标题（一级主要观点）。在第一个主要观点下面，写下所有副标题（二级次要观点），向右边缩进一些空格。下面是这本书第二章的笔记样式：

表 T.2　笔记样式

结构	示例
核心概念	承担个人责任
一级主要观点	采用创造者心态
二级次要观点	受害者和创造者心态
二级次要观点	责任和文化
二级次要观点	责任和选择
一级主要观点	掌握创造者语言
二级次要观点	自我交谈
二级次要观点	负责任的语言
一级主要观点	做出明智的决定
二级次要观点	明智选择流程

13. **查找关键词的定义**。如果你不知道一个关键词的意思，就查字典。可以考虑在你的日记中列出词汇表，或者创建一副索引卡片，一边是新词，另一边是定义。把这个词写成一个句子也是一个好主意。在线词典，比如韦氏词典（m-w.com），可以让你听到一个词的正确发音。为了牢记它们，在你的对话和写作中运用这些词。发展一个广泛而有说服力的词汇表是一个伟大的成功策略。想知道你应该认识多少单词吗？据语言学家大卫·克里斯托（David Crystal）估计，普通大学毕业生的活跃词汇量为6万，此外还能够识别出额外的75,000个词汇。

14. **批判性地阅读**。并非所有书里的观点都是正确的。学会批判性地阅读，成为一个健康的怀疑论者。寻找可能暗示可信度问题的危险信号。作者是谁？作者的资质是什么？作者的假设是什么？作者是否会因为你接受他的观点而获得如金钱、地位、报复、名誉等？事实是否准确和相关？有足够的证据吗？作者的立场是按照逻辑发展的，还是只有强烈的情感？信息来源确定了吗？它们可信吗？它们是最新的吗？问题展现了多面还是仅有一面？鉴于任何人都可以在网上发布信息，在评估你在网上遇到的信息时，批判性阅读尤为重要。第七章提供了更多关于如何成为一个批判性思考者的内容。

阅读后

15. 反思自己的阅读。 完成一项阅读作业后，向后靠，闭上眼睛，提出并回答能帮助你看清全局的问题。例如……

- 核心概念是什么？
- 这些概念的主要观点是什么？
- 辅助细节是什么？
- 关于作者的主要观点和辅助细节，我个人的看法和感受是什么？

从你刚刚读到的内容中回忆关键观点是你可以应用到阅读作业中的最强大的学习策略之一。这是一个你可以随时随地使用的学习策略。例如，在睡觉前或醒来时，回想一下你的阅读作业。

16. 重读艰涩的段落。 有时，每个读者都需重新审视那些难懂的段落才能充分理解它们。我记得有一位作家的作品让我觉得自己像个傻瓜。然而，大约在我第五或第六次阅读的时候（在这过程中使用阅读策略），我的脑海里闪过一道亮光，我想："哦……这就是他的意思！这远没有我想的那么复杂！"相信通过使用这里的策略，只要坚持下去，你就可以理解所有的阅读作业。拥有一种成长的心态（在第七章中有解释）可以极大地帮助你建立这种信心。

17. 复述标记文本。 大声朗读课文中画线或突出显示的部分。试着在文本词汇之间添加连接词，将这些观点融入一个流畅的语句中。实际上，你将总结你刚刚阅读的材料中的要点。你甚至可能想写总结，因为写作是巩固学习的另一种方式。

18. 谈论你读到的内容。 解释主要观点和辅助细节。和班上另一个读过同样作业的同学交谈尤其有益。这个学习伙伴可以给你反馈一些你可能误解或遗漏了的重要方面。

19. 再读一本同一主题的书。 有时另一个作者会更清楚地表达同样的观点。让你的老师或图书管理员推荐其他读物。对于非常困难的材料，试着找一本关于同样主题的青少年读物。一本适合年轻学习者的书可以正好提供你理解大学课本所需的信息或解释。

20. 寻求帮助。 还不理解你读的内容？可以让老师解释一下那些难懂的点。

或者看看你的学校有没有阅览室或辅导中心。一些科目——如数学、科学和外语——可能会有专门人员提供帮助。如果其他方法都失败了，看看你的大学是否有诊断专家可以测试你是否有学习障碍。这样的专家也许可以帮助你提高阅读技能。

练习：阅读

选择一本最具挑战性的教科书，以 1 到 10 的分数来评价你目前对其内容的理解程度（10 分代表对所读内容有深刻和持久的理解）。在接下来的一周，运用新的阅读策略读这本有挑战性的书。

一周后，再一次以 1—10 的分数评价你对这本书的理解程度。准备好解释为什么你认为你的评级上升、下降或保持不变。特别是，有没有一种阅读策略能帮助你更好地理解具有挑战性的文本？

记笔记

在前一节中，我们讨论了你在大学里花费大量时间进行的活动：从阅读作业中收集信息和技能。在这一节中，我们将检验你在大学里收集信息的第二耗时的方式：上课。

在攻读四年制学位的过程中，学生们要在正规的教室里待上近400个小时。申请两年制学位的学生在课堂上花费的时间大约是这一数字的一半。

你的老师当然期望你能学会他们在课堂上所讲的内容。但是，除非你有足够的动力并且能够做有效的笔记，否则你在课堂上听到的大部分内容都会在你的短期记忆中消失，很快就会被遗忘。一百多年前，赫尔曼·艾宾浩斯（Hermann Ebbinghaus）[1]进行了第一次关于记忆的研究。他发现我们会在24小时内遗忘75%的所学知识。这就是为什么有效地记笔记是在大学取得学术成功的必要技能。

课堂笔记和读书笔记类似。但记课堂笔记会带来一些额外的挑战。首先，当你标记或注释一本教科书时，你会停止阅读。因此，在阅读时，你完全可以控制你接收新信息的速度。相比之下，当你在课堂上记笔记时，演讲者会持续说话，你几乎无法控制信息传递的速度。这种情况对你识别核心概念、主要观

---

[1] 赫尔曼·艾宾浩斯（1850—1909），德国心理学家。

点和辅助细节的能力提出了更高的要求。然后你要准确而完整地把它们写下来。

而这并不是全部。你可能会遇到一些老师，他们给记笔记带来了独特的障碍：他们可能会加快语速直到你晕头转向。或者……极其……缓慢地……唠叨……让你……难以……保持清醒。他们可能不太有条理，或者有你听不懂的口音。一些老师可能会疯狂地偏离主题，或者用恼人的怪癖来分散你的注意力，或者拥有上述所有特点。

肯尼思·基耶拉（Kenneth Kiewra）编写的关于笔记研究的总结带来了发人深省的消息。一年级学生的课堂笔记平均只包含了 11% 的课堂要点。结果应该是显而易见的。不管你的学习有多好，都无法凭借一门课 11% 的重要内容通过考试。

对于为什么无法在课堂上好好记笔记，你可以选择抱怨、责备、找借口。或者，你可以对你的学习结果和体验负全部责任。不管你的老师或学科给你带来了多少障碍，你的工作就是要做有效的笔记。在本节中，你将学习如何做到这一点。

记笔记：大局

要做有效的课堂笔记，你要回答两个关键问题：我应该在笔记中写些什么？我应该如何写下这些信息？

首先，考虑在笔记上写些什么。尽管存在一个普遍的误解，答案并不是"老师说的每句话"。即使你能写得那么快，一节课的逐字记录也不是记笔记的目的。和阅读一样，记笔记的目的是收集核心概念、主要观点和辅助细节。因此，你之前学到的关于边阅读边记笔记的知识也适用于课堂笔记。但是你需要一些新的策略来应对在别人说话的时候写笔记的困难。

关于如何记笔记，人们发明了许多记笔记的系统，但基本上它们可以分为两类：线性或图形。稍后将解释这些方法的示例。

很多学生都担心自己的课堂笔记不完美，因为他们要用笔记来复习考试。

如果你也是这样，不用担心。在核心学习系统中，你不需要利用课堂笔记或课本来练习。相反，下面你会学到，在收集了所有来源的核心概念、主要观点和辅助细节之后，你将把这些信息整理成有效的学习材料（有时被称为"学习指南"）。这些学习材料将帮助你创造深刻和持久的学习。

现在，简单地检查一下接下来的记笔记策略，选择那些你认为最能帮助你在课堂上收集重要知识的策略。没有一种记笔记的方法对每个人都适用，所以请试验并个性化定制一个最适合你的笔记系统。

当你审视以下策略时，请记住，记笔记的大方向与阅读的大方向基本上是一致的：收集核心概念、主要观点和辅助细节。

改善记笔记的策略

接下来，你会发现许多记笔记的最佳策略。记住，这些策略的目的是，它们将帮助你收集核心概念、主要观点和辅助细节，请以最适合你的方式记录它们。阅读完每一个策略后，暂停一下，看看它是否能帮助你提高记笔记的技巧。如果是，用某种方式（例如下划线、圆圈、亮色、星号）标记它。稍后，你可以决定试验哪一种策略来提高你的记笔记能力。

记笔记前

1. 对记笔记给予积极肯定。 有些学生对自己记笔记的能力或记笔记的价值持有消极的看法。对记笔记进行肯定声明。例如，我把所有的主要观点和辅助细节都通过笔记记录下来，使学习变得简单和有趣。重复这个肯定，以激发新的学习态度和行为。（参见第三章"相信自己：书写自我肯定"，了解更多关于建立肯定的信息。）

2. 配备合适的补给。 试验并决定最适合你的记笔记装备。找一支你喜欢用的笔。把你的笔记放在活页夹、作文练习簿、螺旋装订器或笔记本电脑里。活页夹很方便，因为你可以轻松地添加和去掉纸张。当老师提供讲义或你修改笔记时，它可以提供帮助。如果你上的所有课都用一个活页夹，请用标签把每门课的笔记区分开。如果你在笔记本电脑上做课堂笔记，一定要经常备份你的文件，以免因为硬盘故障而丢失笔记。

3. **课前完成家庭作业**。记住，过去学习产生的神经网络可以让现在的学习更容易。这就是在课前完成作业可以带来好处的原因。这份努力提高了你理解讲课和讨论内容的能力。同时，你也会更清楚地知道笔记里应该记什么。例如，你会知道老师是在重复阅读材料里的内容还是在给出新的信息。而且，假设老师的展示风格会给你带来阻碍（比如语速很快），因为你已经很熟悉这些信息，所以你能更轻易地发现核心概念、主要观点和辅助细节。如果你的家庭作业要解决一些问题，也要在上课前完成。

4. **准备问题列表**。完成家庭作业后，写下你对这些信息的疑问。如果你把它们写在活页纸上，请在每个问题后面留下回答的空间。如果你在索引卡片上写问题，你可以把答案写在另一面。如果你把问题放在电脑文件中，很容易添加答案。把这些问题带到课堂、学习小组会议、辅导课，或者你和老师的会面中。确保你得到了所有问题的答案。另外，请注意哪些问题出现在了考试里。随着你预测考试问题能力的提高，你的成绩也会随之提高。

5. **出席每一节课**。这个建议似乎是显而易见的，有些学生无法做好笔记只是因为他们没来上课。当然，你可以向其他学生借笔记。但把你的学术成功押在别人的笔记上是明智的吗？研究表明，一年级学生的笔记中只有 11% 的重要课堂内容。你的笔记，在运用了本章的策略之后，将会比这有效得多！

6. **有条理**。在每学期结束时，你将会拥有每门课程的详细笔记。为了让其有条理，请在每页笔记顶部写下以下的部分或全部信息：

- 课程名称。
- 上课日期。
- 课题主题（通常被列在课程大纲里）。
- 所有相关的阅读作业（通常也被列在课程大纲里）。
- 页码（以免你的笔记之后打乱了顺序）。

记笔记中

首先，让我们考虑一下笔记中应该写什么。

7. 积极倾听。 好的笔记包含核心概念、主要观点和辅助细节。准确、完整地收集这些信息需要积极倾听。当你积极地倾听时，你就能领会说话者所说的话。在与朋友的谈话中，你可能会这样想：听起来你上周末漂流玩得很开心。或者在一节音乐课上，你可能这样想：你说的嬉游曲是古典时期流行的短篇乐曲。记笔记时，你只用简单地写出这个领会的缩写版本：嬉游曲——古典时期流行的一段短篇乐曲。内心的嘈杂会与积极倾听相抗争，所以在上课时，请让你的内心批判和内心防卫安静下来。不要评判自己：我不知道他在说什么；我真是个笨蛋。不要评判别人：这个混蛋是世界上最糟糕的老师。（有关避免使用受害者语言的更多信息，请参阅第二章的"掌握创造者语言"。）用积极倾听说话者讲述的所有核心概念、主要观点和辅助细节来代替判断。毕竟，如果你不能完整准确地收集课程信息，那么你的所有学习努力从一开始就被破坏了。请参阅第五章"通过积极倾听加强关系"，获得更多提高积极倾听能力的建议。

8. 提问和回答。 当你把问题带到课堂上时，请举手提问。当你的老师问问题时，请举手回答。当你不理解一个想法时，请举手提问：教授，打扰一下，是什么将分子中的原子结合在一起的？或者，如果你困惑到难以拟定问题，只需要简单地要求更多的信息：你能多谈谈康德关于形而上学可以通过认识论进行改革的观点吗？如果不可以问问题，就在笔记中留一点空间，在空白处写下问题。你有很多选择可以在之后填上答案：听老师在课堂上回答你的问题，在老师的办公时间拜访他，在课本中寻找缺失的信息，向同学或学习小组成员寻求帮助，向学校的辅导中心寻求帮助。

9. 倾听口头提示。 老师常常用口头提示来介绍一个主要观点或辅助细节。这些提示可以帮助你决定在笔记上写什么。当你听到以下任何一个提示，请准备好记录重要观点：

- 重点是……
- 下面非常重要……
- 一定要把下面的观点写在你的笔记上……

- 在第135页画出下面这些内容……
- 我重复一下……
- 这里的关键是……
- 这个答案可以很好地回答我的问题……
- 第三个组成部分是……
- 这个问题的主要症状是……
- 解决这个问题的下一步是……
- 如果今天的课你只用记住一件事,那就是……
- 这里的关键点是……
- (以及最重要的)这个会考到。

此外,在展示辅助细节之前,老师通常也会给出口头提示。当你听到以下任何一个提示,请准备好记录辅助细节:

- 为了说明这一点……
- 证据包括……
- 一个很好的例子是……
- 为了进一步解释那个观点……
- 这在一项研究中得到了证明……

请注意倾听其他类型的支持细节,如个人经历、实验、日期、逸事、定义、列表、姓名、事实和数据。

现在,我们来考虑一下如何记笔记。

10. 用提纲记笔记。既然我们已经研究了要在笔记中写什么,让我们考虑第二个关键的选择:如何记笔记。如前所述,记笔记的两种通用方法是线性和图形。首先,让我们看看线性笔记,这是两者中比较常见的。"线性"意味着在一条线里。当你以线性的方式记笔记时,尽可能多地按照呈现的顺序记录观点。提纲对此很有用。它们在单独的行上记录观点和辅助细节,使用缩进来指示重要性的级别。你可以在表T.3中查看一个非正式提纲的示例。注意使用短语而非完整的句子以大大压缩说话者所说的内容。下面展示了如何利用提纲记笔记:

- 在页面顶部写下核心概念。这个信息通常用一个词或短语来表达,可能是一个章节标题或者是老师提供的课程大纲中的关键词。例如,一门历

表 T.3　非正式提纲示例

课程：初级心理学
日期：10 月 5 日
主题：亚伯拉罕·马斯洛

亚伯拉罕·马斯洛（1908—1970）
　　全家移民到布鲁克林
　　　7 个孩子之一
　　　不开心，神经质的孩子
　　曾在布鲁克林学院、师范学院和布兰迪斯大学任教
　　试图理解人类的动机
　　成为 20 世纪 50—60 年代人本主义心理学运动的领导者

马斯洛层次论：人类动机理论（像金字塔）
　　生理需求（基础）
　　　食物、住所、休息等
　　安全需求
　　　安全、稳定、免于恐惧
　　心理需求
　　　归属感、爱、从属关系、接受、尊重、赞同、认可
　　自我实现（金字塔尖）
　　　实现自我的需求
　　　　马斯洛："成为你能成为的一切。"

人本主义心理学
　　马斯洛领导心理学上的"第三种力量"
　　　另外两种……
　　　　弗洛伊德心理分析学
　　　　行为主义心理学
　　强调一个人选择行为方式的能力
　　　而不是……
　　　　弗洛伊德派：选择受童年的影响
　　　　行为主义者：选择受训练控制
　　吸引了 20 世纪 60 年代个人主义的、叛逆的大学生

来源：卡纳尔，《自信的学生》（*The Confident Student*），1998 年第 3 版，353 页。

史课的核心概念可能是"第二次世界大战的起因",生物课可能是"细胞交流",心理学课可能是"亚伯拉罕·马斯洛(Abraham Maslow)"。

- 从左边开始记录主要观点(1级)。对于一个正式的提纲,以罗马数字(例如,I, II, III, IV)开始每一个1级行。
- 在每个主要观点下,缩进一些空格并记录相关的次要观点(2级)。对于一个正式的提纲,以大写字母(例如,A, B, C, D)开始每一个2级行。
- 在每个次要观点下,缩进一些空格并记录相关的主要辅助细节(3级)。对正式提纲,以阿拉伯数字(例如,1, 2, 3, 4)开始每一个3级行。
- 如果你需要添加次要辅助细节(4级),缩进一些空格,对于一个正式的提纲,以小写字母(例如,a, b, c, d)开始这些行。

当老师讲的课很有条理时,提纲是最有帮助的。如果你的老师提供打印的课堂笔记或使用幻灯片,你可能遇到了一个有条理的老师。但是,如果你的老师从一个话题跳到另一个话题,然后又跳回来,你也不会失去一切。这时概念图就可以派上用场了。

11. 用概念图记笔记。 在这个图形记录的方法中,你放置信息的位置(核心概念、主要观点和辅助细节)是关键。位置显示了它们的重要性和彼此间的关系。一般来说,一个观点越接近页面的中心,它就越重要。图T.5展示了一个有内容的概念图示例。以下是用概念图记笔记的方法:

- 将核心概念写在页面中间,然后画线或者圈出来。这些信息通常只是一个词或短语。例如,如果课堂主题是"光合作用"或"逻辑谬误"或"亚伯拉罕·马斯洛",那就是你在这页中间要写的。
- 将主要观点(1级)写在核心概念附近,画线或者圈出它们。然后画线将它们与核心概念连接起来。
- 将次要观点(2级)写在相关主要观点附近,画线或者圈出它们。然后画线将它们与相关主要观点连接起来。
- 将主要辅助细节(3级)写在相关次要观点附近,画线或者圈出它们。然后画线将它们与相关次要观点连接起来。
- 将次要辅助细节(4级)写在相关主要辅助细节附近,画线或者圈出它们。然后画线将它们与相关主要辅助细节连接起来。

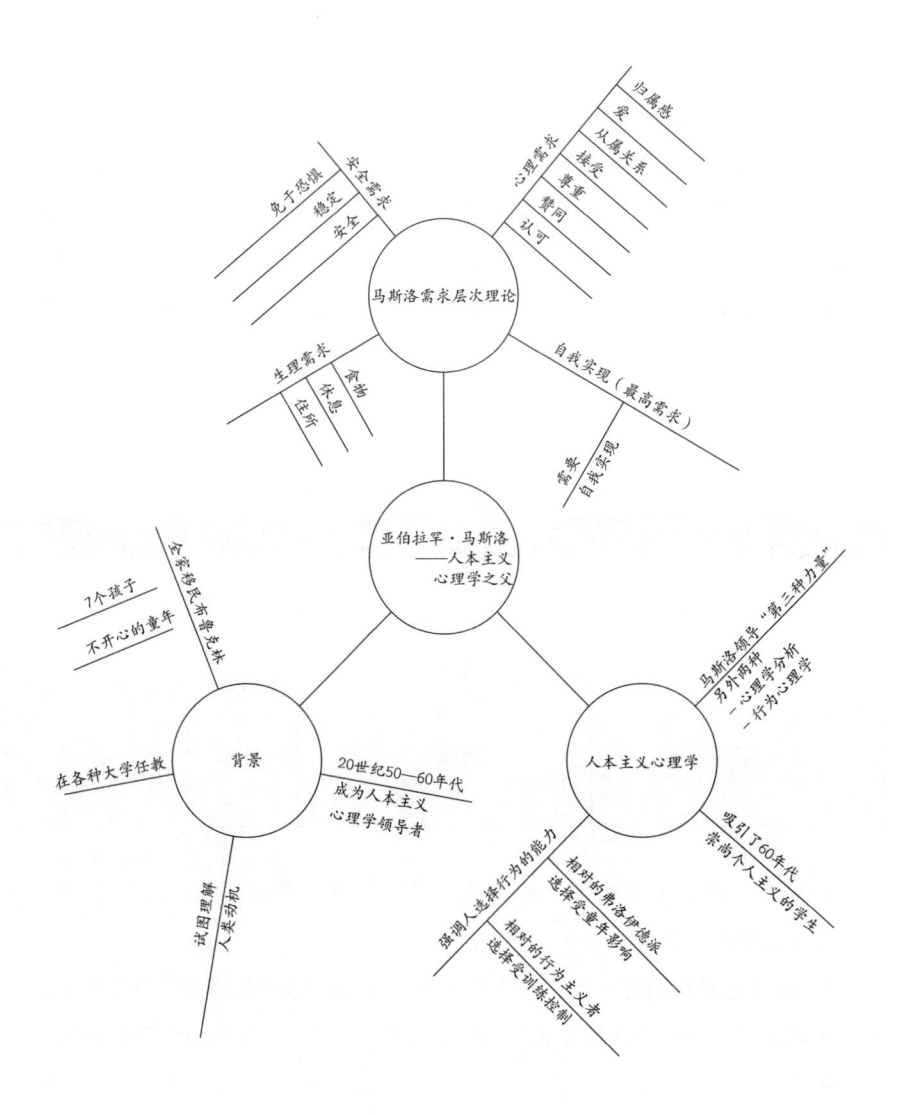

图 T.5　概念图示例

当老师从一个观点跳到另一个观点时，概念图是很有帮助的。它们也很适合用于在不同主题之间来回切换的课堂讨论笔记。当说话者返回到先前的观点时，只用进入概念图的那个部分，添加新的信息，圈出或者画线，然后画一条线将它与相关信息连接起来。概念图的视觉特性使它特别吸引那些喜欢用图片学习的学生。

12. **使用三列法记数学笔记**。数学老师花大量的课堂时间演示如何解决问题。三列法对收集他们的方法尤其有用。首先，把你的笔记页分成三列。标题左边栏为"问题"，中间栏为"解决方法"，右边栏为"说明"。当老师提出问题时，把它写在左边。在老师演示如何解决问题时，把所有步骤都写在中间一栏，确保你能理解每个步骤。在右边一列中，添加任何可以帮助你理解如何解决类似问题的说明。例如，你可以给每一步添加一个说明，或者将不熟悉的符号转换为单词。

表 T.4　三列法数学笔记的结构

问题	解决方法	说明
老师展示的数学问题	第一步 第二步 第三步 第四步 第五步 等等	详细说明解决方法的步骤

你可以在这个工具箱的"整理学习材料"部分找到三列法数学笔记的示例，参见其中的策略11。

13. **加快记笔记速度**。大多数人说话的语速都比你的书写速度快得多（如果你用电脑的话，甚至比你打字快）。因此，这里提供三个快速记笔记的方法：

- 浓缩：不要试图把所有东西都写出来。听几分钟，找出核心概念、主要观点和一两个次要观点。然后用你自己的话来解释它们。
- 留白：当你错过一些东西的时候，跳过并留下一些空白。把现在说的写下来。对于没有回答的问题，你可以稍后返回填充这些空白。你询问老师（在课堂上，如果合适的话，或者在办公时间）、同学或辅导员，或者可以检查你的阅读作业寻找缺失信息。
- 使用缩写：创造你的个人速记方法。以下是一些可能的缩写：

表 T.5　缩写示例

Ex	示例	&	和
con't	继续	dept	部门
imp	重要的	→	导致
#	数字	=	等于
1st	第一	vs	对抗
w/	和（with）	w/o	无（without）
nec	必要的	etc	等等

14. **课堂录音**。假设你尝试了上述的建议，仍然不满意你的笔记质量。可以考虑请求老师允许你给课堂录音。你可以尽可能多地听录音，以填补你笔记中的空白或复习时感到困难的概念。注意：不要拖延到期末考试 24 小时前再去听积攒了 45 个小时的课堂录音。相反，经常听听简短的片段。每次都练习不同的记笔记策略，直到你完善了自己的个性化系统。就像任何一项技能一样，练习得越多，得到的就越多。

记笔记后

15. **在 24 小时内润色你的笔记**。每堂课结束后，请确保你的笔记是准确、完整和可理解的。完成以下部分或全部行为：
- 补充不完整的句子。
- 扩展关键字。
- 在空白区域填入缺失的信息。
- 改正错误的拼写。
- 澄清一些难以理解的词和混淆的句子。
- 删除不必要的信息。
- 修改插画或图表。
- 改正解决问题的步骤。

之后，如果你的笔记仍然有空白或混乱点，请与同学、辅导员或导师见面解决问题。这一行动不仅为你提供了精练的笔记，还能继续积极地创造深度而持久的学习。

16. **比较笔记**。将你的课堂笔记与学习小组成员或其他积极同学的笔记进行比较。看看其他人有没有收集到你错过的重要信息。看看他们的笔记在哪里可能有不同的信息，并确定谁的版本更准确。这将帮助你收集更多的信息，进一步完善你的笔记。

> **练习：记笔记**
>
> 在接下来的课程中，以一种新的方式记笔记。把你的实验笔记和一位同学的笔记进行比较，看看谁记录了更完整、更准确的信息供以后学习。

一个有些异端的方法

在许多学习技巧的书籍中，通常会介绍另一种记笔记的方法。康奈尔方法（the Cornell Method）以其发源地的大学命名，它要求将笔记分为三个部分（结构参见这个工具箱的"整理学习材料"部分）。A 部分用于阅读作业或课堂笔记，但康奈尔方法对此没有提供独特的建议。B 和 C 部分稍后将用于添加关键字、问题和总结，因此它们也不提供关于记笔记的指导。因此，尽管康奈尔的方法通常被描述为一个笔记系统，但它实际上并没有提供在阅读或上课时做笔记的策略（只是告诉你在哪里做记录）。所以，在核心学习系统中，康奈尔方法不被认为是记笔记的方法。然而，它是一种非常强大的整理、练习和评估学习的方法，因此我们将在接下来的章节中研究这个有价值的策略的使用。

整理学习材料

为了通过大学的众多小测验、测试和考试，显然学生们要知道如何学习。但是很多学生并不知道。

事实上，许多学生的学习方法——即使是那些高中里的"好"学生——在大学里的学习效果也只是微乎其微。即使他们通过了考试，许多学生也只能理解并记住他们所学内容的一小部分。想象一下，当我们在之后同一门课或者进阶课程或者职场中要用到这些知识时，知识的缺失会导致什么问题。依赖于无效的学习技能会带来浅薄和短暂的学习。这种低效的学习方式肯定会破坏学术、职业甚至个人的成功。

本节，你将探索一系列策略，帮助你以一种深刻而持久的方式学习。掌握这些策略将使你有能力在今后的人生中改善学习的结果和体验。是的，你在大学里的成绩肯定也会提高。

整理学习材料：大局

你也许记得，有效学习者会利用三个有助于深入持久学习的原则。第一个是提前学习，这意味着把新的信息和你已经知道的联系起来。第二个是学习的质量，这意味着使用许多不同的深度处理策略。第三个是学习的数量，这意味着要进行长时间分布式的频繁练习。

在本章中，我们将探讨关于提高学习质量的策略。要做到这一点，请阅读并尝试下面的许多深度处理策略。在你这样做时，请记住核心学习系统第二步的大方向：从阅读作业和课堂笔记中收集知识之后（第一步），现在要用对你来说有意义的方式整理这一切（第二步）。你的目标是创造许多不同种类的有效的学习材料。积极整理学习材料的过程将极大地加深你对所学知识的理解。

改善学习材料的整理策略

接下来，你会发现许多掌握整理学习材料的最佳策略。阅读完每个策略后，请暂停一下，看看它是否能帮助你提高自己的能力，使你的学习更有意义。如果是，用某种方式（例如下划线、圆圈、亮色、星号）标记它。之后，你可以决定试验哪种策略来改进你的学习材料。

整理学习材料前

1. **采用成长心态**。对有效学习的价值持有积极的信念可以优化你的学习效果。根据心理学家卡罗尔·德韦克的说法，一个重要的信念是学习能力可以得到提高。德韦克称这种信念为"成长心态"。相反的心态则是你会被与生俱来的学习能力所束缚。现实如何？努力工作并使用有效的学习策略可以提高你的学习能力。要想开始培养学习的成长型心态，就要先肯定使用高质量学习策略的价值。

例如，我的核心学习系统使学习更加有效和有趣。在肯定的基础上，重复这个肯定以做出新的学习选择。（在第七章中，你会学到更多关于培养成长心态的知识。）

2. **创建理想的学习空间**。舒适的学习场所有很多好处。你的学习资源总是近在咫尺。你不会因为不熟悉的景象或声音而分心。当你进入学习区域时，你的大脑就会习惯性地转换成学习工具。设计你的学习区域，让你喜欢待在那里。最低要求包括一张舒适的椅子、充足的光线、铺开课程材料的空间以及存放书籍和学习用品的空间。个性化你的学习领域，让它更有吸引力。例如，展示爱人的照片或添加植物。尽一切可能创造一个你期待进入的空间。一些研究表明，当我们在不同的地方学习时，会进入更深的层次。所以，你可能想要拥有各种各样的学习场所，只要确保它们都提供了深度专注的机会。

3. **确保安排不被打扰**。在你学习的时候，尽一切必要减少干扰。安排定期学习的时间，要求朋友和亲戚不要在这些时间联系你；在门上贴上"请勿打扰"的牌子；让电话转接语音信箱；拒绝查看电子邮件或短信。如果有必要，在没有人能轻易打扰你的地方学习，比如学校图书馆。保护学习时间的神圣性。一种判断的方法是问自己："一个篮球教练会允许球员在训练中____吗？"在空白处填入你打算在学习时做的事。如果答案是否定的，那么你也不应该这么做。

4. **创建分布式的学习计划**。正如你所知道的，积极的学习者将大量的学习活动按时间进行分布。因此，请参考你的日历，上面记录了所有已宣布的课程测试项目（你已经这样做了，对吗？），然后在每次考试前选择一个日期开始认真学习。可供参考的是，在常规考试前 7 天开始，在重大考试前 14 天开始。计划用四分之一到三分之一的时间来制作学习材料（你将在这部分学到）。剩下的时间你将利用在下一节学到的策略来练习这些材料。

5. **收集所有课程材料**。从你的课本（带有标记和注释）和课堂笔记开始。加入所有其他的课程文件，如讲义、学习指南、打过分的试卷和论文，以及学习小组笔记。

整理学习材料中

6. **压缩课程材料**。既然你已经标记和批注了所有的阅读作业并做了详细的课堂笔记，你就已经收集了大量的信息和技能。因此，你可能会认为自己已经拥有了学习所需的一切。这并不正确。从这些原材料中学习很少是有效的。相反，好的学习者会将所有这些材料压缩成课程的核心概念、主要观点和辅助细节。然后他们将这些浓缩的知识整理成有效的学习材料。但一次只做一件事。

这里有一种有效的压缩方法：

- 阅读你添加到课程材料中的标记、注释和笔记。与此同时，在核心概念、主要观点和辅助细节旁放置一颗星星。
- 现在，再读一遍你用星星标记的信息，找出其中最重要的观点，然后在它们旁边放上第二颗星星。
- 最后，再读一遍你用两颗星标记的观点，找出其中最重要的，在它们旁边放上第三颗星。
- 再次通读所有星号信息，圈出核心概念。

通过这个过程，你应该将课程材料压缩了至少一半（最好更多）并确认了信息的级别：

- 核心概念（圈出）。
- 1级：主要观点（三颗星）。
- 2级：次要观点（两颗星）。
- 3和4级：辅助细节——主要和次要的（一颗星）。

现在，你的目标是整理这些浓缩的信息，帮助你彻底理解它们。接下来描述的整理选择分为两大类：线性的或图形的（就像记笔记一样）。尝试找出最适合你的选择。记住，虽然一种特定的整理方法可能对某一门学科（如社会学）很有效，但对另一门学科（如数学）来说，另一种方法可能更好。

7. 创建大纲（线性整理法）。现在，你已经准备好使用刚刚用圆圈和星星标识的核心概念、观点和辅助细节。你可以利用这个工具箱的"记笔记"部分描述的过程创建一个大纲。然而，有一种更简单的方法可以制定学习大纲。你只需将教科书的目录复制到一个空白页上。更简单的是，有时你可以在出版商或作者的网站上找到书的目录。然后你可以把它复制粘贴到你自己的学习材料中，再加上所有课程材料中的星号信息，你可能会得到一些与教科书大纲不同的标星信息（例如经过处理的课堂笔记）。在这种情况下，请在大纲中创建一个新的部分，添加新的信息。在准备进行问答测验或撰写论文（作文）以证明你的学习成果时，大纲是特别有价值的学习材料。

8. 创建测试问题（线性整理法）。以老师的思维来准备考试。她希望你学习什么信息或技能？写出一些能显示你对目标知识理解程度的问题。虽然任何关于课程核心概念和主要观点的问题都是有用的学习材料，但是当你知道考试中要考的题型时，它们才是最有效的。找到答案的最好方法就是问。"教授，期中考试会有什么样的题目？判断题？多项选择题？匹配题？简答题？论述题？单词题？翻译？"有些老师会告诉你具体的情况。有些不会直接回答你的问题，但可能会提供提示、题目样本，甚至给你过去的测试试卷。以下是生成测试问题的其他方法：

- 把课本上的标题变成问题。
- 将章节学习目标和总结变成问题。
- 在课堂笔记中找出老师在课堂上问的问题。
- 在课本或课堂笔记中找到（圈出的）概念和（标星号的）主要观点，并把它们变成问题。
- 列出关键术语，然后将其转化为问题。
- 看看你的课本在书中或相关网站上是否有练习题。
- 与学习小组成员交换可能的测试问题。

考试时发现你已经经练习回答过几乎每个问题是一种很棒的感觉。

9. **制作抽认卡（线性整理法）**。在抽认卡的一面，写一个老师可能会考的问题，在卡片的背面写下答案。比如一个……

- 日期和那天发生的事情。
- 单词及其定义。
- 图片及其含义。
- 人物姓名及其成就。
- 数学题目和解题方法。
- 引用语和说话者。

把你的抽认卡给你的导师或辅导员看，让他们验证问题的适当性和答案的准确性。把抽认卡带在身边，当你有几分钟空闲时间时，把它们拿出来快速练习一下。你每天只要学习 20 分钟，每周的学习时间就可以超过 2 小时。

一些免费的网站可以让你创建抽认卡，甚至可以玩与内容有关的游戏。要找到这样的网站，只需在互联网搜索引擎中输入"抽认卡"（注意不要使用其他学生制作的抽认卡，因为他们的答案可能是错误的）。抽认卡是很有价值的

正面：

问题：多项式加法
$2y^2-3y+9$
$+-3y^2\quad -2$

反面：

解题方法：合并同类项
$2y^2-3y+9$
$+-3y^2\quad -2$
$\overline{\quad -y^2-3y+7\quad}$

问题—解决方法抽认卡

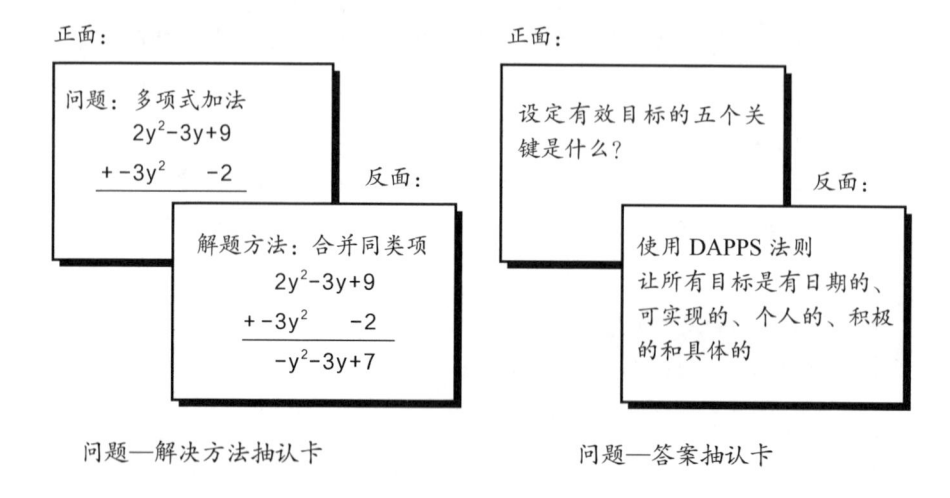

正面：

设定有效目标的五个关键是什么？

反面：

使用 DAPPS 法则
让所有目标是有日期的、可实现的、个人的、积极的和具体的

问题—答案抽认卡

图 T.6　抽认卡样例

来源：卡纳尔，《自信的学生》，1998 年第 3 版，第 353 页

课程学习材料，因为你要面对各类客观测试题，如判断、定义、匹配、多项选择、填空以及一些数学问题。这里展示了一些抽认卡的例子。

10. 创建概念图（图形整理法）。之前，你学习了如何使用概念图记课堂笔记。无论你是否选择用概念图来做课堂笔记，在制作学习材料时请认真考虑它们。你将在这个工具箱的"记笔记"部分看到概念图和制作步骤的示例。概念图作为学习材料有很多好处。首先，它们清楚地显示了各级别信息（即核心概念、主要观点和辅助细节）之间的关系。它们通过结合左大脑的语言和分析技能与右大脑的空间和创造性来辅助学习。概念图易于扩展，因此你可以轻松地添加来自各种来源的新信息。在准备论文考试或学期论文时，它们特别有用。

11. 为数学创建三列法学习表（图形整理法）。在前一节中，你学习了使用三列法学习表记数学笔记。如果你这样做的话，就可以很好地为这门课整理有帮助的学习材料。如果没有做，现在就开始把空白的页面分成三列并写上标题：问题、解决方法和说明。现在在每页左边栏的顶部添加一个问题，同时加上代表不同难度的问题：

- 简单问题：这些可能是老师在课堂上解决的问题，你马上就能"获得"。这些问题可能是你在考试或家庭作业中正确解答的，或者可能是你一开始做错了但后来学会如何解决的问题。

- 具有挑战性的问题：这些问题可能是你在考试或家庭作业中犯了错误而仍然不知道如何解决的问题，也可能是老师在课堂上解决了但仍然让你感到困惑的问题。或者，它们可能是你没有尝试去解决的样本问题，但仅是看看它们，你就怀疑自己是否能解决。这些具有挑战性的练习问题可能来自课堂笔记、家庭作业、考试、辅导中心或教科书的网站。

现在尽你最大的努力在中间一列解决每一个问题，同时在右边一列写下说明（例如：方向、关键术语和规则）。因为你在创造学习材料，所以你必须理解解决方法中的每一步以及它的说明。如果你被某个问题困住了，把它放在一边，保存起来。在下一节中，你将学习如何处理这些具有挑战性的问题。现在，尽可能多地收集已解决的问题。表 T.6 展示了一个三列法数学学习表的示例。

12. **创建康奈尔学习表**。沃尔特·波克（Walter Pauk），康奈尔大学的一位教育家，设计了一种简单而有用的方法来整理学习材料。当你练习和评估目标知识时，康奈尔学习表是非常有用的，你将在下面学习它。以下是它的创建方法：

- 通过在笔记本纸上画线创建一个空白的康奈尔学习表，画出如表 T.7 所示的三个部分。如果是电脑，请在文字处理程序中使用表格功能。只要创建一个包含两行和两列的表，将中间的垂线向左拖动，使 A 部分变宽，B 部分变窄。然后将中间的水平线向底部拖动，使 A 部分变长。然后合并底部两列以创建 C 部分。
- 在 A 部分复制你已经创建的学习材料，比如大纲和概念图。
- 撰写关于 A 部分信息的问题，在 B 部分写下 A 部分答案对应的每个问题。
- 在 A 部分圈出或画出核心概念。在 B 部分写下 A 部分核心概念对应的

表 T.6 三列法数学学习表示例

问题	解决方法	说明
求斜率为 4 且经过点 (2, -1) 的直线的方程，其中包含点	第一步：y=4x+b	用 4 代替 y=mx+b 中的 "m"，m 是斜率。
	第二步：-1=4（2）+b	用 2 代替方程中的 x，用 -1 代替 y。
	第三步：-1=8+b	在有序数对中，第一个值表示 x，第二个值表示 y。
	第四步：-9=b	相加化简。两边同时减去 8 就可以解出 b。
	第五步：方程：y=4x-9	用 -9 代替方程 y=4x+b 中的 "b"。
	第六步：-1=4（2）-9 这正确吗？	用 x 和 y 的值来验证答案。
	第七步：-1=8-9 正确	验证结果正确。

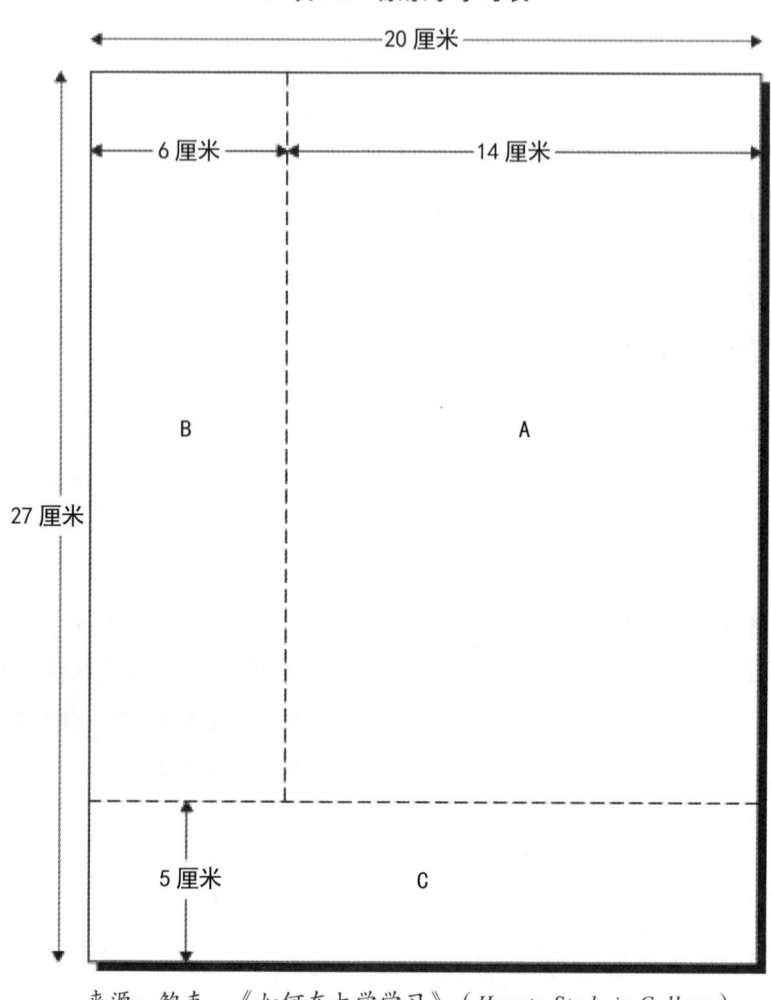

表 T.7　康奈尔学习表

```
        |←——————— 20 厘米 ———————→|
        |←— 6 厘米 —→|←—— 14 厘米 ——→|
        ┌────────────┬────────────────┐
        │            │                │
        │            │                │
        │            │                │
        │     B      │       A        │
        │            │                │
 27 厘米 │            │                │
        │            │                │
        │            │                │
        │            │                │
        ├────────────┴────────────────┤
        │←5 厘米→│        C           │
        └─────────────────────────────┘
```

来源：鲍克，《如何在大学学习》（*How to Study in College*），1997 年第 6 版，第 205 页

定义或说明。

● 在 C 部分，写下对 A 部分核心概念、主要观点、辅助细节的总结。

图 T.7 展示了一个完整的康奈尔学习表示例。注意，A 部分（最大的部分）包含了一个非正式的大纲，它被创建（如策略 6 所述），经过润色，然后复制到学习表中。

	课程：初级心理学
	主题：亚伯拉罕·马斯洛
	亚伯拉罕·马斯洛（1908—1970）
	全家移民到布鲁克林
	7个孩子之一
	不开心，神经质的孩子
马斯洛领导的心理学运动是什么？他是什么时候成为这个运动的领导者的？	曾在布鲁克林学院、师范学院和布兰迪斯大学任教
	试图理解人类的动机
	成为20世纪50—60年代人本主义心理学运动的领导者
	马斯洛层次论：人类动机理论（像金字塔）
	生理需求（基础）
	食物、住所、休息等
根据马斯洛的等级制度，动机的五个层次是什么？每个层次的例子是什么？	安全需求
	安全、稳定、免于恐惧
	社会需求
	爱、归属感、联系
	心理需求
	接受、尊重、赞同、认可
	自我实现（金字塔尖）
自我实现	实现自我的需求
	马斯洛："成为你能成为的一切。"
	人本主义心理学
	马斯洛领导心理学上的"第三种力量"
	另外两种……
	弗洛伊德心理分析学
关于人类行为的"选择"，人本主义心理学与弗洛伊德心理分析学和行为主义心理学有何不同？	行为主义心理学
	强调一个人选择行为方式的能力
	其他方法最小化了有意识选择的重要性
	弗洛伊德派：选择受童年的影响
	行为主义者：选择受训练控制
	吸引了20世纪60年代个人主义的、叛逆的大学生
亚伯拉罕·马斯洛在20世纪50—60年代成为人本主义心理学运动的领导者。与弗洛伊德心理分析学和行为主义心理学家不同，人本主义者认为人们有能力选择自己的行为。马斯洛以致力于发现激励人类的力量而著名。他的等级制度提出，某些需求必须先于其他需求得到解决。最基础的是生理需求（空气、水、食物），其次是安全（远离恐惧，躲避寒冷），然后是社会需要，比如爱和归属感，接着是心理需求，如自尊、权力、赞同、认可和自信。自我实现在马斯洛动力金字塔的顶端。	

图 T.7　完整的康奈尔学习表示例

整理学习材料后

13. **阅读更多关于同一主题的文章**。笔记中的信息是否很难理解？你可以考虑收集更多信息，让你的导师、辅导员或图书管理员提供更多的阅读材料。有时，另一个作者会用另一种方式来表达同样的想法，它将打开你大脑里的开关，让你的神经元放电。这些额外的信息可能可以澄清混乱的部分，或者可以填补你学习材料的空白。如果你很难理解你的课本，那就找一本为年轻学生写的关于同一主题的书吧。它可能以一种更容易理解的方式呈现相同的信息。在阅读完这个简单的版本后，就可以带着更好的理解回到你的学习材料中。

14. **获得学习材料的反馈**。将它展示给你的同学和学习小组成员，带它们去见辅导员，给你的老师看看。询问他们的建议，以提高你的学习材料的准确性、完整性和条理性。

15. **寻求帮助**。如果你不理解你正在学习的东西，或者需要更多一对一的解释，那就预约你的老师。你也可以去学校的辅导中心寻求帮助。如果你见到的第一个辅导员对你帮助不大，下次再找另一个。不断地寻求帮助，直到你对信息或技能有了足够的了解，能够创建条理清晰的学习材料。

练习：整理学习材料

采访成功的学生，询问他们最喜欢的创建学习材料的方法。看看是否能发现没有在这里列出的其他策略。但是，请注意，许多学生不会创建学习资料。相反，他们跳过了这个学习步骤，直接从没有条理的课堂笔记或课本标记中学习。现在你不会再犯这种错误了。

关于康奈尔学习表的说明

正如前面提到的,许多学习技能书建议你把阅读作业和课堂笔记直接写在康奈尔格式的页面上。这种方法通常被称为"康奈尔笔记系统"。相比之下,我建议你把阅读和课堂笔记写在平时的纸上或电脑上。然后,做3件事来深入处理你收集到的信息:

1. 润色你的笔记,确保它们完整和准确。
2. 压缩你的笔记,识别核心概念、主要观点和辅助细节。
3. 整理浓缩的笔记,创建有效的学习材料(例如,大纲、概念图),包括来自所有课程材料的信息。

现在,如果你想的话,把你润色的、浓缩的、有条理的学习材料复制到康奈尔学习表上。

这就是为什么我建议你等到完全处理好你的原始笔记后再去创建康奈尔学习表。假设你把原始笔记写到了康奈尔学习表上,你就会很想直接学习那些没有被润色、压缩和整理过的信息。这意味着你跳过了创建深度和持久学习所需的基本步骤。但是,假设你确实会在康奈尔格式的页面上进行润色、压缩和整理,现在你还是需要把它们写在其他页面上。所以从一开始就把它们写在康奈尔格式的页面上是没有意义的。下面是最重要的一点:康奈尔格式的最佳用途是整理、练习和评估(而非收集)你正在学习的东西。

背诵和熟记学习材料

不管你的学习材料有多好，如果你不记得它们的内容，你就会失败。不管主导测试的是老师、雇主或生活本身，你都可能得到这个结果。这就是为什么理解和记住所学知识的能力对成功至关重要。

在前一节中，我们探索了一些进行深入持久学习的策略。为此，我们收集了所有从阅读作业和课程中收集到的知识，然后我们将这些知识整理成各种有用的学习材料。通过这种方式，我们继续构建神经网络来存储我们的知识以供将来使用。

在这一章中，我们将把这些努力向前推进一步，以创造更深入、更持久的学习。我们会研究一些策略来记住我们正在学习的东西。为此，我们将探索背诵学习材料的有效方法。以下是可供指导的学习原则：运用多种策略并随时间分布你的努力背诵来加强神经网络。

显而易见的是，理解和记忆是相辅相成的。因此，努力记忆能帮助你理解，就像努力理解也能帮助你记忆一样。这就是为什么核心学习系统既包含了用于理解的整理，也包含了用于记忆的背诵。事实上，我希望你有信心可以学习任何信息或技能。关键是要选择有效的学习策略，并花费足够多的时间。你不仅能对学习完全负责，也完全可以接受挑战！

背诵和熟记学习材料：大局

背诵是学习研究人员所说的"记住某件事的努力"。背诵策略通常可分为两种——精心的和死记硬背的。在这一章中，我们将同时讨论这两个问题。

在大多数情况下，精心的背诵将更好地服务于你在大学的学习目标。这些策略使用深度处理来加强理解和记忆。他们通过关注意义、展示思想之间的关系、将新知识与旧知识联系起来以实现这一目标。因此，精心背诵加强了深入和持久的学习。

相比之下，死记硬背的背诵更多的是记忆，而不是理解。因此，它采用了表面处理方法，比如通过纯粹的重复来记忆。死记硬背的背诵有好有坏。好消息是，记住事实和细节是很有价值的。例如，你可能就是用死记硬背学习了字母表和乘法表，这些年来，这些信息无疑派上了用场。但也有坏消息。无意识地记住信息会让你误以为自己理解了某些东西。然后你漫步走进考场，感觉自己准备好了，结果发现大错特错。记住一个数学公式并不意味着你知道如何应用它。即使你通过了考试，在没有理解的情况下背下来的知识在以后需要的时候也可能会消失。

所以，在这一章中，让我们尝试一下多种背诵策略。与此同时，继续个性化你的核心学习系统。它将帮助你创造深刻的，特别是持久的学习。

作为一种额外奖励，大部分背诵策略都带有双重任务。当你背诵时，你也会得到反馈，从而评估自己的学习。例如，当你对自己进行测验并做出错误回答时，这是一种有价值的反馈。它会促使你收集更多的信息，以不同的方式整理，或者不断地背诵。

在研究以下策略时，请记住背诵学习材料的大方向。有效的背诵可以让学习成果更持久。第一，使用精心背诵的策略去学习和记忆复杂观点，使用死记硬背的背诵策略去记忆事实和细节。第二，频繁地进行长时间背诵。第三，利用反馈来评估你的学习情况，如果需要的话，改变你的方法。

改善背诵和熟记学习材料方法的策略

接下来，你将发现许多掌握背诵和熟记学习材料技巧的最佳策略。阅读完每个策略后，请暂停一下，看看它是否能提高自己的能力，帮助你学习和记忆学习材料里的内容。如果是，用某种方式（例如下划线、圆圈、亮色、星号）标记它。之后，你可以决定试验哪种策略来创造深入持久的学习。

背诵和熟记学习材料前

1. **成立学习小组**。下面的许多学习策略都可以通过与他人一起学习而得到增强。这就是为什么与其他创造者合作可以提高学习效率。按照"创建学习小组"（第五章）中的建议，确保你的学习小组在最佳状态下发挥作用。

2. **创建分布式学习计划**。记住：长时间的分布式频繁练习可以增强学习效果。例如，假设两位同学每人学习20个小时准备期末考试。一名同学在考试前24小时内学习了20个小时，另一个则在考试前10天每天学习2个小时。两人学习的总时间是一样的。然而，第二名学生可能体验了更深入持久的学习。她的优势是将学习时间分配到10天中。

请回顾前一节"整理学习材料前"中对创建分布式学习计划的建议。注意将前25%到33%的时间用于整理各种有效的学习材料。剩下的时间则利用接下来的背诵策略对学习材料进行深度处理。你的回报将是学习能力的提高，更不用说学习成绩的提高。

3. **集合所有的学习材料**。在前一节中，你学习了如何创建各种学习材料。当你开始这个阶段的学习时，请把所有的学习材料都准备好。如果背诵不同类型的学习材料，你会理解和记住更多的内容。例如，你可以第一天背诵大纲，第二天背诵概念图，再下一天背诵抽认卡。

背诵和熟记学习材料中

4. 复习你的学习材料。 复习是指默读你的学习材料，全神贯注于它的意思。为了避免盲目复习，请完成以下三步：

- 复习一部分学习材料。
- 把目光移开，问问自己，我刚刚所读内容的核心概念、主要观点和辅助细节是什么？思考完整的答案。
- 回顾学习材料，确认答案的准确性。

对学习材料的其他部分重复这三步。这种复习方式可以让你理解并记住刚刚读过的内容，同时评估你对学习材料的理解程度。

5. 背诵你的学习材料。 背诵类似于复习，但要大声朗读。在你第一次见到一位陌生人时，你可能就会使用背诵法。也许你会大声说出那个人的名字来记住它。"很高兴认识你，克拉丽莎（Clarissa）。我从没见过叫克拉丽莎的人。克拉丽莎是一个姓吗？"

当你大声朗读学习材料时，把你想到的任何相关信息都加进去。现在，把目光从你的学习材料上移开，尽量再次说出同样的信息。假设你是在向不上这门课但对这门课很感兴趣的人解释信息。回顾你的学习材料，与你说的内容进行比较。对学习材料的每一部分重复这个过程。不断使用这种移开目光的技巧，直到你背出了笔记的精髓。通过大声朗读，你会调动多种感官（视觉和听觉），从而生成更强的神经网络。

6. 使用康奈尔学习表。（参见这个工具箱"整理学习材料中"的部分，了解如何创建这个学习表。）请记住，康奈尔学习表的 A 部分包含了你以自己喜欢的方式整理的信息（例如，大纲或概念图）。B 部分包含关于 A 部分的关键字和问题。C 部分包含对 A 部分核心概念和主要观点的总结。为了背诵康奈尔学习表中的内容，请完成以下步骤：

- 复习或背诵 A 部分的内容，直到你有信心完全理解它们。
- 现在用一张白纸遮住 A 部分，然后看 B 部分，你会看到你写的关键词和问题。解释关键词并尽可能彻底地回答问题。之后，揭开 A 部分的信息，检查你的回答是否准确。

- 最后，遮住整个页面，给 A 部分的信息写一份总结，然后揭开 C 部分进行比较。随着学习的深入，你甚至会发现最新的总结比你之前写得更好。

注意这个过程是如何提供一个优秀的学习技巧并对你的学习进行即时评估的。如果你无法解释核心概念或回答 B 部分的问题，你就知道自己还要继续学习。同样，如果你无法写出和 C 部分一样好——甚至更好——的总结，你也要继续学习。

7. **自测**。拿出你准备的可能考到问题列表（参见这个工具箱"整理学习材料中"的部分，了解如何准备问题）。参加模拟考试是背诵和评估知识掌握情况的好方法。把自测看作是真实考试的彩排。为此，请尽量复制一个真实的测试环境。例如，练习回答在真正的考试中会出现的问题（例如多项选择题、简答题、判断题、论述题、数学题）。如果真实考试计时，那么也在你练习测试时计时。如果你觉得自己在真实考试中会分心，也要模拟出来。作为奖励，当你在练习测试中表现出色时，自信会取代自我怀疑。在完成练习测试之后，寻求结果反馈。提供这种反馈的最佳人选是你的老师，其他可以咨询的人包括学习中心的辅导员、已经上过课且表现不错的朋友和同学。

8. **开展学习小组测验**。这是自我测试的一个变体。让学习小组成员在会议上提出问题并互相测验。除非所有人都认可答案，否则不要继续下去。

如果需要的话，可以在课程材料（例如课本或课堂笔记）中找到正确的答案，或放在一边，稍后去询问老师。为了给你的努力增加乐趣，你可以在互联网上搜索可以创建如《危险边缘》(*Jeopardy*)（电视智力竞赛节目）这类学习游戏的网站。对于那些会被友好竞争激励的人，可以通过给正确答案奖励积分来玩游戏。也许分数最高的人会被其他人请吃午饭。这种竞争是每个人都可以通过提高学习成绩而获胜的。

9. **学习三列法数学学习表**。（参见这个工具箱"整理学习材料中"部分的示例。）学习数学的关键是解决问题、解决问题、解决更多的问题。在这里，你创建的三列法数学学习表非常有用。用一张白纸把第二列（解决方法）和第三列（说明）遮起来。现在你能看到的只有第一列的问题。在白纸（遮住解决方法和说明的那张）上解答问题。如果你在答题时遇到困难，揭开一部分解决方法或说明给自己一些提示。在解答完问题后，揭开第二和第三列。然后检查你的解决方法和对过程的理解。如果一个问题持续困扰着你，向你的老师、辅导员或擅长数学的同学寻求帮助。请相信，只要有足够的练习和足够的帮助，即使是最困难的问题你也能解决。记住，只是看着老师解决数学问题是无法学会的，甚至只是阅读解题方法也不能。你要通过自己解决问题来学会解题。

10. **用抽认卡学习。**（参见这个工具箱"整理学习材料中"部分关于制作抽认卡的建议。）随身携带一副绑着橡皮筋的抽认卡。当你有可以浪费的几分钟空余时间时，把它们拿出来快速复习一下。如果你每天仅仅花15分钟学习抽认卡（比如每天3次，每次5分钟），那么你每周的学习时间就增加了将近2小时！

这个过程很简单。看看抽认卡的正面，然后思考一个答案。把卡片翻过来，如果你答对了，在答题的右上角画一个点。现在把卡片放在卡片堆的底部，不断重复这个过程，也许会不时地洗牌。当你在一张卡片上画了3个点（意思是你答对了3次），把这张卡放到第二个卡片堆里。继续学习第一个卡片堆直到所有卡都被放到第二个卡片堆里。不时复习第二个卡片堆，保持你的学习成果。在准备短答案测试时，比如判断题、多选题、匹配题和填空题，抽认卡是很好的学习工具。

11. **按模块熟记。**有时候你会为了一门课想要——或者必须熟记一些东西（比如一首诗、一个公式，或者康奈尔学习表上的总结）。关于熟记，重要的一点是，阅读和回忆信息可以加强不同的神经连接。因为你要在考试中回忆信息，你要加强的是管理回忆（而不是阅读）的神经连接。这就是为什么仅仅一遍又一遍地阅读是一种无效的记忆方法。这里有一种方法可以创建强大的神经网络来回忆信息。如果你背词汇时能完全理解词意，你就在进行精心背诵。然而，如果你只是像鹦鹉一样记忆词汇，那你就是在进行死记硬背的背诵。

- 背诵你想要记住的整篇文本（如诗、公式、总结等）。
- 现在只背诵信息的第一模块（如行、符号串、句子等）。
- 把目光从文本上移开，背诵第一模块。
- 回顾文本，背诵第一和第二模块。
- 移开目光，大声背诵更长的这一模块。
- 不断加长模块直到你能正确大声背诵全文5次，且不需要看文本。
- 休息10分钟，再次大声背诵全文，直到你能连续5次正确背诵。

● 此后，每天根据记忆背诵全文，额外背诵那些对你来说难以记住的部分。

如果你愿意，可以在任意步骤用默写来代替背诵。事实上，你可能会发现在背诵和默写之间来回切换很有帮助。

12. **用缩写熟记**。缩略词是用你想要记住的其他单词的首字母组成的单词。比如第三章提到的 DAPPS 法则。DAPPS 是帮助你记住有效目标的品质的缩写：有日期的（Dated）、可实现的（Achievable）、个人的（Personal）、积极的（Positive）和具体的（Specific）。如果你想记住北美五大湖的名字，请使用缩写 HOMES：休伦湖（Huron）、安大略湖（Ontario）、密歇根湖（Michigan）、伊利湖（Erie）、苏必利尔湖（Superior）。通过这种方式，记住一个词（缩写词）可以提示你想要记住的词。缩略词可以是真实的词（HOMES）或虚构的词（DAPPS）。

13. **用藏头诗熟记**。藏头诗有时被称为句子的缩写词。就像首字母缩略词一样，藏头诗是由其他单词的首字母组成的。但是，你不是从最初的字母中创造一个新词。相反，你要创造一个句子。例如，生物学专业的学生可能需要知道这些分类：界（kindom）、门（phylum）、纲（class）、目（order）、科（family）、属（genus）、种（species）。根据这个列表中每个单词的首字母，你可以创造这样的句子："彼得王过来喝葡萄汽水（King Peter came over for grape soda）。"音乐专业的学生可以通过"每个好男孩都做得很好（Every good boy does fine）"这句话来回忆起乐谱上的音符（E-G-B-D-F）。假设你想记住数学运算的顺序：括号（parentheses）、指数（exponents）、乘（multiply）、除（divide）、加（add）、减（subtract），藏头诗"请原谅我亲爱的萨莉阿姨（Please excuse my dear Aunt Sally）"可以帮助你。注意，当你必须以特定的顺序记东西时，藏头诗是一个特别有用的工具。

14. **用联想熟记**。当你把新事物与你已经知道的事物联系起来时，新的信息就更容易被回忆起来。假设你想记住新数学老师格蒂教授（Professor Getty）的名字，你可以把他的名字和你在美国历史上学过的葛底斯堡战役（the Battle of Gettysburg）联系起来。你甚至可以想象他穿着制服，拿着火枪。现在你就会记住他的名字。你是否曾在半夜想起一件重要的事，但是早上就忘记了？如果你有纸笔，记笔记显然可以解决这个问题。如果没有，试着把枕头（或其他物品）扔到房间中央，有意识地把枕头和重要想法联系起来。当你早上看到枕头时，通常都会记得。

15. 用位点技术熟记。位点 Loci（发音为 low-sigh）技术是联想的变种。Loci 是拉丁语中"地点"的意思，所以用这个策略，你可以把你想要记住的东西和熟悉的地方联系起来。假设你正在学习大脑的组成部分，你想记住杏仁体（amygdala），它在处理和记忆情绪反应中扮演着重要的角色。想出一个你熟悉的地方，比如客厅，想象电视转到你最爱的脱口秀上，主持人介绍一个穿着鲜红色裙子的愤怒女人。主持人说："让我们欢迎 Amy G. Dala。"每天回忆几次这个精神意象，持续 2—3 天。当你需要回忆起杏仁体的时候，在脑海中拜访你的客厅，打开电视，那里有一个愤怒的 Amy G. Dala 等待被介绍。现在你可以把大脑的其他部分和客厅里的其他地方联系起来。比如，那不是坐在沙发上的新皮层（neo-cortex）吗？

背诵和熟记学习材料后

16. 复习、复习、复习。重复可以加强记忆。学习结束后，花几分钟的时间复习你的大纲、图表、抽认卡、康奈尔学习表或者其他你喜欢的学习材料。两个小时后，再复习。接下来的三天，每天复习你的学习材料。再接下来，每周复习。我发现睡觉前的复习和醒来时的复习可以帮助我记忆。但理想的复习时间是任何你可以的时候。反复的复习不费什么力气，却能让你学到很多东西。

17. 传授你学到的知识。如果你问老师什么时候对他们的学科有了深刻和持久的理解。大多数人会说是他们开始教它的时候。解释一个复杂的观点需要透彻的理解，而磕磕绊绊的解释是学得不透彻的明显证据。所以找一些人，去教他们。可以这样说："让我告诉你一些我在课堂上学到的有趣的东西。"在学习小组里，教学也是一项很好的活动。假设每次小组开会时，每个成员都要做一场关于他们在那一周学到的重要内容的演讲。其他的教学可能性只局限于你的想象。我认识的一个学生，每天晚上都以最巧妙的方式让她的孩子上床睡觉。她用手偶给孩子们做生动的演讲，讲述她那天在大学学到的东西。每天晚上，她的孩子们都迫不及待地等着汉德教授（Professor Hand）给他们盖上被子。这才是创造者!

> **练习：背诵和熟记学习材料**
>
> 假设要对这一节中介绍的 17 种背诵和熟记学习材料的策略进行测试，你将如何着手准备考试呢？详细描述你的方法。

> **学生故事**
>
> 迈克尔·查帕斯科（Michael Chapasko），
> 博林学院，得克萨斯州
>
> 当我还是个孩子的时候，我学得不如我的同学快。我妈妈建议我去她教书的公立学校上学，因为那里有一个内容掌握项目，可以在孩子需要的时候一对一地帮助他们。我对此很不高兴，但还是照做了。结果我得到了治疗多动症的处方药阿德拉，它帮助我集中注意力。当我能集中注意力的时候，我发现我是一个非常聪明的孩子。作为少数患有阅读障碍的孩子之一，当我不得不在不同的房间里接受测试或者需要一对一的帮助时，我感到很窘迫。当我上高中的时候，课程变得越来越难，我开始认为即使使用阿德拉，我也无法以其他人的速度学习。我自暴自弃，不怎么学习，把问题归咎于多动症和阅读障碍。然后在高中时期，我进了一所新学校。这所新学校的一切都令人生畏。
>
> 它是全国排名前十的学术高中之一！尽管我在上一所高中没有怎么学习，但我的年级排名是第 56 名，年级人数为 808 人。然而，在新高中，我在 480 名学生中降到了第 203 名。我真的对自己的学习能力感到沮丧，但我还是没有努力学习。

高中毕业后，我决定去博林学院。第一学期，我选修了学习指导课。我没想到它会对我有帮助，但它确实改变了我对学习的整体看法。当我读到人类的大脑就像肌肉时，我真的很感兴趣。

我在高中踢足球、打篮球和打棒球。现在我喜欢健身，每天都锻炼身体。我知道肌肉是如何工作的，我觉得把大脑看作肌肉是很有趣的。以前，我不认为大脑是肌肉，我只是认为你要么天生聪明，要么不是。我知道越努力锻炼肌肉，它就越大越强壮，但你不可能在一天内完成。我还知道，你练习某个动作或模式的次数越多就能做得越好。当我在第一次商法考试中获得52分时，我知道我的学习方式必须要有所改变。所以我决定把我对大脑如何运作的新知识应用到课程中，并运用一些本书中的学习策略。

就像锻炼一样，我开始把学习时间分布开，并且用不同的方式学习。

最终，我找到了一种适合我的学习方法。在我复习准备第一次商法考试时——我失败的那次——如果读不懂，我就不读课本了。通过新方法，我仔细阅读了每一项作业并尽可能地从中得到更多的信息。我甚至试着提前几个星期阅读。我的教授在我们eCampus网站上发布了讲座视频，所以在阅读完作业后，我会在网上观看相关的讲座。教授把书中的信息缩减到我真正要知道的程度。当我上下一节课时，他的课就是对我读过的内容和视频内容的复习。这种重复加深了我对材料的理解，因为我已经听过一次了。当他在课堂上提问时，我已经准备好回答了。我还发现抽认卡很有帮助，尤其是在像商法这样的入门课程中，你必须学习很多新术语。我通常喜欢独自学习，但如果我不明白，我就会喜欢和了解课程的学生一起学习。我常常从他们那得到比老师更好的解释。我发现的另一个有用的策略是查看我过去的试卷，即使只是看上几分钟也能帮助我记住下次考试需要知道的东西。

当我参加第二次商法考试时，我已经有了一套全新的学习方法。通过新方法，我最终得到了96分！我再也不想放弃上课了，因为那时我知道我能做到！我的一个教练曾经说过："当天才拒绝辛苦付出时，付出的辛苦就击倒了天才。"现在我不仅努力学习，而且灵活学习。

照片：承蒙迈克尔·查帕斯科的允许。

考 试

考试是一场游戏，一场重要的游戏，再重要仍然是一场游戏。

首先，让我们回顾一下为什么大学考试很重要（假装你不知道）。考试会影响你的课程成绩，而这个成绩会成为你永久记录的一部分。如果你的分数一直很低，你就会被留校察看，甚至会被开除。低分数可能会使你失去经济援助。如果你是一名运动员，低分数会让你失去参加校际比赛的资格。

但是，如果你的分数一直都足够高，最终你将获得学位。然后你的成绩将会引起未来雇主、研究生院和汽车保险公司等相关方的兴趣。我的一个学生告诉我，就连他未婚妻的父母都要看他的成绩单，也许他们认为他的成绩可以揭示出他将成为什么样的丈夫。

所以考试是重要的。但它们只是一场游戏，你可以通过尽可能多的得分来赢得考试游戏。3个因素决定了你在考试中的成绩：

- 因素1：你准备得如何？如果你勤奋地完成了核心学习系统的每一步，你就准备得非常充分！看看教室里其他参加考试的学生。提醒自己，你已经做好了准备，比大多数人都准备得更充分。你努力学习，使用了一个强大的学习系统，得到了深入而持久的学习。你有充分的理由自信！
- 因素2：你的考试技巧如何？大多数人认为考试可以显示你知道多少，甚至你有多聪明。在理想的世界里，也许这是真的。然而，另一个关键因素也影响着你的成绩：你的考试技巧。如果没有这项技能，你的成绩可能只是模糊地反映出你知道多少，或者你有多聪明。每场游戏都需要特殊的得分技巧。在这一章中，你将学习一些最优秀的技能，以最大化你在每次考试中获得的分数。准备好学习如何"聪明地考试"。

- 因素3：你从过去的考试中学到了多少？每场考试都会提供反馈。有自我意识的创造者关注反馈，并利用它来获得优势。如果考试分数显示你在正轨上，你可以自信地继续做你一直在做的事。然而，如果测试分数显示你偏离了轨道，那么是时候改变策略了。

考试：大局

在前面的章节中，你发现了如何成为一个好的学习者，现在你将学习如何成为一个好的"考生"。这里有个好消息：老师能要求你展示掌握知识和技能的方式只有这么多。你的挑战是确定最有可能的方法，并为此做好准备。所以，请尝试以下策略，并且当你这样做的时候，记住考试的大方向：每次考试的目标是获得尽可能多的分数。正如学习是一门艺术，考试也是，它就叫作智慧考试。

提高考试技巧的策略

下面你将会发现许多掌握考试技巧的最佳策略。阅读完每个策略后，请暂停一下，看看它是否能提高自己的能力，帮助你最大化考试分数。如果是，用某种方式（例如下划线、圆圈、亮色、星号）标记它。之后，你可以决定试验使用哪种策略来成为一名智慧考生。

图 T.8　4 种考生

考试前

1. **积极使用核心学习系统。**这意味着当你走进考场时，你已经……

- 从所有的阅读作业、课程材料和课堂上收集了完整和准确的信息。
- 整理了多种不同的有效学习策略。
- 按分布式学习计划练习了学习材料。
- 通过评估确认了你对所有学习材料的理解程度。

2. **想象成功。**创造一部你参加考试并取得巨大成功的心灵电影。在你的脑海中，想象自己……

- 理解每个问题。
- 快速而准确地回答每个问题。
- 准时完成，并且之后。
- 得到想要的（甚至更高的）分数。

经常在你的脑海里播放这部积极乐观的电影。让它建立起你的自信，让你在真正的考试中积极地思考、感受和行动。（参见第三章中"如何想象"的部分，了解更多信息。）

3. 身体和情感上都做好准备。一定要在考试前睡个好觉，吃好东西。你不想因为疲劳或饥饿而分心。当你的老师分发试卷时，深呼吸，放松。你的学习完成了，现在是游戏时间，你的目标很简单：得到尽可能多的分数。你已经准备好了，重复这一肯定，想象成功。再深吸一口气，准备得分！你可以做到！

考试中

4. 预览试卷。正如预览阅读作业是有价值的一样，预览试卷也是如此。注意问题的类别，各种问题的分值，仔细阅读说明以便理解游戏规则。例如，在多项选择题中，如果说明要求你标出两个或两个以上的答案，而你只标记了一个，你就会失分。同时，要注意那些改变了规则的说明。在考试的某一部分中，错误的答案可能会受到惩罚，而在另一部分可能不会。这一点将决定你是否能猜答案。确保你完全理解要求，如果不确定，请老师解释清楚。

5. 制订智慧考试计划。记住，你的目标是获得尽可能多的分数。

智慧考试计划的第一条规则是先回答简单的问题。浏览试卷并回答所有你能快速正确回答的问题。首先回答容易的问题有三个好处：它能确保你获得这些分数；它能让你建立信心，缓解考试焦虑；在回答简单的问题时，你可能会遇到其他问题的答案。

智慧考试计划的第二条规则是根据可得的分数来分配时间。回答了这些简单的问题之后，现在回答剩下分值最高的问题。假设你参加了一场50分钟的考试，一共有50道判断题，每道题值2分。你的计划是显而易见的：每个问题分配1分钟。如果你花5分钟回答一个问题，5分钟回答另一个问题，现在你就只有40分钟来回答剩下的48道题。或者考虑另一种情况：你参加了一场50分钟的考试，有10道分值为2分的判断题和2道分值为40分的简答题。请确保你尽可能多地得到这80分的论述分。由于每篇文章占总分的40%，你给每篇文章分配了40%的时间（20分钟）。剩下10分钟来回答判断问题。如果没有这个计划，你可能会花20分钟来回答判断题，这样你就不会有那么多的时间去争取所有的论述分。

6. 回答判断题。显然，最好的情况是你知道这个陈述是对还是错。然而，如果你不确定的话，也不会失去一切。甚至通过猜测，你可能会得到其中一半的正确答案，这里有六个智慧考试策略来提高正确的可能性：

A. 如果一个陈述的任何一个部分是假的，则答案为假。

B. 如果问题包含一个无条件词（100%没有例外），例如所有（all）、每个（every）、只有（only）、从不（never）或总是（always），那么答案很可能是假。

C. 如果问题包含一个条件词（小于100%，某些情况例外），例如通常（generally）、有的（some）、一些（a few）、不时（occasionally）、很少（seldom）、通常（usually）、有时（sometimes）或经常（often），那么答案很可能是真。

D. 如果这个语句有两个否定，把它们都划掉，看看这个陈述是真是假。

E. 如果这个句子包含了你从未听说过的单词，那就猜答案为假（这个建议假设你已经彻底地学习过，并且能识别出课程中出现的关键术语）。

F. 如果你只能纯粹猜测，选择"真"。老师更可能会写出真的陈述，另外，大多数人更希望你能记得正确的答案。

7. **回答多选题。**多选题提供一个陈述或问题，然后提出其他方法来完成陈述或回答问题。多选题实际上是一组判断题，那么你的任务就是阅读每个语句并选择正确的（真的）答案。当你被难住的时候，这里有一些智慧考试法。下面的选项并不总能让你得到正确的答案，但是当你只能纯粹猜测时，它们可以提高你选择正确答案的概率。

A. 在说明中，看看每个问题是否只能选择一个答案或可以选择多个答案。

B. 在做出选择之前一定要阅读所有的答案。答案 A 可能是部分正确且迷惑人的，但答案 D 可能更真实，因此 D 才是你应该选择的答案。

C. 划掉所有明显错误的答案，比如那些旨在表达幽默的答案。

D. 划掉带有无条件（100%）词的答案，例如所有、总是、从不、必须、每个。

E. 寻找语法线索来划掉答案（例如，问题中的主题与其中一个答案中的动词不一致）。

F. 当答案是数字时，划掉最高和最低的数字。

G. 如果两个答案形似，则选择其中一个答案为正确答案。

H. 如果你知道两个或两个以上的答案是正确的，选择"以上所有的"作为正确的答案。除非规则要求你选择一个以上的正确答案。

I. 如果一个答案比其他答案更全面，选择它为正确的答案。

J. 如果问题是基于阅读短文的，在阅读短文之前先阅读问题和可能的答案，然后带着找答案的具体目的去读短文。

8. 回答填空题。填空题会在句子中漏掉一个或多个词（或短语），你的任务是插入正确的词或短语。尽管挑战难度越来越高，但智慧考试能提高你填空题的得分概率。

A. 除非说明说你会因为错误答案而受到惩罚，否则一定要在空白处写下一些东西。

B. 确保你的答案符合句子语法（例如，如果句子空白处需要一个动词，不要填入名词）。

C. 利用空格长度判断正确答案是一个或多个词。

D. 如果你看到两个或更多的空白，请意识到你要在每个空白处填入一个不同的词或短语。

E. 由于填空题通常询问核心概念，这些概念经常在考试的其他地方被提到。当你完成考试的其他部分时，请留意它们。

F. 在插入答案后，阅读句子，确保其有意义。

9. 回答简答题。简答题是小短文，通常有一个段落长。因此，最好的办法是陈述一个主要观点，然后提供具体的辅助细节来展示你对这个观点的理解。在简答题上很难伪造知识，但有些智慧考试的策略能使你的分数最大化。

A. 总要写点东西。你的老师不能给你的空白打分。

B. 圈出写作提示中的指导词（例如，⟨描述⟩使用追踪表单的优点）。指导词揭示了老师期望你展开主题的方式。参见表 T.8 对 12 个常用指导词的描述。

C. 画出写作提示中的主题（例如，⟨描述⟩使用<u>追踪表单的优点</u>）。参考带下划线的词可以帮助你专注于主题。

D. 在白纸或试卷背面写下你能想到的任何相关观点和辅助细节。如果你有时间，写一份答案草稿，然后抄到试卷上。

E. 通过把问题或写作提示变成你的主要观点来开始答题。再一次，假设提示是"(描述)使用追踪表单的优点",可以这样开始:"使用追踪表单有很多优点。"这个开头帮助你在写文章的时候专注于主题。

F. 用例子、证据、解释和经验等辅助细节来展开你的段落。如果你不知道辅助细节,看看能否在考试的其他问题中找到一些。

G. 答题的空间通常暗示了老师希望你写多少,所以计划你的答案来填满那个空间(除非有这样一条提示:"在这页的背面继续你的答案。")。

H. 用一个总结句结束你的段落(例如:"使用追踪表单还有其他好处,但是这是最有价值的三个。")。

I. 校对答案。即使老师不会有意识地因为病句扣你的分,这种干扰也会破坏他对你答案的正面印象。

10. 回答论述题。论述题需要对主题进行深入讨论。在这个工具箱的下一部分,你将学习到许多写作技巧,帮助你更好地回答论述问题。在这里,我们将讨论两个论述题考试特有的写作挑战。首先,你通常得根据记忆中的信息(而不是笔记里的)来写文章。第二,你有写作的时间限制(除非是在家考试)。因此,论述题不仅可以测试你对课程内容的了解程度,还可以测试你的写作能力。以下是一些回答论述题的智慧考试技巧:

A. 仔细阅读说明。就像简答题一样,圈出论述提示中的指导词。像定义、比较、对比、描述、评估、总结和解释原因这些词需要不同类型的回答。请确保你理解要写什么(参见表 T.8:12 个常见指导词)。

B. 画出写作提示中的所有关键术语。假设题目是"描述以下经济理论:古典主义、马克思主义和凯恩斯主义"。如果你在古典主义和凯恩斯主义理论方面写得很好,但不提马克思主义理论,你就可能会失去很多分数。

C. 如果问题让你选择要写的主题,一定要在规定的字数范围内写作。如果你写的字数比要求的要多,你就浪费了宝贵的时间在那些你不需要回答的问题上(而且很可能也得不到分数)。如果你回答的比要求少,你肯定会失去分数。

D. 不要立即开始写作。相反,先进行头脑风暴,记下与这个主题相关的观点。如果你需要更多观点,浏览一下剩下的试卷,看看是否有其他问题或答案可以为你的头脑风暴提供更多的观点或辅助细节。

E. 修改问题或主题,并把它作为文章的第一句话(参见策略 9E)。

表 T.8　12 个常见指导词

指导词	需要做什么	问题示例
1. 分析	确定某件事的各个部分,并解释这些部分是如何对整体做出贡献的。	分析智慧考生的技巧。 分析赫尔曼·梅尔维尔的《白鲸》(Moby Dick)中白鲸的象征意义。
2. 比较	展示两个或更多事物的相似之处(注意：一些老师也要你展示差异)。	比较线性和图形整理法。 比较民主和社会主义。
3. 对比	展示两个或多个事物之间的差异。	对比创造者和受害者。 对比文艺复兴时期的佛兰德和意大利画家。
4. 定义	陈述某事的意义。	定义一个自暴自弃的剧本。 定义标准偏差。
5. 描述	详细阐述。	描述有效自我管理系统。 描述英格兰国王亨利七世为巩固王权所做的努力。
6. 讨论(或解释)为什么	详细说明原因。	讨论为什么成为积极学习者很重要。 解释为什么切比雪夫定理很重要。
7. 讨论(或解释)影响	给出某事的结果。	讨论压力对身体健康的长期影响。 解释全球变暖的影响。
8. 讨论(或解释)如何	提供过程细节。	讨论学生如何保持或提高学习动力。 解释氢和氧是如何结合成水分子的。
9. 评估	评估优势和劣势,提供理由。	评估第一次日记写作的质量。 评估素食。
10. 解释	使之清楚或易于理解。	解释逻辑论证的三个组成部分。 解释酗酒的健康风险。
11. 举例	提供例子。	举例说明明智选择流程的使用。 举例说明在创建网站时使用级联样式表的好处。
12. 概述	提供精简的回答,只强调要点。	概述在职场相互帮助的重要性。 概述马克·吐温《哈克贝里·费恩历险记》(Huckleberry Finn)的情节。

F. 用你喜欢的方法整理观点(例如大纲或概念图)。清晰的整理可以帮助你最大化得分。如果你计划要写的观点比你拥有的写作时间要多,划掉那些辅助细节最少的。4—6 个完善的段落可能比 7—10 个不成熟的段落获得的分数更多。

G. 每个单独段落展开一个主要观点,提供具体支持,例如例子、证据、解释和经验。不要因为你认为老师知道而在论文里遗漏信息。记住,这不是测试

图 T.9　不管是福是祸

你的老师是否能回答这个问题，而是为了测试你是否可以。你最好是写给普通读者的：一群聪明的、有兴趣的读者，他们对你的主题知之甚少。这个方法可以确保你的写作包含了所有可以得分的信息（这个工具箱在"写作"部分的策略 15 中提供了更多如何有效展开段落的信息）。

　　H. 写一个令人满意的结论，也许总结一下你的主要观点（"写作"部分的策略 17 为你的文章结尾提供了建议）。

　　I. 留出修改的时间。当你阅读你所写的东西时，找出并回答你的读者可能对你的观点提出的问题。例如，读者经常想知道"为什么？"和"你怎么知道？"在未展开的段落中添加额外的细节（例子、证据、解释和经验）。

　　J. 仔细校对语法、书写和标点错误。

　　K. 如果你的字迹很难辨认，那就重抄一遍。为了更整洁，可以考虑打印，每隔一行书写一行，只写在纸张的一面。

　　这里是一些最大化论文得分的最终建议：

- 总要写点东西。你的老师不能给你的空白打分。
- 在每个答案之后留三到四条空行，以防你之后想到什么，你可以在最后添加。
- 如果你写不完，那就为那些如果时间充裕你可以写的东西提供一个大纲或者概念图。你可能会因此得到一些分数。
- 如果你会打字，可以考虑问一下你是否可以带一台笔记本电脑参加考试。通过笔记本电脑你可以写得更快，并且更容易修改文章。当然，在交卷之前你要知道打印试卷的方法。

11. 解决数学问题。数学考试通常要求你解决你一直在学习的那类问题。如果你在整个课程中都成功地解决了练习题，你就已经准备充分了。这里有一些可以在数学考试中运用的智慧考试策略：

A. 一拿到试卷就在上面写下笔记和公式。如果你稍后卡壳了，就可以查看这些基本信息。

B. 先浏览一遍试卷，解决那些你可以轻易回答的问题。你永远不想因没有回答那些如果有更多时间就可以解决的问题而失分。

C. 第二次浏览试卷，解决更有挑战性的问题。开始通过验算答案来解决每个问题。

D. 回答问题时，写下解题方法的每一步。即使你的答案错了，老师也会给你一些分数。

E. 做完每一道题后，将你的答案与验算进行比较。如果两者相差太多，重新检查你的计算。

F. 在时间允许的情况下，重新检查每个问题并复查所有计算。

12. 如果被卡住了，请继续答下一题。不要在一个你回答不了的问题上浪费时间。那样，你不仅会失去得分所需要的时间，还会因为专注于你不知道的问题而破坏信心。如果你对你给出的答案表示怀疑，或者你根本没有给出答案，那么在问题的旁边打个钩。如果时间允许，稍后再回来，用新的眼光审视你的答案。

13. 检查答案。从分数最高的部分开始，然后按照分数的降序检查试卷其他部分的答案。对于数学问题，在解决方法的每一行中寻找可能的错误。

14. 给每个问题提供一个答案。在你检查完所有已回答的问题后，重新审视未回答的问题。把你的手指沿着词汇移动，将问题（小声）读出来。突出标记关键词。闭上你的眼睛，看看能否在学习材料中找到答案。浏览试卷，看看答案是否包含在另一个问题中。最后一个方法是猜。如果你猜得很接近，你可能会得到一些分数。

考试后

15. 奖励自己。 无论你认为你在考试中表现如何，给自己在考试之前和考试期间做出的努力一些奖励——出去吃个饭、给老朋友打个电话、洗个泡泡浴、看一部电影。

16. 研究老师的反馈。 当你拿到试卷时，不要只看分数，阅读老师的评论。对于认知问题（例如判断、多选或匹配题），你能看到的可能只是表示错误的叉。对于回忆题（例如论述或数学题），你的老师可能会提供评论，解释你为什么获得或失去分数。不管老师提供什么反馈，它的目的都是让你走上正轨，请吸收它。如果有你不理解的错误或评论，与老师预约时间，讨论你的困惑。

17. 分析你的错误。 通过分析错误，你可以知道如何在下次考试中得到更多的分数。通常有七个问题会让学生在考试中失分。例如，你可能因为研究了错误的材料或没有制订一场智慧考试计划而失去分数。使用考试情况汇报（表T.9）来确认你在哪里丢失了分数，并制订一个在下次考试中获得更多分数的计划。

18. 寻求帮助。 在下一次考试之前，向你的老师、导师或同学寻求帮助，或者去学校的学习中心。如果你还没有建立学习小组，那就创建一个。如果有的话，参加关于考试准备和考试焦虑的研讨会。通过寻求帮助，你可以改正你在之前的测试中所犯的错误，并改进你为下次考试所做的准备。

练习：考试

为你现在正在学习的课程创建一份有 25 个问题的测试卷，写出你对每个问题的回答。下面每种类型各 5 道题：（1）判断；（2）匹配；（3）填空；（4）多选；（5）简答或论述。对于数学或者科学课程来说，准备和你学习的问题相类似的题目。设计你的问题，使得正确回答的学生可以展示出这门课需要掌握的基础知识或技能。与你的导师开个会，寻求他们对你的问题和答案的质量反馈。基于你与老师谈话中的发现修改问题。额外好处：可以与你的合作伙伴交换试卷测试，每个人都为对方的测试创建一个智慧考试计划。

表 T.9　考试情况汇报

考试情况汇报

说明：考虑下面的7个考试问题，并估计你在每个问题上丢失的分数。圈出让你失分最多的问题，并实施你为下次考试准备的解决方法。

问题 1：我没有学习考试中涉及的一些信息或技能。

失分：＿＿＿＿＿＿

解决方法：在发现考试可能考查的内容时要更加自信。检查课程大纲，询问同学、辅导员，尤其是老师。将这些材料添加到你的核心学习系统中。

问题 2：我确实学习了考试中涉及的信息或技能，但还是答错了。

失分：＿＿＿＿＿＿

解决方法：尝试整理新的学习材料。尝试以不同的方式来练习你的学习材料。将你的学习时间延长，增加你解决问题的时间。做更多的评估来衡量你的理解（例如，让学习小组成员和家教测试你的知识掌握情况）。

问题 3：我不擅长回答老师问的那类问题。

失分：＿＿＿＿＿＿

解决方法：尽你所能确认考试题目的类型。创造并参加包含这些问题的模拟测试。让学习小组成员也创造这类问题。向辅导员或老师展示你的问题和答案，以获得反馈。不断地创造和回答这些问题，直到你能熟练地回答它们。

问题 4：我没有按说明去做。

失分：＿＿＿＿＿＿

解决方法：花时间仔细阅读所有的题目说明，圈出指导词，画出关键字。检查时，确认你完成了所有要求回答的内容。

问题 5：我在本可以回答但没有回答的问题上丢失了分数。

失分：＿＿＿＿＿＿

解决方法：制订一个智慧考试计划，专注于积累尽可能多的分数。确认简单的、高分数的问题在哪里，并计划先回答这些问题。为每个部分设定时间限制，这样你就不会因为没有回答试卷其他部分的问题而被困住，失去分数。

问题 6：我知道答案，但犯了粗心的错误。

失分：＿＿＿＿＿＿

解决方法：在考试过程中要稳步前进，不要着急。仔细想想每个问题都问了什么，以及最好的回答方法是什么。在考试结束时，请留出时间检查所有的答案并仔细校对。

问题 7：我惊慌失措，压力太大，无法回答问题，即使是那些我知道答案的问题。

失分：＿＿＿＿＿＿

解决方法：在"游戏"条件下，超量学习内容并进行大量的模拟测试，以此培养考试技能，建立信心。想象你的成功，对你的考试能力做出积极的肯定。制订并遵循一个智慧考试计划。如果你在考试中被卡住了，不要把时间浪费在一个棘手的问题上，继续答题。如果你感到焦虑，重新集中注意力。不断提醒自己考试是一场游戏，你的任务只是尽可能多地获得分数。如果考试焦虑继续困扰着你，考虑找咨询师寻求进一步的建议和帮助。

上述7个问题中丢失的分数之和应该等于你在考试中丢失的分数总和。

学生故事

阿什莉·E.班纳特（Ashley E. Bennet），
哈特兰德社区学院，伊利诺伊州

不久前，我作为一名合法的大学生迈出了踏上哈特兰德社区学院的第一步。在经历了入学考试、大量的入学手续、生活用品采购和其他各种准备工作后，我觉得自己已经准备好了，也渴望开启我"想象"的大学生活。然而，我所经历的与我预期的相去甚远。对任何人来说，上大学都是一段充满挑战的经历。然而，对我来说，从在家学习调整到进入拥有大约1.5万名学生的大学校园，就像是一次盲目的自由落体运动。要知道，去哈特兰德是我第一次到正规教室上课。以前，我所有的学习都是在家里完成的。我在电脑程序上做测试，如果我答错了，就把它作为反馈。然后我会研究我的错误，更彻底地学习它，并重新参加考试。

在大学的第一学期，我修了两门课：代数和成功课。在数学方面，我的主要困难是考试恐惧。我每周一都要参加考试，它们和我以前做的差别很大。在日常生活中，只要一想到考试就会让我情绪低落。当我学习时，由于焦虑，我很难记住信息。

事实上，焦虑不足以描述我的感受。甚至在我去上课之前，我就已经突破了恐慌发作的极限。考试时，我会坐下来，摆弄东西，心烦意乱，再胡乱摆弄一些东西，然后陷入完全歇斯底里的状态，想着时间在继续流逝，而我的考试还远远没有结束。在最初的几个星期里，每次考试前后，我都经历着同样的恐慌。我认为这是不可避免的，幸运的是，我错了！

今日回首，当我回想起过去的一切，我对自己所取得的成就感到惊讶和自豪。从成功课的课本《如何让大学在一生中发挥最大作用》中，我发现了一些有用的考试策略。当我开始使用这些策略时，我获得了极大的信心，同时提高了我的学习能力和考试能力。

首先，我开始以不同的方式准备考试。我做的一件事是全面地整理学习材料。一种是学习数学的三列法学习表变体。我会解答问题，同时写下关键的术语，这样我就能记住公式。这帮我减轻了沉重的负担。我喜欢喝茶，在学习的时候，我会通过喝自己最喜欢的茶来放松。我也创造了下面这个肯定句来帮助我提高自信：我已经做好在这次考试中尽最大努力的准备。几乎随时随地我都会复习。比如，有时我在离开家的时候会停下来看看能不能记起一个公式或者一个解答问题的方法。

我还在考试中使用了新的策略。我开始提前 20 分钟到达考场，这给了我时间去找个好座位，做一些呼吸练习，说出我的肯定，让我保持头脑清醒。当考试开始时，我先处理比较容易的问题，然后把比较难的问题保留到之后。这增强了我的信心，让我可以尽最大的努力。数学课的期末考试让我有机会看到这些策略是多么有用。我在没有看钟的情况下就做完了所有我知道的问题，然后回头做更难的题。我使用的策略显然对我有效，因为我的数学得了 A。

在我参加的第一次数学考试中，我的焦虑程度是 7 或 8 分，满分是 10 分。当我开始使用新策略后，我的考试焦虑下降到了 3 分。在第一个学期即将结束之际，我可以充满信心地说，我正在并将继续准备好在每一场考试中尽最大的努力。

照片：承蒙阿什莉·E.班纳特的允许。

写 作

除了阅读,几乎没有什么学术技能比写作更能帮助你在大学取得成功。在大多数大学课程中,你会被要求至少做一些——也许是很多——写作。你要写作文、实验报告、学期论文、日记和研究论文。此外,你还将参加许多包含论述题目的考试。显然,好的写作能提高你的大学成绩,但这只是写作的诸多好处之一。

毕业后,好的写作可以帮助你在职业生涯中取得进步。事实上,在职业生涯里,你可能要写比你想象中更多的东西。随着互联网和全球经济的发展,越来越多的企业通过电子邮件和网站进行交易。社交网站的流行和博客的爆炸式增长创造了额外的写作需求。在你的职业和个人生活中,写作提供了一种告知、说服甚至娱悦他人的方式。写作能帮助你维持人际关系,尤其是和远方的人。虽然这些好处是显而易见的,但有一个好处可能不那么明显:写作可以提高学习能力。看看有经验的作家怎么说。

- 我们不是为了被理解而写作,我们写作是为了理解。

——罗伯特·塞西尔·戴-刘易斯(Robert Cecil Day-Lewis)

- 写作变成了一个发现的过程,以至于我迫不及待地想在早上开始工作……

——莎朗·奥布莱恩(Sharon O'Brien)

- 了解一门学科最好的方法是写一本关于它的书。

——本杰明·迪斯雷利(Benjamin Disraeli)[1]

---

[1] 本杰明·迪斯雷利(1804—1881),曾两度出任英国首相,同时也是一位小说家。

- 写作是对人生的感悟。

　　　　　　　　　　　　　——纳丁·戈迪默（Nadine Gordimer）[1]

- 通过写作和阅读可以学到同样多的东西。

　　　　　　　　　　　　　——阿克顿勋爵（Lord Acton）[2]

除了其他原因，写作能提高学习能力是因为你要在这个过程中解答一些疑惑。例如，如果你在写一篇关于自我意识的文章，你可能会想到一个读者想要知道的问题：是什么童年经历让作者对自己的数学技能采用了负面的描述？或者，在学术方面你可能会想，神经元的活动是如何促进自我意识的产生的？你对这些问题（和其他问题）的收集、整理、回答拓展了你对自己、他人和世界的理解。这就是学习的本质！

写作能促进学习的另一个原因是：就像学习一样，写作是一个过程。多数专家都认识到写作过程的四个要素：预写、写作、修改和编辑。如你所见，这四个要素与核心学习系统的四个组成部分有很多共同点。事实上，了解核心学习系统会给你带来真正的写作优势。

- 预写（也被称为构思）包括你在实际写作之前所做的任何准备。指导这一过程的是你对读者和写作目的的认知。写作前的活动包括收集观点和辅助细节，接着将这些原材料组织成一个可能的结构。预写是许多新手作家不明智地跳过的一步。

- 写作（也被称为起草）是一种创造的行为——把你的原材料变成一份能达到你既定目的的文件。当你写作的时候，你的大脑会预演你想要表达的想法，并评估你对它们的理解。因此，写作时你可能会意识到你需要收集更多的信息，重新整理你已经拥有的信息，或者两者兼而有之。当初稿完成后，新手作家常常拍拍自己的背，宣布自己完成了。而经验丰富的作家知道，他们才刚刚开始。

- 修改（也被称为重写）意味着"重读"。修改时，你通过"重读"评估你现在的草稿。它说的是你要表达的意思吗？它会达到你写作的目的吗？如果你对主题理解得不够透彻，你的写作可能会变得模糊而不清晰。修

---

[1] 纳丁·戈迪默（1923—2014），第一位获得诺贝尔文学奖的南非作家。
[2] 阿克顿勋爵，即约翰·爱默里克·爱德华·达尔伯格－阿克顿（1834—1902），著名自由主义大师。

改是一种练习，它能帮助你发现自己不理解的东西，鼓励你对这个话题进行更具批判性的思考。通过这种努力，我们不仅能更深入地理解，还能更有效地用文字表达理解。这就是为什么经验丰富的作家通常会花与准备和撰写初稿同样多（甚至更多）的时间去修改。

- 编辑（也被称为校对）可以消除语法、句子结构和拼写错误等表面问题。当你的写作充满错误时，你的读者可能会怀疑你的观点是否和你的校对一样粗心。更糟糕的是，他们可能不理解你的意思。不管怎样，表面的错误会影响你达成实现目标。编辑是你对自己的写作是否达到目的的最终评估。

也许现在你明白了为什么那么多老师要求你写作。要想写得好，你必须是最积极的学习者，不断深入和持久地学习。毕竟，这是所有优秀教学的目标。

写作：大局

所以，请尝试一下接下来的许多写作策略。当你这样做的时候，请记住写作的大方向：写作的目的是告知、说服或娱悦你的目标读者。因此，写作要求你预测并回答读者会对主题提出的问题。写作不仅是与他人沟通的重要手段，也是为我们自己创造深刻持久的学习的最有力方法之一。

改善写作的策略

接下来你会发现许多掌握写作技巧的最佳策略。阅读完每一个策略后，暂停一下，看看它是否能帮助你提高写出有效作文和论文的能力。如果是，用某种方式（例如下划线、圆圈、亮色、星号）标记它。之后，你可以决定尝试哪种策略，成为一个更好的写作者。

写作前

1. **对写作进行积极肯定。** 创造一个肯定的陈述，例如，我使用写作过程的所有步骤来清晰有效地表达我的想法。用这种肯定来培养写作的"成长心态"。记住，"成长心态"是一种核心信念，你可以通过有效的策略和努力来提高你的学术成果。相反的信念是你无法提高学术成绩，这是一种受害者立场。（成长心态已在第七章中讨论过。）

2. **如果可以选择，选择一个你真正感兴趣的主题。** 你会喜欢研究和写一些对你有意义的东西，你的成绩也可能会提高。即使你的导师指定了主题，也要找到一个让它吸引你的办法。

3. **携带索引卡来收集观点。** 在你开始思考一个主题时，想法有时会在最奇怪的时刻出现。当你想到一个好主意的时候，你可能正在自助餐厅点炸薯条。别以为你以后会想起这个观点。拿出一张索引卡，给自己写张便条，然后把卡片用橡皮筋捆在一起，以便以后整理。

图 T.10 "描写狗"

4. **创造关键问题。** 列出问题清单，指导你收集信息。如果你自己想知道答案，你会更有动力去寻找，从而塑造出一份成功的写作。

把每个问题写在一张单独的索引卡上，或在计算机文件中输入问题列表。

5. **和别人讨论你的写作主题。** 让尽可能多的人参与你的主题讨论。先列出你的关键问题然后跟着他们的讨论方向走。如果可能的话，采访专家。例如，想想你能从大学的财务援助办公室负责人那里学到多少关于财务援助的知识。谈论你的写作主题可以让你的神经细胞活跃起来，让你的创造力流动起来。收集最好的想法和支持细节，把它们写在索引卡上。

6. **把你的笔记分组。** 在收集了一堆关于主题的记录卡片之后，差不多可以开始写作了，但请再等一下。首先，把你的笔记分成几摞，每个主要观点或关键问题一摞。更好的方法是把你的笔记输入电脑，然后将它们剪切并粘贴到相关的观点集群里。

很有可能你会收集到更多的信息。为这些额外的观点找到逻辑分类。

7. **确定你的读者。**每一篇文章都有一个或多个目标读者。毕竟，没有读者的写作就没有意义。在大多数大学写作中，你会表述你所学到的内容。也许你已经发现了挑战：你要向比你更了解这些学科的老师解释这些内容。通常，最好的方法是写给普通读者。想象一群对你的主题知之甚少或一无所知，但有兴趣、受过良好教育的读者。这样，你就更有可能提供所有的观点和辅助细节来告诉你的老师，你已经掌握了他们的课程内容。有时老师会指定你的读者（例如，大学报纸的读者）。如果是这样的话，使用这些信息来做出选择，例如：

- 采用什么语气（正式的或非正式的）？
- 包含或不包含什么信息？
- 需要多少证据来克服阻力？

8. **定义你的论点。**论点阐述了你想要传达给读者的最重要思想。你所写的其他东西只是通过回答读者对你的论点可能提出的问题来支持这个观点。一个论点由两部分组成：你的主题和你对这个主题的陈述。因此，论点通常是一个句子，结构如下：

【主题】+【陈述】。

大学里最常见的两种写作方式是提供信息和说服。信息写作的论点告诉你的读者一些他们可能还不知道的东西。例如：

【次级抵押贷款】+【是指发放给偿还能力不明的人的贷款】。

说服性写作的论点要求读者思考或者做一些他们不倾向于思考或做的事情：

思考：【富兰克林·皮尔斯】+【是美国最杰出的总统之一】。

做：【学生会】+【是你应该加入的组织】。

有时你立刻就能知道自己的论点是什么。其他时候，你可能需要在论点出现之前思考和写作一会儿。

即使你已经确定了你的论点，它也很可能会改变，因为写作的过程会让你对主题有更多的了解。最终，你需要确定一个明确的论点，因为一篇没有论点的文章就像一个没有脊柱的身体——没有任何东西可以把它支撑起来。

9. **整理你的观点和辅助细节。**在这个工具箱的前面一部分，我们研究了整理信息的线性法和图形法。这些方法同样适用整理写作前需要的信息。让我们回顾其中的两种策略，并介绍一种新策略。

提纲（关于如何创建提纲和示例，参见这个工具箱"记笔记中"的部分）。在创建写作提纲时，把你的论点写在页面顶部（请意识到它可能会随着写作而改变）。在它的下方和与左边缘齐平的位置，添加在策略6中确定的每个主题集群。这些是你现在的主要观点（1级）。接下来，缩进一些空格，在每个主要观点下面添加次要观点（2级）。最后，缩进一些空格并添加辅助观点（3级和4级）。大多数文字处理程序都有一个功能来帮助你创造提纲。例如，在Microsoft Word中，你可以在"视图"菜单中找到它。

概念图（关于如何创建概念图，参见这个工具箱"记笔记中"的部分）。在创建写作概念图时，把你的论点写在页面顶部。然后把核心概念写在页面的中间，画下划线或圈起来。现在从核心概念中画出线条，写下你在策略6中确定的每个主题集群。这些是你现在的主要观点（1级）。接着从你的主要观点中画出线条，写下次要观点（2级）。在更远离概念图中心的地方，写下你的辅助细节（3级和4级）。如果你喜欢用概念图来整理，你可能想要尝试使用专为创建概念图而设计的计算机软件。可以使用互联网搜索"概念图软件"找到它们。

问题提纲。下面是一个简单、快速、有效的提纲。在确定你的论点后，从你在策略4中创建的列表中选择最有趣的关键问题。确保你有足够的信息充分回答每个问题，否则应该收集更多信息。用一个问题作为每个正文段落的主题。因此，如果你选择了四个问题，你可能要写一篇六段式的文章（加上介绍和结论）。当然，你可以写两个或更多的段落来回答一个问题，使你的文章超过六段。下面是一个关于剧本的问题提纲的样子：

—介绍（包括论点）。

—剧本是什么？

—我们如何编写自己的剧本？

—为什么有的剧本会破坏我们的成功？

—我们如何修改自我破坏的剧本？

—结论。

写作中

10. **使用论文规划表。** 当你想要用很多零件组装一个东西时，一张表格就能帮上忙。对于刚开始写作的人来说，展示论文组装方法的规划表可以提供很大的帮助。就像建造房子要有规划一样，也有很多写论文的规划表，表 T.10 中的那个既有效又容易理解。当我的一个学生看到这篇论文规划表时，她惊叫道："这就是论文的结构吗？我能做到！"

规划表中的每个部分都会在下面的策略中进行解释。当你把这些部分添加到论文规划表中时，要意识到结构是灵活的，是可以修改的。例如，这个论文规划表展示了一篇六段的论文，如果你有不同数量的主要观点，只需添加或删除正文段落。同样，论文规划表中的第五段也提出了一个方法（反驳），这在说服类文章中是有用的，但在提供信息的文章中通常是不必要的。当你成为一个更老练的写作者时，就可以越来越自由地利用这个规划表。最终，你将用自己的原创方法来整理主要观点和辅助细节。

表 T.10　论文规划表

第一段：介绍 　钩子 　论点 　议程
第二段：正文段落 #1 　过渡（呈现主要观点 #1） 　次要观点和辅助细节（4E）
第三段：正文段落 #2 　过渡（呈现主要观点 #2） 　次要观点和辅助细节（4E）
第四段：正文段落 #3 　过渡（呈现主要观点 #3） 　次要观点和辅助细节（4E）
第五段：反驳（包含在说服性文章中） 　过渡（呈现反对论据） 　反驳（呈现削弱反对论据的理由和证据）
第六段：结论 　总结或重复 　重申论点

11. **写出一个"钩子"**。文章的开头应该引起读者的兴趣。要做到这一点，首先要有一个吸引人的策略，比如提问、引用、幽默、令人惊讶的数据、令人震惊的陈述或引人入胜的故事。虽然读者首先读到的是钩子，你也不必最先把它写出来。事实上，你可能只有在写完论文的第一份草稿后才会想到一个好点子。如果你读了这本书中任何一篇文章的开头，你就会看到我努力"勾起"你的兴趣。例如，我在第六章用我的学生戴安娜在课堂上对我大喊大叫的故事开始了"重写过时剧本"这一小节。我希望戴安娜令人意想不到的爆发和故事的戏剧性能吸引你的注意力，并激励你继续读下去以了解更多。

12. **加入论点句**。在抓住读者的注意力之后，呈现你的论点——你写作中的核心概念。你的论点句可能正如策略 8 中写的那样，或者你现在决定修改它。事实上，你可能（甚至很可能）需要多次修改你的论点句。这是因为写作过程可以帮助你更深入地了解你的主题。

13. **写议程**。会议议程列出了会议将要讨论的主要观点。同样，一篇文章的议程也阐明了作者将要讨论的主要观点。议程通常出现在长篇作文、论文甚至书籍中。但即使是在一篇短文中，它们也可以帮助你的读者和你（作者）保持专注。例如，假设你的论点是学生应该参与校园活动。你可能会在议程中列出几个原因：首先，参与校园活动可以提高你获得学位的可能性；其次，你会遇到可能成为终生朋友的人；最后，参与校园活动提供了在课堂上无法获得的宝贵学习机会。这三块议程让你的读者确切地知道你想要表达的观点。即使你选择不将议程写在文章里，在头脑里列出也有助于保持文章的条理性。

14. **使用过渡**。过渡是观点之间的桥梁。精心挑选的词汇、短语或句子可以帮助读者理解你的想法。一个需要使用过渡的关键地方是段落的开头。你要确保在转向一个新的观点时，不会失去你的读者。一个好的过渡连接了刚刚讨论的观点和下文新的观点，甚至是对论点的重复提醒。例如，假设你的论点是说服你的读者参与校园活动，并且假设你刚刚阐述了参与校园活动可以提高学生获得学位的可能性，下一段的第一句话可以是：参与校园活动不仅能提高你获得学位的可能性，还可以让你遇到能成为终生朋友的人。注意过渡的以下三个作用：

- 它提醒读者论点：参与校园活动。

- 它提醒读者前一段的主要观点：参与校园活动可以提高你获得学位的可能性。
- 它为新段落的要点架起了一座桥梁：通过参与校园活动，你会遇到那些很可能成为终生朋友的人。

段落的开头只是文章中转折可以提供帮助的一个地方。当你为主要观点提供具体支持时，你可以用过渡词来表示，如"例如""作为一个例子""举个例子"。

当你指出相似点时，以"同样"或"类似"作为信号。当你指出差异时，用"相反""但是""然而"或"正相反"作为信号。当你总结或下结论时，用"换句话说""总之""综上所述""最终"等词。把你的读者当作异乡的游客。作为他们的向导，你不想失去或迷惑他们。

15. **添加支持**。为了获得具体而充分的支持，用次要观点和辅助细节展开每个正文段落。当你使用4E时，这很容易做到。4E代表了四个问题，在你展开段落的时候几乎总是需要回答：

- 你可以举个例子（EXAMPLE）吗？
- 你可以提供一段经历（EXPERIENCE）来说明吗？
- 你可以进一步解释（EXPLAIN）吗？
- 你可以提供证据（EVIDENCE）支撑吗？

回答4E中的一个或多个问题可以让你更深入地进行研究，使你的写作更加完整和完善。

16. **在说服性文章里提出反驳**。当你写作说服别人时，假设你的读者拒绝了你想让他们思考或做的事情（毕竟，如果他们已经同意你的观点，就没有必要去说服他们）。把自己放在他们的位置上，看看你是否能理解他们反抗的理由。然后与这些理由争辩。例如，为什么同学们会抵制你说服他们参与校园活动的努力？也许他们认为自己忙于上课，写作业，或者工作。如何反驳他们呢？另一个例子，在第一章的"几句鼓励的话"一节中，我用反驳的方式试图说服你给这本书中的策略一个公平的机会。看一看是否……

A. 我有理由理解你们可能会抵制这门课（如果你抵制），并且……

B. 我的反驳减少甚至消除了你的抵制。

17. 写一个令人满意的结论。 写结论的一种常见方法是总结你的主要观点。例如，如果你想成为一名有效的学习者，就要掌握核心学习系统。一种更为成熟的写结论方法是呼应。呼应即重述之前文章中展现的所有或部分观点。例如，如果你的钩子问：你是否意识到大学毕业生比非大学毕业生一生中多挣近100万美元？你可能会在你的结论中呼应这一观点："所以，如果你想把你一生的收入提高近100万美元，那就把获得大学学位当作首要任务。"

写作后

18. 孵化。 把你的写作放在一边，做点别的事情……事实上，可以是任何其他事情。这是正确的——在至少几个小时内，最好是几天，甚至不要想你写的东西。当你开始重新写作的时候，你会用新的视角看待你的文章，你会发现以前你看不到的问题和可能性。显然，只有明智地选择提前很久就开始写作，你才能使用这个策略。

19. 修改。 如前所述，"重读"意味着"再看一遍"。孵化期过后，你就可以用新的眼光去看待你的作品了。寻找重大变化，提高沟通质量。思考一个修改过的论点句、更好的组织结构、额外的支持（4E：例子、经历、解释、证据）、改进的过渡、更吸引人的钩子、更有力的结论。也许最重要的是，确保你已经回答了所有读者的问题。记住，好的写作能够预测和回答读者可能会问的问题。即使你已经在写作前提出问题，并在写作时回答了它们，也要警惕在你修改时会有新问题出现。你几乎总是需要回答的两个问题是："为什么？"和"你怎么知道？"其他重要的问题以"什么？何时？谁？哪里？如何？如果……怎么样？"开始。

20. 仔细编校。 充满错误的写作会分散读者的注意力。往好处想，错误会让他们更少去思考你要说的话（尤其是大学老师）。往坏处想，你的读者可能会误解你的意思。校对自己的文章的挑战在于，你知道那里应该写了什么，而经常忽视自己实际写了什么。这里有一个校对技巧可以帮助你：从最后一句开始校对，接着校对倒数第二个句子，然后继续从后往前校对。通过这种方式，你可以专注于语法、拼写和标点符号这些表面细节，而不会因为观点的流动而分心。如果你在电脑上书写，请记住，电脑的拼写检查不会挑出使用错误的词（比如把 their 写成 there），只能找出拼写错误的词。电脑可以帮助你识别可能需要纠正的语法错误。但是要小心，因为有时它会指出根本不是错误的"错误"。

21. **记错误日志**。有些老师，尤其是写作课的老师，会指出你的语法和标点错误。当你收到带有错误提示的写作反馈时，请把它们记入错误日志。错误日志记录了你的每一个句子语法和标点符号问题。在错误的句子下面，正确地重写句子。然后，写出相关的语法或标点规则，这样你就学会了纠正所有相同类型的错误。你可以在写作手册的语法部分找到这些信息，或者你可以请写作指导来帮助你识别语法规则。

每个人都会犯错误，但创造者很少会犯两次同样的错误。这里有一个例子：

错误句：I went to the tutoring center,the tutor I was supposed to see wasn't there.

改正句：I went to the tutoring center,but the tutor I was supposed to see wasn't there.

规则：仅以逗号连接两个完整句子的错误被称为逗号拼接。有三种方法可以纠正逗号拼接：（1）用句号替换逗号，大写下一个单词的首字母，得到两个完整的句子；（2）用分号替换逗号；（3）增加一个协调连接词（即在逗号之后，使用 and、but、or、nor、for、so 或者 yet）。

记错误日志起初很花时间，但是看到你的错误从未来的论文中消失是一个很好的回报。

22. **重写评过分的文章**。大多数老师会对你文章中存在的实质性问题（例如，目标不明确、条理不顺、缺乏辅助细节）给出反馈。根据这些反馈重写并改进你的作业。修改是对写作技能的终极练习，可以对写作带来极大的帮助。对你的努力印象深刻，大多数的老师会很高兴与你见面讨论你的修改。如果你修改后的文章有进步的话，可能有助于提高你的分数。不管你的老师对你的重写有什么反应，你都要意识到在修改的过程中你可以学到很多东西，也许比第一次的写作更重要。

写 作

> **练习：写作**
>
> 比较你最初的 2 篇日记和最近日记的写作质量。比较时，回答以下问题：
> - 我的写作质量提高了吗？如果提高了，是如何提高的？提供具体的例子。
> - 如果我的写作没有进步，为什么我认为它没有？
> - 我能做些什么来改善我剩下的日记？
> - 当我开始这门课的时候，我对写作有何感受？
> - 写日记的时候，我对写作的感受有没有改变？如果有，如何改变？为什么？

技术建议：积极学习

Evernote 是一个电子记事本，便于收集和整理笔记。你可以通过输入文字、录音甚至拍照来记笔记。你可以创建待办事项列表，记录语音提醒，并规划你的日程安排。你甚至可以将网页添加到你的笔记中。（网页、安卓和 iOS）

Google Docs（一款有用的谷歌产品）让你可以在线创建和共享文档。当你需要在团队项目、研究论文或研究材料上展开合作时，Google Docs 特别有用。每个人都可以从不同的客户端处理同一份文件，而不是来回发送电子邮件。（网页）

My Study Life 帮助你管理你的课程、任务和作业。如果你还没找到一个你喜欢的工作网站或应用程序，这可能就是你想要的。你可以通过它追踪任务，添加考试日期，管理课程，并接收即将发生的事件提醒。指示板显示了你一整天的日程，以及完成和未完成的任务。（网页、安卓和 iOS）

Koofers.com 提供超过 200 万的模拟测试和抽认卡来帮助你准备考试。Koofers 的另一个特色是它提供了超过 60 万名教师的学生评分，这可以

帮助你在选择未来的课程时做出明智的选择。（网页）

Quizlet 提供一个利用数字抽认卡学习的机会，你可以使用网站上已有的抽认卡，也可以自己制作。点击抽认卡即可显示答案。你可以选择三种有趣的学习工具（拼写、学习和测试）或两个互动游戏（散射和太空竞赛）。你可以通过它追踪你的学习进度，甚至和别人比赛。不过，当你使用别人制作的抽认卡时，要小心，答案可能是错误的！（网页、安卓和 iOS）

StudyBlue 和 Quizlet 一样，可以让你制作数码抽认卡，或者使用别人已经制作的抽认卡。抽认卡可以包含图片和文本。当你学习抽认卡时，这个程序会追踪你所学到的知识，并给出需要你花更多时间学习的领域。你可以为即将到来的考试设置提醒，以提供足够的时间进行分布式学习。你也可以通过将同学添加到通讯录来创建 StudyBlue 社区。（网页、安卓和 iOS）

Audacity 是一个可下载的录音器和编辑器。如果你有权限记录一场演讲或课堂讨论，可以使用 Audacity。记住，每一场录音都需要被完整地倾听才能发挥全部价值。在通勤路上或者进行一项不需要动脑筋的任务时听录音是不错的选择。（Windows 和 Mac）

PowerPoint, Prezi 和 HaikuDeck 提供不同的方法来创建视觉上吸引人的演示。你可以在演讲课或任何需要你做演讲或口头报告的课程中使用它们。（PowerPoint 是微软办公套件的一部分，不是免费的。）

注意：以上所有都是免费的工具，但有些可能还会提供收费的升级服务。

再次评估走向大学成功的学习技能

现在，你已经熟悉了核心学习系统以及许多实施它的策略。下面是你在这个工具箱开头部分所做的学习技能自我评估的副本。请再做一次（先别回头看你之前的答案）。通过对比两次的分数，你就能看到现在你对如何在大学和其他领域取得成功的最新理解。

当你进行自我评估时，要绝对诚实，这样你就能了解到现在你的学习技能的真实情况。这些宝贵的信息可以为你将来的学习铺平道路。

▶ 学习技能自我评估

阅读下面的陈述，根据自身情况的符合程度给每句话评分。为了得到精准的评估，请衡量它确切的准确程度（而非你想要成为的）。记住，没有正确或错误答案。从 0 到 10 之间给每一句陈述选择一个分数，如下所示：

完全错误 ← ⓪ ① ② ③ ④ ⑤ ⑥ ⑦ ⑧ ⑨ ⑩ → 完全正确

1. _____ 我理解人类的大脑是如何学习的，我利用这些知识进行有效的学习。
2. _____ 当我阅读课本上的作业时，我很难辨认出最重要的信息。
3. _____ 我知道记忆重要事物的有效策略，如事实、细节和公式。
4. _____ 我不知道如何创建图形或线性的备忘笔记。
5. _____ 我擅长在课堂讨论或讲座中找出什么是重要的。
6. _____ 在拿到考试结果后，我会检查成绩看看我的表现，然后把它扔掉。
7. _____ 当我写论文时，我知道如何添加辅助细节，使我的主要思想更清晰。
8. _____ 考完试后，我不知道我将得到什么样的分数。
9. _____ 在阅读作业时，我有一个有效的系统来标记或写下重要的想法。
10. _____ 当我课后复习笔记时，它们是完整的，很容易理解的。
11. _____ 在复习准备考试之前，我把所有的课堂笔记、作业、阅读作业和讲义都浓缩成一份文件，然后根据这份新文件进行学习。
12. _____ 我大部分（有时全部）的学习是在考试前一天或考试当天完成的。
13. _____ 当我参加考试时，我感到平静和自信。
14. _____ 当我写论文题目的答案时，我发现很难整理我的思路。
15. _____ 当我复习准备考试时，我使用了许多不同的学习策略。
16. _____ 阅读内容之后，我不记得我读过什么。
17. _____ 我的课堂和家庭作业笔记包含了后来在考试中出现的大部分信息。
18. _____ 我知道至少三种整理学习材料的方法，让这些信息的学习变得更有效。

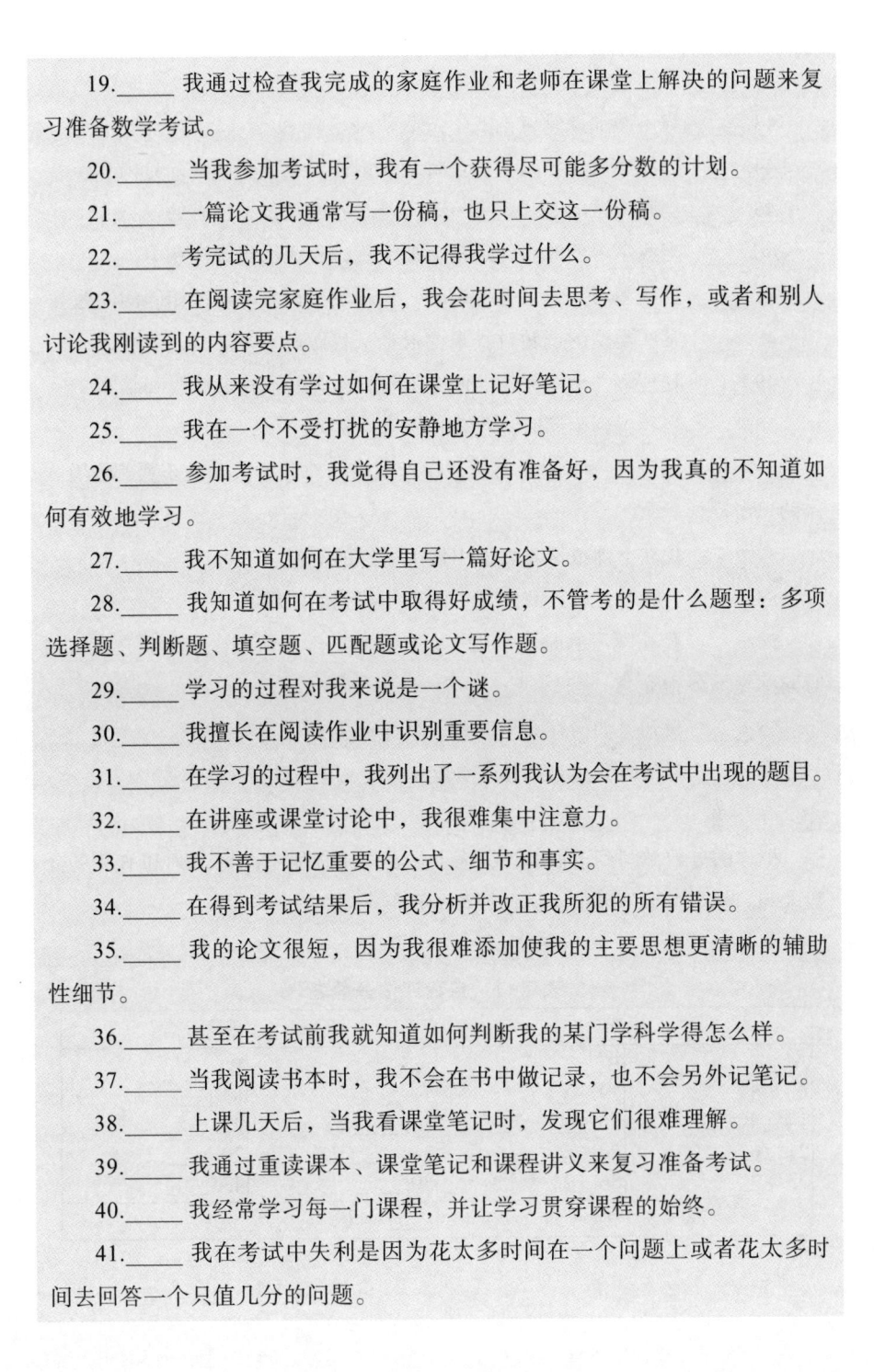

19.＿＿＿我通过检查我完成的家庭作业和老师在课堂上解决的问题来复习准备数学考试。

20.＿＿＿当我参加考试时，我有一个获得尽可能多分数的计划。

21.＿＿＿一篇论文我通常写一份稿，也只上交这一份稿。

22.＿＿＿考完试的几天后，我不记得我学过什么。

23.＿＿＿在阅读完家庭作业后，我会花时间去思考、写作，或者和别人讨论我刚读到的内容要点。

24.＿＿＿我从来没有学过如何在课堂上记好笔记。

25.＿＿＿我在一个不受打扰的安静地方学习。

26.＿＿＿参加考试时，我觉得自己还没有准备好，因为我真的不知道如何有效地学习。

27.＿＿＿我不知道如何在大学里写一篇好论文。

28.＿＿＿我知道如何在考试中取得好成绩，不管考的是什么题型：多项选择题、判断题、填空题、匹配题或论文写作题。

29.＿＿＿学习的过程对我来说是一个谜。

30.＿＿＿我擅长在阅读作业中识别重要信息。

31.＿＿＿在学习的过程中，我列出了一系列我认为会在考试中出现的题目。

32.＿＿＿在讲座或课堂讨论中，我很难集中注意力。

33.＿＿＿我不善于记忆重要的公式、细节和事实。

34.＿＿＿在得到考试结果后，我分析并改正我所犯的所有错误。

35.＿＿＿我的论文很短，因为我很难添加使我的主要思想更清晰的辅助性细节。

36.＿＿＿甚至在考试前我就知道如何判断我的某门学科学得怎么样。

37.＿＿＿当我阅读书本时，我不会在书中做记录，也不会另外记笔记。

38.＿＿＿上课几天后，当我看课堂笔记时，发现它们很难理解。

39.＿＿＿我通过重读课本、课堂笔记和课程讲义来复习准备考试。

40.＿＿＿我经常学习每一门课程，并让学习贯穿课程的始终。

41.＿＿＿我在考试中失利是因为花太多时间在一个问题上或者花太多时间去回答一个只值几分的问题。

42._____ 我写的论文很有条理。

43._____ 我不参加课堂讨论或学习活动。

44._____ 当我完成一项阅读作业时,我记住了我读到的大部分内容。

45._____ 当我考试的时候,有一些问题是我的笔记里没有的。

46._____ 当我学习的时候,经常会被干扰,我无法集中注意力。

47._____ 当我复习数学准备考试时,我解决了许多与考试相同的问题。

48._____ 某些类型的试题对我来说很难,我做得不好。

49._____ 我理解并使用写作的四个步骤:预写、写作、修改和编辑。

50._____ 当我感到困惑时,我会在课堂上提问。

51._____ 阅读完一本教科书后,在考试前我对我所读到的东西都没有太多的思考。

52._____ 我在上课或课堂讨论中做了很好的笔记。

53._____ 当我考试时,我发现了没有复习到的问题。

54._____ 我在学习的时候使用了一个有效的学习系统,所以我在考试的时候感觉准备很充分。

55._____ 我知道如何在大学里写一篇好论文。

56._____ 考试时我感到紧张,头脑一片空白。

把你的分数填写到下面的评分表上。在 7 个板块中,将 A 列和 B 列的分数求和。然后按照下面的示例计算你的最终分数。

表 T.11　自我评估分数表

示例		评分 #1:积极学习	
A	B	A	B
6. __8__	29. __3__	1. _____	8. _____
14. __5__	35. __3__	15. _____	22. _____
21. __6__	50. __6__	36. _____	29. _____
73. __9__	56. __2__	50. _____	43. _____
28 + 40 − 14 = 54		_____ + 40 − _____ = _____	

（续表）

评分#2：阅读		评分#3：记笔记	
A	B	A	B
9.____	2.____	5.____	24.____
23.____	16.____	10.____	32.____
30.____	37.____	17.____	38.____
44.____	51.____	52.____	45.____
____ + 40 − ____ = ____		____ + 40 − ____ = ____	

评分#4：整理学习材料		评分#5：背诵和熟记学习材料	
A	B	A	B
11.____	4.____	3.____	12.____
18.____	39.____	40.____	19.____
25.____	46.____	47.____	26.____
31.____	53.____	54.____	33.____
____ + 40 − ____ = ____		____ + 40 − ____ = ____	

评分#6：考试		评分#7：写作	
A	B	A	B
13.____	6.____	7.____	14.____
20.____	41.____	42.____	21.____
28.____	48.____	49.____	27.____
34.____	56.____	55.____	35.____
____ + 40 − ____ = ____		____ + 40 − ____ = ____	

分数解释

如果你的分数是……

0~39 意味着你的学习技能很少能支持深度学习。

40~63 意味着你的学习技能有时能支持深度学习。

64~80 意味着你的学习技能通常能支持深度学习。

练习：积极学习

在下面的表格里，填入你在这本工具箱的"成为积极学习者"小节获得的分数（第一次得分）和上表中的分数（第二次得分）：

表 T.12　"成为积极学习者"两次得分对比

第一次得分	第二次得分	
		1. 积极学习
		2. 阅读
		3. 记笔记
		4. 整理学习材料
		5. 背诵和熟记学习材料
		6. 考试
		7. 写作

你在哪个（些）学习技能上进步最大？

你想在哪个（些）学习技能上继续提高？

你的改进计划是什么？

与作者的对话

从 20 多年前《如何让大学在一生中发挥最大作用》的第一版问世以来，很多学生都问了作者斯基普·唐宁一些令人深思的问题。以下是其中一些问题，以及作者的回答：

问：是什么激励你写了这本书？

答：简单的回答是，我厌倦了看着我的学生自毁前程，他们中的大多数人拥有在大学（和人生）中取得成功所必需的一切。我决定停止抱怨，看看我能做些什么。较长的回答是，我也需要这样的一个过程才能让自己的人生走上正轨。

问：在这本书的所有策略中，哪一个在你上大学的时候对你帮助最大？

答：自我管理，尤其是坚持。在我上大学的第一个学期，我很快就发现我的大多数同学都有比我更好的学术准备。例如，我的室友读过很多我从未听说过的书。此外，在第一个学期，一些老师给了我令人沮丧的反馈。我记得有一位老师，他对我第一份作业的唯一评价是："这不是大学生涯的一个良好开始。"然而，这样的经历让我咬紧牙关，更加努力。我相信我可以通过努力克服障碍，结果证明这是对自我实现的一个预言。

问：你希望自己能在大学时更多地拥有的内在品质是什么？

答：全部。但如果非要选一个的话，我会选终身学习的热情。在大学里，我只学习老师布置给我的东西，我只关心成绩。我今天很后悔没有从我的大学经历中获得更多的价值。我现在比读大学时更努力地"学习"，因为我喜欢学习新的观点，尤其对"什么驱使我们行动"感兴趣。在大学里，我会去图书馆学习，但几乎没注意过书架上的书。如今去图书馆，我感到了一种敬畏，因为人类已经学会了这么多东西，而且通过书籍（现在还有互联网），我可以随时随地获得丰富的知识。

问：你在大学里挣扎过吗？如果有过的话，你就是在经历了这些之后总结出了这些伟大的建议的吗？

答：我想我的答案取决于你对"挣扎"的定义。如果你的意思是考试很难及格，那么我的答案是没有。虽然我的第一学期过得很艰难，但我很快就明白了学校的游戏规则。虽然我不太可能成为上台致辞的优秀毕业生，但我得到了不错的成绩。然而，如果你的"挣扎"意味着很难进行深层次的学习，并难以学有所用，答案是肯定的，我挣扎过。如果大学生涯能够重来，我会专注于学习而不是成绩。幸运的是，当我在40多岁第二次回到研究生院的时候，我有机会这样做了。从那时起我学会了热爱学习。多么美好的经历！就好像宇宙给了我一次重来的机会。如果我对我的学生只有一个期望，那就是让他们爱上学习。

问：在教科书中使用第一人称并不常见。你在整本书中使用这种方法的原因是什么？

答：在决定使用第一人称之前，我考虑了很久。当我在写初稿的时候，我相信没有哪一本引导学生成功的书是用第一人称写的。就像我在大学里读过的所有教科书一样，作者们都藏在幕布后面（就像《绿野仙踪》中的巫师）。所以，这意味着我需要冒险。然而，我最终决定把自己写进书里，这是最好的表达方式，当谈到如何充分利用我们的人生时，我们所有人——学生、老师……所有人——都面临着类似的挑战。我不是一个第三人称的观察者，去观察如何创造一个丰富、充实的人生，我完全参与了这个探索。我也想拥有你想追求的美好人生。我们都生活在人生这所大学里，我们每天所做的选择都在创造我们的结果和体验。和人生一样，在大学里创造成功并不简单，但是有很多方法可以让它变得容易一点。

问：你书中的成功技巧是有意义的，而且看起来很容易实现，但有时候我做不到。我想知道怎样才能真正运用这些技能。

答：我理解你的沮丧。我自己有时也有这种感觉。然而，通常情况下，答案就在我们的借口里。你的借口是："有时候我做不到。"这是真的吗？你当然可以做到，因为如果有时候你做不到，那么逻辑上说明，有时候你可以做到。所以，"有时候我做不到"是一种微妙的借口，当我们处于受害者心态时，我们会这样告诉自己。我们通过告诉自己一个不真实的事来为自己的行为和结果辩护。更坦率地说，我们在对自己撒谎。没有什么是你做不到的。当你处于一个创造者的心态时，你就会告诉自己真相："有时我选择不这样做。"在那个清醒的时刻，你可以利用内心的力量选择思考和行动，将你带向你想要的结果和体验。如果你曾经做出了其他选择（比如缺课，或者在遇到数学难题时不寻求帮助，或者盲目地阅读课本），培养内在品质以及利用这本书里的策略可以帮助你做出更明智的选择。你需要什么内在品质才能在不想上课的时候仍坚持去上课？你需要什么内心力量来寻求帮助，即使这让你尴尬？你需要采用什么策略进行主动阅读，即使你对这个主题不感兴趣？我并不是说这很容易。天晓得，我也会挣扎，试图用"我做不到"来证明我的失败。但在大多数情况下，我的内心指引知道是"我选择不去做"。如果我可以选择不去做那些能提升我人生的事情，我也可以选择去做那些能提升我人生的事情。这往往就是事实。

问：在每个章节中安排日记条目的目的是什么？

答：反思有助于学习，这本书里的日记就是运用了这一强大的学习策略。它们引导你把你刚刚读到的东西——一个成功的原则或实践——应用到你自己的生活中。当你深入地写日记的时候，你就开始自己制定策略了。当你在人生中运用这些策略时，就可以改善你的结果和体验。通过改善你的结果和体验，你就能开启一个通往成功和个人发展的良性循环。阅读书里的成功策略而不写日记，就像只阅读有关锻炼身体的文章却不行动，还想知道自己为什么不能保持好的体形。

问：你是如何想出所有这些策略的？

答：我第一次接触成功策略是在一个为期三天的个人效率研讨会上，参加这次研讨会是因为我的个人生活和职业生涯都陷入了困境。我在研讨会上学到的一些策略对我很有帮助，所以我把它们分享给了我的学生。当我看到这些策略也能帮助我的学生时，我就开始了对它们的探索。我已经获得了英语博士学位，但我的新追求促使我拿到了心理咨询的硕士学位。我有幸在那个项目中遇到了很棒的导师，我学到了更多的成功策略。如果一个方法对我有效，我就把它们教给我的学生，观察他们的反应。我一直在教授帮助他们改善大学结果和体验的策略。今天，本书经历了跨越几十年的探索，其中的每一种策略都适用于许多学生，帮助他们在大学和人生中发挥出更大的潜能。

问：为什么要在书中加上引用呢？

答：有4个原因：（1）我喜欢了解那些对一个重要问题深入思考的人会说什么，我希望我的读者也能这样做；（2）因为这些引语的表述方式与我不同，它们可能有助于阐明书中的某个观点；（3）我引用了来自不同思想家和不同文化环境下的语录来传达这些观点的普遍性；（4）和在论文中插入引用一样，我希望引用能证明书中的想法和策略不只是我一时的心血来潮。相反，这些想法和策略是思想家和研究人员思考后的产物，他们对这本书中提出的关键问题，即我们如何才能充分发挥自己的潜力，创造一个丰富而充实的人生，给出了强有力的答案。

问：这本书里的案例研究都是真实故事吗？

答：案例研究的"真实"并不意味着事情如描述的那样切实发生在真实的人身上，但在另一种意义上，它们比真实事件的叙述更加真实。当书中的案例研究实时出现时，它们向你展示了学生们如何应对这些在通往大学学位的道路上任何人都可能遇到的各种复杂的挑战。对于案例研究提出的问题，没有简单的答案，书后也没有正确答案。我们每个人都必须运用当下的信念——源自我们自己独特的经历——来理解每一个案例研究。然后，在与同学和老师的讨论中，我们有机会比较我们和其他人的答案。因此，通过将批判性思维运用到案例研究中的人物所面对的情境中，我们有机会发展出新的见解，以此帮助我们成功地面对人生中的类似问题。

问：我在网上搜索了"目标设定"，发现了几十个使用缩写 S.M.A.R.T. 来代表目标有效性的结果。为什么你要用自己的缩写（D.A.P.P.S.）而不是 S.M.A.R.T.？

答：我非常想使用 S.M.A.R.T.，谁不想拥有一个聪明的目标呢？ 然而，我越是研究这个缩写，发现的问题就越多。首先，这个首字母缩略词已经存在很长一段时间了，用户开始自由地使用这五个字母的含义。"S"有时代表"具体的（specific）"，有时代表"简单的（simple）"。"M"用于"可测量的（measureable）"和"可管理的（manageable）"。"A"用于"可实现的（attainable）"和"行动导向的（actionoriented）"。在不同的版本中，R 代表"相关的（relevant）""相对的（relative）"或"现实的（realistic）"。而"T"则显示为"有时间限制的（time-bounded）""及时的（timely）"或"有形的（tangible）"。所以第一个问题是：S.M.A.R.T. 里的字母到底代表什么？第二个问题是，字母"S"和"M"最常见的代表词是"具体的"和"可测量的"。在我看来，这两者本质上是一样的。如果某件事是具体的（例如，获得 3.5 分的 GPA），那么它也是可测量的。这意味着这两个字母实际上只代表了一种品质。并且，S.M.A.R.T. 遗漏了两种品质，我认为这是一个有效目标的基本组成部分："个人的"和"积极的"。如果一个目标不是个人的（也就是说，如果它是别人给你的目标，而不是你自己的），当事情变得艰难时，你就不太可能坚持下去。如果一个目标不是积极的，你的最佳选择可能会让人困惑。例如，如果我的目标是"数学不及格"（一个消极的目标），我可以简单地放弃这门课，但这是我真正想要的吗？如果我的目标是"以 A 的成绩通过数学考试"（一个积极的目标），那么退出就不再是一种选择了。所以，虽然我本可以用已有的缩略词，但创造 D.A.P.P.S. 是一个更明智的选择。

问：我的一个同学说，她认为自我激励应该是书中呈现的第一种内在品质。她说如果没有自我激励，人就不会行动起来。这引发了一场课堂讨论，不同学生对这八种品质中的每一种都提出了一个排在首位的理由。你为什么把成功学生的八个选择按当前的顺序排列？

答：多年来，我听到了令人信服的论点，即"成功学生的八个选择"中，每一个都是最重要的，因此都应该放在首位。我还没有想出如何把它们都放在首位的方法，所以下面是我按目前顺序排列的基本理由。对我来说，责任是我们成功的基础，因为除非我看到自己可以通过自己的选择来塑造自己的人生之前，所有其他的内在品质都于事无补。一旦我意识到（就像我的一个学生说的那样），我开着自己的车，下一步就是决定我的目的地在哪里。这个选择产生了动力，让我的人生朝着一个明确的方向发展。有了目的地，现在我需要自我管理，继续采取有目的的行动，推动我实现我的目标和梦想。一旦我意识到远大的目标和梦想是很难实现的（也许是不可能的），我就明白了相互帮助的重要性。此时，我可能认为我做的一切都是"正确的"，但不知何故我偏离了方向。这是怎么发生的呢？这时我需要更多自我意识，这样才能发现那些正在破坏成功的习惯性想法、行为、情绪和信念（剧本）。此时（如果不是在此之前的话），我开始意识到要实现我的目标，我还需要学习很多东西，我成了一个终身学习者。我也发现需要情商来调节我的情绪，同时有效地处理别人的情绪，否则我很可能会被拖离正轨。因为我需要在整个旅程中都相信自己，所以我将培养这种品质的策略分散在了整本书中。我很想对这八种内在品质都这样处理，但这似乎会导致其他更严重的结构问题。所以，这就是我的理由。当我听到老师们会选择以一种不同的顺序呈现这些章节时，我也很高兴。因为把轮胎安装到车上的顺序并不重要，重要的是这辆车的轮胎是齐全的，这样它就能驶上通往成功的道路。

CENGAGE Learning

Supplements Request Form (教辅材料申请表)

Lecturer's Details（教师信息）

Name: (姓名)		Title: (职务)	
Department: (系科)		School/University: (学院/大学)	
Official E-mail: (学校邮箱)		Lecturer's Address / Post Code: (教师通讯地址/邮编)	
Tel: (电话)			
Mobile: (手机)			

Adoption Details (教材信息)　　原版☐　　翻译版☐　　影印版☐

Title: (英文书名) Edition: (版次) Author: (作者)	
Local Publisher: (中国出版社)	

Enrolment: (学生人数)		Semester: (学期起止日期时间)	

Contact Person & Phone/E-Mail/Subject:
(系科/学院教学负责人电话/邮件/研究方向)
(我公司要求在此处标明系科/学院教学负责人电话/传真及电话和传真号码并在此加盖公章.)

教材购买由 我☐　我作为委员会的一部份☐　其他人☐[姓名：　　　]决定。

Please fax or post the complete form to

You can also scan the QR code,
您也可以扫描二维码,
Apply for teaching materials online through our public account
通过我们的公众号线上申请教辅资料

（请将此表格传真至）：

CENGAGE LEARNING BEIJING
ATTN : Higher Education Division
TEL: (86) 10-83435000
FAX : (86) 10 82862089
EMAIL: asia.infochina@cengage.com
www. cengageasia.com
ADD: 北京市海淀区科学院南路 2 号
融科资讯中心 C 座南楼 707 室　100190

Note: Thomson Learning has changed its name to CENGAGE Learning

VERIFICATION FORM / CENGAGE LEARNING